SV

Gesammelte Werke
Band 3

Die Übersetzung folgt der Ausgabe: Marina Cvetaeva: Neizdannoe. Zapisnye knižki v dvuch tomach. Tom pervyj 1913-1919. Tom vtoroj 1919-1939. Moskva: Ellis Lak 2000, 2001.

Erste Auflage 2022
Deutsche Erstausgabe
© der deutschsprachigen Ausgabe Suhrkamp Verlag AG, Berlin, 2022
Alle Rechte vorbehalten. Wir behalten uns auch eine Nutzung des Werks für Text und Data Mining im Sinne von § 44b UrhG vor.
Umschlaggestaltung: Hermann Michels und Regina Göllner
unter Verwendung einer Fotografie von P. Schumow, Paris 1925
Satz: Satz-Offizin Hümmer GmbH, Waldbüttelbrunn
Druck: CPI – Ebner & Spiegel, Ulm
Printed in Germany
ISBN 978-3-518-43093-4

www.suhrkamp.de

Marina Zwetajewa
»Ich sehe alles auf meine Art«

Aus den unveröffentlichten Notizbüchern

Herausgegeben, ins Deutsche übertragen
und mit Anmerkungen versehen von Ilma Rakusa

Suhrkamp

Inhalt

Notizbuch 1 1913-1914 7
Notizbuch 2 1914-1916 17
Notizbuch 3 1916-1918 21
Notizbuch 5 1918-1919 49
Notizbuch 6 1919 102
Notizbuch 7 1919-1920 190
Notizbuch 8 1920-1921 264
Fragment des Notizbuchs 9 1922 420
Notizbuch 10 1923 422
Notizbuch 11 1923 440
Fragment des Notizbuchs 12 1925 455
Fragment des Notizbuchs 13 1932 457
Notizbuch 14 1932-1933 460
Notizbuch 15 1939 497

Bildteil nach Seite 505

Anhang 507

Ilma Rakusa: »Aber das Wichtigste sind die
Notizbücher, das ist meine Leidenschaft, denn in ihnen
ist am meisten Leben« – Marina Zwetajewas
faszinierende Tagebuchwelten 509
Anmerkungen 533
Chronik zu Leben und Werk 585
Editorische Notiz 592
Auswahlbibliographie 593
Bildnachweis 599

NOTIZBUCH 1
1913-1914

Eifersucht – mit diesem fremden und wunderbaren Wort beginne ich dieses Heft.
Jetzt sind Lilja – oder Alja – oder mir selbst fast die Tränen gekommen.
Alja, vielleicht liest du das einmal, wenn du erwachsen bist – oder nicht erwachsen wie ich jetzt, und es wird dir seltsam und lächerlich und sehr rührend vorkommen, von diesem kleinen, sehr bitteren Leid zu lesen, das du als einjähriges Kind mir (wem?), die ich einundzwanzig bin, zugefügt hast. Also hör zu: Du wiederholst die ganze Zeit: »Lilja, Lilja, Lilja«, sogar jetzt, wo ich schreibe. Das kränkt mich in meinem Stolz, ich vergesse, dass du nicht weißt und noch lange nicht wissen wirst, wer ich bin, ich schweige, schaue dich nicht einmal an und spüre, dass ich zum ersten Mal – eifersüchtig bin.
Wenn ich früher auf Menschen eifersüchtig war, war ich es nicht. Das fühlte sich sehr süß und ein wenig traurig an. Und auf die Frage, ob ich eifersüchtig sei, antwortete ich immer: »Auf Bücher – ja, auf Menschen – nein.«
Nun aber sehe ich in dieser Mischung aus Stolz, verletztem Selbstbewusstsein, Bitterkeit, scheinbarer Gleichgültigkeit und heftigstem Protest deutlich – Eifersucht. Um dieses für mich so ungewöhnliche Gefühl verstehen zu können, müsste man mich kennen ... persönlich, bis zu diesem heutigen Tag, dem 30. September 1913.

Jalta, 30. September 1913, Montag

*

Feodossija, 4. Mai 1914, Sonntag

Ich kenne keine Frau, die dichterisch begabter wäre als ich. – Eigentlich müsste ich sagen – keinen Menschen.
Ich wage zu behaupten, dass ich schreiben könnte und würde wie Puschkin, wenn mir nicht ein Plan, eine Gliederung fehlte – *mir geht jedes dramatische Talent ab*. »Eugen Onegin« und »Verstand schafft Leiden« – das sind Werke ganz *à ma portée*. Geniale Werke, ja. Würde ich statt Ellis einen historischen Helden nehmen, statt dem Haus am Trjochprudnyj – einen Turm oder Palast, statt mich und Assja – eine Marina Mniszek oder Charlotte Corday, es käme ein Werk heraus, das für genial gehalten und in ganz Russland gefeiert würde. Jetzt aber äußern sich zum Poem über Ellis: die einen Kritiker so: »langweilig, seicht, hausbacken« usw., die andern: »nett, frisch, intim«. Ich schwöre, Besseres wird niemand äußern.
Meine Beziehung zum Ruhm?
In der Kindheit – mit elf Jahren – war ich vollkommen ruhmsüchtig. Übrigens auch seither, so wie ich mich erinnere! Jetzt aber – vor allem seit letztem Sommer – bin ich gleichgültig gegenüber Kritik – sie ist selten und dumm – und gleichgültig gegenüber Lob – es ist selten und seicht.
»Ein zweiter Puschkin« oder »die beste Dichterin« – das verdiene ich und werde ich vielleicht zu Lebzeiten erleben.
Weniger brauche ich nicht, weniger schwimmt vorbei, ohne Spuren zu hinterlassen.
Äußerlich bin ich sehr bescheiden und schäme mich sogar des Lobes.
An meine Gedichte glaube ich unerschütterlich, – so wie an Alja.
Die Gedichte an Ellis sind fast abgeschlossen. Bleibt die Beschreibung der zweiten Hälfte der Nacht: seiner Märchen, der erlöschenden Lampe, des Abschieds bei der Pappel. Im Ganzen habe ich 500 Zeilen geschrieben. Das sind nicht lange Gedichte, das ist ein kleines Poem.

Gedichte schreibe ich leicht, aber nicht nachlässig. Nie »stopfe« ich leere Stellen aufs Geratewohl zu. Fast immer beginne ich von hinten. Ich schreibe mit Freude, manchmal mit Begeisterung. Wenn es geschrieben ist, lese ich es wie etwas Neues, als wäre es nicht von mir, und wundere mich.
Hätte ich viel Geld – so viel, dass ich es nicht immer zählen muss –, möchte ich viele Kinder – noch mindestens drei. Wenn ich noch eine Tochter bekomme, nenne ich sie Marina, oder Sinaida, oder Tatjana. Wenn es ein Sohn wird – Gleb oder Alexej. Für mich selbst möchte ich lieber eine Tochter, für S⟨erjosha⟩ – einen Sohn. Im Übrigen lässt sich nichts voraussehen.

*

Feodossija, 7. Mai 1914, Mittwoch

Am 12. – Serjoshas erstes Examen.
Jetzt ist der Himmel dunkelblau, an den Rändern etwas heller. Schwarze Äste vor diesem Himmel, – das ist alles, was durchs Fenster zu sehen ist.
Gegen halb 9 Uhr abends. Balalaikageklimper (Njanja lernt von einem Burschen auf dem Hügel spielen), Hundegebell, das Geschrei spielender Kinder, – und trotzdem ist es sehr still, wie immer am späten Abend.
Unlängst habe ich mir die Haare schneiden lassen. Vorne sind die Haare geblieben, nur seitlich und hinten sind sie kürzer. Sehr gut, das Gesicht wirkt dadurch irgendwie streng und bedeutsam. Pra behauptet, ich gliche einem Jungen. Max meinte umgekehrt: »Du warst ein Junge, jetzt bist du eine Frau.« Im Großen und Ganzen sieht meine Frisur der von *Mme de Noailles* ähnlich.
Ich habe eine Menge Sommerkleider – mindestens zehn farbige. Eines ist ganz golden – ein türkisches, schwarz auf gelb, – es brennt gleichsam. Dann habe ich einen Rock mit drei Volants, üppig. Meine Taille misst 63 Zenti⟨meter⟩ ohne Korsett (mit Kor-

sett 64). Es wird interessant sein, sie einmal mit der von Alja zu vergleichen. […]

Ihr Gesicht ist – erstaunlich. Darauf sind schon alle menschlichen Gefühle abzulesen: Empörung, Zärtlichkeit, Hinterlist, Freude, Gekränktsein, Angst.

Auf der Straße bei ihrem Anblick ruft alles: »Sie hat blaue Augen!« Und in der Tat: blauere und größere Augen als ihre kann man sich nicht vorstellen. Das sind – Sterne, Seen, (riesige!) Himmelsstücke, – nur keine Augen. Sie sind ungewöhnlich hell und leuchtend.

Die Augenbrauen – sehr lang und fein. Die Lippen – ziseliert, schmal, blassrosa, fast immer zusammengepresst. Nur die Nase ist kindlich, leicht nach oben gebogen, leicht rundlich, aber nur leicht, – eine ganz gewöhnliche Kindernase, weder groß noch klein. Vorgewölbte Brust, abfallende Schultern, langer Hals. In der ganzen Gestalt ist etwas Stattliches, Solides, Geschmeidiges.

Das Gesicht ist einfach engelhaft. Zuerst siehst du nur die Augen. Glanz – nein, nicht Glanz, ein Leuchten! Zwei (riesige!) Stückchen strahlenden Blaus. Die Schläfen sind groß, zart, mit einem Netz von Äderchen. Die Stirn, bedeckt von einer Strähne dichter blonder, sehr hellblonder Haare, nimmt fast die Hälfte des Gesichts ein. Die Form des Schädels – ganz die von Serjosha, obwohl das Gesichtchen noch ziemlich rund ist. (Das von Serjosha ist wie ein Degen.)

Was an Alja erstaunt – ist ihre Bewusstheit. Alle Wörter und Gesten haben einen Sinn. Sie gehorcht schnell. Kennt fast keine Kapricen und Tränen. Weiß sich zu beherrschen: fängt nicht zu weinen an, auch wenn auf den Wimpern schon Tränen zittern.

Liebe zu Bildern. Verlangen nach neuen Worten. Verständnis für das Eigene und das Fremde.

Résumé: damit will ich sagen – so komisch es auch klingen mag! – auf sie kann man sich verlassen. […]

*

22. Mai 1914, Donnerstag

Was haben wir für einen Garten! Wie viele Rosen! Alja kommt vom Spaziergang immer mit einer Rose in der Hand zurück. Am Morgen riecht es nach Russland, nach Sommer, nach dem Dorf. Ach, ich möchte für Alja ein Landgut – aber etwas Besseres als unsere Datscha in Tarussa gibt es nicht! Dieser Duft nach Himbeeren und Regen, diese blauen Fernen hinter dem Gold der Felder, diese *schreckliche* Wehmut an den Abenden, dieser Steinbruch über der glänzend blauen Oka, diese gelben Sandbänke, diese Hügel, diese Wiesen, diese Freiheit! – Überhaupt möchte ich für Alja ein richtiges herrschaftliches Leben, – Dienstmädchen, Kindermädchen, Lakaien, Zimmermädchen, – damit ihr alle zu Diensten stünden.

Unlängst aber geschah dies: ich schickte das Kindermädchen mit Alja in den Laden, um Zucker zu holen – ganz in der Nähe, zwei Minuten zu Fuß. Dann vergaß ich, dass sie im Laden sind, rief im Garten lange nach ihnen, und als alles Rufen nichts nützte, machte ich mich auf den Weg. Neben dem Laden erstarrte ich: auf der Schwelle fummelt Alja herum, wie ein Straßenkind. Das Kindermädchen aber sitzt hinten im Laden, ohne achtzugeben, und unterhält sich mit jemandem. Ich bin gewöhnlich höflich zu Angestellten, rege mich nur selten auf, fange fast nie zu schreien an, jetzt aber schrie ich außer mir: »Raus hier! Und zwar sofort! Wie wagen Sie es, hier zu sitzen und Unsinn zu reden, während Alja wie ein Straßenkind im Dreck wühlt. Pfui, schämen Sie sich! Pfui! Pfui!« Das Kindermädchen stürzte hinaus, vergaß sogar die Pakete. – Meine Empörung war gewaltig. Für mich ist Alja wie eine Prinzessin. Sie hat mir gegenüber ein Plus: den Aristokratismus ihrer physischen Erscheinung. […]

*

Feodossija, Pfingsten 1914 (25. Mai, Sonntag)

Mich erfasste ein leichtes ⟨deutsch:⟩ *Reisefieber*, das sich im Verlangen äußerte, zu packen und mich in etwas zu verlieren: im hastigen Befestigen der Schlüssel an gerade gekaufte Ringe (einen habe ich schon ruiniert), in der Lektüre von was auch immer, im Erteilen von eiligen Anweisungen an das Kindermädchen … Außerdem ist eine baldige Abreise eine bequeme Ausrede, um nicht an den Gedichten für Ellis zu arbeiten.

Seltsam: so leicht und freudig zu schreiben und mit solchem Genuss das Schreiben aufzuschieben!

Rosen, Rosen, Rosen … Wenn man durch Serjoschas Zimmer geht, bleibt man unwillkürlich stehen – wegen dieses warmen süßen Duftes, der in Schwaden durch die weit geöffneten Türen dringt.

Unlängst schickte uns A⟨lissa⟩ F⟨jodorowna⟩ frische Rosenkonfitüre.

1. Du isst – und spürst im Mund den Geschmack von 1001 Nacht.
2. Der Geschmack von Rosenkonfitüre – ist der Geschmack von 1001 Nacht.
3. In einem Löffel Rosenkonfitüre – ist 1001 Nacht beschlossen.

Mir gefiel dieser Vergleich ungeheuer und ich wollte ihn noch genauer und kürzer machen. Der dritte, scheint mir, ist der beste. Der erste – der schwächste.

Nein, was immer Max sagen mag, – die Prosa *muss* musikalisch sein. Ich kann großartig Prosa schreiben, aber entweder beeile ich mich oder bin faul.

Nochmals zu den Rosen: ich habe ein wunderbares Kleid – große rote Rosen mit grünen Blättern – nicht stilisiert und nicht volkstümlich – eher altertümlich. – Ein Geschenk von Assja. – Und ich habe noch ein beträchtliches Stück von diesem Stoff, daraus mache ich für Alja und mich eine Decke. Was ist zauberhafter als eine von Nonnen abgesteppte wattierte Decke mit gro-

ßen roten Rosen! Ein lebendiger Klostergarten! Ach, Aljas Erinnerungen an die Kindheit!
Die Mutter ist 22 (ich spreche von der Zukunft), aussehen tut sie wie ein siebzehnjähriges Mädchen – zart, leicht, mit schmalen, langen Händen. Kurzes goldfarbiges Haar. Sanfte Stimme. Küsst Hunde und Katzen, spielt stundenlang auf der Drehorgel, schreibt Gedichte. Im Sommer trägt sie Pluderhosen, im Winter – farbige, mit Blumen übersäte Kleider – manchmal altmodische. Am Arm trägt sie ein schweres, altes Bronzearmband. Und diese zauberhaften funkelnden Ringe! Und der Halsschmuck aus Amethyst, und das blaue Medaillon, und die Granatbrosche von der Farbe dunklen Weins! Und diese Glasperlen an den Wänden! Diese alten Gravüren! Diese Albums! Diese Vielzahl an Musikdosen! Diese Bücher, Bücher, ohne Ende! Dieser Wolfspelz! Dieser Zigarettengeruch!

*

Der Vater ist 21 (ich spreche vom kommenden Winter, wenn Alja sich schon an etwas erinnern kann, – sie wird drei).
Eine prächtige Erscheinung. Hoher Wuchs; wohlgebaut, zart; die Hände wie auf einer alten Gravüre; längliches, schmales, sehr blasses Gesicht, in dem *riesige* Augen brennen und leuchten – mal grün, mal grau, mal blau, – sowohl grün wie grau und blau. Großer, vorgewölbter Mund. Ein einzigartiges und unvergessliches Gesicht unter einer breiten Strähne dunkler, golden schimmernder, üppiger, dichter Haare. Noch habe ich nichts über die steile, hohe, blendend weiße Stirn gesagt, wo sich aller Verstand und Edelmut dieser Welt konzentrieren, wie in den Augen – die Trauer. Und diese Stimme – tief, weich, zart, diese Stimme, die sofort jeden bezwingt. Und sein Lachen – so hell, kindlich, unwiderstehlich! Und diese blendenden Zähne zwischen den aufgeworfenen Lippen. Und die Gesten eines Prinzen!

*

Koktebel, 19. Juni 1914, Donnerstag

S⟨erjosha⟩ hat seine Prüfungen beendet. In der Lokalzeitung »Südliches Land« steht folgende Notiz: »Von den Externen des Knabengymnasiums von Feodossija hat einzig Herr Efron bestanden.« An seinem Prüfungsschicksal hat die ganze Stadt teilgenommen.
Ich möchte einen Teil seiner Antwort in Geschichte wiedergeben: »Claudius hätte ein großer Imperator werden können, doch hinderte ihn daran leider sein Familienleben: er war zweimal verheiratet – das erste Mal mit Messalina, das zweite Mal – mit Agrippina, und beide betrogen ihn schändlich.«
Das war alles, was er über Claudius wusste. Die Examinatoren bissen sich auf die Lippen.

Ex⟨amen⟩ in Glaubenslehre, 12. Juni 1914

Priester: »Wie verhielten sich die Grabwächter bei der Auferstehung Christi?«
S⟨erjosha⟩: »Sie fielen zu Boden.«
Priester: »Und danach?«
S⟨erjosha⟩: »Kamen sie wieder zu sich.«
Priester: »Hm ... erzählen Sie uns die Vita eines Kirchenvaters, – von dem, den Sie am besten kennen.«
S⟨erjosha⟩ schweigt.
Priester: »Was ist die Darstellung im Tempel?«
S⟨erjosha⟩ schweigt.
Der Direktor, freundlich: »Nun, Efron, erinnern Sie sich doch!«
Schweigen.
Priester: »Wer hat Christus im Tempel empfangen?«
S⟨erjosha⟩: »Der Hohepriester.«
Priester: »Nein!«
S⟨erjosha⟩: »Ein Priester.«

Priester: »Kennen Sie das Gebet: ›Nun entlässt Du Deinen Diener‹?«
S⟨erjosha⟩ hastig: »Nun entlässt Du Deinen Diener ...«
Priester: »Weiter?«
Schweigen.
Priester: »Was bedeutet Verfressenheit?«
Langes Schweigen, dann unartikulierte Laute, und die Antwort: »Liebesdienst am Leib.«
Priester: »Nein. Das ist, wenn man den Leib verehrt wie Gott.«
S⟨erjosha⟩ schweigt überrascht, wird totenblass und bittet, sich setzen zu dürfen. Er atmet stoßweise. Alle schweigen, auf seinen letzten Atemzug gefasst. Der Direktor schlägt vor, das Ex⟨amen⟩ zu beenden. Eine Drei.

*

Am 13. Juni erfuhr ich vom Tode Jambos.
Ich lag bei S⟨erjosha⟩ auf dem Bett, in Feodossija.
»Ich erzähle es Ihnen lieber nicht. Sie werden es nicht ertragen.«
»Nein, erzählen Sie!«
»Man hat ihm die Augen zerschossen ...«
»A-ch!«
Es traf mich wie ein Schlag, ich bekam Atemnot und war innerhalb von Sekunden in Tränen aufgelöst. Noch nie habe ich solches *Grauen* empfunden. Solchen Schmerz! Solches Bedauern! Solche Rachsucht!
Jambo! Der wunderbare, kluge Elefant, erschossen durch 230 Kugeln! Jambo, der niemandem etwas zuleide getan hat! Jambo mit dem langen Rüssel und den lieben Augen (sowohl den Rüssel wie die Augen haben sie ihm zerfetzt!). Jambo, der nicht sterben wollte, der Orangen und vergiftete Piroggen zertrat und beim Anblick der Soldaten einen drei Pud schweren Balken hochhob. Jambo, den Schurken vom Jagdklub erschos-

sen, wobei sie ihre Namen schändlich verheimlichten. Jambo! Du bist meine ewige Wunde! Wie viele Tränen habe ich schon vor 2 Monaten um dich vergossen, und wie sehr freute ich mich über deine Rettung! Ehrenwort, mit *Genuss* würde ich deine freiwilligen Henker eigenhändig erhängen – einen nach dem anderen. Jambos Erschießung ist 100 000-mal schlimmer als die Verbrennung christlicher Märtyrer, weil Jambo ein Tier war, – klug, völlig unschuldig und *nicht gewillt* zu sterben! – Jedes Mal, wenn von Jambo die Rede ist, fange ich an zu weinen. […]

NOTIZBUCH 2
1914-1916

Anfang Februar ⟨1916⟩

Alja und ich liegen auf dem Wolfspelz, das Grammophon spielt.
»Aletschka, sag mir, muss man einen lieben oder viele?«
»Nein, man muss viele lieben.«
»Und wenn einer deshalb böse wird?«
»Dann sag ich ihm (aufgeregt, mit gesenkter Stimme): Auf Mama darf man nicht böse sein, – wie kann man auf Mama nur böse sein!«
Die Wjalzewa singt: »Erinnere dich! Erinnere dich!«
Alja: »Warum singt sie so traurig?«
»Sie hat jemanden geliebt, und der hat sie verlassen.«
Alja denkt lange nach, ganz aufgewühlt.
»Nun, wenn er nicht zurückkehrt, dann werde ich sie lieben.«
Und sie seufzt den ganzen Abend: »Mir tut die Zigeunerin so leid«, dabei weint sie fast.

*

Gedichte. Nicht mehr sommerliche, alle Worte ergeben einen Sinn, des Metrums willen wiederholt sie manche Silben, dabei lacht sie. Unter anderem sind diese Verse entstanden:
>»Was ist das für ein Herz?
>Von Mama ist das Herz.
>Mama ist gestorben, –
>Dies ist ihr Herz.«

*

5. Februar

Zu Ossip Emiljewitsch: »Warum verreist du mit Mama?«
Zu mir (ich habe gesagt, dass ich O. E. zum Bahnhof begleite): »Begleite ihn bis zum Vorzimmer – einfach bis zur Tür – und Schluss.«

*

6. Februar

»Ich wollte dich aus Liebe – beißen.«

*

»Das Herz der kranken Mutter lag da, die Kissen lagen auf dem Boden herum, ein Junge lief und lief und schlug sich die Nase wund, irgendwelche Streichhölzer lagen herum, neben den Fenstern standen Bilder, die Fenster gaben einen pfeifenden Ton von sich, wie die Kamine, die Tiger liefen und sangen, wie der Junge.
Da geht die böse Stiefmutter und wackelt mit dem Kopf, die Blumen wachsen-wachsen (zweimal), die böse Stiefmutter ging und ging und ging, aß die Blumen auf. Da stand ein Tintenfass, man hat die Tinte dagelassen. Da liegt eine grüne Jacke, ein Schächtelchen, alle Sterne sind am Himmel, – es ist sehr finster. Auf dem Diwan lagen zwei kleine Mädchen, nur sie, die großen standen – und sprachen. Sie sprachen über eine Karte. Die Blumen wuchsen aus dem Tintenfass mit Wasser, das Kissen lag, wie mit spitzen Ohren, die Ohren waren spitz. In der Luft erhoben sich Kirchen, das Fenster wurde ganz flaumig; die Kirchen läuteten, wie nur konnte er sie nicht hören
Die große Sonja geht in die Kirche, um zu Gott zu beten. Die Kirchen erhoben sich in der Luft. Ein großer Tiger kam – ge-

streift. Als ob das Fenster auf meiner Wand läge. Es kam ein Jäger – um unser schlimmes Mädchen zu erschießen. Das Mädchen wurde ganz klein und weinte.
Die Jäger standen die ganze Zeit. Die böse Stiefmutter trat auf den Teppich, und der Teppich schwankte. Der Ziegenbock rennt wie verrückt zu seiner bösen Stiefmutter. Der Doktor lag ganz krank da, er hatte Kopfweh. Jetzt ist der Doktor wieder gesund. Die Stiefmutter denkt: jemand hat mich aufgegessen, darum gibt es mich nicht mehr; sie wurde sauber wie ein Schüsselchen, ganz rein.«

*

»Materie – das ist Material.«

*

Liebe zu Mironow (Ende Februar).

»Mironow, warum gehst du so schön?«
»Ich liebe Mironow, weil er so gut angezogen ist.«
Sie küsst ihn, schmiegt sich an ihn. Er küsst ihr die Hand, ehrerbietig.
Eifersucht gegenüber O. E. Mandelstam. Sie nimmt meine Hand von seiner, lenkt meine Aufmerksamkeit auf Mironow, als dieser den runden Fuchs berührt, schluchzt sie laut. Der Grund: »Er wird ihm die Ohren abreißen!«

*

Gestern, zu Serjosha (2. März):
»Spiel nicht auf der Balalaika, ich muss gleich weinen.«
Früher, Ende Februar:
»Ich war traurig im Kinderzimmer und traurig im Esszimmer

und werde im Vorzimmer traurig sein.« – »Wenn ich nicht spazieren will, wenn ich mit dem Finger den Ofen berühre, wenn ich in etwas Unschmackhaftes beiße – ein Spielzeug.«

*

Heute Morgen (3. März):
»Warum hast du O⟨ssip⟩ E⟨miljewitsch⟩ nicht geliebt?«
»Ich wollte ihn nicht lieben.«
»Der Wolf ist wie das Gras, ich bin im Wolf versunken.«
»Ich liebe dich so sehr, dass ich weinen möchte.«
»Stoß mich vor Liebe und dann sag ›Entschuldigung‹.«
Ich tue es – und sie küsst meine Hand.
Sie liebt mich heftig und eifersüchtig. S⟨erjosha⟩ sagt: »Komm zu mir«, und sie wirft sich in meinen Schoß. Ossip Emiljewitsch bittet: »Gib die Hand«, und sie reicht beide Hände mir.
Zu mir: »Ich mag vor allem die Frau.« (Auf die Frage: Welchen Mann magst du am liebsten?)
Ihr Bedürfnis, alles mir zu geben, mir alle ihre Spielsachen zu schenken. – »Geh zur Treppe, dann geh ich in dein Zimmer und schenke dir ein wunderbares Geschenk. Geh rein und du wirst sehen.« Geschenke nimmt sie *nie* zurück.
Ihr Bedürfnis zu reisen: »Wir fahren zusammen zum Bahnhof! Wir fahren einmal zusammen ans Meer! Möchtest du hier leben?« (Sie zeigt auf ein Bild.)
Ihre Trauer bei Musik und ihre Suche nach einem Objekt: »Mir tut die Zigeunerin leid. Mir tut Pra leid.« – »Wir gehen einmal nachts spazieren und schauen, wie die Stadt aussieht.« […]

NOTIZBUCH 3
1916-1918

Für einen vollkommenen Einklang der Seelen braucht es den Einklang des Atems, denn was ist der Atem anderes als der Rhythmus der Seele?
Folglich: Damit Menschen einander verstehen, müssen sie nebeneinander gehen oder liegen.

7. Dezember 1916

*

Im Erziehungsheim. April ⟨1917⟩

Heroismus – ist Widernatürlichkeit. Die Nebenbuhlerin zu lieben, mit dem Aussätzigen zu schlafen. Christus ist – vor allem – ein Verkünder des Heroismus!

*

Heroismus als Beruf: die Feuerwehrleute. Die Göttlichkeit des Berufs.
⟨nicht zu Ende geschrieben⟩

*

Seltsam: der Beruf des Feuerwehrmanns, des Zirkusartisten, des Totengräbers.

*

In der ganzen Menge, die zuschaute, wie man den Häftling Wilde vorführte, gab es nur einen, der ihm ins Gesicht spuckte, und nur einen (Robbie), der vor ihm den Hut zog. – Alle anderen sahen zu.

*

Christus trug der ganzen Judenheit sein großes »Mitleid« mit der Frau auf. – Ein Jude, der seine Frau schlägt, ist undenkbar.

*

Das Wichtigste: geboren werden, ⟨deutsch:⟩ *alles andere gibt sich schon.*

*

Das Schändliche an der Gegenüberstellung von Christus und Nietzsche besteht nicht darin, dass Christus mehr gelitten hat als Nietzsche. Schändlich ist – offenkundig – die Nichtübereinstimmung der Niveaus.

*

Aus einem Brief: Wie langsam sich Ihnen Frau Soundso nähert! Sie legt Millimeter zurück, wo ich – Meilen zurückgelegt habe!

*

Das Gesicht ist – Licht. Tatsächlich entflammt es und verlöscht.

*

»Sie lieben zwei, das heißt, Sie lieben keinen!«
»Entschuldigen Sie, aber wenn ich außer meinem Freund noch Heinrich Heine liebe, werden Sie wohl nicht sagen, ich liebe Ersteren nicht. Das heißt, man kann gleichzeitig einen Lebenden und einen Toten lieben.
Doch stellen Sie sich vor, H. Heine würde zum Leben erweckt und könnte jederzeit zur Tür hereinkommen. Ich bin die Gleiche, H. Heine ist der Gleiche, der Unterschied besteht nur darin, dass er *ins Zimmer hereinkommen kann*.
Formulieren wir es also so: Eine Liebe zu zwei Personen, die jederzeit zur Tür hereinkommen können, ist – keine Liebe.
Damit meine gleichzeitige Liebe zu zwei Personen zur Liebe wird, ist unabdingbar, dass eine von beiden 100 Jahre vor mir geboren wurde, oder noch gar nicht geboren wurde (Porträt, Buch). Betrifft es beide – ist es noch besser.«
»Eine Bedingung, die nicht immer erfüllt werden kann!«
»Und doch ist undenkbar, dass Isolde außer Tristan noch jemand lieben würde, und der Schrei von Sarah (Marguerite Gautier) ›*O l'amour, l'amour!*‹ wäre lächerlich, würde er noch jemand anderem als ihrem jungen Freund gelten.«

*

Ich würde eine andere Formel vorschlagen: Kann eine Frau, wenn ihr Geliebter das Zimmer betritt, Heinrich Heine nicht vergessen, dann liebt sie nur Heinrich Heine.

*

Jedes Mal, wenn ich erfahre, dass jemand mich liebt – bin ich erstaunt, ebenso erstaunt bin ich, wenn er mich nicht liebt, aber noch erstaunter bin ich, wenn er mir gegenüber gleichgültig ist.

*

Unendliche Dankbarkeit für die kleinste Aufmerksamkeit, Begeisterung über schlichtweg höfliches Benehmen. Ein Herr in der Tram macht mir Platz. Meine erste Regung: Aber nein! Bleiben Sie doch bitte sitzen!, ich bin ganz gerührt ... Wäre vor Dankbarkeit sogar bereit, zu Fuß zu gehen! (Heimlicher Wunsch nach Beseitigung im Namen von ...). Doch kaum macht in derselben Tram ein junger Mann einem älteren nicht Platz, kann ich den Schrei nicht unterdrücken: »Flegel!«

*

Selber mache ich älteren Männern und Frauen immer Platz. Den älteren Frauen mit Freude, den älteren Männern – mit Vergnügen. (Nur nicht den rasierten, für die wäre es eine Beleidigung. Den rasierten – lächle ich zu.)
Einen alten Mann habe ich einmal furchtbar erschreckt. Und ein anderer, dem ich ein Fünfkopekenstück anbot (es war früh am Morgen und man wollte ihm kein Wechselgeld geben), schaute mich lange an, fassungslos: »Und wie soll ich es Ihnen zurückgeben?« – »Aber es sind ja nur fünf Kopeken!« – »Nein, gnädige Frau, das geht nicht.« (Der Mann war altmodisch.) Darauf der Schaffner, ungeduldig: »Nun, bezahlen Sie oder steigen Sie aus!« – »Da, bitte!«, flehte ich ihn an. Der Alte schaute mich immer noch misstrauisch an. »Nehmen Sie's doch, wenn man es Ihnen gibt«, sagte verärgert ein Arbeiter. Der Alte zögerte noch immer. Und plötzlich, mit begeistertem Gesicht: »Wie heißen Sie?« – »Ich? ... Marina.« – »Nun, gnädige Frau. Sobald ich aussteige, zünde ich in der erstbesten Kirche eine Kerze im Wert von fünf Kopeken für Ihre Gesundheit an.« – »Abgemacht.« Und er lachte freudig.

*

Ein Mann, der sich aus Liebeskummer das Leben nimmt, ist – pathetisch, eine Frau – irgendwie mitleiderregend. Carmen kann man töten und Carmen kann töten, doch Carmen bringt sich niemals selber um. Das kommt ihr nicht einmal in den Sinn. Casanova aber, der 1001-mal liebte, hat bestimmt 100-mal an den Tod gedacht.
Die Frau – ist Leben: Lebensspenderin, Schoß.
Eine Frau, die hoffnungslos verliebt ist, wirkt irgendwie lächerlich, würdelos. – »Was bist du für eine Frau, wenn du hoffnungslos liebst?« – Und selbst eine Frau, die ihr Leben lang einen Einzigen vergöttert, scheitert. Dante und Beatrice. Man vertausche die Rollen, und es bleibt nichts von der »Göttlichen Komödie« übrig.

*

Die geheimnisvolle Langeweile großer Kunstwerke, schon ihrer Namen: Venus von Milo, Raffaels Madonna, Kolosseum, Göttliche Komödie. (Ausnahme – die Musik.)
Und die geheimnisvolle Anziehung weltlicher Namen: Helena, Napoleon, Beethoven.

*

Alte Männer und alte Frauen. Ein rasierter, wohlgebauter alter Mann ist immer ein wenig altmodisch, ein Marquis. Und schenkt er mir Aufmerksamkeit, schmeichelt mir das mehr, als wenn sie von einem Zwanzigjährigen käme. Überspitzt ausgedrückt: hier habe ich das Gefühl, dass mich ein ganzes Jahrhundert liebt. Hier erlebe ich die Sehnsucht nach seinen Zwanzigern und die Freude über meine eigenen, die Möglichkeit, großzügig zu sein – und die ganze Unmöglichkeit. Bei Béranger gibt es ein Lied:

... Mein Blick ist scharfsichtig ...
Doch du bist zwanzig,
Und ich schon vierzig.

17 J⟨ahre⟩ und 50 J⟨ahre⟩ – der Unterschied ist überhaupt nicht so riesig, vor allem aber ist er nicht lächerlich. Möglichkeit für echtes Pathos.
Eine alte Frau aber, die einen jungen Mann liebt, ist – im besten Fall – rührend. Ausnahme: Schauspielerinnen. Eine alte Schauspielerin – ist eine Rose als Mumie.
Umgekehrtes Beispiel: Bettina, die mit 45 einen achtzehnjährigen Jüngling liebte. Doch dieselbe Bettina liebte mit zwanzig den fünfundsechzigjährigen Goethe!

*

Über das Werk von Achmatowa. – »Immer über mich, immer über die Liebe!« Ja, über sich, über die Liebe – und außerdem – erstaunlich – über die silberne Stimme des Hirschs, über die matten Weiten des Gou⟨vernements⟩ Rjasan, über die dunklen Gesichter in der Kathedrale von Cherson, über das rote Ahornblatt zwischen den Seiten des »Hohelieds«, über die Luft – »ein Gottesgeschenk«, über den höllischen Tanz einer Tänzerin, – und so fort, ohne Ende.
Und sie hat einen Achtzeiler über den jungen Puschkin, der alles abdeckt, was dessen Biographen recherchiert haben.
Achmatowa schreibt über sich – über die ewigen Dinge. Und Achmatowa, die keine einzige abstrakt-gesellschaftliche Zeile geschrieben hat, ist tiefer als alle anderen, – durch die Beschreibung eines Federhuts gibt sie ihr Zeitalter wieder – für die Nachfahren.

*

Über das Büchlein von Achmatowa könnte man zehn Bände schreiben, ohne etwas hinzuzufügen. Über die zahllosen Bände der Gesamtausgabe von Brjussow hingegen könnte man ein Büchlein im Umfang von dem der Achmatowa schreiben – und auch hier gäbe es nichts hinzuzufügen.

*

Manche Menschen mögen überhaupt nichts Triumphales. Zum Beispiel einen William Locke – und das Jüngste Gericht.

*

Bräutigam und Hahn – da wie dort ist etwas Aufgeblähtes. Sogar die Worte gleichen sich.

*

»Wie, Sie lieben das Grammophon? Das ist doch furchtbar!«
»Ja, furchtbar.«
»Merken Sie nicht die Banalität dieses Trichters? Das Grammophon – das ist Eisenbahnstation, Telegraphisten, Sonnenblumenkerne ...«
»Das Grammophon – ist Musik. Die Möglichkeit, Chopin, Schumann zu hören ...«
»Und Tango.«
»O ja! Auch Tango.«

*

Tango ... Der Polizeichef einer südlichen Provinzstadt verbot, Tango zu zweit zu tanzen. Und so tanzten sie – jeder für sich. Tanzten und sagten: »Es ist gut! Aber zu zweit wäre es noch besser.« Dieser Polizeichef hatte einen Papagei, offenbar aus der

Zeit Alexanders I. Und selber hatte er annähernd das gleiche Alter. Er war eins mit seinem Posten – ungewöhnlich galant – schlief mit Haube.

*

Der Edelmut des Herzens – als Organ. Seine ungewöhnliche Aufmerksamkeit. Immer schlägt es bei Aufregung als Erstes Alarm. Ich könnte sagen: Nicht die Liebe löst bei mir Herzklopfen aus, sondern das Herzklopfen – Liebe.

*

Die Seele spüre ich deutlich in der Mitte der Brust. Sie ist oval wie ein Ei, und wenn ich seufze, atmet sie.

*

Warum sieht Steiner, wo er doch hellsichtig ist, nicht, wie langweilig seine Werke sind?

*

Die erste Unschuld – Unwissenheit. (Säuglinge, Mädchen.) Ich liebe nur die zweite Unschuld, die durch Wissen gegangen ist.

*

Die Hauptpflicht eines Kritikers von Poesie – selber nicht schlechte Gedichte zu schreiben.

*

Nicht die Frau schenkt dem Mann das Kind, sondern der Mann – der Frau. Darum die Empörung der Frau, wenn man ihr das Kind (Geschenk) wegnehmen will, – und ihre ewige, unendliche Dankbarkeit – für das Kind.

*

Christi schlimmster Feind ist nicht der Heide, sondern der Rechtsanwalt.

*

Gebt dem Kaiser, was des Kaisers ist. Wie unendlich ermüdend das ist!

*

Irina – etwas sehr Langes und Elastisches. Schwanenhals, Gerte. Und dieses Langgezogene klingt, wie eine Saite.
Zuerst wollte ich ihr meinen Namen geben, dann (zu Ehren von Achmatowa) den Namen Anna. – Doch die Schicksale wiederholen sich nicht! – Soll später lieber jemand seine Tochter nach ihr benennen!

*

Und plötzlich – wie ein Blitz – eine Erinnerung an Syrakus. Ein riesiger, üppiger, schwarzgrüner Garten. Rosen, Rosen, Rosen. Und ein Mädchen von etwa vierzehn Jahren. Das Haar in Strähnen, das Kleid in Fetzen. – Zerzauste Flamme. – Sie ist taubstumm. Rennt, rennt, rennt auf einem schmalen Pfad. (Links ein Abhang.) Das Herz klopft bei ihrem Anblick. Und plötzlich – bleibt sie stehen. Dreht sich halb um und zeigt mit der Hand: Da! Im Grün ist etwas Weißes. Ein Denkmal. Wir treten näher heran.

⟨deutsch:⟩ »*August von Platen. Seine Freunde.*«

*

Der einzige Mann, zu dem ein Säugling passt – ist der Beamte. Das hat uns womöglich Dostojewskij beigebracht.

*

Treffen von Napoleon und Goethe. Im Geiste von Napoleon ließe sich sagen: »Wäre ich nicht Napoleon, möchte ich Goethe sein.« Und im Geiste von Goethe antworten: »*Votre majesté me comble*«, mit gesenktem Blick, damit Napoleon die wahre Antwort nicht in den Augen ablesen kann.

*

Handelt eine Tragödie nicht von Liebe, ist sie entweder eine Tragödie mit dem Himmel (Abraham, Luzifer) – oder eine Tragödie mit den Verwandten (König Lear, Antigone). Die eine ist mir gleichgültig, die andere wirkt immer ein bisschen lächerlich auf mich.
Ausnahme: Die Tragödie der Mutterschaft. Aber da sind wir fast schon bei der Liebestragödie.

*

Es gibt auch Tragödien in der Natur: Windhosen, Orkane, Hagel. (Hagel würde ich als Familientragödie der Natur bezeichnen.)
Die einzige Liebestragödie in der Natur ist das Gewitter.

*

Warum weigern sich Musiker immer – zu spielen, Sänger – zu singen, Dichter – Gedichte aufzusagen? Und warum weigern sich Musiker, Sänger und Dichter nicht – Unsinn zu reden?

*

Feinster Übergang von physischem Misstrauen zu Abneigung.

*

Dreieinigkeit: Stimme, Augen, Gang.

*

Bis zum Pathos gesteigerte Selbstliebe – das ist die B⟨aschkir⟩zewa. Es war etwas Spartanisches in dieser Liebe.

*

B⟨aschkir⟩zewa ist ein richtiger Dandy. Essen und schlafen vor dem Spiegel. (Baudelaire.)

*

Und dieses zarte Äußere bei innerer Mannhaftigkeit! – Die Russen mögen es lieber – umgekehrt.

*

Ob B⟨aschkir⟩zewas Liebe zu sich selbst eine Gottesgabe oder ein göttlicher Fluch war – in ihrem Schicksal jedenfalls walteten Götter.

*

Jede Gottesgabe – ist ein Fluch.

*

Zwei Dinge sind in mir untrennbar verbunden: Maupassant – und Beefsteak.

*

Die sogenannte »Phantasie« der Dichter ist nichts anderes als Genauigkeit der Beobachtung und der Wiedergabe. Alles existiert seit Anbeginn, aber nicht alles wird *so* bezeichnet. Aufgabe des Dichters ist es, die Welt neu zu taufen.

*

Das sprachliche Talent muss auf der Höhe des seelischen Talents sein. Sonst droht – in beiden Fällen – eine Tragödie. (Müsste ich wählen, würde ich natürlich dem seelischen den Vorrang geben.)

*

»Anna Achmatowa«. – Was für ein großartiges Fehlen an Behaglichkeit!

*

Stendhal – ein Geometer der Liebe.

*

Gedankenstrich und Kursivschrift – im gedruckten Werk sind sie die einzigen Träger der Intonation.

*

S⟨ergej⟩ E⟨fron⟩ 1913 über den Tango: »Ein solcher Tanz ist nur vor einer Weltkatastrophe möglich.«

*

»Ich liebe die Herbstfliegen. Sie sind das Einsamste auf der Welt.« (Ebenfalls er.)

Zu Hause. Sommer 1917

Für einen Aristokraten, erzogen im Geiste des Duells, ist die Revolution immer ein Duell. Ein Duell für die schöne Dame namens Monarchie, für die schöne Dame namens Revolution – für die schöne Dame.

*

Es gibt zwei Gründe für Heroismus: »Nichts zu verlieren!« (Arbeiter) – »Nichts zu gewinnen!« (Aristokrat).

*

Erstklassig in meinem Leben waren nur die Gedichte und die Kinder.

*

Was ich im Leben tue? – Ich höre auf meine Seele.

*

Es gibt zwei Arten von Biographien: die einen folgen den Träumen, die der Mensch selber träumt, die anderen solchen, die andere von ihm träumen.

*

4. Juni 1917

Die Seele – wandelt – zur Musik. Wandelt – verändert sich. Mein ganzes Leben folgt – der Musik.

*

Der erste Sieg einer Frau über einen Mann – wenn der Mann ihr von seiner Liebe zu einer anderen Frau erzählt. Und ihr endgültiger Sieg – wenn diese andere Frau ihr von ihrer Liebe zu ihm und seiner Liebe zu ihr erzählt. Das Geheimnis wurde offenkundig, ihre Liebe – ist meine. Bevor es so weit kommt, kann man nicht ruhig schlafen.

*

Alles Nichterzählte hält sich beständig.

*

Manchmal ist Schweigen im Zimmer – wie Donner.

*

Der Dichter ist jemand, der – nacheinander – alle Lasten von sich wirft. Und diese Lasten, die er mittels Worten von sich geworfen hat, tragen nach ihm andere – in Form gereimter Verse.

*

Seufzer – Wort – Seufzer. Der einzige Weg des Dichters.

*

Der Dichter wird, wenn er am Ertrinken ist, von der Natur mit einem großartigen Rettungsring versehen. Das weiß er und glaubt dennoch, dass er ertrinkt.

*

Besser, man verliert einen Menschen mit allem, was er ist, als man hält ihn an einem Zipfel fest.

*

11. Juli 1917

Der Feldherr nach dem Sieg, der Dichter nach dem Poem – wohin? – zur Frau.
Leidenschaft ist für den Menschen die ultimative Möglichkeit, sich auszudrücken, so wie der Himmel für den Sturm die einzige Möglichkeit – zu sein.
Der Mensch ist – ein Sturm, die Leidenschaft – der Himmel, der diese auflöst.

*

Der Mensch ist für Gott die einzige Möglichkeit – *zu sein*.

*

»Ich kann nicht nicht gehen, aber ich kann nicht nicht zurückkommen.« Sagt der Sohn zur Mutter, sagt der Russe zu Russland.

*

Der Westen ist Russlands hoffnungslose Liebe.

*

Der Geist strebt nach oben, die Seele in die Tiefe. Ein physisches Gefühl.

*

Casanova war es gegeben zu leben, uns – zu überleben.

*

Die Liebe zu sich führt über alle. Dies ist die spirituelle Erklärung für Vielliebe.

*

Der einzige Sieg über das Chaos – ist die Formel.

*

Eine Drittperson ist immer Ablenkung. Am Anfang der Liebe – vom Reichtum, am Ende der Liebe – von der Armut.

*

Ein Jude ist nicht weniger Frau als eine russische Frau.

*

Liebschaft und Mutterschaft schließen sich aus. Echte Mutterschaft ist – mannhaft.

*

Leidenschaftliche Mutterliebe verfehlt ihr Ziel.

*

Ein Offizier über das Gefecht: »Das war eine Art tödliche Parade.«

*

Das Hohelied wirkt auf mich wie ein Elefant: schrecklich und lächerlich.

*

Um nicht angeklagt zu werden, muss man sich sofort zum Ankläger machen.

*

Der Karrierismus – Konzentration des Willens – sucht sich einen passenden, perfekt konzentrierten Körper aus. Ich tauge nicht zum großen Karrieristen. Die Seele nimmt in mir zu viel Platz ein. Wirkliche Größe hat nur eine Wahl: den Heroismus.

*

August 1917

Balmont hält in Kislowodsk einen Vortrag, den er mit Versen über Russland beendet:

In diesem Sommer – wurde unsere Freiheit erniedrigt,
In diesem Sommer – wurden unsere Kräfte vergeudet,

In diesem Sommer – bin ich allein auf weiter Flur,
In diesem Sommer – habe ich Russland zu lieben aufgehört!

Und plötzlich – ein verzweifelter Klageschrei aus dem Publikum: »Das stimmt! Das stimmt!« Ein Offizier, auf beiden Augen blind.

*

Ein Bauer und seine Frau stehen vor einem volkstümlichen Plakat: ein Feld, übersät mit deutschen Leichen – und Kosaken, die Reiterkunststücke aufführen.
Die Frau: »Und wo sind unsere Gefallenen?«
Der Mann: »Unsere? Auf ihren Plakaten.«

*

Als Gott mich erschuf, sprach er: Ich habe dich so erschaffen, dass du dir unweigerlich den Hals brechen wirst. Gib acht!

*

Wir wollen nicht höher hinaus! Wir wollen sein – wie ihr! (Frauen und Politik.)

*

Der Instinkt ist – das Rückgrat der Seele.

*

Woher kommt in meinem Alter diese ältliche Ergriffenheit von der Liebe? – Woher dieses Gefühl – das war's? –

*

Der Kreis – größte Spannung und größte Ruhe.

*

Frauen gibt es viele, Geliebte wenige. Eine echte Frau wird man aus Mangel (an Geliebten), eine echte Geliebte aus Überfluss.

September 1917

Adam, Eva und die Schlange. Etwas anderes gab es nicht und wird es nicht geben.

*

Der Dichter ist wie ein Kind im Schlaf: er gibt alles preis.

*

Liebe: Im Winter vor Kälte, im Sommer vor Hitze, im Frühling wegen der ersten Blätter, im Herbst wegen der letzten, – immer wegen allem.

*

Oktober 1917. Feodossija

Anfang Oktober – eine rosarote Birke. Darin ist mein ganzes Christentum beschlossen.

*

»Schau, Petja! Die Bäume hier haben eine ganz andere Fasson!« (Die Frau eines postrevolutionären Fähnrichs.)

*

Der einzige Ausweg im Alter – die Hexe. Nicht die Großmutter, sondern das wilde Hutzelweib.

*

Traum von S⟨erjosha⟩ (3.-4. November 1917, nachts. Auf der Rückfahrt. – In Moskau ist Aufstand.)
Wir retten uns. Aus dem Keller ein Mensch mit Gewehr. Ich tue, als würde ich schießen. – Er lässt uns gehen. – Ein sonniger Tag. Wir klettern auf irgendwelche Trümmer. S⟨erjosha⟩ spricht von Wladiwostok. Wir fahren in einer Equipage durch die Ruinen. Ein Mann mit Schwefelsäure.

*

Seit zweieinhalb Tagen und Nächten – kein Bissen Brot, kein Schluck Wasser. Die Soldaten bringen Zeitungen, gedruckt auf rosa Papier. Der Kreml und alle Baudenkmäler wurden gesprengt. Das 56. Regiment. Gesprengt wurden die Gebäude mit den Junkern und Offizieren, die sich nicht ergeben wollten. 16 000 Tote. An der nächsten Bahnstation – schon 25 000 Menschen.
Ich lese. Rauche. – Kann man nach Moskau fahren? – Wenn nötig, gehe ich zu Fuß.

»Serjoshenka!
Falls Sie leben, falls es mir vergönnt ist, Sie wiederzusehen – hören Sie: Gestern, als wir uns Ch⟨arkow⟩ näherten, las ich das ›Südliche Land‹. 9 000 Tote. Die letzte Nacht kann ich Ihnen nicht schildern, denn sie nahm kein Ende. Jetzt ist grauer Morgen. Ich bin auf dem Gang.
Serjoshenka! Verstehen Sie! Ich fahre und schreibe Ihnen und weiß nicht, *was* mit Ihnen los ist, in dieser Sekunde.

*

Wir nähern uns Orjol. Serjoshenka, ich habe Angst, Ihnen so zu schreiben, wie ich möchte, weil ich gleich in Tränen ausbreche. All das ist ein – böser Traum. Ich versuche zu schlafen. Weiß nicht, wie ich Ihnen schreiben soll. Wenn ich schreibe, gibt es Sie, weil ich Ihnen schreibe. Und dann – ach! – das 56. Reserveregiment, der Kreml. Und ich gehe durch den Gang zu den Soldaten und frage, ob wir bald in Orjol sind.
Serjoshenka, wenn Gott ein Wunder wirkt und Sie am Leben erhält, gebe ich Ihnen alles: Irina, Alja und mich selbst – bis ans Ende meiner Tage und in alle Ewigkeit.
Ich werde Ihnen folgen wie ein Hund.
Serjoshenka! Die Nachrichten sind vage, ich weiß nicht, wem ich glauben soll. Ich lese über den Kreml, die Twerskaja, den Arbat, das Metropol, den Wosnessenskij-Platz, über Leichenberge. In der ⟨sozialrevolutionären⟩ Zeitung ›Kursker Leben‹ von heute (4.) heißt es, die Entwaffnung habe begonnen. Andere Zeitungen (vom 3.) berichten von Kämpfen.
Wo sind Sie jetzt? Was ist mit Irina und Alja? Ich lasse dem Schreiben jetzt nicht freien Lauf, aber ich habe mir 1 000-mal vorgestellt, wie ich das Haus betrete. Wird man wohl in die Stadt hineingelangen können?
Bald sind wir in Orjol. Es ist gegen 2 Uhr mittags. Moskau erreichen wir um 2 Uhr nachts. Und wenn ich das Haus betrete – und da ist niemand, keine Menschenseele? Wo soll ich Sie suchen? Vielleicht gibt es auch das Haus nicht mehr?
Die ganze Zeit habe ich das Gefühl: das ist ein böser Traum. Ich warte ständig: gleich geschieht's, und die Zeitungen und alles entpuppen sich als Spuk. *Ich träume nur, und erwache dann.*
Meine Kehle ist zugeschnürt, wie von Fingern. Ständig ziehe und zerre ich am Kragen. Serjoshenka.
Ich habe Ihren Namen hingeschrieben und kann nicht weiterschreiben.«

*

Wieder in Feodossija

Kaffeehaus in Otusy. (An den Wänden bolschew⟨istische⟩ Aufrufe. Ich bin mit S. G⟨ol⟩zew.) Die Posen der Tataren. Monddämmerung. Eine Moschee. Eine Kuhherde. Ein Mädchen in himbeerfarbenem bodenlangem Kleid. Tabaksbeutel. Die *Noblesse* alter Rassen.

*

Das Fehlen von Geistigkeit bei Frauen.
Der Hauptfeind des Geistes ist nicht der Körper, sondern die Seele.

*

Ich höre Musik wie eine Ertrinkende. Die Menschen sind grausam. Keiner interessiert sich *für meine Seele*. Mein Leben ist wie dieses Notizbuch: Träume und Gedichtfragmente *versinken* unter Listen, wo Schulden, Kerosin, Speck vermerkt sind. Ich gehe wirklich zugrunde, meine Seele geht zugrunde. Gedichte oder Musik treiben mir jetzt Tränen in die Augen.
Lieber Gott! Mach mich zu einer armen Frau, einer Straßenbettlerin, ein Kind auf dem Arm, das andere an der Hand. Meine Schuhe sind ohnehin schlecht, und ohnehin wasche ich selbst, – dann schon lieber barfuß, in Lumpen.
Es hätte mehr Würde!

*

Man möge darin keine Verbitterung sehen. Niemand ist schuld. Ich werde nicht müde, dies zu wiederholen. Mein *Unglück* besteht darin, dass ich mit meinen Schuhen noch *überrasche*, dass man mir nicht glaubt.

Wenn man mir glauben und sich überzeugen würde, wäre mir leichter.
Ein Haus in Moskau! – Und 50 000 auf der Bank! – Ja, aber ich wasche selbst, und nicht, weil ich es *mag*. Ich mag es, Gedichte zu lesen und Musik zu hören.

*

Seid stramm, Jungs! Euch ist es gegeben, für den Monarchen – oder die »russische Republik« – zu sterben.
Wir Frauen müssen Windeln waschen und Kartoffeln schälen.
So hat es Gott befohlen.

*

Persönlich geht es mir schlecht im Leben, weil ich keine Stütze habe (statt Freiheit) und keine Freiheit (statt einer Stütze).

*

Meinen Kindern wünsche ich nicht eine andere Seele, sondern ein anderes Leben, und wenn das unmöglich ist – mein unglückseliges Glück.

*

Im Waggon (2. Rückfahrt nach Moskau. Fuhr am 25. November los.)

»Wir haben eine junge Revolution, die in Frankreich aber eine alte, bourgeoise.«

*

»Ob Bauer oder Fürst – die Haut ist die gleiche.«

*

»Gott, Genossen, ist der erste Revolutionär!«

*

Es gibt eine Unschuld des Reichtums, wie es eine Unschuld der Armut gibt.

*

Im Moment verfüge ich nur über ein Mittel, Dankbarkeit zu zeigen: über Gedichte. Offeriert man mir ein Mittagessen, leiht man mir ein Kinderbett: sage ich Gedichte auf, schreibe Gedichte ab, schreibe Gedichte.
Die Seele zahlt für den Körper.
Wie gern würde ich Gedichte ohne Eigennutz aufsagen, – einfach, um geliebt zu werden! – Und ein Mittagessen – mit einem Mittagessen bezahlen!

*

Ich kann unendlich leicht verzichten, wenn es um *meine Seele* geht. Ich mache mir Sorgen, dass ich kein Zugbillet bekomme, und mache mir daneben überhaupt keine Sorgen, dass der Zug mich entfernt von einem Menschen, der … einem Menschen, den …
Meine Seele ist in meinem Leben absent. Mein Leben meidet die Seele. Mein Leben hat mit meiner Seele nichts zu tun.
Darum fällt es mir leicht, eine Gefälligkeit anzunehmen.
»Ach, das gilt ja nicht *mir*, ist nicht für mich! *Ich* brauche nichts!«

*

»Sie sind wohl Moskauerin? Bei uns im Süden gibt es diesen Schlag nicht!« (Ein Fähnrich aus Kertsch.)

»Was für ein Lüftchen!«
(Am offenen Fenster. – Ein Bolschewik. – Orjol.)

*

Moskau.

Alja: Morgendliche Nacht.

*

Aljas Gebet während und seit der Zeit des Aufstands:
»Herr, erbarme Dich und errette: Marina, Serjosha, Irina, Ljuba, Assja, Andrjuscha, die Offiziere und Nichtoffiziere, die Russen und Nichtrussen, die Franzosen und Nichtfranzosen, die Verwundeten und Nichtverwundeten, die Gesunden und Nichtgesunden – alle Bekannten und Nichtbekannten.«

*

Schicksal: das, was Gott geplant hat.
Leben: das, was Menschen (mit uns) gemacht haben.

*

30. November 1917

Ich gehe durch die Powarskaja. Auf der anderen Straßenseite – ein Offizier mit Krücken. Ohne nachzudenken, bekreuzige ich mich.

*

Das Leben trennt uns durch ein steifes Kaffeehaustischchen oder setzt uns in den gleichen Sessel. Fehlen einer menschlichen Atmosphäre. (Runder Tisch in der Kantine.)

*

Seele – ist Widerstand.

*

Die Seele ist das Segel. Der Wind – das Leben.

*

14. Dezember 1917

Das Wort – ist der zweite Leib des Menschen. Dreieinigkeit: Seele, Körper, Wort. Darum ist nur der Dichter – vollkommen.

*

Die Stimme: ganz Seele und fast Körper.

*

Manchmal bin ich versucht zu sagen: »Das spezifische Gewicht eines Wortes …«

*

Meine Liebe zu anderen (ungeachtet des einen) ist ein Überschuss an Liebe, der gewöhnlich Gott gilt.

*

Ich muss lernen, mit der Liebesgegenwart eines Menschen zu leben, wie mit seiner Liebesvergangenheit.

*

Ein Rivale ist immer – entweder Gott (du betest zu ihm) – oder ein Idiot (du verachtest ihn nicht einmal).

*

22. Dezember 1917

Die einen verkaufen sich für Geld, ich verkaufe mich (meine Seele) für Gedichte.

*

26. Dezember 1917

⟨deutsch:⟩ »*Man soll das Leben, wie die Frau den ungeliebten Mann, über sich ergehen lassen.*«

⟨Von der Hand S. Ja. Efrons:⟩

Die einen haben ein Flammenherz,
Die anderen ein Messer in der Brust.
Die einen atmen die Luft voll ein und schüren ihre Flamme wie ein Blasebalg.
Die anderen seufzen kaum hörbar und schreien, sich krümmend, vor Schmerz.

*

Segel – Schiff – niedrige Hügel – ein Haus mit Wappen – eine Steinmauer – eine Straße – ein jüdischer Friedhof. Und dann – zurück aufs Schiff – Fröhlichkeit – ein Bahnhof – Berlin – Café – Musik …

*

1918

Er verstand es, einen Hund zu küssen wie eine Frau, und eine Frau wie einen Hund.

⟨Weiter im Heft sind einige Seiten leer gelassen, einige herausgeschnitten.⟩

NOTIZBUCH 5
1918-1919

Juni 1918

Alja:
»In deiner Seele ist Stille, Trauer, Strenge, Kühnheit. Du bewegst dich in solchen Höhen, wo kein einziger Mensch sich aufhält. In deiner Seele – bist auch du. Und neigst den Kopf.«
Du bist eine Gebrannte.
Ich kann keinen passenden Kosenamen für dich finden. Du warst im Himmel und hast einen anderen Körper angenommen.

*

Auf dem Lande bin ich – Stadt, in der Stadt – Land. In der Stadt gehe ich – sommers – ohne Hut, auf dem Land gehe ich nicht barfuß (Eigensinn). Am ehesten komme ich – von dort: vom Stadtrand, von den Vororten.

*

»Lieben Sie Kinder?« – »Nein.«
Ich könnte hinzufügen: »Nicht alle, so wie ich nicht alle Menschen mag« usw.
Wenn ich an den 11-jährigen Osman in Gursuf denke, an »Herz Anne« von Bromlej oder an mich selbst als Kind, könnte ich »ja« sagen.
Doch im Bewusstsein, wie andere dieses »ja« aussprechen, sage ich entschieden – »nein«.

*

Ich mag nicht (das ist nicht mein Element) Kinder, das einfache Volk (den kleinen Soldaten auf dem Kasaner Bahnhof!), die plastische Kunst, das Landleben, die Familie.

*

Mein Element ist alles, was von der Musik kommt. Von der Musik aber kommen weder Kinder, das einfache Volk, die plastische Kunst, das Landleben noch die Familie.

*

Und – bester Beweis: hört man Musik, möchte man die Augen schließen.

*

Wenn man Musik hört, schließen sich die Augen oder sehen – obwohl offen – nicht, sehen nicht das, was ist – *sehen*.

*

Stammt die Liebe von der Musik – oder die Musik von der Liebe?

*

Warum liebe ich Hunde, die sich vergnügen, und *LIEBE NICHT* (ertrage nicht) sich vergnügende Kinder?!

*

Ich liebe (ertrage) das Tier im Kind – in Sprüngen, Bewegungen, Schreien, doch wenn das Tier ins Gebiet des *Wortes* eindringt (an sich schon unsinnig, da das Tier ohne Sprache ist) – entsteht Dummheit, Blödsinn, Abscheu.

*

Das Tier ist insofern besser als der Mensch, als es nie vulgär ist.

*

Wenn Alja mit Kindern zusammen ist, ist sie dumm, unbegabt, seelenlos, und ich leide, empfinde Abscheu und Fremdheit, kann sie nicht lieben.

*

MEIN TRAUM, 9. Juni 1918 – 1 Uhr tags

Eine Stadt auf dem Berg. Wahnsinniger Wind. Gleich zerbirst das Haus, wie das Herz zerborsten ist. Aber im Traum weiß ich, dass das Haus nicht zerbirst, denn der Traum muss weitergehen.
Ich erwache.
Im Zimmer – ein sehr weiblicher junger Mann von etwa 17 Jahren, in Uniform. Duzt mich, lacht. (Ein Künstler und Bolschewik.) – »Ich weiß nicht, wer Sie sind.« – »Du erkennst mich nicht? Nun, denk nach.« – »Ich komme nicht drauf.« – »Ich bin der Vater von Jean.« – »Welchem Jean?« – »Jean, einem neuen Menschen.«
Ich erwache.
Im dunklen Flur, am Telefon. Ich zu ihm: »Das Telefon klingelt gar nicht!«
Ich erwache.
Ein irre schnelles Auto. Ich und noch andere Leute. Wir jagen dahin. *Genaue* Vision: links – hohe Hügel, mit rotem Herbst-

laub bedeckt. Wir rasen in einen Baum (Eiche). Zerschellen. – Vorbei. – Auf den Hügeln arbeiten Arbeiter. Vorne: eine Pfütze. Pfade, einzelne Riesenbäume. Im Traum denke ich: das alles kann ich mir nicht ausgedacht haben, das habe ich schon mal in der Kindheit gesehen. Wahrscheinlich in Freiburg (mit 12 Jahren, Tannenwald).
Ich erwache.
Wir jagen dahin. Jemand holt uns ein. Weder Fahrrad noch Auto. Überholt uns. Kehrt um. Ich möchte zu ihm. Möchte dem Chauffeur sagen, er solle halten. Einen Chauffeur gibt es nicht. Ich bringe das Auto zum Stehen. Auf der Straße – der Junge von vorhin. Ich sehe, dass er jetzt kleiner ist, hebe den Kopf, um ihn zu küssen, höher, als es sich gehört, tue so, als *reckte* ich mich, damit er dadurch größer erscheint. Und plötzlich entdecke ich an ihm ein Frauenkleid – weiß mit Blumen. Trotzdem will ich mit ihm weggehen.
Ich erwache. In meiner Brust ein heißes Wogen.

*

Jetzt liege ich im Moos, das stachlige, schon trockene Gras zersticht mir die Arme, auf einem krausen Halm – eine Hummel. Die Sonne scheint mir direkt auf den Kopf. Die Erde verbrennt mich durch und durch. Kein Körper, keine Seele. Es gibt nur eine heiße Wolke – mich.

*

Ich bin keine Heldin der Liebe, gebe mich nie dem Geliebten hin, immer – der Liebe.

*

Kinder sind einfältig, wie die Vögel. Die Seele macht sich im Kind erst dann ständig bemerkbar, wenn der Geschlechtstrieb erwacht.
Vögel, Blumen, Tautropfen, Staubkörner, – ich bin betäubt von so viel Unschuld.

*

»Die Erwachsenen verstehen die Kinder nicht.« Ja, aber wie wenig verstehen die Kinder die Erwachsenen! Und warum sind sie dann zusammen?!

*

Ein Satter ist dem Hungrigen kein Gefährte. Das Kind ist satt, der Erwachsene hungrig.

*

In der Kindheit bin ich immer von den Kindern zu den Erwachsenen geflüchtet, mit 4 Jahren von den Spielen zu den Büchern. Puppen habe ich nicht gemocht – habe mich geschämt und sie verachtet. Das einzige Spiel, das ich mochte: *aux barres*, mit 11 Jahren in Lausanne – weil es dort zwei Parteien gab ⟨zwei Lager⟩ und Heroismus.

*

Brief

Lieber Freund! Wenn ich – verzweifelt vom Elend der Tage, erstickt von Alltag und fremder Dummheit, lebendig nur dank Ihnen – endlich Ihr Haus betrete, so habe ich mit meinem ganzen Wesen ein Anrecht auf Sie.

Man kann einem Menschen das Recht auf Brot absprechen, nicht aber das Recht auf Luft. Ich atme durch Sie, atme einzig durch Sie. Darum mein Gekränktsein.

Ihnen ist heiß, Sie sind gereizt, erschöpft, jemand klingelt, Sie gehen träge zur Tür: »Ach, Sie sind es!« Und schon folgen Klagen über die Hitze, die Müdigkeit, und Gefallen an der eigenen Trägheit, – erfreuen Sie sich an mir, ich bin so großartig!

Ihnen geht es nicht um mich und meine Seele, drei Tage – Abgrund, was war los?

Das ist Ihnen egal. Ihnen ist heiß.

Sie sagen: »Wie soll ich Sie lieben? Ich liebe nicht einmal mich selbst.« Ihre Liebe zu mir mündet in Ihre Liebe zu sich selbst.

Was Sie Liebe nennen, nenne ich gute Laune. Kaum fühlen Sie sich ein wenig schlecht (häusliche Zwiste, Arbeit, Hitze) – existiere ich für Sie nicht mehr.

Lieber Freund, so geht das nicht, so atme ich nicht. Ich möchte etwas Bescheidenes, total Einfaches: dass Sie sich freuen, wenn ich komme.

*

»Und wissen Sie – Gott liebt die Überraschung!«

*

Ende des Briefes:
»An dieser Stelle, mein Freund, bin ich mit dem Bleistift in der Hand eingeschlafen. Und habe Schreckliches geträumt – flog von einer hohen New Yorker Etage. Wache auf: die Lampe brennt. Die Katze auf meiner Brust macht einen Kamel-Buckel.«

*

25. Juni 1918, 2 Uhr nachts, am Haustor

Vollmond, ich trage 10 Silberringe, Uhr, Armband, Brosche, um die Schulter S⟨erjoshas⟩ Ledertasche, in der Hand eine Zigarettenschachtel und ein deutsches Buch. Aus dem Haustor tritt ein etwa 18-jähriger Bursche in Uniform, unter der Schirmmütze schaut ein kecker Schopf hervor.
»Haben Sie eine Waffe?«
»Nei-n …«
»Was ist das hier?«
»Schauen Sie's doch bitte an.«
Ich nehme aus der Tasche und gebe ihm nacheinander: ein neues wunderbares Zigarettenetui mit Löwen (*Dieu* ⟨*et*⟩ *mon droit* – ein englisches), die Geldbörse, die Streichhölzer.
»Und da ist noch ein Kamm, der Schlüssel … Falls Sie Zweifel haben, wer ich bin – ich wohne hier, gehen wir zum Hausmeister.«
»Und haben Sie ein Dokúment?«
Da erinnere ich mich an die Anweisungen meiner Freunde, wie in solchen Situationen vorzugehen sei, und pariere gewissenhaft und unsinnig:
»Haben Sie ein Dokúment?«
»Hier!«
Im Mondschein – der Stahl des Revolvers. (»Also ist der Revolver – weiß, ich dachte aus irgendeinem Grunde, er wäre schwarz!«) Im selben Moment fliegt über meinen Kopf die Kette der Lorgnette, würgt mich am Hals und verfängt sich in meinem Hut. Erst jetzt begreife ich, worum es geht.
»Lassen Sie den Revolver los und entfernen Sie mit beiden Händen die Kette. Sie würgen mich.«
»Und Sie, schreien Sie nicht.«
»Sie merken doch, dass ich leise spreche.«
Die Sache mit der Kette ist – die letzte.
»Genossen!« Diesen Ruf höre ich schon hinter meinem Rücken,

als ich den Fuß über die Eisenschwelle des Tors setze. Ich habe vergessen zu sagen, dass während der Zeit unseres Gesprächs (ein, zwei Minuten lang) auf der anderen Seite der Gasse vier Typen auf und ab gingen.

Der Dieb ließ mir: alle Ringe, die Brosche, die Tasche, das Armband, die Uhr, das Buch.

Er nahm: die Geldbörse mit einem alten Check über 1000 Rubel, das wunderbare neue Zigarettenetui, die Kette mit Lorgnette, die Zigaretten.

*

Am folgenden Tag um 6 Uhr abends wurde er getötet. Wie sich herausstellte, war er einer der drei Söhne des Küsters der benachbarten Kirche (der Rshewskaja), die drei kamen – anlässlich der Revolution – aus dem Straflager frei.

*

17. Juli 1918

Kalkuliertes Chaos. (Russland.)

*

Die Ungeschütztheit des zu Papier Gebrachten. (Ich.)

*

Für viele spielte sich die Revolution im Zeichen der Hauskomitees ab.

*

Eine Mondnacht in der Stadt ist immer gotisch.

*

Der Salamander ist nicht feurig, vielmehr feuerresistent. Was für eine absurde Kälte, um im Feuer *zu leben*!

*

Alja: 5. August 1918

Über eine Engelsvision: blasses Gesicht, wie der Mond, aber konturierte Augen, und innen – wie dickgewordene Milch.

*

Mein Kummer ist schwer, wie Eisen, wie eine Granate.

*

7. August 1918

Es gibt zwei Quellen für die Genialität der Frau:
1) ihre Liebe zu jemandem (ob erwidert oder nicht, ist egal)
2) fremde Nichtliebe.

*

Unbegabt ist die Frau: wenn sie niemanden liebt, wenn derjenige sie liebt, den sie *nicht* liebt.
(All diese Situationen habe ich am eigenen Leib erfahren.)

*

Sind keine Männer um mich herum, denke ich gar nicht an sie, als hätte es sie nie gegeben.

*

21. August 1918

Essen riecht manchmal überhaupt nicht nach Essen: sondern nach Abenteuer, nach Trauer (Küchengerüche in großen Hotels).

*

Männer und Frauen sind mir nicht gleich nah, sondern gleich – fremd. Ich kann ebenso sagen: »Sie, Frauen« wie: »Sie, Männer«.
Sage ich »wir, Frauen«, übertreibe ich immer ein wenig, mache mich lustig, spiele.

*

Die Julisonne empfinde ich als schwarz.

*

Irina ist 1 Jahr und 4 Monate alt.
Ein halbes Jahr ihres Lebens (den Oktober und November, als ich auf der Krim war, und die 3 Sommermonate) hat sie ohne mich verbracht.
An Alja habe ich vom ersten Moment an geglaubt, sogar vor ihrer Geburt, nach Alja habe ich mich (närrisch!) gesehnt.
Irina ist ein ⟨deutsch:⟩ *Zufallskind*. Ich habe keine Beziehung zu ihr. (Herr, verzeih mir!) – Wie soll das weitergehen?

*

27.-28. August 1918

Der Brjansker Bahnhof – ich gehe Milch holen – es ist halb sechs Uhr morgens. Der Himmel voll rosiger Girlanden, der Moskwa-Fluss stahlfarben (wie hellblauer Stahl), der Morgen ganz frisch, Anblick einer schlafenden Stadt. Ich trage wie immer meinen grünen Havelock, in der Hand einen Eimer Milch – und eile.
Ach, mir ist klar, dass ich am liebsten auf der Welt mich selbst habe, meine Seele, die ich jedem Entgegenkommenden in die Hand drücke, und meinen Körper ⟨über der Zeile: meine Haut⟩, den ich in alle Waggons der 3. K⟨lasse⟩ werfe. – Und es stößt ihnen nichts zu! Gefühl zärtlicher *camaraderie* – Begeisterung – freundschaftlicher Verbündung.
Ein solches Gefühl habe ich sonst nur für Alja – zum Teil.
Anna Achmatowa! Einst drangen Sie wie ein Habicht in den schmutzigen Rock eines Weibs ein – um 6 Uhr morgens – an einem gottverlassenen Bahnhof, um Ihrem Sohn – Milch zu beschaffen?!

*

Aus einem Brief:
Uns trennt, lieber Freund, nicht Hochstehendes, sondern der Alltag. Geben Sie zu, es kann keine gleiche Lebensauffassung geben zwischen einem Menschen, der den ganzen Tag mit Taschen, Küchentüchern, vulgären Fressen, siedender und nicht siedender Milch verbringt, und einem, der in aller Aufrichtigkeit noch nie eine rohe Möhre gesehen hat.
»Aber dazu ist doch die Liebe da, um den Alltag auszugleichen. (Der Prinz in der Eselshaut und die Geschirrwäscherin.)«
»Ja, nur fällt es dem Prinzen leicht, die nie gesehenen Kasserollen zu vergessen, während die Geschirrwäscherin weiß, dass der Prinz geht und die schmutzigen Töpfe – bleiben!«

*

Die Frau, wenn sie Mensch ist, braucht den Mann als Luxus, – mitunter sehr, sehr. Die Bücher, das Haus, die Sorge um die Kinder, die Freuden von den Kindern, die einsamen Spaziergänge, die Stunden der Trauer, die Stunden der Begeisterung, – was hat der Mann hier zu suchen?
Die Frau verfügt, außerhalb des Manns, über zwei ganze Meere: den Alltag und ihre Seele.

*

Die Tasche trage ich wie einen Schultersack, – das entzückt mich.

*

Oh, meine Freundinnen beim Schlangestehen – ihr eleganten Kleinbürgerinnen und schmutzigen Weiber! – ihr werdet nie lernen, so schnell zu gehen und so fröhlich einzukaufen ⟨über der Zeile: so fröhlich zu stehen, nichts zu bekommen⟩, ihr werdet nie so fleißig dem Haus dienen wie ich. Denn dafür braucht es – Flügel!

*

Ich bin absolut *déclassée*. Äußerlich – wer bin ich? – um 6 Uhr morgens. Grüner Mantel, wie eine dreifache Pelerine, zusammengehalten von einem sehr breiten, unlackierten Riemen (städtischer Lehranstalten). Dunkelgrüne, selbstgemachte Kappe oder Mütze, kurzes Haar.
Unter dem Mantel – Beine in grauen, hässlichen Strümpfen vom Markt und Füße in groben, meist ungeputzten (keine Zeit!) Schuhen. Auf dem Gesicht – Heiterkeit.
Ich bin keine Adlige (weder dünkelhaft noch verbittert) und keine vernünftige Hausfrau (vergnüge mich zu sehr), gehöre nicht

zum Volk und nicht zur Boheme (leide wegen meiner ungeputzten Schuhe, ihre Grobheit aber freut mich – sie werden getragen!).
Ich bin tatsächlich, *ABSOLUT*, bis ins Mark – außerhalb jedes Standes, Berufs, Ranges. Hinter dem Zaren – stehen Zaren, hinter dem Armen – Arme, hinter mir – ist Leere.

*

»Ein Mönch hat ein Kind gestohlen!«
(Rief ein Junge auf dem Kasaner Bahnhof, als er sah, wie ich mit Irina im Arm dahineilte.)

*

Was quält mich so in diesen Schlangen, Kooperativen, auf Smolensker Märkten und Bahnhöfen? Wahrscheinlich ein Pflichtgefühl, aber da ich von Natur aus eine Abneigung gegenüber jeder Pflicht verspüre, verwandle ich das alles unbewusst (aus Selbstschutz!) in ein Abenteuer.

*

Hang zur Qual. Es zerreißt mir das Herz mit Alja. Ich *kann nicht* gleichzeitig Irina und Alja lieben, für Liebe brauche ich Einsamkeit. Wenn Alja zu schreien beginnt, bevor ich sie berühre, werde ich wütend. Die Angst des anderen macht mich grausam.

*

Aus einem Brief:
… Großer Gott, Sie müssen wissen: immer, in jeder Minute denke ich an Sie. Wenn Sie an mich denken wollen, müssen Sie wissen, dass es eine Erwiderung ist.

... Zwei Jahre lang *schluchzte* es in meiner Seele, jetzt aber *heult* es.
... Ich bin nicht besessen, meine Besessenheit ist geheim, niemand wird je an sie glauben.
... Ich liebe Sie auch ohne Sohn, liebe Sie auch ohne mich selbst, liebe Sie auch ohne Sie – den traumlos Schlafenden! – einfach nur um des Kopfes auf dem Kissen willen!

*

3.-4. September 1918

Straße zum Bahnhof Usman im Gouvernement Tambow.
Brot – ein überseeischer Zarewitsch (vielleicht ein verzauberter Zarewitsch?).
»Und das wird so weitergehen, bis übrig bleiben: von Tausenden – Ein Mann, und von Abertausenden – Eine Frau.« (Aus Soldatengesprächen.)

*

Manche Menschen begegnen der Außenwelt mit Nörgelsucht (Kinder – Weitsichtige – Schriftsteller vom Schlag eines Tschechow oder A. N. Tolstoj).
Sie ermüden und langweilen mich.

*

In Moskau gibt es die Kirche des »Großen Engelsrates«.

*

Nächtlicher Streit über Gott. Hass der Soldaten auf die Mönche und Liebe zu Gott. – »Wozu eine Holztafel küssen? Wenn du beten willst, tu es allein!«
Ein Soldat zu einem Offizier (vom Schlag eines ehemaligen Lyzeumsschülers):

»Und Sie, Genosse, zu welchem Glauben bekennen Sie sich?«
Aus der Dunkelheit die Antwort: »Ich bin ein Spiritist der sozialistischen Partei.«

*

Bahnstation Usman.
Ankunft. – Teestube. – Verängstigte und boshafte alte Frauen. Nachtlager auf dem Fußboden. Durchsuchung. Schreie, Weinen, Goldgeklirre, aufgetrennte Federbetten, die Schatten der Rotarmisten.
Die Unterdrücker: ein Jude mit einem Goldbarren um den Hals, ein Jude mit Sinn fürs Familienleben (gibt es Gott – hab ich nichts dagegen, gibt es ihn nicht – hab ich auch nichts dagegen), ein »Georgier« vom Siegesplatz, in rotem Tscherkessenrock, für zehn Kopeken würde er seine Mutter erstechen.
Mit den Teekesseln zum Stationsgebäude, heißes Wasser holen. Ein Zwölfjähriger ist »Adjutant« eines requirierenden Offiziers. Rundes Gesicht, blaue freche Augen, auf den blonden Korkenzieherlocken sitzt keck eine Schirmmütze. Eine Mischung aus Amor und Flegel.

*

Die Wirtin: ein kleines (tarantelhaftes) pechschwarzes Judenweibchen (man könnte und sollte das anders sagen), das Goldsachen und Seidenstoffe vergöttert. Früher – Besitzerin eines Strickwaren-Ateliers in Petrograd (Petersburg passt hier nicht), jetzt – die Frau eines Kommunisten an einem Requirierungspunkt.
»Was machen Sie denn hier, wenn es regnet, wenn alle am Requirieren sind? Lesen Sie?«
»Ja-a …«
»Und was lesen Sie?«

»Das ›Kapital‹ von Marx, mein Mann gibt mir keine Romane.«

*

Wie rührend ist eine alte Frau, die – aus Gewohnheit – mit einem Lächeln bezahlt!

*

Von allen, die ich kenne, haben wohl nur Assja und ich das biblische Wort ernst genommen, wonach wir das tägliche Brot im Schweiße unseres Angesichts erwerben.
Der Bahnhof Usman im Gouv⟨ernement⟩ Woronesh, wo ich nie zuvor war und nie wieder sein werde. 15 Werst zu Fuß über ein Stoppelfeld, um (rosaroten) Kattun gegen Graupen einzutauschen.

*

Markt – Basar. Röcke – Ferkel – Kürbisse – Hähne. Ich kaufe 3 hölzerne Spielzeugbauersfrauen, lasse mich dann mit einer lebendigen Bauersfrau ein, erstehe von ihr einen großen Bernstein – wie dunkler Honig – mit Wölbungen – für um den Hals – und verlasse mit ihr den Basar – ohne alles andere. Unterwegs erfahre ich, dass sie sich »am Fest der Gottesmutter von Kasan mit einem Soldaten vergnügt hat«, und überlege, ob das wohl lustig war.
Zu Hause: Empörung der Wirtin über den Bernstein. Meine Einsamkeit. Am Bahnhof, wo ich heißes Wasser hole, die Mädchen: »Das Fräulein trägt einen Bernstein! Schande! Schande!«

*

Assja und ich haben eine Liebesgeschichte mit schwerer Arbeit.

*

Fußbodenputzen bei der Schurkin. »Wischen Sie noch die Pfütze trocken! Hängen Sie den Hut auf! Wissen Sie, ich kann überhaupt keine Fußböden mehr putzen, das Kreuz tut mir weh. Sie sind es sicher von Kindheit an gewohnt!«
Schweigend schlucke ich die Tränen hinunter.

*

Am Abend zieht man den Stuhl unter mir weg, ich esse *meine eigenen* zwei Eier ohne Brot (auf dem Requirierungspunkt! im Gouv⟨ernement⟩ Woronesh!).

*

Ich schreibe bei Mondschein (der schwarze Schatten von Bleistift und Hand). Um den Mond ein *riesiger* Hof. Eine Dampflokomotive schnauft. Silberweiden. Wind.

*

Meine Herrschaften! Sie denken zu sehr an Ihr eigenes Leben! Ihnen fehlt die Zeit, an meines zu denken – dabei wäre es der Mühe wert!

*

Die Schwiegermutter, eine ehemalige Schneiderin und draufgängerische, redselige Person aus dem Samoskworetschje (»mein Mann hat mir einen Streich gespielt und ist gestorben!«), der

Schurke und Rotarmist mit dem Goldbarren um den Hals, die kleinbürgerliche Jiddin, ehemalige Besitzerin eines Strickwaren-Ateliers, die zu Tode erschrockenen Weiber, die verdächtigen finsteren Bauern, die Hitze, die ungeputzten Schuhe, das *fremde* Brot, »Herrgott! Umbringen muss man den, der Zucker und Speck hat!« – die Gänge zur Bahnstation, um heißes Wasser zu holen, – in jeder Hinsicht bin ich ein Paria: für die Schurkin – eine »Arme« (billige Strümpfe, keine Brillanten), für den Schurken – eine »Bourgeoise«, für die Schwiegermutter – eine von den »Gewesenen« (früher arbeitete ich für die Frau von Onkel Fedja), für die Rotarmisten – ein stolzes Fräulein mit kurzgeschnittenem Haar. Mir am nächsten (auf 1 000 000 Werst Entfernung!) sind die Bauernweiber, mit denen ich die Leidenschaft für Bernstein und farbige Röcke teile – und die Güte, – wie ein Wiegenlied.

*

Heute rissen die Unterdrücker zum Verheizen einen Telegraphenmast nieder.

*

Die Wirtin bückt sich nach etwas. Aus ihrem Ausschnitt fällt ein Haufen Gold, Goldrubel rollen klirrend durchs Zimmer.

*

Stenka Rasin: 4 Georgsorden, hat die Fahne gerettet. – »Was fühlten Sie, als Sie die Fahne retteten?« – »Gar nichts habe ich gefühlt! Wenn es eine Fahne gibt – gibt es ein Regiment, wenn es keine Fahne gibt – gibt es kein Regiment!« Seine Erzählung von der Stadt unter Wasser. Bei einer Versteigerung erwarb er ein Haus in Klimatschi für 400 Rubel. In Odessa raubte er eine

Bank aus: »Rocktaschen voller Gold!« Diente im Regiment des Thronfolgers. – »Da steigt er aus dem Waggon: schmächtig, hübsch, mit einem kläglichen Stimmchen. ›Und wohin darf ich jetzt gehen?‹ – ›Ein Automobil wartet auf Sie, Euer Hoheit!‹« – Viele Soldaten haben geweint.
Der Vater meines Stenka – Revierleiter, weiß alles, schreibt ein Buch »Russlands Tränen«, das er niemandem zu lesen gibt.

*

Sie requirierten viele Golduhren und eine Ladung Gardeoffiziersstoff für »gesteppte Halbröcke«.

*

Wieder Moskau, Ende September 1918

Alja und ich begegnen in der Powarskaja zweimal einem Offizier mit Krücken und Georgsorden. Das erste Mal, er ist schon vorbeigegangen, schicke ich Alja hinterher – mit einer Aster. »Für den Georgsorden.« Das zweite Mal lächelt er schon. Jetzt schicke ich ihm mit Alja – »Für den Georgsorden« – ein riesiges Ahornblatt. »Orden des Löwen und der Sonne – ein Ahornblatt!«

*

OKTOBER

Aus einem Brief:
Diesen Brief schreibe ich Ihnen mit Genuss, der jedoch nicht an Wollust heranreicht, denn Wollust vernebelt den Verstand, ich aber bin völlig bei Sinnen.
Ich liebe Sie nicht mehr.
Nichts ist passiert, – Leben ist passiert. Ich denke an Sie weder

am Morgen, wenn ich erwache, noch nachts, wenn ich einschlafe, weder auf der Straße noch zur Musik, – niemals.
Würden Sie eine andere Frau kennenlernen, würde ich – mit hochmütiger Rührung – lächeln und – mit Neugier – über Sie beide nachdenken.
Ich bin ⟨deutsch:⟩ *aus dem Spiel*.
Was ich Ihnen gegenüber empfinde, ist leichte Erregtheit beim Hören Ihrer Stimme und jene allgemeine schöpferische Erregtheit, die die geistige Präsenz des Partners auszulösen pflegt.
Ihr Gesicht gefällt mir nach wie vor.
Warum ich Sie nicht mehr liebe? Da Sie mich kennen, erwarten Sie kein »ich weiß es nicht«.
Zwei Jahre lang habe ich Sie – in Gedanken – im Herzen – mit mir herumgetragen, auf allen meinen Wegen, in Sälen, Kirchen, Waggons, habe mich keine Sekunde von Ihnen getrennt, habe die Stunden gezählt, auf einen Anruf gewartet, bin wie tot dagelegen, wenn kein Anruf kam, – alles wie bei allen – und doch nicht alles wie bei allen.
Ich sehe Ihr brünettes Gesicht über dem Glas Kaffee – im Kaffee- und Tabaksdunst. Sie waren wie Samt – ich spreche von Ihrer Stimme – und wie Stahl – ich spreche von Ihren Worten – ich ergötzte mich an Ihnen, ich habe Sie sehr geliebt.
Ein Vergleich – etwas befremdlich, aber wahr: Sie waren für mich jener Trommelschlag, der um Mitternacht alle heldenhaften Jungs der Stadt auf die Beine bringt.
Sie haben als Erster aufgehört, mich zu lieben. Wäre das nicht passiert, würde ich Sie bis heute lieben, denn ich liebe, solange es überhaupt möglich ist.
Zuerst kamen Sie um vier, dann um fünf, dann um sechs, dann um acht, dann gar nicht mehr.
Arbeit? Ja, – die Arbeit der Tage – ist das Leben.
Sie haben mich nicht plötzlich (Schnitt) zu lieben aufgehört, Sie haben mich nur nicht mehr jede Minute geliebt, und ich habe, folgsam wie immer, dasselbe getan.

Sie haben als Erster vergessen, wer ich bin.
Ich schreibe Ihnen ohne Bitterkeit – und ohne Genuss, Sie kennen mich immerhin besser als jeder andere, ich schildere Ihnen einfach, als einem Kenner, meinen ⟨deutsch:⟩ *Seelenzustand*, und ich denke, dass Sie mich nach alter Gewohnheit für die Genauigkeit meines Empfindens und dessen Wiedergabe loben werden.

(2. Okt⟨ober⟩ 1918)

*

Lieben heißt – einen Menschen so sehen, wie ihn Gott gemeint hat und die Eltern ihn nicht haben werden lassen.
Nicht lieben heißt – einen Menschen so sehen, wie ihn seine Eltern haben werden lassen.
Aufhören zu lieben heißt – statt des Menschen einen Tisch oder Stuhl sehen.

(3. Okt⟨ober⟩ 1918)

*

Die Revolution ist – ein Erdbeben. (Banal, ja?) Es rette sich, wer kann, es gehe zugrunde, wer will. Versuchen Sie, während eines Erdbebens *zu lieben*!

*

Es ist gleichermaßen schwer, einen Helden und einen Nicht-Helden zu lieben. (Ich.)

*

Der Platz ist – bevölkerte Wüste.

*

»Von einem einzigen Streichholz fängt ganz Moskau zu rauchen an!«
(Worte eines Soldaten. – Weltrevolution.)

*

Der Mond ist – Wache.

*

Ich bekreuzige mich jedes Mal, wenn ich über einen Fluss fahre.

*

Familie … Ja, langweilig, ja, kein Herzklopfen … Wäre Freund, Liebhaber nicht besser?
Aber wenn ich mich mit dem Bruder verzanke, habe ich trotzdem das Recht zu sagen: »Du musst mir helfen, denn du bist mein Bruder« (Mann – Vater). Einem Liebhaber aber (großes »L« – Liebe) wirst du das nicht sagen – um keinen Preis – eher schneidest du dir die Zunge ab.
Das über Jahrhunderte geheiligte *Recht der Intonation*. –
Blutsverwandtschaft ist grob und beständig, Wahlverwandtschaft – fein. Was fein gesponnen, das reißt leicht.

*

»Ich lasse dich nicht im Stich!« Das kann nur Gott sagen – oder ein Bauer mit Milch in Moskau, im Winter 1918.

*

Ja, ja, meine Herrschaften! Bis 1918 sagten Sie: der Adlige ist ein Schurke ... Ich sagte: ein Mensch. Jetzt ist es umgekehrt.

*

Die Nacht ist eine Frau, ganz in Schwarz. Sie fliegt wie ein Vogel.

*

Bei Heine gibt es eine Prophezeiung unserer Revolution:
⟨deutsch:⟩ »*Und ich sage euch, es wird einmal ein Winter kommen, wo der Schnee rot von Blut sein wird.*«
(Ich zitiere aus dem Gedächtnis, doch der Sinn ist der.)

*

NOVEMBER

Ich und das Theater
Ich gehöre zu den Zuschauern, die nach dem Ende des Mysteriums Judas in Stücke reißen.

*

13. November, Powarskaja, Haus Sollogubs. Informationsabteilung des Kommissariats für Nationalitätsfragen.
Letten, Juden, Georgier, Esten, »Muselmanen«, irgendwelche »Mara-Mara«, »En-Lunja«, und alle – Männer und Frauen – in wattierten Jacken, kurzen Kitteln – mit nichtmenschlichen (nationalen) Nasen und Mündern ...
Und ich, die ich mich immer solcher Heimstätten (Familiengruften!) unwürdig gefühlt habe: *einer Rasse!*

*

Unterschied zwischen einem Spartaner und einem Sportsman.
(Mein Hass auf Tennis.)

*

Was für ein bezaubernder altertümlicher Ausruf:
»Deduschka, Babuschka ruft Sie!«

*

Aus einem Brief:
… Ich habe Ihren Namen hingeschrieben und dann lange geschwiegen. Besser wäre, die Augen zu schließen und einfach an Sie zu denken, aber ich bin besonnen! – Das werden Sie nicht erfahren, aber ich will, dass Sie es wissen. – (Ich weiß, dass Sie alles wissen!)
Heute fiel tagsüber leichter, leichter Schnee – als ich mich meinem Haus näherte, blieb ich stehen und hob den Kopf. Und wie ich den Kopf hob, wurde mir klar, dass ich ihn zu Ihrem leicht geneigten Kopf hob.
So werden wir – unverhofft – ein erstes – ein tausendunderstes Mal vor meinem Haus stehen.
Denken Sie von mir, was Sie wollen (meine fröhliche Verzweiflung!). Aber – ich bitte Sie! – wälzen Sie nicht alles auf die »verrückte Zeit« ab.
Bei mir herrscht immer »verrückte Zeit«.
Lieber Freund! Gestern Abend habe ich zum ersten Mal in meinem Leben einen Lift liebgewonnen. (Immer habe ich panisch und primitiv gefürchtet, ich würde *für ewig* steckenbleiben!)
Ich fuhr hoch – allein in der leeren Kabine – auf einem der Stockwerke erklang Musik, und alle Schächte wurden von ihr überflutet. Und ich dachte: der Boden in Bewegung – und Musik. Leere und Musik. Ganz ich. – Und atemlos vor Begeisterung

dachte ich: Die Musik zerwühlt mit tückischen Krallen die Brust.
Und eine Stunde später traf ich Sie.
Ich weiß, dass ich Ihnen unentbehrlich bin, sonst wären Sie mir nicht unentbehrlich.

*

Tollheit und gute Erziehung: sich per Sie küssen.

*

Der Unterschied zwischen dem alten Regime und dem neuen:
Altes Regime:
»Bei uns war ein Soldat.« – »Bei uns wurden Blinys gebacken.« – »Bei uns starb die Babuschka.«
Jetzt kommen die Soldaten, die Babuschkas sterben, nur Blinys werden keine gebacken.

*

DEZEMBER

»Wer lebt, der krümmt sich auch!«
(Eine Bäuerin, die auf der Straße Linsen verstreute, nach denen sie 2 Stunden lang in der Kälte angestanden war.)

*

Alja:
Marina! Ich möchte ein Haus für Dichter bauen, wo Kaminfeuer brennen, Kaffee köchelt, und Sie nichts zu tun brauchen – außer Gedichte zu schreiben!

*

1919

JANUAR

Das Tragische in mir wird in letzter Sekunde durch Leichtsinn wettgemacht.
Eine Erleichterung für den Gesprächspartner.

*

Ich mag lieber menschenähnliche Götter als gottähnliche Menschen.
(Denn das *Gewicht* liegt immer auf dem Adjektiv!)

*

Es gibt keine kleinen Ereignisse. Es gibt kleine Leute.

*

Das ganze Geheimnis liegt darin, ein Ereignis von heute so wiederzugeben, als wäre es vor 100 Jahren passiert, und eines, das vor 100 Jahren stattgefunden hat, so, als wäre es – von heute.

*

Aus den Nachrichten:
Herrschaft über das Meer bedeutet – Herrschaft über die Welt.

*

Liebe lässt sich zerlegen, aber nicht teilen.

*

Sie haben mich nie geliebt. Wenn man die Liebe in all ihre Bestandteile zerlegt – ist alles da: Zärtlichkeit, Neugier, Mitgefühl, Begeisterung usw. Fügt man dies alles zusammen – kommt dabei vielleicht wieder Liebe heraus.
Aber es fügte sich nie zusammen.

*

Der Schlusspunkt der Linie, deren Anfangspunkt Bezauberung war – ist Magie.

*

Aristokratismus: ein Feind des Überflusses. Immer ein bisschen weniger als nötig. ⟨Über der Zeile: Nicht weitergeben (unverhohlen).⟩
Ewiges Sie gegenüber dem Geliebten.

*

Ich schwöre bei Gott, dass Sie mich kein bisschen lieben, ich schwöre bei Gott, dass ich Sie deshalb viel weniger liebe und mich viel mehr an Ihnen erfreue, und weil das Ihnen und mir weit teurer ist als die Liebe, fahren Sie ruhig fort, mich nicht zu lieben – wohlan!

*

Alles, was mir an Freiheit Ihnen gegenüber geblieben ist – ist mein Lachen.

*

Sie lieben mich nicht, und ich vertraue sie Ihnen nicht an. (Die Liebe.)

*

FEBRUAR

Ich gebe nie meinem Wunsch nach, immer – dem Einfall. Von starken Wünschen fühle ich mich irgendwie gekränkt, von Einfällen wird mir froh ums Herz.
Der Wunsch macht mich – zum Sklaven, der Einfall – zum Zaren.

*

Drei Arten von Frauen: 1) Die Leuchtenden, 2) Die Glänzenden, 3) Die Glühenden. Erstere (die Frauen bei Maeterlinck – die hl. Cäcilien – so die Frau von W. Iwanow) hasse ich, die dritten verstehe ich nicht, ich mag nur die zweiten – mich selbst.

*

MÄRZ

Die Genialität des Gesprächs besteht darin, den Gesprächspartner genial zu machen.

*

9. März 1919

Gestern, als ich auf dem Arbat nach Hause ging, war es so dunkel, dass mir schien: ich gehe auf Sternen.

*

Ich bin – ein streunender Hund. In jeder Sekunde meines Lebens bin ich bereit, jedem zu folgen.
Mein Herrchen – alle – und keiner.

*

Ich gehe Aljas Mittagessen holen. Frost. Die Hände ohne Fausthandschuhe. In der Linken ein Muff, den ich an die Brust drücke. Mir ist es ungewöhnlich angenehm, ihn so zu tragen. Ich *erkenne* diese Geste, sie kommt von der Hand.
»Ach? Im 18. Jahrhundert hielt man so den Dreispitz, wenn man das Gastzimmer betrat.«

*

14. März 1919

Die Erfahrung dieses Winters: mich braucht niemand auf der Welt, außer Alja und Serjosha (wenn er noch am Leben ist).
In was für einem Rausch habe ich gelebt!
Ich kann mir gut vorstellen, dass ich eines schönen Tages völlig aufhöre, Gedichte zu schreiben. Gründe gibt es viele:
1) Ich empfinde keine dringende Notwendigkeit (keinen ⟨deutsch:⟩ *Imperativ*) (sie zu schreiben). Ich kann es tun oder lassen, folglich schreibe ich *nicht*.
2) Gedichte sind, wie jedes schöpferische Werk – Selbstbestätigung. Selbstbestätigung – ist Glück. Ich bin jetzt unendlich weit von jeder Selbstbestätigung entfernt.
3) Jetzt fliegt alles, und meine Hefte können so unendlich leicht davonfliegen. Wozu etwas aufschreiben?
4) Ich bin ohne Steuer. Eine Woge nach der anderen. Beispiel: die Verse über Engel.
   »Engel sind blind und taub.«
Und weiter? – Das war's.

Chaos. Ein Bild verdrängt das andere, der zufällige Reim führt mich 1 000 Werst weg von dem, was ich ursprünglich wollte, – es kommen schon andere Verse –, im Endresultat – ein weißes Blatt und meine – vor allem! – verschlossenen Augen.

*

5) Was ich ausdrücken will? – Die Welt. – Die Welt drückt sich selber aus.

*

Ich kann nur auf Befehl schreiben. Beispiel: die einzigen echten Gedichte – der letzten 3 Monate – für Stachowitsch.
                    (Eine Liebespflicht.)
Diese Geschichte mit den Gedichten – ist mein erster Schritt ins Nichts.
Und der Gedanke: Da ich es fertiggebracht habe, nicht mehr Gedichte zu schreiben, werde ich es einen schönen Tages auch fertigbringen, nicht mehr zu lieben.
Dann sterbe ich.

*

Retten kann mich jetzt nur eine neue Liebe, mit dem ganzen Pathos der Selbstauflösung im anderen. Aber das muss ein Mensch sein, der mich aufnehmen kann, sonst droht der Abgrund.

*

Ich werde natürlich Selbstmord begehen, denn mein ganzes Liebesverlangen ist –Todesverlangen. Das ist viel komplizierter als »ich will« oder »ich will nicht«.
Und vielleicht ⟨über der Zeile: meines Erachtens⟩ sterbe ich

nicht darum, weil es hier schlecht ist, sondern darum, weil es
»dort gut« ist.

*

Ich möchte mich hinknien und sagen:
»Ich weiß nicht, ob ich sündig bin oder nicht, ich weiß nur, dass
ich unglücklich bin. Du hast mich so erschaffen. Was wolltest du
damit?«

*

In mir ist etwas, das trotz meiner Beteuerungen, trotz meiner *offensichtlichen* Auflösung im anderen, und in scharfem Kontrast
zur maßlosen menschlichen Eitelkeit, alle die, die ich geliebt habe, sagen lässt:
»Sie lieben nicht mich. Sie lieben *etwas* anderes.«

*

16. März 1919

Ich gehe die Straße entlang. Es taut ein wenig. Plötzlich der Gedanke: »Zum ersten Mal ist Moskau im Frühling ohne Stachowitsch.« (Nein: »Stachowitsch ist im Frühling ohne Moskau« –
gerade so kam es mir in den Sinn.)

*

Ich stelle fest: das Leid steigt in mir auf wie eine langsam anwachsende Woge. Im ersten Moment – in der Aufwallung – spüre ich nichts und lebe einige Tage wie immer. Dann – wie ein
Stich – die Erinnerung. Ich verdränge sie. Dann ein zweiter, dritter Stich, dann ununterbrochener reiner Schmerz – du spürst die
Schärfe nicht mehr.

Jetzt verbindet mich mit S⟨tachowi⟩tsch *stille Ergriffenheit*.

*

Ein merkwürdiges Gefühl: ich versinke nicht im Leid, das Leid arbeitet in mir, gräbt irgendwelche unterirdischen Gänge.

*

Schlussendlich *muss* ich an die Unsterblichkeit der Seele glauben!

*

Zur Erinnerung:
Am 16. März morgens, als es taute, entschied ich, da ich Stachowitsch liebte und nicht sterben wollte, Wolkonskij zu lieben. Sie lebten zusammen, und wie immer Wolkonskij sein mag, er muss einen Abglanz von Stachowitsch tragen.

*

Stört mich nicht! – Das heißt: stört mich nicht – mit eurer Verwunderung, dass ich euch – tüchtig – als hättet ihr es befohlen – Milch bringe, und denkt nicht schlecht über mich. *Ich* brauche nur das, was ihr braucht.

*

Meine Liebe ist leidenschaftliche Mutterliebe, die keinerlei Beziehung zu Kindern hat.

*

Der grausamste Egoismus: wenn man nichts annehmen will. Ich kenne ihn nicht. Meistens *kann ich nichts* annehmen, weil die Menschen – meistens – nichts geben wollen.
Es kommt vor, dass ich selber nehme und dadurch mich und den andern entlaste.

*

Meine Forderung ist immer eine Bitte, meine Bitte – immer eine Forderung. ⟨Über der Zeile: Dort, wo ich rechtens fordern kann – bitte ich gar nicht. Ein Recht zu bitten aber gibt es nicht.⟩

*

Ich bringe es nicht fertig – auch wenn Sie mich totschlagen! –, jemanden glauben zu machen, dass ich etwas von ihm brauche.

*

Abmachung: wenn jemand unbedingt geben muss und der andere unbedingt nehmen – überlassen Sie *mir* das Geben: Sie werden nie merken, dass ich gebe, denn es ist meine einzige Möglichkeit – zu nehmen.

*

Ich brauche jeden, denn ich bin unersättlich. Doch die andern sind meist nicht einmal hungrig, daher mein ewig gespanntes Beobachten: werde ich gebraucht?

*

S⟨tacho⟩witsch starb genau daran, was mich jetzt so quält (ich möchte sterben): am Nicht-gebraucht-Werden.
Keiner versteht den *Abgrund*, den diese Übereinstimmung in mir aufreißt.

*

Die Frauen lieben nicht die Männer, sondern die Liebe, die Männer nicht die Liebe, sondern die Frauen.
Die Frauen betrügen nie.
Die Männer – immer.

*

18. März 1919

Diesen ganzen Winter habe ich mich – herzhaft – beim III. Studio ernährt. – Schlecht ernährt man sich an einem fremden Tisch!

*

19. März 1919

Drei Definitionen ⟨nicht zu Ende geschrieben⟩
Für andere ist die eigene Seele wohl so nebelhaft und vage wie für mich, die Kurzsichtige, meine eigene Straße, die Powarskaja, um 2 Uhr nachts, wenn keine Straßenlaternen brennen.

*

Wenn jemand »ich weiß nicht« antwortet, wo es um seine eigene Seele geht, so überrascht mich das ebenso, wie mein ständiges »ich sehe nicht« (Kurzsichtigkeit) andere überrascht.

*

Würde ich mich durch ein Wunder für eine Sekunde in einem fremden Brustkorb wiederfinden, würde ich wahrscheinlich vom Durcheinander und von der nebulösen Grenzenlosigkeit der Gefühle und Begriffe ebenso erschrecken wie jemand, der die Welt mit meinen (kurzsichtigen) Augen betrachten müsste.

*

Moskau sieht jetzt mit Misstrauen auf die Straßenbahnen, als ginge es um die Auferstehung des Lazarus.

*

Hunger und Durst
Durst ist – Hunger nach etwas Bestimmtem (Wasser).
– Das Herz. –
Hunger ist der Wunsch nach allem.
– Die Seele. –

*

Mir ist es nicht gegeben, in den Menschen Mitleid zu erwecken.
Elementares Beispiel: ich gehe um 11 Uhr über die Powarskaja, mit einer übervollen Tasche in der Hand. – »Blühend wie eine Rose.«
(Seit gestern habe ich außer einem Glas unechten Tees nichts zu mir genommen. In der Tasche – alte Stiefel, die ich verkaufen will.)

*

Im Kommissariat (3 M).
»Nun, wie haben Sie die Kartoffeln hergebracht?«

»Ganz gut, mein Mann hat geholfen.«
»Wissen Sie, man muss zu den Kartoffeln Mehl hinzugeben. ⅔ Kartoffeln, ⅓ Mehl. Das gibt ein wunderbares Brot.«
»Wirklich? Ich werde es meiner Mutter sagen.«
Ich: habe weder eine Mutter, einen Mann noch Mehl.

*

Wem soll ich die Suppe aus der Mensa geben: Alja oder Irina?
Irina ist kleiner und schwächer, doch Alja habe ich lieber. Außerdem, Irina ist ohnehin schon schlecht dran, Alja aber hält sich noch, – es wäre schade um sie.
Dies als Beispiel.
Die Überlegung (ausgenommen die Liebe zu Alja) könnte auch eine andere Richtung nehmen. Doch die Schlussfolgerung ist dieselbe: entweder Alja mit Suppe und Irina ohne Suppe – oder Irina mit Suppe und Alja ohne Suppe.
Wobei zu sagen ist, dass diese – kostenlose – Suppe aus der Mensa nur aus Wasser besteht, mit einigen Kartoffelstückchen und einigen Fettaugen unbekannter Herkunft.

*

Es gehört sich nicht, hungrig zu sein, wenn andere satt sind.
Die Korrektheit in mir ist stärker als der Hunger, – sogar stärker als der Hunger meiner Kinder.
»Nun, wie geht's bei Ihnen, haben Sie alles?«
»Vorläufig ja, Gott sei Dank.«
Wer muss man sein, um jemanden mit einer negativen Antwort zu enttäuschen, zu verwirren, zu erniedrigen?
Eine Mutter, ganz einfach.

*

Meine hartherzigen Freunde!
Wenn ihr, statt mich mit Tee und Kuchen zu bewirten, mir für morgen früh einfach ein Stück Brot geben würdet …
Aber ich bin selber schuld, ich lache zu viel mit den Leuten.
Außerdem: wenn ihr fortgeht, werde ich dieses Brot – stehlen.

*

Wie einsam ist man doch sein Leben lang! In der Kindheit geht die Mutter abends, wenn man sie am heftigsten liebt – ins Konzert …
Und zu guter Letzt, wenn man stirbt, sind es wildfremde Leute, die man zu Lebzeiten nie über die Schwelle gelassen hätte, die in unseren Sachen wühlen und unsere letzten Worte weiterreichen …
Ich bin überzeugt: wenn ich jetzt sterben würde, würden (außer Alja – und Nadja, der Kinderfrau) irgendein X und Y, deren Liebe mir zu Lebzeiten nichts bedeutet hat, um mich trauern.
Sawadskij würde sagen: »Wie furchtbar!« – ich sehe seine zitternden Wimpern –, würde eine Sekunde lang schweigen – und dann mit einem leichten Seufzer hervorbringen:
»Herren, lassen Sie uns proben!«
Antokolskij würde Gedichte schreiben.
Wolodja Alexejew würde zur Beerdigung kommen.

*

Jedes Mal wenn ich auf der Straße einen grauen Hinterkopf sehe, zieht sich mein Herz zusammen. (Stachowitsch.)

*

Ich vergaß zu sagen: Stachowitsch hatte einst eine wunderbare Stimme. Er sang mit einem berühmten Italiener.

Die Stimme! Die gewaltigste – Zaubermacht – über mich!

*

Während ganz Moskau 1919 am Schnee trug, trug ich zärtliches Weh.

*

Ich gehe die Nikolopeskowskij-Gasse entlang.
Soll ich zu den Balmonts? – Plötzlich sehe ich mich selbst – lachend – redend – rauchend – rauchend – wie ein Schlot – über einem Glas Tee, den ich nicht trinke, weil er ohne Zucker fad schmeckt, mit Zucker aber ein schlechtes Gewissen macht, denn ein Würfel Zucker kostet jetzt 4 Rubel – und alle wissen es.
Von dieser Vorstellung wird mir fast physisch übel.

*

Meine Fröhlichkeit erstaunt mehr, als dass sie bezaubert. – »Wie kommt sie dazu?«

*

Dummköpfen ist meine Fröhlichkeit verdächtig: ich lache wie eine Närrin, und eine Sekunde später rede ich kryptisch über den Aristokratismus.

*

V. Hugo. – »Gemeinplätze.« – Ja, wenn die Sonne ein Gemeinplatz ist.

*

An die kleinen Dichter:
Um japanische Vasen zu besingen – oder den Fingernagel eurer Geliebten ⟨über der Zeile: Fayencen (so die Ästheten), Wolkenkratzer (so die Futuristen)⟩, genügt es, den Anschein zu erwecken.
Um über Gott, die Sonne, die Liebe zu sprechen – muss man *sein*.

*

Gedichte sind Sein: nicht anders können.

*

20. März 1919

Ich: vollständige Demokratie des Körpers (seiner Bedürfnisse) bei vollständiger Aristokratie der Seele.
Folglich: nie im Leben habe ich mich aufgeregt, dass ich hässliche Schuhe tragen, weiß der Teufel was essen, weiß der Teufel wo schlafen musste – und nie im Leben habe ich auch nur $^1/_{1000}$ Anspielung auf eine familiäre Intonation ertragen.

*

21. März 1919

Mein »Ich will nicht« ist stets ein: »Ich kann nicht«. Ich kenne keine Willkür.

*

»Ich kann nicht« – und sanfte Augen.

*

Warum bin ich so völlig hilflos in allem, was anderen so leichtfällt? – Ein Haus finden, am Bahnhof eine Fahrkarte kaufen, nach einem fertigen Schnittmuster ein Kinderhemdchen nähen.
Atrophie eines bestimmten Hirnteils.
Oh, wie ich von weitem wittere, was ich *NICHT KANN* – und wie meine Stimme – aus Unvermeidlichkeit! – sanft wird!

*

Die Seele ist bei mir – Zar, der Körper – Sklave.

*

Gott, der mir breite Schultern und starke Hände gab, wusste, was er tat. Aber Gott, der mir dazu eine *solche* Seele gab – wusste es definitiv nicht.

*

Kaum beginne ich jemandem zu erzählen, was ich fühle, kommt – augenblicklich – die Replik: »Aber das ist doch ein Urteil!«
Oder irritiert es, dass alles so geordnet daherkommt?

*

Erkenne dich selbst!
Ich habe mich selbst erkannt. Doch hilft mir das überhaupt nicht beim Erkennen der anderen. Im Gegenteil, sobald ich anfange, einen Menschen nach mir selbst zu beurteilen, folgt Missverständnis auf Missverständnis.

*

Das Bild des Erlösers mit Porträts von Napoleon verdecken (die Augen wie Kohle im Gold des Ikonenrahmens!) – das bin ich mit 16. (Enkelin eines Priesters im Gouv⟨ernement⟩ Wladimir!)

*

Ich denke nicht, ich fühle ⟨über der Zeile: höre⟩. Darum suche ich nach einer genauen Verkörperung im Wort. So entsteht der eisige Panzer einer Formel, darunter – nacktes Herz.

*

Die Klarheit meiner Gefühle macht die Menschen glauben, es handle sich um Urteile.

*

Oh, ich bin nicht Russin! Russland ist wie ein Mühlstein an meinem Hals! Russland ist mein Gewissen, mein 5 Uhr morgens und die Sirenen vom Brester Bahnhof, meine Unsicherheit, ob ich gebraucht werde (was mich sofort unnötig macht!).

*

Ich bin im Russland des XX. Jahrhunderts – sinnlos. Alle meine Partner (ob ich zum Himmel zeige oder zur Erde) sind: *dort*.

*

Es gibt Menschen einer bestimmten Epoche und Epochen, verkörpert in Menschen.

*

Ich bin – XVIII. Jahrhundert + die Sehnsucht nach ihm.

*

Revolution in Ungarn:

Budapest. – Demonstration der Kellner mit Zigeunerorchester.

*

Mariä Verkündigung 1919

Preise:
Mehl – 1400 R. das Pud
1 Pfund Kartoffeln – 10 R.
1 Pfund Rüben – 7 R. 50 K.
Zwiebel – 15 R.
Hering – 25 R.
(Gehalt – Taxen sind noch nicht verbreitet – 775 R. im Monat.)

*

Am Telefon:
»Hallo.«
Eine männliche Stimme: »Könnte ich bitte mit Marina Iwanowna sprechen.«
»Ich bin es.«
»Ach, Marina Iwanowna? Ich habe Ihre Stimme nicht erkannt. Hier spricht K. W. K⟨andaur⟩ow.«
»Guten Tag, K⟨onstantin⟩ W⟨assiljewitsch⟩.«
»M⟨arina⟩ I⟨wanowna⟩, ich habe Nachrichten aus der Krim und muss Ihnen sagen, dass Serjosha …«

»Umgebracht wurde«, ergänze ich in Gedanken.
»Guter Dinge ist und mich bat, Ihnen Grüße auszurichten.«

*

Fünf Minuten später beginne ich zu weinen. – Das Gefühl, die Augen seien voll bis zum Rand, – doch die Tränen fließen noch nicht.
Die Knie zittern. Ein Gefühl leichter physischer Übelkeit.

*

Mariä Verkündigung! – Die frohe Botschaft! – Nicht umsonst ist dies mein Lieblingsfest! Genau 6 Monate lang habe ich nichts von Serjosha erfahren!

*

27. März 1919

Unlängst habe ich jemanden getröstet, indem ich Goethe zitierte:

⟨deutsch:⟩ *Jeder Tag hat seine Plage*
           Und die Nacht hat ihre

und – plötzlich – ⟨deutsch:⟩ *Last*!
(das Jahr 1919!)

*

Bei uns in der Küche nächtigt ein Junge, der Sohn der Frau, die uns die Milch bringt.

»Ich hätte nie gedacht, dass ich auf Sprungfedern übernachten muss!«
Von diesem »auf Sprungfedern« zieht sich mir ganz furchtbar das Herz zusammen.
Und das soll Hass auf das einfache Volk sein!

*

Ich habe ein Schicksal. Vielleicht bin ich – darum – völlig – frei von Ehrgeiz.
Ich sehe es deutlich, wie auf einer geographischen Karte ⟨über der Zeile: nicht auf Karten, sondern auf einer Karte⟩.
Wäre ich auf einer Insel, hätte ich auch ein Schicksal.

*

Manchmal möchte ich den Leuten sagen: »Freunde, schätzt mich nicht, denn wie sehr ihr mich auch schätzt, ich selber weiß mich genauer einzuschätzen. Aber liebt mich, denn ihr, die ich liebe, lasst es ja nicht zu, dass ich mich selber so zärtlich liebe, wie ich möchte!«

*

Ich in der Liebe:
Biegsamkeit bis zum Äußersten und – in der letzten Sekunde – Widerstand.
(Stolz.)

*

Ich betrachte mich manchmal objektiv – wie eine Erscheinung. »Freude. Du kannst sie geben.« Und dann bemitleide ich mich nicht und beschwere mich bei niemandem.

*

III. Studio

Antokolskij: »Darf ich's sagen?«
Sawadskij: »Ich glaube schon.«
Antokolskij: »Sawadskij will Shakespeare inszenieren!«
Ich, begeistert: »Oh!«
Antokolskij: »Den Macbeth. Und wie geht er vor? Die Hälfte inszeniert er nicht!«

*

S⟨awad⟩skij: »M⟨arina⟩ I⟨wanowna⟩, ich möchte zu Ihnen kommen. Darf ich?«
Ich: »Es geht nicht! Meine Tür ist verschlossen und lässt sich nicht öffnen.«
A⟨ntokol⟩skij: »Erinnern Sie sich, was Sie über die Schönheit gesagt haben? Erinnern Sie sich: die Schönheit ist – ein Dietrich.«
S⟨*awad*⟩*skij*, sachlich: »Ich werde kommen müssen.«

*

Zwei Arten von unglücklichem Glück:
1) Unglück für die Seele und Glück für den Körper:
                Etwas borgen.
2) Glück für die Seele und Unglück für den Körper:
                Etwas zurückerstatten.

*

Alja, nachts:
… und der Himmel war wie schwarzer Purpur.

*

30. März 1919

Gestern auf dem Ochotnyj sagte ein Bauer zum anderen: »Seufze nicht! Das ist so ein Jahr – das neunzehnte.«

*

»Nun, machst du Moskau einen Besuch?«
                    (wie einem Kranken.)

*

Manche kluge und schöne alte Männer geben mir, wenn sie mich sehen, ein besonderes Lächeln.
Sie denken: »Du wirfst dich mit beiden Armen den Jünglingen an den Hals. Das solltest du nicht tun. Deinen Stolz (›von mir darf keiner schlecht denken!‹) halten sie für das Fehlen von Stolz, dein Lebenspathos – für Leichtsinn. Die besten von ihnen finden dich seltsam, im Grunde aber brauchen sie dich nicht, da du – äußerlich – zu wenig auf dich gibst, um ihnen mit deiner Liebe schmeicheln zu können.
Peine, amour et temps perdu.«

*

Wären sie definitiv klug, würden sie das – aussprechen.

*

S⟨awad⟩skij! Ich kann Ihnen nichts geben. Sie brauchen jetzt jemanden, der Sie *schätzt*, ich aber kann Sie *nur* lieben.

*

Alja:
»Marina! Merkwürdig: in einer so frühen Kindheit, in einer so schmutzigen Küche – möchte ich mich auf den Boden werfen und sterben!«

*

APRIL

Tragischer Ostersamstag. Ich habe 500 R. verloren (sie sind spurlos verschwunden). Stattdessen habe ich zwei Löffelchen Zucker in einem Umschlag versteckt.
500 R.! Das sind 50 Pfund Kartoffeln – oder fast ein Paar Schuhe – oder ein Paar Galoschen + 20 Pfund Kartoffeln – oder …
In drei Tagen habe ich 1) eine alte ovale florentinische Brosche verloren (verbrannt), 2) Schuhe (verbrannt), 3) den Zimmerschlüssel, 4) den Schlüssel des Bücherschranks, 5) 500 R.
Oh, das ist echtes Leid, echter Kummer! Doch das Leid ist – dumpf, als schlüge man mir mit einem Hammer auf den Kopf.
Eine Sekunde lang schaute ich völlig ernst – hoffnungsvoll – auf den Haken im Esszimmer. – Wie einfach!
Es war eine echte Versuchung.
Im Russischen gibt es kein Wort für »*lâcheté*«.
»*Je suis lâche avec toi, – je t'en veux!*
Cet amour est pourtant sans excuse …«
Unübersetzbar.

*

Die Nerven – die feinste Brücke zwischen Seele und Körper.

*

Der Tod ist nur für den Körper schrecklich. Die Seele denkt ihn nicht. Darum ist – beim Selbstmord – der Körper der einzige Held.

*

Selbstmord: *lâcheté* der Seele, die sich in einen Heroismus des Körpers verwandelt.
Das Gleiche, wie wenn Don Quijote, feige geworden, Sancho Pansa in den Kampf geschickt – und der gehorcht hätte.

*

Heroismus der Seele – leben, Heroismus des Körpers – sterben.

*

Bei einigen Menschen ist der Körper mehr durchgeistigt als bei anderen die Seele.

(Alja, Serjosha.)

*

DIE GESCHICHTE MIT WOLKONSKIJ

»Fürst Wolkonskij!
Ich schreibe das Wort ›Fürst‹ und fühle Begeisterung« – so der Anfang meines Briefes an W⟨olkon⟩skij. Weiter folgt ein zärtlicher und heiterer Bericht darüber, dass ich schon einmal mit einem Brief an seiner Schwelle stand, dort aber M⟨tschede⟩low antraf und mit ihm wegging, durch die Moskauer Märzpfützen des Jahres 1919, ohne etwas über das alte England erfahren zu haben. (Dies war der Anlass meines Briefes. Dass es in Wirklich-

keit einfach Liebe war, wagte ich nicht zu schreiben!) Dann noch der Satz: »Ich habe Sie nie gesehen und weiß nichts über Sie außer 1) dass Sie auf der Insel Madeira waren, 2) dass Sie in den Genitiv verliebt sind, 3) dass Sie vor kurzem vom Flecktyphus genasen. – Drei verschiedene Quellen.« Weiter folgt eine Entschuldigung, dass ich ihm als Unbekannte schreibe, verbunden mit der Hoffnung, dass er dies nicht als Unerzogenheit auffasst. Dann noch Genesungswünsche. – Und Grüße. – Das ist alles.

Der Brief ist nach meinem Dafürhalten und dem von Menschen meines Schlags: einfach, vertrauensvoll, zärtlich, – für den Durchschnittsbürger: seltsam. Man kann ihn, wenn man mir nicht gewogen ist, extravagant nennen. »So schreibt man nicht an Unbekannte.«

Bei einer strengen Examinierung meiner selbst: der Brief ist freimütig, aber *nicht* familiär. Allein schon dieses Wort hinzuschreiben, finde ich erniedrigend.

Am nächsten Tag, am Sonntag, ein Telefonanruf.

»Ich möchte mit der und der sprechen.«

»Das bin ich.«

»Hier spricht Wolkonskij. Sie haben mir geschrieben. Ich habe nichts verstanden. Was wollen Sie von mir?«

»Lag es an der Handschrift oder am Inhalt?«

»Am Inhalt.«

»Ich bat Sie, mir einige Informationen über das alte England zu geben.«

»Ich bin ein alter Mann und halte solche Scherze für unangebracht. (›Ich schreibe das Wort Fürst und fühle Begeisterung.‹) Das ist eine Frechheit!«

»Sie haben mich nicht verstanden.«

»Und als alter Mann halte ich es für meine Pflicht, Ihnen zu sagen, dass man Unbekannten nicht schreibt. Das gehört sich nicht.«

»Es tut mir sehr leid, dass …«

»Ich war vor 25 Jahren in England, ganze drei Tage. Was für eine Frechheit!«
»Wenn Sie mir so zürnen, sollten wir das Gespräch lieber beenden.«
»Ich zürne nicht, aber ich muss Ihnen sagen, dass das eine Unverschämtheit ist. Und ich rate Ihnen, nicht wieder mit solchen Scherzen zu kommen, denn sie könnten sehr schlecht enden. – Das ist unerhört!«
»Mir bleibt nur das Bedauern, dass Sie mich nicht verstanden haben.«
Ich lege auf. Die ganze Zeit sprach ich mit sanftester Stimme, ganz ruhig. Er bellte.
In den Augen Tränen und das Gefühl, dass mitten im Gesicht – Spucke ist.

*

Eine Woche lang erzählte ich diese Geschichte allen. Man verteidigte mich: Mtschedelow, seine Nichte, Sonetschka Holliday. Er hatte auf alles nur eine Antwort: »Sie hat sich lustig über mich gemacht.« M⟨tschede⟩low sagte nach dem Gespräch mit ihm: »Ein Dummkopf.«
Und Balmont, dem ich die Geschichte erzählt hatte, meinte ruhig: »Spricht man so mit einer Frau? Das ist ein Orang-Utan.«
Aber was immer meine Freunde sagen mögen, in mir bleibt – wenn ich an dieses Gespräch zurückdenke – das Gefühl, zu Unrecht und unwiderruflich bespuckt worden zu sein.

*

Gründonnerstag:

»Ach Alja, es ist traurig! – Sich aufhängen?«
»Nein, Marina.«
   (Pause.)

»Sich aufhängen – zum Leben!«

*

(Auf der Straße:)
»Marina! Diese Frau denkt nur an Luxus. Sie ist sorglos. Sie ist sinnlos.«

*

Balmont und die Soldaten beim Automobil.

B⟨almont⟩ geht nachts durch eine der Straßen des Arbat. Da ist ein kaputtes Automobil. Darum herum drei Soldaten. – »Einer inneren Stimme folgend will ich die Straße überqueren, bleibe aber – im letzten Moment – doch stehen. Und in dem Moment sagt einer von ihnen:
›He, Pope!‹ Da gehe ich ganz nahe zu ihm heran. – ›Ich bin wirklich Priester und sage euch Folgendes: du (ich zeige auf den einen) wirst bald an Flecktyphus sterben, dich (ich zeige auf den zweiten) wird K⟨oltschak⟩ erhängen, und du bleibst am Leben, dir passiert nichts.‹
›Warum haben Sie den dritten verschont?‹
›Damit er die anderen beiden hindert, mich in Stücke zu reißen.‹«
(All dies mit der Balmont'schen Präzision, Schnelligkeit, Expressivität.)

*

Jemand erzählt: »Ich gehe zwischen den Patriarchenteichen und sehe: ein Mädchen, etwa fünf Jahre alt, schlägt auf den Rücken eines Soldaten ein. – ›Da ist K⟨oltscha⟩k, da ist K⟨oltscha⟩k!‹«
»Und der Soldat?«

»Tut nicht dergleichen. Geht weiter.«

*

Gespräch mit W. Alexejew:
Ich: »Wolodetschka! Haben Sie die Aufschrift ›Meeting der Künste‹ gelesen?«
Er, ruhig: »Ja, das ist etwas wie ›Die Quadrillen der Literatur‹.«
(In den »Bösen Geistern«.)

*

Affiche: Abend der Treidler.

*

Alja:
»Marina! Mir scheint, wenn wir reden, verstehen uns die Leute nicht, – als wären wir Tiere.«

*

Ostersamstag:

Alja schaut auf die erleuchtete Boris-und-Gleb-Kirche:
»Marina! Die heimliche Freude der Kirchen.«

*

In einer orthodoxen Kirche spüre ich den Körper, wie er zur Erde sinkt, in einer katholischen – die Seele, wie sie zum Himmel fliegt.

*

Seltsam! Will ich etwas in Prosa schreiben, muss ich es zuerst in Versen schreiben – und es dann übersetzen.
In der Prosa erscheint mir zu viel überflüssig, im Gedicht (meinem ⟨über der Zeile: wirklichen⟩) – alles notwendig.
Bei meinem Hang zum Asketismus des Prosa-Wortes kann schließlich ein Gerippe zum Vorschein kommen.
Der Vers aber gibt mir eine natürliche Kontur.

*

Meine beiden liebsten Dinge auf der Welt: die Formel und das Lied.

*

Alja über S⟨awad⟩skij:
Ich: »Ach Alja, du liebst eine seelenlose Puppe!«
Alja: »Marina! Dieser Puppe haben viele Frauen und junge Männer Leben eingehaucht. Und sind gestorben. Doch dieses Leben hat ihm wenig geholfen.«

*

»Marina! Ich möchte im Theater spielen, nicht um von den Leuten gesehen zu werden, sondern um mich im Fremden zu sehen.«

*

Dialog:
Ich: »Ach Alja, ich hätte jetzt so gern ein Pfund Fleisch!«
Alja: »Ach Marina, ich hätte jetzt so gern schönes Wetter!«

NOTIZBUCH 6
1919

Motto:
»Seufze nicht: das ist so ein Jahr – 1919!«

*

Tag von Jegor dem Tapferen, 21. April 1919

Zum ersten Mal (seit 14 Jahren) trage ich niedrige Absätze. Bald werde ich auch kein Korsett mehr tragen! ⟨Dieser Satz ist mit Bleistift durchgestrichen.⟩ Bald wird man mich mit »e« drucken. Alle meine »niemals« fallen ab, wie dürre Äste. Ich weiß nur nicht, ob das definitiver Hochmut oder definitive Selbsterniedrigung ist.
Was ich weiß: das ist ein weiterer Schritt zum Nichtsein.

*

Was bin – ich?
Silberringe an der ganzen Hand + Haare in der Stirn + schneller Gang + + + ... ⟨Zwei Zeilen sind mit einer Linie durchgestrichen.⟩
Ich bin ohne Ringe, die Stirne frei, schleppe mich langsamen Schrittes voran – nicht ich, die Seele von diesem Körper getrennt, egal, wie ein Buckliger oder Taubstummer.
Denn – ich schwöre bei Gott – nichts an mir war eine Laune, alles – jeder Ring! – Notwendigkeit, *nicht für die Leute*, für meine eigene Seele.
So waren für mich, die ich es hasse, die Aufmerksamkeit auf

mich zu ziehen, die ich mich immer in der hintersten Saalecke verstecke, meine 10 Ringe an den Händen und der Mantel aus drei Pelerinen (so einen trug damals niemand!) oft eine Tragödie.
Doch für jeden meiner 10 Ringe konnte ich geradestehen, für meine niedrigen Absätze aber kann ich es nicht.

*

Etwas annehmen kann ich nur von jemandem, der unpersönlich gibt, so wie ein Sieb Wasser hindurchlässt. Jede persönliche Gabe an mich wirft ⟨über der Zeile: d. h. stürzt⟩ mich in den Staub. (Dankbarkeit.)

*

In den Jahren 1918-1919 lernte ich, den Leuten zuzuhören und selber zu schweigen.

*

»Ich kann nicht« – bedeutet die natürlichen Grenzen der Seele. Entfernt man sie, verschmilzt die Seele mit dem Chaos, hört folglich auf zu *sein*.
Ich bin auf diesem Weg.

*

Bei jedem Wegfall meines »ich kann nicht« habe ich ein zweifaches Gefühl: Verachtung mir selbst gegenüber und Leichtigkeit: von mir bleibt immer weniger übrig!

*

Unlängst, als ich mit Alja aus dem Alexander-Garten zurückkehrte, trug ich in meinem weiten grünen Mantel Reisig und fühlte mich glücklich.
Ich spiele das Jahr 1919.

*

Alles im Leben habe ich gespielt, außer meiner Liebe zu Serjosha.

*

Könnte jemand (wie ich) – ohne zu spielen – ein ganzes Jahr mit einer Kinderfrau und zwei Kindern in der Küche verbringen, mit eigenen Worten Steklow und Kershenzew wiedergeben, Mülleimer hinaustragen, Schlange stehen nach Plötzen, waschen – waschen – waschen! – all dies beim leidenschaftlichen Wunsch, Gedichte zu schreiben! – und glücklich sein?

*

Ich bitte nicht, weil ich eine Ablehnung ⟨über der Zeile: mir gegenüber⟩ als ungeheuerlich empfinde.

*

Auf eine Ablehnung habe ich nur eine Antwort: stumme – Tränen – in Strömen.

*

Der geniale Rat von Serow. Im Winter klagte ich einmal (natürlich lachend!), dass ich überhaupt keine Zeit zum Schreiben hätte. – »Bis um fünf arbeite ich, dann heize ich den Herd, dann bade ich die Kinder und bringe sie zu Bett ...«

»Schreiben Sie nachts!«
Darin war: Verachtung für meinen Körper, Vertrauen in meinen Geist, große Schonungslosigkeit, die Serow und mir Ehre machte.
Großer Tribut eines Künstlers – an einen Künstler.

*

Alja auf der Straße:
»Ich fühle mich ein wenig wie ein Offizier, als flösse in meinen Adern Kriegsblut.«

*

Mit Menschen fühle ich mich fröhlich und leer (erfüllt von ihnen), wenn ich allein bin – traurig und voll, erfüllt von mir selbst.

*

Der Einfluss von Konjonkows Stenka Rasin auf die Gemüter. Ein Soldat, der an der Erlöser-Kirche vorbeigeht, zu einem anderen Soldaten:
»Man müsste sie neu anstreichen!«

*

Alja, 27. April 1919

»Ich möchte Sie auf den Thron der Liebe, des Mitleids, der Gerechtigkeit setzen.«
Vor dem Einschlafen:
»Bald werden Sie unter dem Bettvorhang der Prophezeiungen sein!«

*

Hollidays Erzählung über (den Matrosen) Pascha, über den Beamten, der auf dem Jahrmarkt Drehorgel spielte.

*

Aljas Spiel mit der Suppe.
»Nun, Marina, das letzte Stückchen Kartoffel – jetzt wird Russland gerettet!«
(Die Kartoffel und alles, was in der Suppe schwamm, waren – B⟨olschewi⟩ken.)

*

Auf einem trostlosen Zaun irgendwo unterhalb der Erlöser-Kirche die schüchterne Aufschrift: »Verbessere Handschrift.« Das erinnerte mich – in seiner Aussichtslosigkeit! – irgendwie an den Verkauf meiner Sachen (um in den Süden zu fahren).

*

MAI 1919

Motto zu meinem Ausverkauf:

Katenka, der wilden Kleinen
Ging alles Spielzeug längst entzwei:
Die Hündchen ohne Näschen,
Die Schäfchen ohne Hörnchen,
Und auch die schönen Tässchen
Werden bald schon hässlich
Zerbrochen sein ...

Dabei ist bemerkenswert, dass weder Serjosha, noch Alja noch ich etwas kaputt machen, wir verhalten uns zu Dingen mit tadelloser Korrektheit.

Zerbrochen sind zum Beispiel: die Nähmaschine, der Schaukelstuhl, der Diwan, zwei Sessel, Aljas zwei Kinderstühle, der Toilettentisch, dem Marmorwaschbecken fehlt eine Seite, der Primuskocher brennt nicht, die Lampe »Blitz« brennt nicht, dem Grammophon fehlt die Kurbel, die Etageren stehen nicht, die Teeservice haben keine Tässchen mehr usw.
Als hätte eine ganze Genossenschaft von Flößern hundert Tage und Nächte geschuftet.

*

Flößer! Ein Wort aus Assjas und meiner Kindheit! Die Oka, Spätherbst, abgemähte Wiesen, am Wegrand die letzten Blumen – rosafarbene –, Papa und Mama sind im Ural (Marmor holen für das Museum!) – getrocknete Apfelschnitze – die Gouvernante sagt, nachts hätten ihr die Ratten die Füße angenagt – die Flößer kommen und bringen diese dann um ...

*

Himmelfahrt

Auf Abschnitt Nr. 30 der Karte für Gebrauchsgüter werden Särge ausgegeben, und Marjuschka, die alte Bedienstete von Sonetschka Holliday, erwirkte sich kürzlich bei ihrer Hausherrin die Erlaubnis, einen solchen im Zwischengeschoss aufzustellen.

*

Zum ersten Mal im Leben fuhr ich mit 11 Jahren Karussell, in Lausanne, zum zweiten Mal vorgestern, am zweiten Pfingstfeiertag, auf den Sperlingsbergen, im Alter von 26, mit der 6-jährigen Alja. Zwischen diesen beiden Karussellfahrten – ein ganzes Leben.

*

Was kann es Zauberhafteres geben als das Karussell? Diese von Sonnen und Monden glitzernden Fransen, diese heraldischen Löwen und Pferde wie auf einem französischen Wappen des 11. Jahrhunderts, diese Musik von tief innen, diese unschuldigseligen Gesichter der Erwachsenen und – schließlich! – dieser Flug!

*

Abgöttisch liebe ich das einfache Volk: auf Jahrmärkten, bei Volksfesten, überall im Freien und fröhlich, und liebe es nicht kontemplativ ⟨über der Zeile: als Zuschauerin⟩ – der roten Röcke der Bäuerinnen wegen! –, nein, liebevoll liebe ich es, mit einem großen Glauben an das Gute im Menschen.
Gemeinsam gehen wir, in Eintracht.

*

Ich kann nicht – mit ruhigem Gewissen – früh zu Bett gehen, lange liegen bleiben oder mich sattessen. Als hätte ich kein Recht dazu. Und bei genauerer Betrachtung nicht darum, weil ich schlechter, sondern weil ich besser bin.

*

Sonetschka Holliday: »Und ich spürte: so große Tränen, – größer als die Augen!«

*

Wenn man mich – irgendwo öffentlich – beleidigt, ist meine erste Reaktion, bevor ich zum Nachdenken komme:
»Ich beschwere mich bei Lenin!« Und nie – und mag man mich auch vierteilen: »Bei Trotzki!«

Er ist nicht fein, aber mein!

*

JUNI

Ich habe einen Zustand erreicht, wo ich es nicht wage: *nicht* zu waschen, *nicht* zu bügeln, *nicht* aufzuräumen, *nicht* zu stopfen, *nicht* etwas an die Tataren zu verkaufen usw.
Schon eine halbe oder eine ganze Stunde, die ich für mich selbst aufwende, quält mich.
Gewissensbisse.
Soll ich schreiben oder waschen, solange der Samowar heiß ist?
Und da stehe ich mitten in der Küche, die Hände zusammengepresst, in einer Pose der Unschlüssigkeit und Frage.
Ich habe weder Sehnsucht nach Alja (sie ist jetzt bei den G⟨oldma⟩ns in Krylatskoje) noch nach Irina, noch nach irgendjemand.
Serjosha, für den ich das alles tue, – ist irreal, in einem Nebel, wie jener Tag der Abreise, wie der Waggon, in den ich mich setzen möchte.
Daraus folgt: mein ganzes reales Leben (das ein wenig einem Fiebertraum gleicht) – all diese aufgerissenen Koffer, Schläge an die Tür, hin und her geschleppten Schränke und Diwane, Gaunerbanden, Smolensker Märkte, Schmutz und Wäsche usw. – existiert eines Phantoms wegen, an das ich selber nicht wirklich glaube.

*

Was für andere das reale Leben ist (handeln, verkaufen, sich anmelden, sich abmelden, Genehmigungen einholen usw.), ist für mich – der reinste Fieberwahn.

*

Ich:
Ich werde bis zur letzten Minute lachen, dann sterbe ich.

*

Abgöttisch liebe ich die Reichen. Reichtum ist ein Nimbus ⟨nicht zu Ende geschrieben⟩. Außerdem erwartest du von ihnen, wie von den Zaren, nichts Gutes, deshalb ist ein einfach-vernünftiges Wort aus ihrem Mund – wunderbar, ein einfach-menschliches Gefühl – heroisch. Reichtum vertausendfacht alles. Du dachtest: ein Geldsack, nein – ein Mensch!
Außerdem gibt Reichtum Selbstbewusstsein und innere Ruhe (»alles, was ich tue, ist gut!«) – ebenso wie Begabung, deshalb stehe ich mit den Reichen auf gleichem *Niveau*.
Mit anderen fühle ich mich zu sehr »erniedrigt«.
Außerdem – das schwöre und bestätige ich – sind die Reichen gut (weil es sie nichts kostet) und schön (weil sie sich gut kleiden).
Wenn man weder ein *Mensch* noch eine Schönheit oder Berühmtheit sein kann, muss man reich sein.
Ein reiches Kind, das auf Englisch plappert, ist immer ein wenig Thronfolger-Zarensohn, und ich bete immer ein wenig zu ihm.[1]

*

Alja, in Kunzewo (später Abend, nach Sonnenuntergang).
»Wie viele Kinder schlafen jetzt ruhig in ihren Betten! Und wie viele sind auf bei diesem Sonnenuntergang! Und wie viele Kinder schlafen jetzt in der Erde!«

               (Am offenen Fenster, im Nachthemd)

*

---

[1] Als ich das hinschrieb, erinnerte ich mich an Assjas Satz in Feodossija: »Wie wunderbar ist es, Reichen zu schenken! Viel besser als Armen!« (Anm. MZ)

»Marina! Die Pferde auf dem Asphalt sind wie Tänzerinnen!«

*

Alja und ich, am Sonntag, im Zoo:
Ich trage ein rotes – kardinalrotes – weites Kleid mit weiten Ärmeln (wie das Gewand eines Erzengels). Dazu einen feinen schwarzen Gürtel. Die bloßen Füße stecken in Schuhen mit gekreuzten gelben Schnürsenkeln.
Musik spielt. Alle sind festlich angezogen ⟨über der Zeile: Alles ist weiß⟩: weiße Kleider, Hüte, Schirme, Strümpfe, Schuhe. – Alja und ich sitzen im Gras, lauschen der Musik, ich gebe Alja ein Stück Brot. Sie isst es mit Appetit.
Wir sind Parias sogar in der Epopöe des Jahres 1919.
Mein rotes Kleid ist uferlos, als wäre ich im Meer. An den ausgestreckten Armen: zwei Silberarmbänder, am Finger ein Ring. Alja trägt schiefgelaufene Sandalen. Auch ein Armband, am Rand aus Gold, und einen Ring.
Wir sind das Jahr 1919, mehr noch als dieses selbst, wir sind das Jahr 1919, wie Gott (der Teufel!) es ausgedacht hat, wir sind – das Jahr 1919!

*

Das geheimnisvolle Verschwinden des F⟨otogra⟩fen auf der Twerskaja, der lange und hartnäckig alle verantwortlichen Sowjet-Funktionäre kostenlos fotografierte.

*

Ich: Es gibt Männer, die ich nicht einmal auf einer Insel küssen würde.
Replik: Ist das auf einer Insel denn unabdingbar usw.
Ich: Ja, fast unabdingbar. Für mich – fast, für Sie – völlig, denn

verbringen Sie mal eine Woche mit einem Ihnen angenehm-gleichgültigen Menschen zu zweit, in einem einsamen Haus, und schauen Sie, in was sich diese angenehme Gleichgültigkeit am siebten Tag verwandelt: für mich – am siebten, für Sie – am dritten.

*

Wenn ich – UM NICHT DIENST TUN ZU MÜSSEN – Prostituierte würde, so würde ich – wetten! – im letzten Moment, da man mich auszahlen will, mit größtem *détachement* und leicht verlegen sagen:
»Nicht nötig, meine Herren. Das ist doch eine Kleinigkeit!«

*

(*Um nicht Dienst tun zu müssen* habe ich nicht zur eigenen Rechtfertigung unterstrichen, sondern um die Absurdität letzterer Geste hervorzuheben, die all mein Bemühen zunichtemacht.)

*

Es gibt lyrische Frauenrücken.

*

Jetzt bekreuzige ich mich vor einer Kirche, wie man jemandem eine Ehrenbezeigung erweist.

*

Auf dem Smolensker Markt kostet das Brot jetzt 60 R. pro Pfund, und sie geben nur zwei Pfund. Wer mit List mehr ergattert, bekommt Schläge.

*

In Kunzewo spielt der Sohn eines Kommunisten mit Alja.
»Ich bin Lenin, und du bist Trotzki. – Genosse Trotzki, Sie müssen auf Dienstreise. Hier Ihr Spezialzug, alle anderen Züge – stehen still.«

*

Alja und die alte Frau.
Was soll eine einfache, wohlgesinnte alte Frau einem Kind sagen, das auf die Frage: »Warum gefällt dir von allen Märchen dieses am besten? Die Teufel sind doch schrecklich«, antwortet: »Ich liebe die Teufel«, und auf den Vorschlag: »Zu diesen Makkaroni sollte man etwas Butter geben, nicht wahr«, trocken erwidert: »Ich mag keine Butter.«

*

Dank an jene, die mich liebten, denn sie gaben mir die Freude, andere zu lieben, und Dank an jene, die mich nicht liebten, denn sie gaben mir die Freude, mich selbst zu lieben.

*

Ausweglos sind nur die physischen Dinge ⟨.⟩

*

N⟨ilen⟩der (Philologe, Gräzist, jetzt Lektor beim Proletkult) beklagt sich in Gegenwart von Balmont, dass man ihm während des Unterrichts nicht einmal einen Schluck Wasser gibt.
Ich: »Nehmen Sie doch Wasser in einem Fläschchen mit – das ist noch besser als Milch. Was soll's – jetzt ist das Jahr 1919 – nehmen Sie und trinken Sie!«
Balmont:
»Und dann – schmeißen Sie die Flasche ins Publikum! Und fü-

gen folgende Moral hinzu: ›Sehen Sie, meine Herren, wie leicht man etwas zerstören kann! Und nun versuchen Sie, diese zerbrochene Flasche wiederherzustellen!‹«

*

Rasins Perserin und Undine. Tod im Wasser. Beide wurden geliebt, beide wurden verlassen.
Rasins Traum (in meinen Gedichten) und des Ritters Traum (bei *Lamotte-Fouqué* ⟨sic!⟩ und Shukowskij).
Und beide: Rasin und der Ritter mussten denselben Tod sterben: nur die Perserin kommt mit der Hinterlist der Nichtliebenden und Persiens um eines »Schühchens« willen, Undine aber mit der ganzen Hingabe der Liebenden und Deutschlands – um eines Kusses willen.
Oh, wie ich diese Undine schildern würde!!!

*

Lauzun ist mein erster Held seit dem Herzog von Reichstadt. Doch der Herzog von Reichstadt war der – erste. Zwei Sachen würde ich schreiben, wenn es sie nicht schon gäbe: »*L'Aiglon*« von *Rostand* (unbedingt von *Rostand*!) und ⟨deutsch:⟩ »*Der Abenteurer und die Sängerin*« von *Hoffmansthal* (unbedingt von *Hoffmansthal* ⟨sic!⟩) – über Casanova!
Und die Undine, aber besser als Shukowskij, und vielleicht auch besser als *Lamotte-Fouqué* ⟨sic!⟩.
Lauzun und Casanova (d. h. »Fortuna« und »Das Abenteuer«) liebe ich ebenso wie die oben genannten Werke, d. h. *absolut* – ohne Abstriche!

*

Lauzun ist – für mich – dennoch zu glücklich, *Rostand* hat mir meinen jungen Aar gestohlen!

*

Schauspielerinnen sollten keine schwarzen Augen haben. Ich denke an Undine, an die kleine Meerjungfrau von Andersen, an meine Aurora, – wie würde Sonetschka sie spielen, wenn sie nicht so riesige, ungewöhnlich schwarze Augen hätte! Helle Augen können nämlich – und tun das mitunter auch! – schwarz werden, schwarze aber nie – hell.

*

Meine volkstümliche Aversion gegen die weiße Farbe (schmutzt leicht, wirkt leer!).

*

Man soll nur die Bücher schreiben, an deren Nichtvorhandensein man leidet.

*

Ich hüte Alja wie der Drache den Schatz, ja wie der Drache!

*

Warum schäme ich mich nicht im Geringsten, wenn ich schlecht gekleidet bin ⟨mit Bleistift über der Zeile: zerlumpt⟩ – und so schrecklich, wenn ich gut gekleidet bin ⟨über der Zeile: neu⟩?!

*

Man kann den Körper zeigen wie eine Schönheit, und man kann den Körper zeigen wie ein Bettler, – durch Löcher – absolut unschuldig. – *Ich*.

*

WAS ICH SCHREIBEN MÖCHTE.

1) Casanovas Ende.
2) Leo. (Casanova und die Tochter).
3) Ninon.
4) »*La mouche*« (*Heine*).

*

In zweiter Linie:
1) Die Rivalinnen (Venus und die Muttergottes. – Der Mönch. – Der Venusberg. – Venus ist hier eine angesehene Dame, die Muttergottes ein armes Mädchen, das auf der Straße singt). ⟨Der Text unter 1) ist mit Bleistift durchgestrichen.⟩
2) Don Juan und Carmen.

*

Das einfache Volk verirrt sich nie in der Stadt. Ortssinn der Tiere und Wilden.

*

Gestern bei Serow: irgendwelche Telefonanrufe, irgendwelche Fräulein. Gelächter, Kommen und Gehen, Erinnerungen, Pläne. Ich dachte an mein Haus: Aljas Geschirrspülen, – meine Wäsche, – mein Heft mit Gedichten, – Aljas Heft mit Gedichten – und so – jeden Tag: keine Seele, kein Laut.

Bei Serow – und überall sonst – geht das Leben seinen Gang, alle sind inmitten von etwas, wenn Serow nicht kommt – geht man zu ihm, wenn Serow nicht einkauft – kauft man für ihn ein ...
Alja und ich sind eindeutig außerhalb solchen Lebens, – Parias, wenn auch ehrenwerte.
Alle Besucher kommen aus Mitleid oder dem Wunsch nach Begeisterung (W. A. A⟨lexej⟩ew), alle – aus irgendeinem Grund. Niemand kommt einfach so.
Und wer liebt das allereinfachste Leben mehr als ich?

*

Ich weiß, wie leben. Ich freue mich an allem: einem gewaschenen Geschirrtuch (es war schmutzig, jetzt ist es sauber), einem reparierten Hahn (er tropfte ständig und machte nervös, jetzt schweigt er), einem blank gescheuerten Boden usw.
Und wenn jetzt plötzlich jenes Leben anfinge, das ich vergessen habe: Sporen, Militärmusik und Damen mit rosafarbenen Schirmen (eine elementare Vorstellung von Luxus?), weiß ich nicht, wie ich das aushalten würde.

*

NB! Für die Dummköpfe: aus Begeisterung.

*

JULI

Alle meine Klagen über das Jahr 1919 (es gibt keinen Zucker – kein Brot – kein Brennholz – kein Brot) äußere ich ausschließlich aus Höflichkeit, um als die, die nichts hat, nicht jene zu beleidigen, die alles haben.
Und alle Klagen, die andere in meiner Gegenwart über das Jahr

1919 äußern (»Russland ist tot«, »Was ist aus der russischen Sprache geworden« usw.), höre ich mir ausschließlich aus Höflichkeit an, damit sie, denen nichts genommen wurde, nicht mich beleidigen, der *alles* genommen wurde.

*

Ich liebe das Jahr 1919 abgöttisch, weil ich es spiele.

*

In der Mensa:

Alja und ich essen zu Mittag ohne Brot. Am anderen Tischende erhebt sich ein junger Mann – das Gesicht kann ich nicht sehen – ein Eindruck von Locken und Rasiertheit – geht um den ganzen Tisch herum, bleibt hinter meinem Stuhl stehen und sagt, indem er sich zu mir beugt, fast flüsternd:
»Erlauben Sie mir, etwas Kartoffeln anzubieten Ihrem (etwas unsicher) Brüderchen.«
Alja, das Haar nach altrussischer Manier kurz geschnitten, mit ihrem strengen Gesicht, das an Sergij von Radonesh erinnert, und dem »silbergewobenen Hemdchen« gleicht tatsächlich einem Jungen, und ich – es widerstrebt mir, mich zu beschreiben! – gleiche tatsächlich nicht einer Mutter.

*

Sonntag, Juli 1919

Erzählung vom Jahr 1919: »Frauen gingen vorbei, die sahen aus wie ihre Taschen …«

*

Gott tat gut daran, mir keine Schönheit zu schenken. (Ich schreibe das Wort absichtlich mit einem Großbuchstaben, damit man nicht meint, ich sei eine Missgeburt!) Ich – und dazu noch – eine Schönheit – das wäre zu viel gewesen, – zu viel sogar für mich!

*

⟨deutsch:⟩ *Die blinde Mathilde* – eine Kindheitserinnerung. In Freiburg, im Pensionat, kam jeden Sonntag eine Frau zu uns – *die blinde Mathilde*. Sie trug ein blaues Kleid aus Satin – war 45 – hatte halbgeschlossene blaue Augen – ein gelbes Gesicht. Gehörte zu den Halb-Armen im Geiste. Jedes Mädchen – der Reihe nach – musste ihr Briefe schreiben und – auf eigene Kosten – Marken draufkleben. Wenn die Briefe aufhörten, setzte sie sich aus Dankbarkeit ans Klavier und sang. Den deutschen Mädchen:
⟨deutsch:⟩ »*Ich kenn ein Kätzlein wunderschön*«,
mir und Assja:
⟨deutsch:⟩ »*Der rothe Sarafan*«.

*

Gestern las ich im »Palast der Künste« (Powarskaja, 52, Haus Sollogubs, – meine letzte – erste! – Arbeitsstelle) die »Fortuna«. Man begegnete mir freundlich, von allen Vorlesenden bekam nur ich Applaus. Ich las gut. Nach Ende stehe ich allein da, mit einigen zufälligen Bekannten. Wären diese nicht gekommen – ganz allein. Hier bin ich genauso fremd wie unter meinen Mitbewohnern in dem Haus, wo ich schon seit 5 Jahren lebe, wie an der Arbeitsstelle, wie einst in den 5 ausländischen und russischen Pensionaten und Gymnasien, wo ich zur Schule ging, – wie immer – und überall.

*

Niemand an meiner Arbeitsstelle (und ich arbeitete dort fast 6 Monate!) wusste, dass ich Gedichte schreibe, und niemand – zu zaristischen Zeiten – wusste, dass Assja und ich eigentlich Fräuleins waren. Papas untilgbare Bescheidenheit + mein eigener Stolz, nur um meiner selbst willen geliebt zu werden!

*

In diesem Winter habe ich den »Schneesturm« geschrieben, »Abenteuer« (Casanova) und »Fortuna« (Lauzun). Und eine Vielzahl bezaubernder Gedichte über die Liebe. Jetzt bin ich am »Steinernen Engel«. ⟨Alle drei Sätze sind mit Bleistift durchgestrichen.⟩ Wenn ich schreibe, bin ich entweder sehr glücklich, oder ich bereite mich zur Abreise vor.
Wenn ich nicht schreibe, verachte ich mich immer ein wenig.

*

In bestimmten Momenten – meist am Abend, im Wind – allein –, wenn ich durch die Straßen fliege, spüre ich eine *avalanche*, eine Lawine der Genialität ⟨der ganze Satz ist mit Bleistift durchgestrichen⟩.

*

Das Beste in mir – ist nicht persönlich, und das mir Liebste – ist nicht persönlich.
Ich schreibe nie, ich notiere immer, ⟨über der Zeile: trage ein⟩ (wie auf Befehl).
Ich bin einfach ein treuer Spiegel der Welt, ein unpersönliches Wesen. Und gäbe es nicht ⟨über der Zeile: einige irdische Zeichen von mir⟩ meine Armreifen, meine Kurzsichtigkeit, meine eigenartig sich gebärdenden Haare (an der linken Schläfe kringeln sie sich nach oben, an der rechten – nach unten), meine ganzen *eigenartigen* Angewohnheiten, so gäbe es mich nicht.

*

(Meine!) Freundschaft: Liebe ohne Niederträchtigkeit.

*

Ich bin denen, die ich liebe, absolut hörig, d.h.: *mich* gibt es nicht. Man kann mich untadelig und absolut übermütig machen (Ersteres – ohne Langeweile, Letzteres – subtil!)
Nimmt man meine Hand nicht, – nehme ich sie auch nicht, sitze – nebenan – ohne Hand, 365 Nächte lang. ⟨Der Satz ist mit Bleistift durchgestrichen.⟩ Nimmt man meine Hand – lasse ich es gewähren – gebe die zweite. (Ersteres – wenn ich freundlich bin, Letzteres – wenn ich liebe.) ⟨Beide Sätze sind mit Bleistift durchgestrichen.⟩
In der Liebe unterwerfe ich mich absolut der Erziehung. – Und nur in der Liebe.

*

Woher diese gewisse Schüchternheit?
Nüchtern betrachtet: wahrscheinlich aus Unsicherheit, vielleicht aber aus dem Wunsch heraus, dass der andere sich möglichst wohl mit mir fühle. Wenn er meine Hand nimmt, so heißt das, dass es ihm wohl ist mit meiner Hand, nimmt er sie nicht, so ist ihm wohl ohne meine Hand. (Mir ist immer wohl: mit einer Hand und ohne eine Hand!)
Und ich bin immer dankbar: wenn er sie nimmt ⟨über der Zeile: vor allem wenn er sie nicht nimmt⟩ mit meiner ganzen Niederträchtigkeit (der Mieze in mir!), wenn er sie nicht nimmt – mit meinem ganzen Pathos (dem Hund!).

*

Angst vor dem Raum und Angst vor der Menge. – Und ich fürchte Autos.

*

Werde ich nicht einst von einem Auto überfahren oder einem Schiff ertränkt, so sind alle Vorahnungen – Lüge.

*

Gestern, bei Tanja:
»Sie rasieren sich doch nicht«, sagte der Kommunist, »wozu brauchen Sie dann Puder?«
Ein Kommunist von altem Schlag, stirbt fast vor Hunger. Mit einer wunderbar klangvollen Stimme.

*

Vorgestern erfuhr ich von B⟨almon⟩t, dass der Leiter des »Palastes der Künste«, Rukawischnikow, für meine Lesung von »Fortuna« – ein originales Theaterstück, noch nie gelesen, die Lesung dauerte 40 Minuten oder länger – 60 Rubel veranschlagte.
Ich beschloss, darauf zu verzichten, öffentlich, mit folgenden Worten: »Behalten Sie die 60 Rubel für sich – für 3 Pfund Kartoffeln (vielleicht finden Sie solche für 20 Rubel!) oder für 3 Pfund Himbeeren – oder für 6 Schachteln Streichhölzer, ich aber gehe mit 60 Rubeln zur Iwerskaja und zünde eine Kerze an, damit ein Regime sein Ende findet, in dem dichterische Arbeit so entlohnt wird.«

*

Rukawischnikow ist selbst Dichter, zum Beispiel schrieb er unter dem Titel »Sonett« folgende Verse:
»Rolle, mein Sonett, komm in Fahrt, mein Sonett, erklinge, mein Sonett« usw.
Sein Vater ist ein Kaufmann-»Millionär« aus Nishnij Nowgorod, dort hat er einen Palast.
Er selbst wohnt im Hause Sollogubs, isst aus gräflichem Ge-

schirr mit Wappen, seine Frau zieht sich abends dreimal um (ich bin Zeugin!), – Stiefel bis zu den Knien, Seidenroben, Pelzpelerinen usw.
Und künstliche Locken, wie Trauben. Auch das kostet Geld!

*

Ach, nochmals über den Kommunisten! (Den lieben J.!) Jemand im Zimmer:
»In der Ermitage gibt's ein unglaubliches Programm!«
Der K⟨ommuni⟩st, in singendem Tonfall: »Was ist das – die Ermitage?«

*

Einer sagte über einen anderen:
⟨deutsch:⟩ »*X ist leer und wenn er voll ist, ist er nur dreckvoll.*«

*

Frankreich liebe ich mehr als ein Franzose, Deutschland mehr als ein Deutscher, Spanien mehr als ein Spanier usw.
Meine Internationale – ist der Patriotismus aller Völker, nicht eine Dritte, sondern eine Ewige!

*

⟨Fehlendes Datum⟩ *Juli 1919, Sonntag*

Zum ersten Mal im Rumjanzew-Museum, wo Papa 30 Jahre lang Direktor war (faktisch – 14 Jahre!).
Als ich durch das Tor trete (vom Wagankowskij pereulok her), bleibe ich stehen und wage vor Begeisterung nicht, weiterzugehen: ein grüner Garten, vollkommen leer, ein goldener Pfad,

den ich jetzt nehme, und hinten ein weißes Gebäude, das zum Himmel strebt.

Der Lesesaal ist festlich: Pracht und Strenge, völlig klar, dass das einfache Volk nicht hierherkommt. Auf den vereinzelten massiven Schränken alte vergoldete Vasen. Alles sehr weiß. Halbrunde, längliche Fenster. In meinem Fenster irgendein Turm und bläulicher Nebel. Die Tische sind blitzsauber und leer. Tiefes Schweigen. Im ganzen Saal nur sieben Personen.

Ich setze mich mit dem achten Band von Casanova ans Fenster, an einen völlig leeren Tisch.

Ja! Als ich meinen Familiennamen aufschrieb, fragte mich das Fräulein bei der Bücherausgabe: »Sind Sie nicht eine Verwandte des verstorbenen Direktors Zwetajew?«

*

Später, im Garten – allein – unter den zitternden, glänzenden Blättern eines Strauchs (wohl eines Flieders). Der Strauch umgibt mich im Halbkreis, wie eine Grotte. Links zwei Säulen, wie Phantome, vor mir eine Gruppe von Bäumen. Ich bin vollkommen allein.

Ich denke darüber nach, dass die Liebe (die Liebelei) verachtenswert ist, dass man immer getäuscht und erniedrigt aus ihr hervorgeht. Ich denke an meine Seele, die – wie diese geisterhaften Säulen – ewig! – in die Höhe strebt.

Ich denke darüber nach, dass ich für eine wunderbare Einsamkeit geboren bin, besiedelt von den Schatten großer Helden und Heldinnen, und dass ich sonst nichts brauche, dass es unwürdig ist, mich zur Mieze und Taube zu machen, mich unterwürfig-zärtlich und gurrend an eine fremde Brust zu werfen, dass das alles unter meinem Niveau ist.

Und vielleicht ist meine ganze Sehnsucht nach *Manon Lescaut* nur Ausdruck meiner *sensibilité extrême*, die es nicht fertigbringt, Bezauberung nicht zu erwidern.

Und es drängt mich hoffnungslos – denn beim ersten Windstoß bin ich schon eine andere! – hier, in diesem Grün und Weiß, in dieser Reinheit und Einsamkeit, euch »*le grand jamais*« entgegenzuschleudern, ihr Lauzuns und Casanovas!

*

Moskau, 21. Juli 1919, Samstag

Die Einsamkeit macht mich hochmütig: ständig verkehre ich in der höchsten Gesellschaft.
(Replik: »Hochmut ist nicht ein Kennzeichen des Aristokratismus, – der wahre Aristokrat ist bescheiden.« Ich: »Ja, wegen seines Hochmuts.«)

*

Fürst de Ligne, Sie liebten und verteidigten meinen Casanova, als ihn niemand mehr liebte und verteidigte – als er 70 war – in Dux – lächerlich – sich verneigend, so wie ein halbes Jahrhundert zuvor alle sich vor ihm verneigten, jetzt aber niemand – im Sold – an einem eigenen kleinen Tisch, weil sonst kein Platz war.
Fürst, Sie liebten die Farbe Rosa – und alle Frauen der Welt – und sorgten sich, wenn irgendwelche Truppen heranrückten, am meisten um das Denkmal Ihres Heldensohnes im Garten – und liebten es, mit siebzig *faire le beau – à cheval – derrière le carrosse de l'Empereur dans les rues de Vienne* – und sagten bei der ersten Begegnung mit Madame de Staël, sie sei »*une femme laide qui tient des discours politiques*« – und befreundeten sich später doch mit ihr – Sie mit der »*femme laide*« – und starben, weil Sie in einer Dezembernacht – nach dem Ball – ohne Mantel, *en souliers de soir*, zehnmal hintereinander aus dem heißen Saal in die klirrende Kälte hinausgingen, um Ihre reizenden weiblichen Gäste in die Karosse zu setzen ...

Prince de Ligne!

*

»Er liebte alle Frauen in Paris« bedeutet weit mehr als »alle Frauen der Welt!« – Warum? Vielleicht weil Ersteres – faktisch – mit Vorbehalt – möglich, Letzteres aber eine Übertreibung ist. Casanova stellt die einzige Ausnahme dar.

*

Wen von ihnen würde ich lieben?

*

Als Mozart mit fünf Jahren vor der Kaiserlichen Familie in Wien auftrat und dann, beim Wegflitzen, auf dem Parkett ausrutschte und die siebenjährige Marie-Antoinette – als einzige der Herzoginnen – ihn hochhob, sagte er: »*Celle-ci je l'épouserai*«, und als Maria Theresia fragte, warum, antwortete er: »*Par reconnaissance.*«
Wie viele hat sie später vom Parkett hochgehoben – und an sich gedrückt – Frankreichs Königin!, aber hat ihr jemand »*par reconnaissance*« und »*Vive la Reine!*« zugerufen, als sie in ihrem Wägelchen zum Schafott fuhr?!

*

Prince de Ligne hinterließ 22 Bände Memoiren. Ich besitze keine einzige Seite dieser 22 Bände.
Ich habe »Abenteuer« und »Casanovas Ende« geschrieben, und alle sind im Besitz dieser Memoiren (Charles hat sie unlängst auf dem Arbat erstanden) – außer mir.
Noch schlimmer: *Prince de Ligne* und Casanova liebten ein

Dreivierteljahrhundert lang alle Frauen von Paris und der Welt – nur mich nicht!

*

Wenn ich an meinen Tod denke, bin ich tief bestürzt: wohin mit dieser ganzen Liebe?

*

Beinahe Nacht. Offenes Fenster. Klavierklänge. Dachschrägen. (Serjoshas Zimmer – eine Mansarde.)
Das könnte Paris, Wien, München sein. Beinahe Nacht – Musik – Himmel – Dächer, – so ist es immer und überall.

*

Was liebe ich? Unter Auslassung von Welt! – die Begeisterung. ⟨Mit Bleistift durchgestrichen; über dem Wort Welt – alles.⟩

*

Ich liebe die Antike nicht (und lechze auch nicht nach ihr): Ägypten, Assyrien, Griechenland, Rom, – das ist so weit weg, dass es einfach nicht existiert.

*

In mir erwacht eine leidenschaftliche (mit Sehnsucht und Qual untermischte) Liebe zu Irina, von der ich seit anderthalb Monaten nichts weiß und an die ich kaum gedacht habe. Darüber spreche ich mit niemand.

*

Über S⟨erjosha⟩ schreibe ich in diesem Notizbuch kaum. Ich fürchte sogar, seinen Namen hinzuschreiben. Weil er mir heilig ist auf Erden.

*

23. Juli 1919

Als ich unlängst an einem Abend mit Charles (einem jungen, grauhaarigen Anarchisten, der mit seinem ständigen Ja zur Welt Pestalozzi gleicht) an der Christ-Erlöser-Kathedrale vorbeiging (ich trage jetzt eine kleine Ikone mit Ihm auf der Brust und zeigte dem großen Erlöser meinen kleinen), schaute ich auf den Moskwa-Fluss und nahm das paradiesische Gefieder des Himmels in mich auf; doch beim Blick auf den Kreml erstarrte ich: alle Kuppeln der Kirchen waren schwarz. – Es war wie ein Schlag in die Brust. – Das Unheilvollste, was ich je gesehen habe, – schlimmer als der Tod: die Pest. Dann kam Charles noch mit seinen Geschichten über die letzte Pest in Moskau.
Von ihm habe ich erfahren, dass die halbrunden Medaillons auf den Kirchen, die ich so liebe, Kokóschnik heißen und dass es in Moskau einst eine Lausgasse gab: die Barbiere rasierten und schoren, ohne die Haare anschließend zusammenzukehren. (Ich zittere beim bloßen Gedanken, wie es gewesen sein muss, mit dem Gesicht in diesen Haufen hineinzufallen!)
Ich kenne Moskaus Seele, nicht aber seinen Körper. Überhaupt habe ich diese Neigung, doch im Fall von Moskau ist das eine Sünde.
Während ich neben Charles hergehe, denke ich an Serjosha, wie er mir alle Häuser aufzählte (das Haus von Herzen, die Häuser, in denen Puschkin weilte, usw.) – und alle Kirchen des Kreml und Samoskworetschje, ich erinnere mich an seine hohe Schulter über meiner rechten Schulter (der rechten, denn ich musste

ihm Ehre erweisen), und an seine trotz Sonnenbräune blasse, anmutig eingefallene, schöne Wange, und an seine Stimme: »Marinotschka« ...
Umsonst beginne ich, im Notizbuch über ihn zu schreiben.

*

NB! Unvergessen diese schwarzen Kuppeln, ich bekomme Herzklopfen beim Gedanken, wie sie zu beschreiben wären!
(Charles – Jude – einer von den guten – ein Patriot *aller* Länder – beteuerte mir unschuldig, das käme vom Regen, während die nasse Christ-Erlöser-Kathedrale vor uns strahlte wie die Sonne! Als mir Charles vom alten Moskau zu erzählen begann, überkam mich Scham.)

*

Charles erzählte mir, dass er während seines Aufenthalts in Paris Zugang zur geheimen Abteilung der Königlichen Bibliothek erhalten hatte. »Ohne Spezialerlaubnis lassen sie einen da nicht rein, und einen Katalog gibt es nicht.« – »Wie das, in einer Bibliothek gibt es keinen Katalog?« – »Ja, Sie nennen, was Sie brauchen, und man gibt es Ihnen. Aber Sie brauchen unbedingt die Empfehlung eines Professors. Ein normales Publikum hat keinen Zugang.« – »Eine seltsame Bibliothek. Hat es vielleicht damit zu tun, dass die Bücher am Auseinanderfallen sind?« – »Nein, man braucht nur eine Bescheinigung, dass es um wissenschaftliche Zwecke, nicht um Neugier geht.« – »Und wenn ich etwas aus Neugier möchte?« – »Dann haben Sie keinen Zutritt. Zuerst war der Direktor mir und meinem Kollegen nicht sehr wohlgesinnt, später, als er sah, dass es um ein ernsthaftes Vorhaben geht, änderte er sein Verhalten.« – »Was gibt es dort für Bücher?« – »Nun ... verschiedene ... obszöne Bücher ...« Ich, kurz: »Aha ...« Und nach einer Gedankenpause: »Nun, ich

möchte nicht an der Stelle dieses Direktors sein!« Charles, erstaunt: »Warum?« – »Weil ich das Gefühl hätte, dass alle diese Bücher auf meiner Stirn geschrieben sind. Und mag man auch der Erfinder einer berühmten Institution sein. Wissen Sie, was auf Englisch Wasser heißt?« Charles lacht, und ich überlege: wie kann man, ohne vor Scham zu erröten oder ohne loszuprusten – mit normaler Stimme – ein solches Buch – für wissenschaftliche Zwecke anfordern?
Und wie wagt man es, mir mit solchen Geschichten zu kommen?

*

Die Seele des 18. Jahrhunderts ist für mich – Gewand.
Der Panzer Jeannes – Wesentlichkeit.

*

Unlängst sah ich mit Alja im K⟨inematogra⟩fen Jeanne d'Arc. Sie glich ein wenig mir: rundes Gesicht, helle Augen, Gestalt eines Jungen. Auch der Charakter war meiner: verlegen-stolz. Sie spielte wunderbar, ich glaubte ihr alles. Und auch der König war großartig: Charme einer königlichen Missgeburt. In der Nacht vor Jeannes Tod, als sie, verfolgt von den Geistern der Mönche, sich wie eine Besessene vom Kruzifix zur Tür und zurück wirft, findet bei Karl VII. ein Festgelage statt: Narrentänze, gebratene Schwäne auf Kamelen, Körbe mit Rosen bis zur Decke hoch, Musikanten, die sich auf Violen und Pfeifen überbieten, und jeder Höfling hält auf den Knien ein weißes Türmchen – die Kopfbedeckung jener Zeit: eine *coiffe*, etwas wie ein Zauberhut, dessen weißer Schleier bis zu den Fersen hinunterreicht. Eine Szene ist entzückend: als der König seine Geliebte küssen möchte, versucht er vergeblich, sie mit seinem Umhang einzuschließen.

Reizend Eric Trent, ein Engländer, in Jeanne verliebt wie in eine Gottheit!
Helle Augen, wie bei einem Kind, das Gesicht mannhaft – die ganze Ritterlichkeit Englands.
Als Jeanne im ersten Bild mit der Fahne in der Hand hinter dem König in die Kathedrale von Reims einzog – und alle Fahnen sich neigten, musste ich weinen.
Als das Licht anging, war mein Gesicht tränenüberströmt. Ein Taschentuch hatte ich nicht. So senkte ich den Blick.
Jeanne d'Arc – das ist mein Haus und meine Aufgabe in dieser Welt, »alles andere – ist nichts!«

*

Kürzlich saß ich auf einer Bank, bei Gogol. Alja in ihrem ganz kurzen Röckchen, in einem hellblauen Hemdchen für Junge – »halb Junge, halb Mädchen« – war damit beschäftigt, die Löwen zu küssen und sich vor Gogol zu verneigen, ich aber saß einfach da, bei irrsinniger Hitze, froh darüber, und nahm den Hut ab.
Da nähert sich eine Frau, mit bleichem und bösartigem Gesicht, wie eine junge Nonne. »Fräulein, wo ist hier die Afanassjew-Gasse?« Ich erkläre es ihr vage. »Ich möchte zu einer Wahrsagerin«, und plötzlich, erschrocken: »Fräu-lein! Warum haben Sie graue Haare?! Wie alt sind Sie?« Ich, ohne zu überlegen: »Achtzehn.« – »Na so was, wird man in Ihrer Familie so früh grau – oder kommt es von dem, was Sie mitgemacht haben?«
In diesem Augenblick fühle ich mich so glücklich – und folglich hübsch anzusehen (oder umgekehrt?), dass ich mich geniere, offen zu lügen und zu sagen: »Von dem, was ich mitgemacht habe.« Also erfinde ich sofort eine Reihe von Groß- und Urgroßmüttern, die mit 20 ergraut sind, und eine Mutter, die schon mit 15 grau wurde. Dann blitzt in mir der Gedanke auf, zur Wahrsagerin zu gehen – doch die Frau weiß weder die Hausnummer noch den Namen, und so trennen wir uns.

Nach diesem Vorfall erzählte Alja im Garten des Rumjanzew-Museums, wo sie herumtollte, während ich las, den anderen Kindern, ich sei 18, worauf zwei Mädchen in den Lesesaal kamen, um mich anzuschauen, und den anderen Kindern berichteten, das sei tatsächlich wahr.

*

Graue Haare. Am folgenden Tag, bei Nikodim, fragt Charles erstaunt: »Marina! Woher haben Sie graue Haare?«
Übrigens habe ich blonde Haare, dunkelblonde mit einem goldenen Schimmer, leicht gewellt und so geschnitten, wie es im Mittelalter die Knaben waren, manchmal kringeln sie sich (seitlich und hinten – immer). Sie sind fein wie Seide und sehr lebendig, – ganz ich.
Und vorne – das habe ich in diesem Frühjahr bemerkt – gibt es eins – zwei – drei – und wenn man sie auseinanderzieht – noch mehr – vielleicht zehn – vollkommen graue, ja sogar weiße Haare, die an der Spitze geringelt sind. – So seltsam.
Ich bin zu jung, um aus *Eigenliebe* zu behaupten, dass mir das gefällt, aber ich freue mich wirklich darüber, als Beweis, dass irgendwelche Kräfte heimlich in mir arbeiten – nicht das Alter, natürlich! – eher mein – unermüdlich – tätiger Kopf, mein Herz und mein leidenschaftliches, unter einer sorglosen Oberfläche verborgenes Schöpfertum. – Als Beweis dafür, dass es zu einer eisernen Gesundheit wie der meinen auch Gesetze eines eisernen Geistes gibt.

*

Und vielleicht will mich – unsere – Zeit, trotz des Jahres 1919 – in Moskau – zur Belohnung für Casanova und Lauzun – zur Marquise machen?

*

Zu den grauen Haaren. – Vor langer Zeit las ich, am Fenster sitzend, in meinem sargähnlichen Zimmer in der Pariser *Rue Bonaparte* bei *Th. Gautier*, wie *Edmond de Goncourt* am Begräbnis seines Bruders, während man den Sarg in die Erde hinabließ, schlohweiß wurde – vor aller Augen. Ganz Paris konnte sehen, wie ein Mensch ergraute.
Diese Art von *sensibilité* passt nicht zu mir!

*

Unlängst träumte mir – einer der ewigen Träume, als ich 16 und 17 war –, ich flöge durch einen riesigen, völlig leeren Saal, zwischen Gespenstern, selber ein halbes Gespenst. Ich fliege direkt unter der Decke. Hier begegne ich offenbar meiner Mutter. Bevor ich derlei träume, höre ich immer Stimmen: Sätze, einzelne Worte – alles widerlich und schrecklich! –, noch schlafe ich nicht, bin aber schon ganz starr und weiß, was mich erwartet. – Das ist kein Traum, das ist Spott und schreckliche Gefangenschaft, – ich bin beim Tod zu Gast!

*

Warum gibt es so viele schlechte und so wenig gute Vorzeichen? (Verstreutes Salz, ein Priester, 13 an einem Tisch, 3 Kerzen, als Dritter eine Zigarette an einer schon brennenden [eines Frontoffiziers] anzünden, schwarze Katze, weißes Pferd, Schrei einer Eule usw. usf.)

*

N⟨ikodim⟩ – *de vive voix* – und Tanja – laden mich über Alja dringlich ein, am Abend vorbeizukommen.
Ich gehe hin. – »Wir müssen jetzt gehen, haben die Leute schon so oft sitzenlassen …«

Ich wohne nebenan und bin viermal die Woche bei ihnen (früher jeden Tag), aber *ich* bin es, über die derselbe N⟨ikodim⟩, in seiner seltsamen Küche, am Morgen gesagt hat: »Heute, als ich den ersten Glockenschlag hörte – die Sonne ging auf – und in jedem Fenster brannte ein Feuer –, dachte ich an Ihren Stolz – und mir wurde schrecklich zumute, das Herz ist mir erstarrt.«
Und sie gehen weg – zu irgendwelchen nichtswürdigen Leuten, und verbannen mich bei diesem märchenhaften, himmlischen Abendrot in mein dunkles, leeres Haus (Alja schläft), zu meinen ständig laufenden, mich in den Wahnsinn treibenden Wasserhähnen, zu meinen hundert Pud schweren Gedanken an S⟨erjosha⟩ und Irina, – und erneut zu Lauzun und Casanova (sonst sterbe ich!) – und wenn sie dann wieder die Glocken hören, erstarren sie vor meinem unheiligen Stolz!

*

Ich verlange wohl, dass man mich heute liebt, wie man mich in hundert Jahren lieben wird.
Das ist ebenso hoffnungslos, als wollte man Geld fordern für ein Erbe, das völlig rechtmäßig ist, aber erst in hundert Jahren erfolgt!
Und nicht von demjenigen fordern, der es hinterlässt, sondern von andern. Und als Garantie seinen Glauben nennen. – Vollständige Übereinstimmung.
Eine Sache von Betrügern, nicht meine!
Im Übrigen ist es dem Betrüger nicht um Liebe zu tun, wie ich sie mir wünsche, und nicht um ein paar Tausender »auf Kosten«, – er reißt die ganze Million an sich und bringt mich an den Bettelstab!

*

Und das Ärgerlichste: ich weiß, wie man mich in hundert Jahren lieben wird!

*

»Ich würde mir nie die Lippen schminken …«
(Ich notiere, was ich vor drei Tagen gedacht habe, als ich Milch holen ging.) – Warum »ich würde mir nie« und nicht »ich schminke sie nie«, »ich habe sie nie geschminkt«. Offensichtlich müsste ich, um die Möglichkeit eines solchen Gedankens aufkommen zu lassen, etwas vorausschicken, zum Beispiel: »Wenn ich damals gelebt hätte« oder (was ich als lächerlich empfinde, doch habe ich es unlängst in aller Unschuld ausgesprochen): »Meine Herrschaften, wenn ich eine Frau wäre …«
Kurzum, ich würde mir nie die Lippen schminken. Warum? Ist es nicht schön? – Nein, es ist bezaubernd. – Ist es amoralisch? – Ich mag dieses Wort nicht, folglich auch nicht die Sache. (»Unsittlich« ist ebenso hässlich!)
Nur könnte jeder Dummkopf, dem ich auf der Straße begegne, meinen (und zwar zu Recht!), ich hätte es für ihn getan, und da ich Straßen mag und Dummköpfe hasse, würde es mich tief kränken, wenn ich ihnen gefiele.
Und das rosarote Kleid, von dem Sie so träumen?
Das rosarote Kleid, von dem ich so träume, werde ich vermutlich nie besitzen: 1) weil keiner von euch es mir schenken wird – die Karte 4 für Gebrauchsgegenstände braucht jeder für sich selbst, und es auf dem Markt zu kaufen, kostet zu viel für eine Frau, die, während sie küsst, sich über Küsse lustig macht, 2) weil ich, selbst wenn ich mir ein rosarotes *n'importe quoi* kaufte, lange zögern würde, ob ich es selbst nähen soll – ich kann absolut nicht nähen! bringe alles durcheinander, wie bei den Straßen! der Kopf schmerzt! – oder ob ich es der Schneiderin geben soll (150 Rubel! Gewissensbisse!), 3) weil ich beim Entschluss, zur Schneiderin zu gehen, plötzlich merken würde, dass der Som-

mer vorbei ist und Zeit, den schutzfarbenen Herbstmantel hervorzuholen – – – – –

Kurzum: mein rosarotes Kleid – das sind nicht geschminkte Lippen. 1) Rosarot ist die Lieblingsfarbe meines Prince de Ligne, 2) das Mädchen in »Casanova« (»Abenteuer«) heißt Rosanetta – eine zärtliche Erinnerung an Sonetschka Holliday und eine traurige an Sawadskij, 3) ein rosarotes Kleid ist mir ebenso naturgemäß wie meine goldenen Haare.

Für ein rosarotes Kleid bin ich jung genug, für allzu rosarote Lippen – seit Geburt zu alt, es kommt mir irgendwie peinlich vor, ein wenig lächerlich, als würde ich im Alter mit Puppen spielen.

Und dann kränkt mich der Gedanke, jemand könnte glauben, dass ich mir – so – nicht gefalle.

Außerdem passt es einfach nicht zu mir, weder äußerlich noch innerlich, weder zu meiner *fröhlichen austerité* (das Adjektiv ist genauso wichtig wie das Substantiv!) noch zu meinen strengen Zügen eines mittelalterlichen Novizen, es passt zu mir als Ganzem nicht, die ich (äußerlich und innerlich!) nur im Kolorit sanft bin, im Wesen aber *streng*.

Es passt nicht.

Und das ist nun keineswegs ein mit freundlicher Verachtung zu strafendes weibliches Argument, eines von denen, die auf den Gesichtern der Männer ein selbstzufriedenes Lächeln hervorrufen:

»Endlich hat sie's zugegeben!«

*

NB! Ich vergöttere Männer – und bin überhaupt nicht eine Feministin! Aber ich vergöttere sie mit dem Herzen – dem Einzigen, was weiblich ist an mir! Wobei mein Verstand so untadelig erzogen ist, dass er – um mich nicht in eine komische Lage zu bringen – wie ein echter Gentleman gerne dem Herzen den Vortritt lässt, allerdings so, dass er mich bei Bedarf sofort verteidigen kann.

*

24. Juli 1919

⟨Ein Wort fehlt⟩ zusammenstoßen und auseinandergehen, ohne sich entschuldigt zu haben – was für eine Grobheit steckt in dieser Geste!
Mir fällt Heine ein, der – als er nach Paris kam – absichtlich gestoßen werden wollte, nur um eine Entschuldigung zu hören.

*

Ich möchte – ganz im Ernst – einen Aufsatz schreiben (den ersten im Leben, und das wird natürlich kein Aufsatz sein!): »Rechtfertigung des Bösen« (des Bolschewismus).
Darüber, was mir der Bolschewismus gegeben hat, indem er mir vieles wegnahm.
1) Die Freiheit der Kleidung (einer Maskerade rund um die Uhr), des Wortes (nichts zu verlieren!), des Todes wann immer (man muss nur auf einen Platz gehen und schreien: *Vive le Roi!*), des Nächtigens unter freiem Himmel, – das heroische Abenteuer der Bettelarmut.
2) Das definitive Recht, meine Feinde zu verachten (die mir 1919 nicht geholfen haben).
3) Die definitive Bestätigung, dass der Himmel mehr wert ist als Brot (das habe ich am eigenen Leib erfahren und habe darum *das Recht*, so zu sprechen!).
4) Die definitive Bestätigung, dass nicht politische Überzeugungen – auf gar keinen Fall politische Überzeugungen! – die Menschen verbinden oder entzweien (*ich* habe wunderbare Freunde unter Kommunisten).

5) Die Zerstörung von Klassenschranken nicht durch ideelle Gewalt, sondern durch das große Leid Moskaus im Jahre 1919 – durch Hunger, Kälte, Krankheit, Hass auf den Bolschewismus usw.
6) Die Bestätigung, dass ich meine Liebe zur Vergangenheit nicht versilbert habe (ich bin bereit, Leibeigene jedes beliebigen Gutsherrn zu sein, am liebsten die von Nosdrew, – denn er hat Drehorgeln aus Rotholz und Hunde!).
7) Eine verstärkte Liebe zu allem, was mir weggenommen wurde (Paraden, Kleider, Maskeraden, Namen, Orden!).

*

Dies ist natürlich eine Kurzfassung. Die Thesen werden brillanter sein. Zum Beispiel 1) Das Leben 1919. – Maskerade. 2) Wer ist Freund? 3) Himmel und Brot. 4) Wie bleiben die Menschen am Leben. 5) Das Jahr 1919 hat die Stände nicht zerstört, sondern zusammengeschweißt. 6) Kommissar oder Leibeigener? 7) Namen – Orden.
Das möchte ich auf offener Bühne vorlesen.

*

Aber die Kinder der einfachen Leute (der Bauern) sind noch schmutziger als früher! Verständlich, wenn es keine Gutsherren mehr gibt, die ihnen Satinstoff für Hemden schenken.

*

Warum behaupte ich immer, wenn ich liebe – mit Genuss sozusagen –, ich könne nicht leben ohne – – –
Vielleicht will ich gar nicht den anderen überzeugen?

*

Zu lachen und mich herauszuputzen, habe ich erst mit 20 begonnen, vorher habe ich höchstens gelächelt, und auch das nur selten.
Ich kenne niemanden, der in seiner frühen Jugend heroischer gewesen wäre als ich.

*

Mein Lachen ist abgehackt und seltsam, eine einzige Roulade, wie Carlottas Lachen in Lockes »Zufälle«. (Der Vergleich stammt nicht von mir.)

*

Ich stelle fest, dass ich nicht die Dinge nicht mag, sondern deren Bezeichnung. Gibt man einer Sache einen andern Namen, fängt sie plötzlich zu leuchten an.
Zum Beispiel: *dewuschka*, Mädchen. Beleibt und gutmütig, wie eine Kuh. – Und mit einem längeren Hals als bei Beatrice. – Und vollkommen hoffnungslos.
Aber das deutsche *Mädchen* ist Gold, Jugend, Bezauberung und Küssen. – Und da ist ein Spinnrad. – Und ein Liebhaber.

*

Das Mädchen ist eine Heroin, weil unmenschlich: sie hat noch nicht geliebt.
Alle heroischen Verbrechen wurden von Mädchen verübt: Lukrezia, Judith, Charlotte Corday.
Frauen haben *entrailles*, was den Mädchen fehlt.
Das Mädchen tötet auf erhabene (unmenschliche) Art, die Frau auf niedrige (menschliche).
Das Mädchen kann nach dem Verbrechen Gott ins Antlitz sehen, die Frau verbirgt vor Entsetzen ihr Gesicht.

*

Ich liebe nur kleine Mädchen (und Jungen!) sowie Frauen.

*

Die nächste Stufe nach dem Mädchen ist – die Mutter.
Die nächste Stufe nach dem kleinen Mädchen ist – die Frau.
Eben fällt mir ein Satz S⟨erjoschas⟩ über Natascha Rostowa ein:
»Wenn Natascha Rostowa erwachsen wird, wird sie eine Nastassja Filippowna.«

*

Woran denken die Tiere? – Woran denken andere Menschen?

*

Wenn ich an Sonetschka Hollidays Kommen denke, kann ich es nicht glauben: ein solches Glück gibt es *nicht*.
Ich denke an sie – das Wichtigste lasse ich aus – wie an einen neuen Ring, wie an ein rosarotes Kleid, und mag es auch komisch klingen: mit heißem Verlangen. Weil nicht Sonetschka kommt, sondern die Liebe.

*

Der Abteilungsleiter sagt auf der Sitzung der Gesellschaft zur Bekämpfung des Antisemitismus:
»Ich kann aus Prinzip den Antisemitismus nicht bekämpfen.«

*

Derselbe, nachdem er die Unterschriften auf einem offiziellen Schreiben studiert hat, kapriziös:
»Entfernen Sie diese Synagoge!«
                (Ein blindwütiger Kommunist.)

*

»Wie alle Juden ist er redselig und beherrscht die russische Sprache nicht« (jemand über einen andern).

*

Die Frauen in der Straßenbahn bekreuzigen sich beim Anblick einer Kirche inbrünstig – feierlich – mit würdevoller Geste, die Männer – sachlich, indem sie ein kleines Kreuz unter dem Hals schlagen.

*

Mein ganzes politisches Credo ist in diesem einen Wort beschlossen: *frondeuse*, der Genauigkeit halber kann ich ein zweites hinzufügen: *essentiellement*.

*

Der Revolut⟨ionär⟩ (Utopist) Saint-Simon (offenbar der Enkel meines Saint-Simon!) erzählte, ihm sei, als er zur Zeit des Terrors im Gefängnis im [Palais de] Luxembourg saß, sein Vorfahre Karl der Große erschienen und habe Folgendes gesagt:
»Seit Erschaffung der Welt hat kein Volk die Ehre gehabt, einen erstrangigen Helden und Philosophen (Denker) hervorzubringen. Mein Sohn, deine Erfolge als Denker kommen denen gleich, die ich als Krieger und Staatsmann vorweisen konnte.«
Hätten wir nur mehr solche Revolutionäre! (mit solchen Taten!).

*

Meine größte und wertvollste Leidenschaft gilt meiner Würde und meinem Rang. Die Sorge um Besitz rangiert weit hinten, und ich würde mit Begeisterung – heute und in Zukunft – alles opfern für ⟨nicht fertig geschrieben⟩.

*

Ich fürchte, dass ich als Don Quijote mit meiner Bibliothek von Ritterromanen bald beginne, allen *donner de l'Altesse* – nicht den Lakaien (denn wo es Lakaien gibt, gibt es durchlauchte Majestäten!), sondern – wie soll ich sagen – allen Genossen!

*

Durch die weit offene Tür eines Cafés drang der Duft von Kaffee – Vanille – Zigarren – und irgendwelchem Gebäck.
Glauben Sie, ich hätte Lust gehabt, hineinzugehen, um zu trinken und zu essen? Nein, sondern – mit Tränen in den Augen! – Lust zu küssen.

*

Zwei Jahre lang habe ich die Kartoffelkur, die *abrutissant* war, heldenmütig ausgehalten. Doch wer weiß, ob ich nicht fröhlicher und »genialer« gewesen wäre, wenn ich Fleisch gegessen hätte.
(Ich setze die Anführungszeichen, damit nicht Sie sie setzen!)

*

Ich spüre so sehr – was – wem (diesmal physisch) vonnöten ist! Alja und Serjosha zum Beispiel brauchen Fettiges (beide haben die Begabung, dahinzuschmelzen wie Kerzen!), ich brauche Fleisch (konzentrierte Energie!) und Äpfel (noch etwas Freude!).

*

Ein Mensch, der mich nicht liebt, ist mir ein Rätsel. Statt ihn zu hassen, werde ich nachdenklich (betrachte ihn genau).

*

Keine zweite Begegnung mit einem Menschen (denn *alles* hängt von der zweiten ab!) ist für mich vergleichbar mit dem Gefühl, mit dem ich Verse wiederlese, die ich vor einer Stunde leidenschaftlich hastig niedergeschrieben und hastig vergessen habe.

*

Würde ich all das, was ich auf dem Papier den Toten gebe, im Leben den Lebenden geben, wäre ich abscheulich (ich bestehe darauf!) und würde selber darum bitten, dass man mich ins Irrenhaus einweist.

*

Jeanne d'Arc – Leidenschaft für volkstümliche Vororte mit ihren welken Büschen, Klöstern und Fabrikschornsteinen; Casanova und Lauzun – Begeisterung über Bücherstaub auf den Fingern; als Frau bin ich *UNDENKBAR*, als Dichter – nur natürlich. Und das ist (allzu lange habe ich es verleugnet!) ein für alle Mal – mein einziger Maßstab!

*

29. Juli, Sonntag

Ich möchte mich mit lauter Spezialisten umgeben, die große Kenntnis und Fertigkeit auf ihrem Gebiet haben! Also: Spezialisten für Porzellan, für Gewehre, für Planeten, für Verbeugungen, für Tänze, für Blumen, für das Meer, für das Militär! – das Militär! – das Militär! (sie sollen die Zahl der Knöpfe und die verschiedenartigen Schulterstücke auf allen Uniformen der Welt kennen), und Sprachwissenschaftler – Kammerherren – Lakaien – Zigeuner – Pferdeknechte – Musiker usw. usw. usw.
Ich würde die ganze Zeit mit ihnen verbringen, außer wenn ich

schreibe, würde mit dem einen in den Zirkus gehen, mit dem andern Milch holen, mit dem Dritten auf den Smolensker Markt, um etwas zu verhökern, mit dem Vierten würde ich mich beim Wäschewaschen unterhalten, mit dem Fünften auf dem Weg zum Mittagessen, mit dem Sechsten – alle sind alte Männer – beim Haarewaschen, der Siebte würde etwas über meinem Kopf murmeln, wenn ich einschlafe, der Achte würde mich beim Erwachen mit dem Satz begrüßen: »Im Jahre 1465 – in der Nähe von Valencia – im Städtchen ›Santa Soundso‹, buk der erste Koch des Herzogs Soundso einen Kuchen mit soundsolchen Zutaten, und als der Erste ihn versuchte ⟨ein Wort fehlt⟩, rief Seine Hoheit aus« usw.

Alle würden sie, wie riesige Hummeln, um meinen Kopf herumschwirren, und ich würde großartige Stücke schreiben, die den höchsten Anforderungen gerecht würden: des Astronomen, des Feldherrn, des Fechtmeisters, des Kochs, des Advokaten, des Akrobaten, des Theologen, des Heraldikers, – sowie des Gärtners, des Seebären und – und – und –

Nur einen Spezialisten brauche ich nicht: einen Dichter!

*

Gestern – auf dem Arbat – eine Sechzehnjährige.
Großgewachsen – wie ich – breitschultrig, flink, selbstbewusst, mit einer rosaroten Seidenmütze, ein rosarotes Band im Haar, das Haar schwarz mit schweren Locken, wasserdichter Mantel, kräftige Beine, gelbe Stiefelchen, unter dem Mantel ein blaues, weißgerandetes Matrosenröckchen – aus Cheviot, wie in guten alten Zeiten! – das Röckchen kniehoch, der Gang wacker und harmonisch, trotz der stämmigen Statur – ein Schweben.
Ich gehe hinter ihr. – Hole auf. – Überlege. – Sie überholt mich.
Ich schaue an mir herunter: das müsste ich lange beschreiben, aber – ich gleiche ihr nicht, schon darum nicht, weil das Röckchen nicht bis zum Knie reicht – nicht reichen kann!

Und so muss ausgerechnet ich, die ich immer alle überhole (von Frauen rede ich nicht!), die ich mit meinem Tempo sprichwörtlich bin, ohne Trauer, aber auch ohne Freude zusehen, wie mich trotz meiner Bemühungen eine Sechzehnjährige – überholt.

*

Ich bin zu grob für Alja: zu grob durch meine Gesundheit. Der Körper fühlt nicht mit.

*

Im Zoo habe ich gerade eine grauenhafte Geschichte einer Kinderfrau gehört: wie ein Vater (ihr Hausherr) beim Reinigen des Revolvers seine sechsjährige Tochter erschossen hat. – »Und sie war so klug, wie eine Große. Liegt auf dem Boden und sagt: ›Papotschka, schauen Sie, ich bin klein und brauche nur einen winzigen Sarg!‹«

*

Neue Schuhe: hohe, cremefarbene, mit schwarzem Lackrand und schwarzen Schnürsenkeln – für Damen – die ersten in meinem Leben! –, ein Soldat hat sie mir gegeben im Tausch gegen: 1) eine Zinkwanne, 2) einen kaputten Kinderwagen, 3) einige Sessel ohne Beine, 4) einen Tisch ohne Beine, 5) ein Bettgestell etc. etc. – einen ganzen Haufen unnützer Nützlichkeiten – nützlicher Unnützlichkeiten! Ihr neuen Schuhe steht (schon die dritte Woche) auf dem roten Schrank, mit dem unberührten Glanz eurer schwarzen Sohlen, und ich gehe immer noch in meinen geliebten, treuen, englischen (*London!*) – wie Alja »lächelnd« sagt – Pantoffelschuhen, die (einst!) gelb waren und über Kreuz geschnürt werden, die tapfer und schrecklich sind wie zwei gekenterte Segelschiffe …

In meinem alten Kleid bin ich – ich: Mensch! Seele! Inspiration! – in meinem neuen: Frau.
Darum trage ich es nicht.

*

Wen ich hasse (und vor mir sehe), wenn ich *Pöbel* sage. Soldaten? Nein, ich sitze stundenlang mit ihnen und trinke Tee, aus Angst, sie sind beleidigt, wenn ich fortgehe.
Arbeiter? Nein. Fragen sie auf der Straße: »Wollen Sie mitrauchen?« oder sprechen mich offenherzig mit »Genossin« an, kommen mir fast Tränen.
Bauern? Ich bin bereit, mit jeder Bauersfrau aufs Dorf zu gehen und dort zu leben: mit ihr, mit ihren Kindern, ihren Kühen, mit den Wanderern, die vorbeikommen, und vor allem – zuzuhören! zuzuhören! zuzuhören! und alles aufzuschreiben! aufzuschreiben! aufzuschreiben! – ohne Ende.
Köchinnen und Stubenmädchen? Aber sie erzählen, selbst wenn sie hassen, so gut über die Häuser, wo sie gelebt haben: wie der Herr die Zeitung »Russisches Wort« las, wie die Herrin sich ein schwarzes Kleid nähte, wie das Fräulein nicht wusste, wen es heiraten sollte: einer war »Doktur«, der andere beim Militär …
Ich hasse – nun weiß ich – was: eine dicke Hand mit Ehering und – in friedlichen Zeiten! – einem Geldbeutel darin, einen seidenen Glockenrock (absichtlich!) um den fetten Bauch, eine bestimmte Art, etwas zwischen den Zähnen herauszusaugen, Haarnadeln, Verachtung für meine silbernen Armreifen (goldene gibt's offensichtlich keine!) – die Vernichtung meiner Person – dieses ganze menschliche Fleisch! – das Spießbürgertum!

*

Ich weiß nicht, wen ich mehr liebe: die Kammerherren – oder die Kammerdiener?

(Vorausgesetzt, sie sind beide alt, denn wenn nicht, werde ich unweigerlich den lieben, der alt ist.)

*

Die Katze und die Frau sind von Natur aus ohne *état de grâce*. Die Katze leckt auch die erlaubte Milch wie eine Diebin, die Frau schaut auch zur göttlichen Sonne hoch – wie eine Frau! (Ich wollte schreiben: wie eine Sünderin – eine Geliebte – nein, besser so!)

*

30. Juli 1919, Montag

Traum über Stachowitsch.
Alexej Alexandrowitsch! Heute habe ich von Ihnen geträumt. Wir gingen zusammen durch eine große Allee, Sie hatten eine – betagte – Schwester, die Sie innig liebte und die glücklich für Sie war – durch mich. Ich wusste, dass Sie schon gestorben waren. Dann saßen wir im Haus, in irgendwelchen niedrigen Zimmern. Im Haus gab es ein Kamel, das uns ständig folgte, uns nicht reden ließ, störte. Wir sperrten es ein. Ich hatte die ganze Zeit ein Jota Angst vor Ihnen. Sie hatten ein wunderschönes Gesicht – dasselbe – und dieselbe samtene Stimme, mit einer leichten (ganz zarten!) ironischen Färbung. Wir saßen am Tisch. Sie sagten: »Ich hasse den Ausdruck Liebes*beziehung*.« In Gedanken bemerkte ich: »Ganz Stachowitsch!« Im Nebenzimmer polterte das Kamel. Ihre Schwester ging hinaus. Ich trat zu Ihnen und küsste Sie auf den Mund. Während ich Sie küsste, spürte ich: »Gleich – gleich – gleich ist es zu Ende!« Und – noch während meines Kusses ging die Tür sperrangelweit auf – und das Kamel stürzte herein!
Und schon auf der Schwelle zwischen Traum und Erwachen – mein blitzschneller Siegesruf: »So hab ich ihn doch geküsst!«

Alexej Alexandrowitsch! Sie haben meinen Kuss wunderbar aufgenommen!

*

»Alja, und was war das für ein Kamel?«
»Marina, das war kein gewöhnliches Kamel.«
»Natürlich nicht ein gewöhnliches, Alja!«
»Marina! Das war sein Tod!«
        (Pause.)
»Der Tod, der ihn zurück ins Grab trieb.«

*

Die Revolution, die das Leben in eine Maskerade verwandelt hat, hat es definitiv vom Spießertum gereinigt.

*

Was immer man über die »neue Bourgeoisie« des Jahres 1919 sagt: sie ist noch zu neu, kleidet sich zu unbesonnen-üppig, um als Bürgertum gelten zu können!

*

Les Femmes – les Nobles – et les Prêtres – das ist meine – französische! – Konterrevolution!

*

Alja und ich sprechen über den Winter, – beide mit Empörung und Abscheu.
Ich: »Alja, es müsste ein Land namens Winter geben, nicht eine Jahreszeit – ein Land. Wir könnten mitten im Sommer für drei

Tage hinfahren. Ach, Alja, ich sehe sie vor mir: riesige Kaminfeuer, in denen ganze Eichenwälder verheizt werden – Nächte – Wein – riesige Sessel – Schlitten.«
Alja, blitzschnell: »Ja, und in den Schlitten so bezaubernde Jünglinge!«

*

Alja, weiter: »Ach Marina! Ich sehe die Damen – in Pelz und Seide – sie sind so wohlgebaut und elegant! Und die Jünglinge umarmen sie ...«
Ich, naiv: »Wer sind denn diese Jünglinge, Alja, ihre Ehemänner?«
Alja: »Ja, Männer, Freunde ... Lieber Freunde, nicht wahr, Marina?«

*

Die übergroße und reine Leidenschaft des Herzens, der bescheidene Wunsch, dich nicht für deine Liebe zu jemandem zu verachten, den du nur verachten kannst, – dies und anderes führt unweigerlich zu Hochmut – und später zu Einsamkeit.

*

Ich verachte alle meine Beziehungen zu Männern, außer zu S⟨erjosha⟩, zu P⟨etja⟩ E⟨fron⟩ und zu Wolodja A⟨lexeje⟩w. (Ich verachte nicht sie, sondern mich selbst!)

*

Von Frauen kann ich das nicht sagen, ich erinnere sie fast alle mit Dankbarkeit, doch lieben tu ich (außer Assja) nur Sonetschka Holliday.

(Gerade kommt mir ein beunruhigender Gedanke: Vielleicht ist da noch eine, und schon spüre ich eine Schwere im Kopf, wie wenn mir einfällt, dass unten in der Kommode noch vier Hemden sind.)

*

In Moskau herrscht eine Epidemie kurzgeschorener weiblicher Köpfe, vor allem aus dem Kleinbürgertum. (Seitenscheitel, darüber ein festgebunder Schal, meist rosarot.)
Flecktyphus 1919.

*

Der Soldat und das Straßenmädchen (eine Formel aller Zeiten)
                              oder
Der Rotarmist und die Prostituierte (1919!).

*

Ein Mädel – barfuß – in einem kurzen luftigen weißen Kleid – kurzgeschoren – isst am helllichten Tag – auf dem Trubnaja-Platz – mit Konzentration eine Gurke.
Da kommt ein Rotarmist. Sie unterhalten sich. Die Themen: Versorgung, Teuerung, Lebensmittelkarten, »so ist dieses Jahr 1919«. Dann der geschäftliche Teil. Zahlung im Voraus. Zwei Beutelchen. Der Rotarmist rückt heraus, sie steckt ein. – Und sie gehen.

*

Eine widerliche Mode: Ringe mit einem Totenkopf (das ganze Volk trägt sie, wie einst die russischen [jüdischen] Emigranten in Italien, 1902!).

*

Die Theaterstücke sind für mich schlimmer als Trunksucht. Ich schreibe tatsächlich, ohne mich zu schonen, ohne meiner bewusst zu sein.
(Casanovas Ende – ich werde es wahrscheinlich Phoenix nennen.)

*

Aristokratismus ist die Liebe zum Unnützen. (Duldsamkeit – Hingezogensein – Neigung – Passion – Hingabe – Leidenschaft – alle Gradationen bis zu: »ich sterbe *ohne*«).
Der Bauer, der seine Katze nicht dafür liebt, dass sie Mäuse jagt, ist schon ein Aristokrat.

*

Wenn ich kein Geld mehr habe, warte ich unschuldig. – Manchmal schreibe ich Briefe.

*

Logik ist für mich leidenschaftlicher als Enthusiasmus: Isolde im Harnisch von Jeanne d'Arc.

*

Eine Stenographin des Lebens. – Das ist alles, was ich mir auf meinem Grabmal (Kreuz!) geschrieben wünsche. – Aber »Leben« unbedingt mit einem Großbuchstaben! Wäre ich ein Mann, wünschte ich mir ⟨über der Zeile: sagte ich⟩: des Seins.

*

Eine starke Neigung, – oh, das ist seriöser als Leidenschaft! – Und leidenschaftlicher!

*

Ich weiß, dass ich irgendwann von den Toten auferstehen werde.

*

Was mich am meisten betäubt, ist die Hingabe ans Unglück. Sie verdunkelt alles.

*

AUGUST
(ich möchte einen Apfel zeichnen, kann es aber nicht!)

1. August 1919 (alten Stils)

Über das Jahr 1919! (Für »Rechtfertigung des Bösen«.)
Freiheit des Diebstahls, des Verkaufs.
Und noch etwas: vom ganzen angehäuften Plunder – Freunden und Gegenständen – ist nur das *stricte nécessaire* des Herzens geblieben. – Alles andere: weggegeben, verkauft.

*

Wie gut geht es mir auf meinem Dachboden – mit Alja – im Staub – unter den tropfenden Zimmerdecken – beim Rauschen der Wasserleitung – mit *Prince de Ligne*, mit Casanova, mit meinen Notizbüchern – und wie unendlich dankbar bin ich Gott für 1919 – wenn nur S⟨erjosha⟩ am Leben ist!

*

Nicht Revolution, nicht Bolschewismus, – nein: das Jahr 1919!

*

Orden – Order.
Der ganze Unterschied besteht in einem Buchstaben!

*

Ich möchte nicht Großmutter sein, sondern sofort Urgroßmutter.

*

Unlängst auf der Powarskaja: ein Leichenwagen, auf dem Leichenwagen ein Sarg, auf dem Sarg – die Verwandten.

*

Es heißt, man habe neue Handschriften von Puschkin gefunden. In eine requirierte Wohnung ist eine Arbeiterfamilie eingezogen. Ein Herr kommt vorbei. Die Arbeiter besitzen einen Käfig mit Kanarienvogel. Statt Sand ist da ein Manuskriptblatt. Der Herr wird aufmerksam. »Woher haben Sie das?« – »Oh, davon haben wir eine ganze Vorratskammer voll.« Der Herr geht in die Vorratskammer: ein Haufen von Puschkin-Manuskripten. Jetzt streiten zwei Museen: das Historische und das Rumjanzew-Museum. Letzteres gewinnt. Zehn (vielleicht auch hundert) Gelehrte befassen sich mit der Entzifferung.
Das klingt wie ein Märchen, aber sollte es wahr sein, sollte man sich überlegen, ob die russische Revolution dadurch nicht gerechtfertigt wäre? Und – seien wir kühn bis zum Schluss – dadurch nicht ihre wahre Erfüllung gefunden habe?
Denn die Wege des Herrn sind unerforschlich.

*

Freund! Hol mich mit deiner Liebe aus dem Grab!
(Eine Zeile für ein Gedicht.)

*

Wenn mich Männer in Ruhe lassen, bin ich zutiefst unschuldig.

*

Wenn mir ein Mann etwas schenkt – Streichhölzer, Kaffee, ein Stückchen Brot für Alja –, ist mein unbewusster, primärer, wunderbar spontaner Impuls, ihn auf den Mund zu küssen.
Das bin nicht ich, das sind die Milliarden Frauen, die vor mir gelebt haben!

*

Es ist traurig, dies zuzugeben, aber gut sind wir nur zu denen, in deren Augen wir etwas zu gewinnen oder zu verlieren haben.

*

8. August 1919, auf der Datscha

Über meine Seele kann ich sagen, was eine Bäuerin über ihre Tochter gesagt hat: »Die langweilt sich nie.« – Jede Trennung ertrage ich phantastisch. Solange die Person bei mir ist, gehe ich gehorsam, aufmerksam und begeistert in ihr auf, ist sie weg – gehe ich in mir selbst auf.

*

Wenn ich mich dem hiesigen kleinen Haus zwischen den Tannen nähere, ertappe ich mich bei einem Anflug schmerzlicher Sehnsucht nach der hohen Gestalt von X, wie sie zwischen diesen Tannen hervortritt, – und nach mir, neben ihm. – »Verstecken, nicht preisgeben!« – Was würde ich mit ihm tun? – Ich würde ihn verrückt machen, und er würde mich hier, ohne ⟨nicht fertig geschrieben⟩ (was für eine Erniedrigung!) wahrscheinlich – ein bisschen – lieben.
⟨Der ganze Eintrag ist mit Bleistift durchgestrichen.⟩

*

Das Dorf! – Ich setze einen Gedankenstrich, in Wirklichkeit sind es hundert. 1) Ich bin völlig aus dem Geleise, 2) nicht bei mir zu Hause, 3) ich kann vor Langeweile nicht essen, 4) da sind zu viele Bäume, Gräser, Pfade – ich verblöde und verirre mich. Die Natur! – Mein Naturideal: Moskaus Vororte – Klöster, Fabriken, die Nähe und Abwesenheit von Menschen, 2) das tatarische Dorf, wo alles wie vor 500 Jahren ist.

*

Viel Mensch und wenig Natur – *nicht* umgekehrt. Bäume gefallen mir im Verein mit Stein. Bäume + Bäume + Bäume – das ist *un peu trop*. Ich erinnere mich an die *Goncourts*.

*

In Moskau bin ich dankbar für jedes Zweiglein, auf dem Dorf für jedes Zeichen.
(*Jeu de mots*, aber es stimmt!)

*

Aber wie sehr habe ich – mit Sehnsucht! bis zum Wahnsinn! – den Schwarzwald geliebt: die goldschimmernden Täler, die hallenden, unheimlich-heimeligen Wälder, gar nicht erst zu reden von den Dörfern, mit ihren Aufschriften auf den Wirtshausschildern: ⟨deutsch:⟩ »*Zum Engel*«, »*Zum Adler*«, »*Zum Löwen*« – und einem Bächlein. – Die ganze Seele blüht auf!
Vielleicht ist mein Naturideal alles, außer den Datschen um Moskau.

*

Nie werde ich in einem Blockhaus glücklich sein, immer glücklich in einem weißgekalkten Haus (Süden).
Holzwände (im Hausinnern) wie in der Umgebung von Moskau – sind spießig.
Im Land von Gösta Berling vielleicht märchenhaft.

*

Giacomo Casanova! Ich habe Ihnen einen ganzen Monat des russischen Sommers geschenkt. – Der Sommer in Russland ist kurz.

*

Wenn man mein Stück »Casanovas Ende« aufführen wird, werde ich weinen.

*

Ich plante, dass das Stück 75 Seiten hat, gemäß dem Alter von Casanova. Zähle nochmals durch: 75 Seiten. Als ich den letzten Punkt gesetzt habe, war der Himmel wie ein grüner Brand.
(Halb sechs Uhr morgens.)

*

8 Std. = 1 Std. (Liebe.)
8 Std. = 8 Std. das weiß ich nicht, weil es bei mir nie vorkommt.
8 Std. = 80 Std. – Hunger oder sowjetische Arbeitsstelle.

*

Eine Frau hat sich nur dann definitiv von ihrem Liebhaber befreit, wenn sie physischen Widerwillen gegen ihn empfindet. Verachtung ist Unsinn. (Oder bezieht sich auf die Seele.)

*

Jemand:
»Früher hat 1 Mensch 1000 Pud Mehl getragen, heute tragen 1000 Menschen 1 Pud!«

*

Schauspieler für meine Stücke. – Oh, es wird sie natürlich geben, so wie Liebhaber für meine Seele.
Nur nicht jetzt – später – wenn es *mich* nicht mehr gibt!

*

Traum vom 17. August 1919

Aufgeschrieben nachts ohne Kerze (in einer Dorfhütte), – zum zweiten Mal (das erste Mal habe ich auf ein Blatt geschrieben, das schon vollgeschrieben war). Ich schreibe im Dunklen. Ist der Traum prophetisch, so muss ich sterben.

Ich gehe in ein Geschäft, um Süßigkeiten zu kaufen. Die Bonbons kosten 20 Rubel oder Kopeken. Der Verkäufer ist ein alter –

altmodischer – Herr. Dort werden auch Bücher verkauft, antiquarische. Ich wähle ein Buch über das Rittertum aus (erinnere mich an das Wort »*preux*«). Mich erwarten irgendwelche jungen Leute, offenbar Engländer. Nach ein paar Schritten merke ich, dass ich die Bonbons vergessen habe. Ich kehre zurück. Im Geschäft ist niemand. Ich stehle noch ein Buch über das Rittertum und eines für Alja über Sterne, ein blaues. Als ich die jungen Leute erreiche, versuche ich, die Bücher so zu halten, dass sie sie nicht bemerken. Dann – ein schwarzes Gewässer – und eine Bäuerin, die sich beschwert, Alja habe einen Stoff zerrissen. Ich rufe Alja. Sie watet bis zum Knöchel durch Wasser, stolpert und verschwindet. Anjutka, ein Mädchen von hier, rettet sie. Ich frage Alja nach dem Stoff. Sie gibt nichts zu. Ich will sie schlagen. Sie möchte mich zuerst ertränken, dann entwindet sie sich und wirft mir eine Heugabel in den Rücken. Ich verspüre Schmerz (sterbe) und fliege davon. Im Flug sage ich lachend zu Alja: »Ich habe jetzt mein eigenes Flugzeug!«
Ich fliege über den Gassen von Moskau. Ein sonniger Tag. Berühre die Passanten. Eine braungekleidete Dame sagt zu mir: »Eine Tote!« – »Sie gleichen mehr einer Toten als ich!« Ich fliege zum Haus der F⟨eldstei⟩ns und mache aus fröhlicher Rachsucht allerlei Unfug – etwas mit einem Tischtuch bei gedecktem Tisch – irgendwelche »*dégâts*« – wie Stepka Rastrepka – doch ungestraft.
Dann fliege ich zur Pförtnerloge hinunter (parallel zum Treppengeländer, kopfvoran).
Unten in der Pförtnerloge wohnt Vera Efron mit einem Mann. Der Pförtner erzählt über Vera, sie habe eine Stelle bekommen, und auch *er*. Ich hoffe, mit *er* sei S⟨erjosha⟩ gemeint, doch bald darauf vernehme ich den Familiennamen Wichljajew.
»Und Sergej Jakowlewitsch?«, frage ich vorlaut.
»Oh, der ist schon lange tot. Er war vier Tage auf Urlaub und starb während des jüdischen Pogroms.«
(»Auch das noch!«, denke ich.)

Dann fliege ich davon. Fliege über dem Garten, über der Mauer, aber es geht nicht mehr, ich lasse mich herab, sinke zu Boden.
»Das heißt, ich konnte fliegen, solange ich gehofft habe!« – Dies mein spontaner Gedanke.

*

Danach – ich weiß nicht, wie und wo – eine Begegnung mit S⟨erjosha⟩.
»Nein, Marinotschka, so ist es besser, damals war es zu früh für eine Begegnung, ich war noch nicht bereit dazu.«
»Nein, Serjoshenka«, erwidere ich halb im Scherz, »ich hätte mir die Begegnung anders gewünscht!«
(Wir sind beide tot.)
»Ich wusste, dass Sie das sagen würden«, sagt er lachend und sieht mich zärtlich an. – »Bald werden wir wiedergeboren, aber ich möchte weder als Matrose – die sind grob – noch als Jude geboren werden, sondern als – Diktator!«

*

Nach diesem Traum habe ich eine Stunde lang Streichhölzer gesucht. Es war 1 Uhr nach dem neuen Kalender, 11 nach dem alten. Dann hab ich 12 Zigaretten geraucht.

*

Außer dass ich abergläubisch bin, schreckt mich noch die wahnsinnige Kohärenz dieser Träume, – als wäre ich lebendig, am Leben. Meine Worte, meine Gedanken, alles ist so, wie ich bin.
Zum ersten Mal im Leben beginne ich zu glauben, dass ich verrückt werden könnte – es nicht aushalte – (der Kopf).
Ein Gedanke aus dem Traum: »Mein Verstand ist wie die Straßenlaterne bei einem Liebesrendezvous.«

*

Der Körper ist der Behälter der Seele.
Darum – und nur darum – schätzt ihn nicht gering!

*

Ich übe mich in dem, was für mich das Allerschwierigste ist: unter fremden Leuten zu leben. Ich kriege keinen Bissen herunter, – egal, ob ich bei Freunden bin oder – wie jetzt – in einem schmutzigen Dorf, bei groben Bauern.
Ich kann nicht essen, nicht lesen, nicht schreiben. Ein einziger Klageruf: »Nach Hause!«
Warum mache ich das denn alles? – ⟨deutsch:⟩ *Kraftprobe*!

*

Der russische Bauer wandert in seinen Träumen: heute ist er in der Vorratskammer, morgen auf dem Ofen, übermorgen auf dem Heuboden – dem Speicher – usw. – Ein Traumnomade.

*

Heroismus: den Hunger zu bezwingen. Aristokratismus: ihn nicht zu bemerken.
Aristokratismus: ein *Laisser aller* der Wohlanständigkeit.
Der Aristokrat kann trotz seiner Untadeligkeit ohne persönliche Züge sein, der Held ist immer: ich.
Der Aristokratismus ist den Vorfahren geschuldet, der Heroismus – der eigenen Seele.

*

Aristokratismus ist die Wirkung des Körpers auf die Seele: die Feingliedrigkeit der Hände macht sie zärtlich.
Heroismus ist die Wirkung der Seele auf den Körper: die Seele macht grobe Hände zart.

*

Aristokratismus: Körper, der zu Geist wird. Heroismus: Geist, der zu Körper wird.

*

Alja antwortet jemandem auf die Frage, wer ihr Lieblingsdichter sei:
»Meine Mutter – und Puschkin!«

*

31. August 1919

Wenn ein Mann physisch nicht gebraucht wird, braucht man ihn überhaupt nicht.
»Physisch nicht gebraucht« – wenn seine Hand in meiner Hand mir nicht lieber ist als eine andere Hand.

*

Niemand versteht, dass man mit mir – einfach – Mitleid haben muss.

*

Wäre ich 5 Jahre jünger, hätte ich jetzt großen Kummer. (Sonetschka Holliday.)
Aber diese 5 Jahre haben – wie Hammerschläge auf dem Amboss – meine Brust gestählt.
Ich weiß schon, dass ich nicht sterben werde, und wahrscheinlich liebe ich deswegen auch weniger.
Ich sterbe nicht, aber ich versteinere, erstarre.
Nicht zufällig hat Alja mit 3 Jahren beteuert, ich gliche einem Denkmal.

Ich schreibe in einem fremden Vorgarten. Alja isst im Keller des Hauses zu Mittag, in der Liga für die Rettung der Kinder. (Wie angsteinflößend das klingt! Als ginge es um die Pest!)
Gerade habe ich eine Gratismahlzeit im Kindergarten der Salesskaja verschlungen. – Neben mir, im Waschbecken, einige Löffel Suppe und ein Stück Brot in einem Bündelchen, – Aljas Gratismahlzeit aus der sowjetischen Kantine.
Jetzt gehen wir in das Haus Sollogubs (»Palast der Künste«), holen uns 3 Mahlzeiten (Suppe und drei Plötzen für alle).
Und alle sind hungrig.

*

Wenn man mich liebt, senke ich den Kopf, wenn nicht – hebe ich ihn hoch.
Mir gefällt es, wenn man mich nicht liebt!
(Das bin mehr ich!)

*

Nicht zufällig habe ich dieses gestickte Bild so seltsam, so innig geliebt: eine junge Frau, zu ihren Füßen – zwei kleine Mädchen.
Und sie schaut – über die Kinder hinweg – in die Ferne.

(Schicksal.)

*

Vor 10 Jahren und heute: schlaflose Nächte, ständige Begeisterung, eine intensive und selbst im Schlaf nicht ruhende Liebe zum Herzog von Reichstadt, Hochmut gegenüber den Menschen.
Damals ging es um den Herzog von Reichstadt, heute – um Ca-

sanova. Und dieselben schrecklichen Träume in den Nächten. Und dieselbe Unschuld. Nur bin ich heute unschuldiger als damals.
(16 Jahre und 26 Jahre.)

*

Mir kann man alles Mögliche beibringen: ich bin nachgiebig.
Außerdem: ich sehe trotzdem alles auf meine Art.
Aretino habe ich nicht gelesen, bin aber überzeugt, dass ich auch bei ihm – mich selbst lesen würde!

*

Alja.
»Marina! Marina! Wenn Sie wüssten! Wie viele Brotrinden bei uns vom Mittagessen übrig bleiben! Ein *ganzer* Tisch voll! Und große Stücke! Ach, Marina, das wäre für Sie reines Glück! Und niemand braucht sie, sie werden in den Spüleimer geworfen!«
Mit großer Mühe (und nicht ohne Bedauern) überzeuge ich Alja, diese Brotrinden nicht nach Hause zu bringen, – das wäre schamlose Armut und soll nicht sein.

*

Beim Gedanken, sie in ein Sanatorium zu geben, sage ich, dann müsste sie sich die Haare kurz schneiden lassen.
»Täte es dir um deine Haare nicht leid, Alja?«
»Mir täte es nicht nur um die Haare nicht leid, sondern auch um meinen Kopf!«

*

SEPTEMBER

Ich habe meine Devise gefunden, sie besteht aus zwei Hilfsverben:
Etre vaut mieux qu'avoir.

*

Frech verhalte ich mich nur gegenüber denen, von denen ich abhängig bin.

*

17. September 1919

Ich gehe in den »Palast der Künste« wegen eines Papiers, – um Irina in der Kinderkrippe unterzubringen, brauche ich einen Stempel, dass ich irgendwo beschäftigt bin.
Ich sitze in einem goldenen Saal, auf einem blauseidenen Sessel, in der Hand ein Bündel mit einer Saucenschüssel, zu Füßen einen Krug.
Rukawischnikow geht vorbei. Er schaut. – Ich schaue. – Er grüßt nicht. – Ich grüße nicht.
Er geht einmal vorbei, ein zweites Mal, ein drittes Mal. Schließlich:
»Was möchten Sie?«
Ich erkläre ihm, worum es geht.
»Sie müssen sich an jemanden wenden, der Sie persönlich kennt«, und mit leichtem Schulterzucken: »Denn *ich* weiß nicht, womit Sie sich beschäftigen.«
Mir verschlägt es kurz die Sprache ob seiner Unverschämtheit, dann sage ich ruhig:
»Wie meinen Sie das? Sie wissen doch ausgezeichnet, dass ich mich mit Literatur beschäftige«, und ohne seine Antwort abzu-

warten, gehe ich weiter, in den nächsten – nicht weniger prachtvollen – Saal, diesmal himbeerfarben mit Gold, wo sich das Sekretariat befindet.
»Meine Herrschaften, seien Sie so gut ...«
Am Ende bekomme ich, ohne R⟨ukawischni⟩kows Hilfe, alles, was ich brauche, und frage, bevor ich gehe, äußerst zutraulich – unschuldig – und liebenswürdig:
»Meine Herrschaften, was denken Sie, warum hat R⟨ukawischni⟩kow gesagt, er wisse nicht, womit ich mich beschäftige?«
Rundherum (lauter Frauen!) erschrockene, stumme Gesichter.
Bleibt zu bemerken, dass im »Palast der Künste« der unterstädtische Kaufmann und Dichter R⟨ukawischni⟩kow Zar und Gott ist.

*

In der letzten Zeit habe ich Millionen von französischen Memoiren des 17. und 18. Jahrhunderts gelesen, – bedeutend, was die Epoche, unbedeutend, was die Personen betrifft.
Und so bin ich schließlich ermüdet: Klatsch und Tratsch, die Aufmerksamkeit stumpft ab.
Jetzt habe ich in Händen und im Herzen: Goethes Gespräche mit Eckermann. Das ist etwas anderes, man ist sofort *en présence de quelqu'un*.
Die Epoche allein macht nicht alles aus, zum Schluss wurde mir übel von all den Ludwigs.

*

Meine Lieblingsbücher: »*L'Aiglon*« von *Rostand*, »*Lichtenstein*« von *Hauff*, das Tagebuch der Baschkirzewa, der Briefwechsel von Bettina, »*La Nouvelle Espérance*« der *Comtesse de Noailles*, der ganze *Hoffmansthal* ⟨sic!⟩, der ganze *Rilke*, die »*Flegeljahre*« und »*Hesperus*« von *Jean Paul*, »Gösta Berling« von Lagerlöf,

die »Memoiren« des *Prince de Ligne* (ich kenne nicht alle), die Memoiren von Casanova, die Aufzeichnungen von L. de Conte über Jeanne d'Arc –
Viele Lieblingsbücher kenne ich wahrscheinlich noch nicht.

*

Mein Geburtstag
(26. September 1919, Johannes der Theologe)

Am 5. September wurde Alja 7, am 14. September Assja 25 (falls sie noch lebt!), heute – am 26. September – wurde Serjosha 26, ich 27.
Alja hat mir 2 sehr dicke, dunkelbraune Kirchenkerzen geschenkt (aufgetrieben in der Nikolo-Peskowskaja-Kirche), einen Teil eines katholischen Rosenkranzes – rote und schwarze Perlen (aufgetrieben in der Kirche am Miljutinskij pereulok), Serjoshas goldenes Kettchen und meinen Trauring (sie hat ihn aus dem Müll gefischt, ich habe ihn neben dem Spiegelschränkchen fallen gelassen), – und schließlich hat sie mir am Abend vor dem Zubettgehen einen langen, wunderbaren Brief vorgelesen, den sie heimlich in ihr Skizzenheft geschrieben hatte. – Und sie schenkte mir noch Späne und Teilchen von Streichholzschachteln zum Anzünden des Samowars und ein Schälchen mit den Spuren ausgetrockneten Kaffees.
An diesem Tag ist sie nicht in den Kindergarten gegangen, und zum ersten Mal seit Monaten hatte sie am Morgen rote Wangen.

BRIEF

Marina. Ich werde der glücklichste Mensch oder das glücklichste Kind sein, wenn ich Ihren ärmlichen, aber freudigen Feiertag erleben kann. Ich werde glücklicher sein als am Tag, wenn ich 8

werde, und werde (das ist schon der Fall) bedauern, dass ich Ihnen so armselige, widerliche und abscheuliche Geschenke gegeben habe. Ach! (Als Geschenke habe ich zwei Fichtenzapfen, zwei Kerzen, ein bisschen Salz, ein klein wenig Seife.) So was nennt sich Geschenke.
Devise: Etre vaut mieux qu' avoir. – Moi. – Das schreibe ich von Ihrer Wand ab und weiß selbst nicht, was das für eine Sprache ist.
Marina, Marina, Marina mein.
In einigen Monaten ist der Winter vorbei, und durch das abendliche Fenster weht Frühlingsluft und lauer Wind. – Frühling. – Ganz knapp berühren meine Haare das Heft. Ich erfülle Ihre Bitte. Ich schreibe einen Brief. Er ist widerlich und abscheulich. Wozu brauchen Sie ihn? Ich schreibe, schaue auf die vertrauten Regale, und weine. Zu schlecht. Ich möchte Ihnen im Brief nicht gratulieren. Das tun alle. Beim Aufwachen denke ich immer: »Was ist für ein Tag? Ist es schon Ihr Tag?« Mit Kummer und Freude betrachte ich die Kommode, die gleichsam verzaubert ist von meinen Geschenken. *O Moi*! Warum werden an Ihrem Tag die Glocken nicht läuten?
Aber macht nichts! Ich schenke Ihnen meine Glocken. Ich würde Ihnen mit Freude viele Rosen schenken, würde Sie ganz überhäufen mit ihnen, würde Ihnen einen Mantel schenken.
»Es war einmal eine junge Königin. Sie war 26 Jahre alt. Sie lebte in dem schönen, berühmten alten Schloss ›Bergruhm‹. Sie besaß Gärten mit Blumen und Früchten. Diese hatten vergoldete Zäune, und in der Sonne standen Bänke mit durchsichtigen Baldachinen. Sie sah nachdenklich aus und schön. Sie hatte stattliche weiße Pferde. Sie hatte auch ein Kamel, das ganz sanft aus der Hand Radieschen fraß. Zum Schlafen hatte sie einen niedrigen weichen Diwan und ein großes Kissen, das sie von allen Seiten blendete. Sie besaß viele eigene Zimmer mit schönen blauen, grünen und vielfältigen Glasfenstern. In ihren Kleidern steckten Rosen. An den Füßen trug sie schwarze Samtstiefelchen.

Sie hatte einen Prinzen, den sie über alles liebte. Johannes und Marina. Marina tanzte sehr gut. Johannes lud Marina zu sich ein. Er war sehr zärtlich zu ihr, schenkte ihr Bücher mit Umschlägen in der Farbe ihrer Augen. Er schaffte eine Orgel an. Er schenkte ihr seine Seele. Als sie heimkehrte, merkte sie, dass hinter ihrem Wagen ein schönes Mädchen ging, bescheiden gekleidet, mit einer halb verwelkten Rose in der Hand. Als M⟨arina⟩ mit dem Kutscher sprach, kam das Mädchen herbeigerannt und schenkte ihr die halb verwelkte Rose. M⟨arina⟩ fasste das Mädchen rasch um die Taille und setzte es neben sich. Plötzlich erschien der Königin das Mädchen hässlich. So kam Ariadna zu Marina. Doch in dieser Minute entdeckte Königin M⟨arina⟩ erschrocken, dass sich Ariadnas Gesicht veränderte: es wurde zum Löwen und Dämon.

Marina: »Ariadna!
Du bist für mich
Ein böser Geist!«

Ich: »Eine Abendglocke,
Marina!
Ein böser Geist
Verfolgt Sie.
Kutscher!... Schneller!
Schon' die Pferde nicht!«

M⟨arina⟩: »Ariadna!
Du bist für mich
Ein böser Geist!«

Ich: »Oh!
Der Teufel kommt,
Marina!! Schneller!«

M⟨arina⟩: »Ich hülle dich in meinen Mantel,
Ich schenke dir meine Freiheit.
Ich bin furchtlos.«

Ich: »Kutscher! Ins Wasser!
Siehst du nicht?«

Ku⟨tsche⟩r: »Egal!

Der Tod ist da.
Kaufmann bin ich,
Was soll's?«

M⟨arina⟩, schön und stolz, setzt Ariadna auf ihren Schoß. Sie sind beim Hotel »Gastfreundschaft« angekommen. Alle laufen geschäftig umher beim Anblick der Königin mit einer »Tochter«, nicht aus eigenem Blut. (Ich vergesse nicht, dass ich für Sie schreibe, mein Engelchen.) Alle fragen, was Ihre Hoheit wünsche. Königin Marina antwortete: »Wenigstens eine bescheidene Bleibe für einen Tag.« M⟨arina⟩ ist in ihrem Schloss. Der Vater schickt die Gratulanten weg:

>»Guten Tag, Königin!
>Wir sind deine Husaren.
>Singen gemeinsam
>Soldatenlieder vor.
>
>Guten Tag, Königin!
>Wir sind dein tapferes Volk.
>Bringen dir Kelche
>Voll Wein dar.
>
>Wir lieben Sie.
>Wir werfen unsre
>Ringe fort,
>Wir brechen unsre Herzen
>für Sie.
>
>Der Mond wurde geboren,
>Die Sterne wurden geboren,
>Das Grün wurde geboren,
>Die Welt wurde geboren.

Hurra – hurra – hurra –
Hurra – hurra – hurra.«

Nun ist Ihr Feiertag gekommen. Stille und Kälte auf der Straße. Dichter Nebel, Sie aber müssen einen leichten Frühlingsmantel tragen. Gestern, als ich bei Mirra und Balmont war, sah ich eine Karte, da stand: »Feodossija«. Ich fuhr nachdenklich über die großgedruckten Buchstaben des vertrauten Wortes und begann, verschiedene Städte- und Ländernamen laut vorzulesen. Als ich »Simferopol« sagte, rief Mirra aus: »Wo, wo ist Simferopol, zeig!« Sie küsste Simferopol und lief dann die ganze Zeit im Zimmer herum.
Marina, meine Uuau.

> Wir leben, Marina,
> Unser Häuschen ist schön,
> Unser Häuschen ist der Dachboden.
> An der Wand im Schlafzimmer
> Sind viele Löwen.
>
> Sie sind mein Lieblingslöwe.
> Wie hab ich mich bemüht,
> Wie hab ich sie gesammelt,
> Die Geschenke für Sie.
>
> Alle meine Geschenke
> Sind gar nichts wert.
> Nur das Heft hat
> Einen Rubel gekostet.
>
>
> Sie kommen herein. Ihre Haare sind sehr schön.
> Im Herzen tragen Sie nur Serjosha.
> O Marina! In Ihren Augen –
> So viel Heimat und Scherz!

Wem widme ich dieses Heft?
                Marina!
Wem widme ich Moskau?
                Nur Ihnen!
Wem widme ich die letzten
Kerzen?
Wem widme ich meine erste
Patrone?

Wem hab ich einmal gesagt:
»Marina! Ich hab ein Hufeisen gefunden!«

Es ist schon Abend, Marina.
Der Samowar auf dem Tisch.
Und das Heft in der Hand,
Und das Heft in der Hand.
Morgen ist der Festtag
Vorbei und es gibt keine Verse,
Heute sind Sie ganz mein,
Heute sind Sie mein.
Der Geburtstag kommt,
Der Geburtstag ist da.

Marina, wo ist ein scharfes Messer –
Fürs Herz, für mich?
Marina, wo ist das helle Paradies?
Es ist ganz für Sie.

Ganz recht, dass mir der Fuß wehtut,
Ganz recht, dass ich in ein Loch gefallen bin,
Ganz recht, dass ich sterbe.

*

Andere Frauen haben Beine wie Spielzeuge, meine sind wie fremdländische Monster: jedes Mal bin ich erstaunt.

*

Wenn ich etwas sehr möchte – Bücher, Ringe –, kann ich kaum glauben, dass man sie kaufen kann, und spreche mit so flehentlicher, misstrauischer Stimme, dass der Verkäufer ein Idiot sein müsste, würde er den Preis nur verdoppeln.

*

Jeder Mensch ist heute ein Brunnen, in den man nicht spucken darf. Wie gern würde ich es tun!

*

An Goethe stört mich seine ⟨deutsch:⟩ *Farbenlehre*, an Napoleon – alle seine Feldzüge.

*

Früher war ich ehrlich (stur): ich habe beim Lesen keine einzige Zeile ausgelassen, obwohl ich wusste, dass ich nicht alles verstehe, und nicht zweifelte, dass ich das Gelesene vergessen würde. Mein Gott! Wie viele Zehntausende von Druckzeilen habe ich so überflüssigerweise gelesen.

*

Unlängst ging ich über den Kusnezkij und sah auf einem Aushängeschild plötzlich: ⟨deutsch:⟩ *Farbenlehre*.
Ich erstarrte.
Ging näher: *Fabergé*.

OKTOBER

Ich muss – muss – muss – schicksalhaft – von Geburts wegen – einen Roman – oder ein Theaterstück – betitelt »Großmutter« schreiben, in dem ich, ohne Scham, mein ganzes Wissen über das Leben (mit Großbuchstabe) ausbreiten kann.

*

Gott ist für die Frau – ein alter Mann.

*

Für andere Frauen sind die Beine ein *objet de luxe,* für mich – ein *objet de première – fatale – extrême – nécessité.*

*

»Was lieben Sie an der Stadt?«
»Die Steine.«

*

Der Zauber flatternder Wäsche auf einer grünen Waldwiese – im Herbst.

*

Ich kann nicht nicht an das Meine denken, weil ich keine Anstellung vertrage.

*

Johannes – vollendetes Jüngertum.
Und was, wenn Johannes eine Frau war?

*

Johannes war das *gros lot* im Leben Christi.

*

Oh, meine schweigsamen Wortorgien – allein – auf der Straße – beim Milchholen!

*

Die Freude, mit der ich einem Menschen zuliebe mein Heft im Stich lasse, wird nur übertroffen durch die Freude, mit der ich meinem Heft zuliebe einen Menschen verlasse.

*

Mich rührt, dass die Gräfin Rostoptschina geraucht hat.
Rosanow ist in seinen »Menschen des Mondlichts« oberflächlich und tief.
Man müsste die »Menschen des Mondlichts« ein zweites Mal schreiben.

*

Die Frauen lieben mich außerordentlich, wahrscheinlich erinnere ich sie alle an einen Mann.

*

Mich nicht zu lieben, bedeutet – nichts zu lieben. Mein Urteil ist in solchen Fällen schnell und richtig.

*

Ich sage immer: Liebe, Liebe.
Doch ehrlicherweise liebe ich nur, damit andere an mir ihre Freude haben. – Oh, wie lange bin ich nicht mehr geliebt worden!

*

Das Jahr 1919 ist eine Epopöe, und das Jahr 1919 ist ein *génie familial*.
Wir haben gelernt zu lieben: Brot, Feuer, Bäume, die Sonne, den Schlaf, eine Stunde freier Zeit, – das Essen wurde zum gemeinsamen Tisch, wegen des *Hungers* (früher sprach man von »Appetit«), der Schlaf wurde zur Seligkeit, weil »die Kräfte nicht mehr reichen«, Alltagskram wurde zum Ritual erhoben, alles wurde dringlich, *elementar*. (Da ist sie, die Rückkehr zur Natur – Rousseau?) Eine stählerne Schule, aus der Helden hervorgehen. Die Nicht-Helden kommen um. (Da ist es, dein Gesetz von den Starken und Schwachen, Nietzsche!)

*

Alja hat an diese beiden Jahre im revolutionären Moskau zauberhafte Erinnerungen.
Erlauben Sie: auf der Straße Streichholzschachteln und Späne sammeln und in die Mantelschöße stecken, sich über jede Brotrinde freuen, auf dem Andersenowskij-Dach sitzen mit einem Buch über Peter den Großen in der Hand, die verfrorenen Hände am Samowar wärmen, den sie mit (meist gestohlenen) Hölzchen und Reisig geheizt hat, an der Wache mit Gewehr vorbei-

gehen zu einem Schalter, wo ein Gratismittagessen für Bedürftige ausgegeben wird, warten und von einem Weißen Reiter träumen, wenn plötzlich ein Ruf im Hof ertönt: »Jetzt geben sie Brot!« und das Gesicht zu strahlen beginnt, und nächtliche »Beutezüge« in die Kirche, mit dem Gefühl, dass das nicht geht, und das Anzünden von Kerzen vor dem beleidigten Gott für die, die nicht mehr sind, und für die, die kommen werden, und der angeekelte, hasserfüllte Blick auf fremde, vorbeiziehende Fahnen – und plötzlich das Gerücht: »Die Stadt soundso ist besetzt. Sie kommen nach Moskau von den Sperlingsbergen« – und der Stolz auf eine bei einem Besuch oder in der Kantine ergatterte Brotrinde (»Marina!!! Schauen Sie, was ich Ihnen bringe!«). Und schließlich das Schlafen zu zweit – sie und ich – im selben Bett: zärtlich und außerdem warm …
Oh, ich beneide Alja um ihre Kindheit!

*

Den Tod gibt es nicht, meinen Tod gibt es nicht.
Was ist der Tod? Sich tot fühlen. Doch wenn wir fühlen, sind wir nicht tot, und wenn wir tot sind, fühlen wir nicht.
»Ich fürchte den Tod« stimmt nicht. »Ich fürchte den Schmerz, den Krampf, den Schaum am Mund« – das schon. Doch Schmerz, Krämpfe und Schaum am Mund sind Zeichen von Leben.
Es gibt zwei Möglichkeiten: entweder ich werde nach dem letzten Atemzug zu einem Ding (fühle nichts), oder es gibt keinen letzten Atemzug. (Unsterblichkeit.)
Ich werde ja nie erfahren, dass ich tot bin! Und zur Antwort der teuflische Gedanke:
»Aber vielleicht ist der Punkt, dass du es doch erfahren wirst?!«

*

Der Tod. – Ich möchte ihn ganz begreifen.
»Ich fürchte den Tod.« Ich fürchte, dass ich den Geruch meines verwesenden Körpers spüren werde, ich fürchte mich vor meinen gelben, kalten, unnachgiebigen Händen, vor meinem toten Lächeln wie bei Mona Lisa (oh, jetzt hab ich's begriffen! Die Gioconda ist eine Tote! Darum habe ich sie mein Leben lang gehasst!), ich fürchte mich vor Nonnen, alten Frauen, Kerzen, zerwühlten Truhen, Eisbeutelchen auf dem Bauch – *ich fürchte, dass ich mich vor mir selbst fürchten werde.*
Und ich fürchte mich vor Würmern – oh!!! – auf meinem Gesicht!
Aber das ist lächerlich. Wenn Würmer über dein Gesicht kriechen, gibt es dich nicht.

*

Es gibt den fremden Tod, d. h. deinen lebendigen Schmerz. Es gibt Fahrten zum Friedhof – im Frühling – und grobe Kränze aus Fichtenzweigen mit Papierblumen, gekauft am Eingang, es gibt – auf Porzellan – die schwarzen Porträts von Kindern und Militärs (die Militärs – meist – mit Backenbart, die Kinder schwarzäugig), es gibt deine aktive Sorge, wie du das Grab besser gestalten könntest (»ach zum Teufel! schon wieder hat der Wächter die Blätter nicht zusammengefegt!«), und dein Mitleid mit den Bäumen – mit denen, die unter ihnen liegen – und – vor allem! – mit dir selbst.
Und das ist alles, was wir über den Tod wissen.

*

Der Tod ist wahrscheinlich ein Ozean, wie das Leben.
Aber ich rede Unsinn, denn den Tod gibt es – nicht.

*

Manchmal denke ich lachend, man werde – was immer ich tue – über mich als Frau nie schlecht reden.
1) Meine Kinder und meine Mittellosigkeit *me font une auréole de responsabilité*!
2) Die Menschen sind offenbar feinfühliger, als ich denke, und verstehen, dass – unabhängig von X, Y und Z – die Sachen hier etwas anders liegen.
Übrigens tue ich nichts!

*

Oh, wie sehr möchte ich ein großes Buch schreiben! – wie sehr möchte ich es zum ersten Mal! – und wie sehr ist das zurzeit unmöglich.
Ich freue mich, dass alles von selbst zu mir kommt: ich schrieb Gedichte – man sagte: schreiben Sie Theaterstücke!! – ich schrieb Gedichte. Dann begann ich, Theaterstücke zu schreiben, das kam wie eine Unausweichlichkeit, die Stimme wuchs einfach über die Gedichte hinaus, in der Brust war zu viel Seufzen für eine Flöte.
Und jetzt muss ich ein großes Buch schreiben – über eine alte Frau – über eine schreckliche, zauberhafte alte Frau, wie es sie noch nie auf dieser Welt gegeben hat – eine Philosophin und Hexe – mich selbst!!!
Zeit aber fehlt, ich kann mich nicht konzentrieren. Am Morgen: Milch holen, Holz zerkleinern, den Samowar aufsetzen, das Zimmer aufräumen, Irina wecken, Geschirr waschen, die Schlüssel verlieren, – um 2 Uhr zur Pretschistenka, um 3 in Aljas Kindergarten (Alja hat Keuchhusten, und ich hole ihr das Mittagessen), dann in Kommissionsgeschäfte – vielleicht wurde etwas verkauft? oder ich kann Bücher verkaufen – dann Irina zu Bett bringen – wecken – und schon ist es dunkel, dann wieder Holz zerkleinern, den Samowar aufstellen ...

*

Armut ist unendliche Geborgenheit, eine Art Schlaf.
Ich lebe jetzt ganz, wie es mir gefällt: ein Zimmer – auf dem Dachboden! – der Himmel nah, die Kinder um mich herum: Irinas Spielsachen, Aljas Bücher, – Samowar, Beil, ein Korb mit Kartoffeln – das sind die Hauptakteure in meinem Lebensdrama! – meine Bücher, meine Hefte, eine Pfütze wegen des löchrigen Dachs oder ein breiter Lichtstrahl quer durchs Zimmer – das ist zeitlos, könnte irgendwo und irgendwann sein, hat etwas Ewiges: Mutter und Kinder, Dichter und Dach.

*

Neulich hatte ich einen schrecklichen Tag, der wunderbar anfing und endete. Ich stand im Dunkeln auf, die ersten Schritte über den Arbat tat ich in der Dunkelheit, dann erhellte sich der Himmel, es tauchten ein paar Fußgänger auf, auf der Pljuschtschicha war es schon hell, über den Himmel verliefen – wie ein Fächer – rosa Strahlen (ich dachte bei mir: der Sonnenaufgang ist immer Watteau).
Pljuschtschicha 37. Ich trete in eine verängstigte, schlotternde Herde von Dienstboten und Bettlern, die sich um das ärmliche Holzhaus drängen. Einfach beim Eingang zur Pljuschtschicha 37 zu warten ist nicht erlaubt. Es werden Nummern vergeben. – Ich höre den Gesprächen zu, mische mich in Gespräche ein, amüsiere mich. Ich sitze auf einer Treppenstufe. Neben mir eine alte Krankenschwester mit langer Nase und blauen Augen. Dann eine soldatengleiche junge Frau – ein Kutscher – ein Junge, der einen Hund schlägt – ein hundertjähriges Mütterchen – eine Lehrerin, die über die Phönizier spricht – ein bärenhaftes Bauernweib – ein elegantes Fräulein in blauen Strümpfen (es ist Frost!) – oh, wie großartig! – Und der Sonnenaufgang. – Ich lache. – Nach einer Stunde ist mir das Lachen vergangen, es ist unerträglich kalt, die Kälte kriecht von den Sohlen die Beine hoch und über den ganzen Körper. Ich höre auf zu reden. Um 9 Uhr

lassen sie uns rein. Dann bewegen wir uns wie Schildkröten, Krebse, Spinnen die Treppenstufen hoch, die bis zur dritten Etage führen. So stehe ich denn um 4 Uhr in der ersehnten Nr. 86, vor der Ärztin Lawrowa, die mit der Faust auf den Tisch schlägt – und weine. Das Taschentuch ist ganz nass, es verschmiert meine Tränen. – »Sagen Sie, wann soll ich denn kommen? Sie sagen – früher. Aber ich war schon um 7 Uhr da. Seien Sie nicht böse, erklären Sie's mir ...«
(Ich brauchte Kraftnahrung für die Kinder. Beide haben Keuchhusten.)
Ach, wäre ich ein Weib, hätte ich nicht in diesem sanften Ton gesprochen! Und die Ärztin Lawrowa hätte wahrscheinlich nicht mit der Faust auf den Tisch geschlagen! Doch mein sanfter Ton kam daher, dass ich VERSTEHE, dass ich für sie X, Y bin, eine von vielen tausend, die herkommen und weinen, ich *verstehe*, dass sie müde ist zu wiederholen, dass sie *nichts dafür kann*! Kurzum, es kommt nichts dabei heraus. Weinend und mit gesenktem Blick sause ich in fröhlichem Galopp die drei Treppen hinunter, die ich so langsam erklommen hatte. Zu Hause heize ich den Ofen, ärgere mich, weine ein wenig, sage Verse auf (mit Alja), spreche – ungläubig – über meinen baldigen Tod, bin um 7 Uhr wieder auf der Straße, oh, wie wunderbar! – Es ist dunkel, windig – ein Wind vom Meer her! – es riecht nach fernen Ländern – oh, ich fliege! – Moskau ist wie ein riesiger ⟨deutsch:⟩ *Wunderkasten* – die Straßen sind leer. *Eine Stunde lang* suche ich das Haus, wo D⟨okto⟩r Poluektow wohnt (die Gasse hat nur acht Häuser), – ich stoße an, verlaufe mich, renne Treppen hoch (ich war schon dreimal bei ihm!) – gehe direkt zum Hauseingang – zehnmal zum selben! – lese mit den Wimpern – laufe weiter. – Endlich – zufällig – finde ich die Wohnung von D⟨okkto⟩r Poluektow! Ich lege ihm die Sache dar, lache, entschuldige mich für die späte Stunde. Beide sind gut, mitfühlend, der D⟨okto⟩r stellt mir ein ärztliches Zeugnis über die Krankheit der Kinder aus, ich weine fast vor unerträglicher Rührung.

Das Zeugnis ist in meiner Hand. Das letzte Wort der Dankbarkeit ist gesagt und angenommen. Die Tür schließt sich. Die schwarze widerhallende Treppe. Das Geräusch meiner Schritte. Und in der Schwärze die begeisterte Geste in Richtung der sich schließenden Tür: »Oh, ihr guten Leute!«

*

Nun, was ist das, dieser ganze Tag? Ist er nicht die Geschichte der Familie Micawber mit ihren Zwillingen, Tränen, Bitten um Hilfe, mit ihren schwülstigen Schreiben, Schuldabteilungen, Todesfällen – Auferstehungen – usw.?
Als ich definitiv verstehe, dass ich die Familie Micawber bin, lache ich draußen laut auf – und strahle.

*

Boucher – Watteau. Sind sie nicht rund, diese rosaroten Wölkchen, die sie so gerne malten?

*

Die beiden Quellen meiner reinsten Freuden: Bücher und Brot.

*

Mein Vater schrieb in seinem ganzen Leben nur einen Vers:

> »Am Ufer des Bachs
> Saßen zwei Freunde, ach.«

und rauchte nur eine einzige Zigarette: zündete sie an und steckte sie mit dem glühenden Ende in den Mund.

Ich gleiche ihm nicht. ⟨Der letzte Satz ist mit Tinte durchgestrichen.⟩

*

Mein Gott! Wie sehr gleicht Alja in ihrer Liebe zu mir Serjosha! – Erschütternd! – »Marinotschka, wenn Sie lange fort sind, habe ich immer Angst, dass ein Automobil Sie überfahren hat«, – »Marinotschka, ich bin bereit, das ganze Jahr im Kinderlager zu verbringen, um einen Tag bei Ihnen zu sein«, – »Ich habe keine Angst vor Schmerzen, wenn nur Sie bei mir sind« – und dieses ständige leidenschaftliche Bedürfnis, alles wegzugeben, obwohl sie hungert, – sie weint, wenn ich nicht das letzte Stückchen Brotrinde von ihr annehme!, und ihr leidenschaftlicher Wunsch, mir ein Fest zu bereiten, und ihre Gleichgültigkeit gegenüber allen andern, und dann: »Marinotschka, streicheln Sie meinen Kopf!« – und ihre unendliche Dankbarkeit für die geringste Aufmerksamkeit, die ich ihr schenke, und ihr Mitleid mit mir:
»O Marina! Wie sehr gleichen Sie jetzt einem kleinen Mädchen!«
Oh, das ist ganz Serjosha, das sind seine Worte!

*

Ich glaube, Gott hat die Welt geschaffen, damit ihn jemand liebt. So habe ich Alja geschaffen.

*

Casanova schrieb seine Memoiren, damit die Frauen bis ans Ende der Zeiten die Nächte mit ihm verbringen konnten.
(Sie konnten es doch nicht *nicht* tun!)

*

Und plötzlich der traurige Verdacht, dass Casanova, hätte er mein Zimmer betreten – Beil, Lappen, Bretter –, sich von mir abgewandt hätte.
Er vertrug ja keine »beengten Verhältnisse«!

*

Wenn ich mit einem sehr schönen Menschen zusammen bin, werden für mich Vernunft, Talent, Seele plötzlich unwichtig – der ganze Boden unter meinen Füßen rutscht weg! ich selber versinke – zum Teufel mit allem – außer der Schönheit!
Tatsächlich werde ich aus einer Besitzerin einer Goldgrube plötzlich zu einer bloß wohlhabenden Person, mithin: zu einem Nichts.
Dem schönen Menschen müsste es bei der Begegnung mit mir genau umgekehrt ergehen.
Dann wäre die Balance wiederhergestellt.
Dann –
Dann kommt die Liebe!

*

Ich sollte – im Hinblick auf den bevorstehenden mittellosen und hoffnungslosen Winter – mich daran erinnern, mit wem ich in früheren Zeiten was gut tun konnte.
Mit N⟨ikodim⟩ habe ich geraucht. Das heißt, ich werde ihn um Zigaretten bitten.
Usw.
Nun, und mit wem habe ich Schokolade gegessen? Das ist lange her!

*

Moskau, zwei Jahre sowjetisches Moskau.
Zwei Jahre seit den Tagen des Oktobers!

Alle meine Freunde und Helfer vergessen, was es bedeutet, etwas *heute* zu brauchen und nicht dann, wenn »sie Zeit haben werden vorbeizukommen«. – Aber ich nehme es ihnen nicht übel. Wenn ich satt bin, bin ich die Erste, die Abneigung gegen das Essen verspürt, vor allem gegen fremdes.

*

Als ich heute über die Powarskaja ging, habe ich völlig unerwartet für mich selbst – unbewusst – so wie ich mich vor Kirchen bekreuzige – auf eine Fahne gespuckt, die mich am Gesicht streifte.

*

Il ne m'a manqué dans ma vie qu'un Goethe septuagénaire ou qu'un Napoléon à Ste Hélène à aimer.

*

Wenn die Menschen auch Gott auf eine afrikanische Insel verbannen könnten …

*

Zu allem Überfluss schaut noch eine nasse und widerliche Krähe zum Fenster herein.

*

Ins Bett lege ich mich wie in ein Grab. Und jeden Morgen – tatsächlich – die Auferstehung von den Toten.

*

Der kleine Ofen (länglich). Solange er geheizt wird, ist es warm. Unlängst habe ich von 3 bis 10 Uhr geheizt, ehrlich! Gekocht habe ich: ein Pfännchen Gemüse (ohne irgendetwas dazu), und ein zweites Pfännchen mit demselben für den folgenden Tag, dann ein Pfännchen Kartoffeln – und habe Wasser im Kaffeekocher erhitzt. Sieben Stunden am Stück am Boden, auf den Knien, zwischen glühenden Kohlen und Spänen. Kohlestücke fliegen aus dem Ofen, direkt auf mein Kleid, ich fasse sie mit den Händen, stecke sie zurück in den Ofen, – wieder fliegen sie heraus, – und erneut – die Schaufel ist krumm – packe ich sie mit den Händen. Ich zerkleinere Späne, spalte Bretter, das Beil hüpft und fällt manchmal zu Boden, Irina wiegt sich und singt: »Aj, dudu dudu dudu, auf der Eiche sitzt ein Uhu ...«, Alja liest mir die wahrlich zauberhafte Reise eines Jungen auf einer Wildgans durch Schweden vor (Lagerlöf) und redet, wenn sie außer Atem ist, von Liebe – o Alja! Glühende Kohlen, schwedische Urwälder und nördliche Elche – und die Geister von Königen und Gnome – den Kübel hinaustragen – den Kübel hineintragen – den Eimer hinaustragen – den Eimer hineintragen – fegen – schon wieder sind die Späne abgebrannt – das Pfännchen verschieben – »Alja, wo ist der Lappen?« – alles verbrennt – so sieben Stunden am Stück, auf den Knien.

Und wie viele Male – während dieser 7 Stunden – Lachen aus Begeisterung und aus Verzweiflung (aus Leichtsinn und Verzweiflung!) – mein abgerissenes, kurzes Lachen und stille, große Tränen – bei versteinertem Gesicht! Und über allem Aljas verzückte, fabelhafte, ekstatische Liebe. – »M⟨arina⟩! Sie haben eine Sternenkrone im Haar! – O M⟨arina⟩, was haben Sie für ein Gesicht! – O M⟨arina⟩! In diesem Zimmer sind Armut, Luxus, Poesie, Liebe!«

Und als Resultat dieser 7 Stunden der »bis zur Weißglut« erhitzte – im Krug noch kochende – schwarze – pechschwarze – bittere wie Chinin: Kaffee.
(450 Rubel das Pfund!)

*

Den Juden kann ich nicht verzeihen, dass sie sich überall *drängen*.

*

Heute – auf dem Arbat – da, wo früher Below war (heute eine Bäckerei) – ein Schild mit der Aufschrift »Es gibt kein Brot« – und der Ausruf einer alten Frau:
»Ohne Brot kann man besser tanzen!«

*

Die Hauptakteure in allen Moskauer Wohnungen des Jahres 1919: der Ofen – und das Brot.

*

Im Großen Saal des Konservatoriums sitzen sie in Pelzmänteln.

*

Ein früher Winter in diesem Jahr. – Es ist sehr kalt. – 5 Tage hatte man kein Brot ausgegeben – und gestern waren Alja und ich so schwach und durchgefroren, dass wir uns um 6 Uhr abends ins Bett legten – unter eine wattierte Decke und einen Pelzman-

tel – und so bis um 9 Uhr dalagen, humoristisch von Brotrinden, Broten usw. träumend – womit wir zum ersten Mal in all den Jahren gegen unsere geistige Einstellung verstießen (*dérogation*).
Aber das ist uns teuer zu stehen gekommen: sofort hörten die Gratismahlzeiten auf und wir aßen 5 Tage lang ausschließlich im Wasser gekochtes Gemüse und Kartoffeln – in Riesenmengen. – »Alja, möchtest du essen?« – »Nein, Marinotschka, *unsere Sachen* kann ich nicht mehr essen, ich werde lieber schlafen.«
Um 9 Uhr legten wir uns ins Bett, gesättigt mit »unseren Sachen«, aber hungrig nach menschlicher Nahrung. Alja schlief sofort ein. Ich las »*Gil Blas*« – natürlich erinnert er an Casanova, doch Casanova ist besser! – Ich las nicht lange. Am Morgen stand ich noch im Dunkeln auf, hackte Holz, heizte den Ofen, ging Milch holen (gleich 3 Krüge – 180 Rubel – sonst sterben die Kinder!)
Und heute ein gesegneter Tag. Jelis⟨aweta⟩ Mojs⟨ejewna⟩ G⟨old⟩-man besorgte mir zwei Ausweise für die Liga zur Rettung der Kinder und schenkte mir viel Essen (sie selbst hat drei Kinder, ihre Güte ist *göttlich*, ich gebe 3 Jahre meines Lebens her, damit es ihr gut geht!), für Alja bekam ich ein festliches Mittagessen im Kindergarten: einen halben Apfel, ein Stück Konfekt, zwei Scheiben Schwarzbrot, eine Brühe statt Suppe, zwei Löffel kleingeschnittener Rote Beete – und dann stellte sich auch noch heraus: gestern wurde Brot ausgegeben!
Kurzum, wir sind alle glücklich!
Moskau ist sehr still, voller Schnee, *keinerlei Festtagsstimmung*, niemand spricht davon.
Unter dem Schnee – die Fahnen.

*

Die Universalität des Buchstabens M.
Mutter – Meer – Menschheit – Märchen – Macht – Massenster-

ben – Monarchie – Maria – Mantel – Musik – Mond – Moskau! – usw.
Einfach, weil der erste Buchstabe, der einem Kind über die Lippen kommt, der erste, den es ausspricht, »Mama« ist.

*

Hätte Gott Adam nicht zuerst erschaffen, wäre Adam gar nicht erschaffen worden: für Eva hätte die Schlange gereicht.

*

Am meisten rühren – erschüttern – wühlen mich jene Stellen bei Casanova auf, wo er für eine Sekunde Abstand von den Zunftgenossen, den schönen Damen, Diners und Duellen nimmt und im eigenen Namen – in der Gegenwart spricht – mit seinen 72 Jahren, auf Schloss Dux, »*à présent que je suis vieux et pauvre*« – nur hat die Dienerin, in der Meinung, vollbeschriebenes Papier sei weniger wert als weißes, ein ganzes umfangreiches Kapitel der Memoiren ins Feuer geworfen …

*

In Moskau hat man jetzt aufgehört, von Brot zu reden: man redet von Brennholz.

*

Eine der Kuriositäten des Jahres 1919:
Am Vorabend des bolschewistischen Feiertags (des Jubiläums der Oktoberrevolution) habe ich, nachdem ich einige Tage nicht mehr auf dem Smolensker Markt gewesen war, ein Gedicht mit folgenden Zeilen geschrieben:

> Zwei Jahre! – Und wieder blutige
> Höllische Fahnen – und wieder
> Zeichen von Menschenliebe:
> Das Schwarzbrot für *hundertzehn Rubel.*

Am Tag des Jubiläums der Oktoberrevolution gehe ich auf den Markt: da zeigt sich, dass das Brot schon 140 Rubel kostet – und es gibt keins. – Du kommst nicht nach!

*

Das Jahr 1919 ist wunderbar – wenn danach nur nicht 1920 folgt!

*

NOTIZBUCH 7
1919-1920

Dieses Notizbuch hat mir Assja geschenkt, wie man aus der Widmung ersieht am 3. Dezember 1911, am Tag der Abreise. Assja verreiste mit Boris ins Ausland, gerade hatten wir zu viert – Assja, Boris, Serjosha und ich – einen wunderbaren, zauberhaften Monat zusammen am Trjochprudnyj verbracht – mit so vielen süßen Piroggen – immer süße Piroggen! – und mit so vielen Gedichten – immer Gedichte! – und mit so viel Liebe: Assjas und meine verliebte Freundschaft (»sie sind unzertrennlich«) – und meine – ewige – Liebe zu Serjosha (»Serjoshenka« – »Aninka«), und meine – behutsame – Galanterie gegenüber Boris – und die Anziehung zwischen Serjosha und Boris, trotz verblüffender Unterschiede – und die Eisbahn – und die Abende in Papas dämmerigem Kabinett, mit der Zeus-Büste und schrecklichen Geschichten – Papa war im Ausland! (*Hildesheimer Silberfund*, wahrscheinlich!) – und wir allein – zu viert – Liebe über Kreuz! – fröhliche Augen und äußerste Korrektheit der Mitwisser – und die eisige Wüste des Parketts im Erdgeschoss – und dieses Feuer, diese Tollheit, Fröhlichkeit, Magie, Jugend im engen, niedrigen Obergeschoss – Schokolade, Gedichte, Gewehre! – und Serjoshas Abreise nach Petersburg – Begegnungen – Kutscher – Geschenke – Bahnhöfe – alles im Zeichen des Bahnhofs! – und »ich schwöre, dass wir nie alt werden!« – und Assjas Ananasse und Datteln von Below – und Serjoshas und Boris' Chalwa, die ich nicht anrührte, – und – fast hätte ich es vergessen! – die üppige Haarpracht auf unsern Köpfen: blond, lockig und zum Himmel strebend das Haar von Boris, – meines hochmütig, noch wildlockiger seit den Masern, – das von Assja dicht, seidig, mit seitlich leicht abstehenden Strähnen – und schließ-

lich das von Serjosha – wie eine riesige, schwere Welle – dunkler – und auch älter – als das von uns übrigen.
Boris war 19 Jahre alt, Assja gerade mal 17, Serjosha 18, ich 19.

*

Ich schreibe auf meinem Dachboden – es ist wohl der 10. November –, seit alle den neuen Kalender verwenden, weiß ich das Datum nicht – das heißt, es ist etwas weniger als 8 Jahre her, dass ich dieses Notizbuch geschenkt bekommen habe.
Seit März weiß ich *nichts* von Serjosha, das letzte Mal habe ich ihn am 18. Januar 1918 gesehen, wie und wo, erzähle ich irgendwann einmal, im Moment fehlt mir die Kraft dazu.
Die Trennung von Assja war am 27. Oktober 1917.
Den letzten Brief von ihr habe ich im Januar 1918, vor fast 2 Jahren bekommen.
Ich lebe mit Alja und Irina (Alja ist 6, Irina 2 Jahre und 7 Monate alt) am Borissoglebskij pereulok, gegenüber von zwei Bäumen, in einem Zimmer im Dachstock – früher das von Serjosha. Mehl habe ich keins, Brot habe ich keins, nur unter dem Schreibtisch 12 Pfund Kartoffeln, der Rest von einem Pud, das uns die Nachbarn »liehen« – mein ganzer Vorrat! Der Anarchist Charles nahm Serjoshas alte goldene Uhr »*élève de Breguet*« mit – hundertmal bin ich zu ihm gegangen, zuerst versprach er, er würde sie zurückgeben, dann sagte er, er habe sie jemandem zur Aufbewahrung gegeben, dann, sie sei dort gestohlen worden, aber er sei ein reicher Mann und werde mir dafür Geld geben, schließlich wurde er frech und begann zu schreien, er könne für fremde Sachen nicht haften. Fazit: weder Uhr noch Geld. (Derzeit ist eine solche Uhr zwölftausend wert, d. h. anderthalb Pud Mehl.) – Dasselbe mit der Kinderwaage.
Ich lebe von kostenlosen Mittagessen (für die Kinder). Die Frau des Schusters Granskij – mager, dunkeläugig, mit einem schönen Leidensgesicht – Mutter von fünf Kindern – ließ mir un-

längst durch ihr ältestes Mädchen Essensmarken bringen (eines ihrer Mädchen ist ins Lager gefahren) und ein »Weißbrötchen« für Alja. Frau G⟨old⟩man, die Nachbarin unten, schickt den Kindern von Zeit zu Zeit riesige Schüsseln voll Suppe – und lieh mir heute von sich aus den dritten Tausender. Selber hat sie drei Kinder. Sie ist klein, zart, vom Leben zermürbt: von der Kinderfrau, den Kindern, dem herrschsüchtigen Mann, den regelmäßigen Mittag- und Abendessen. Sie hilft mir, wie es scheint, ohne Wissen ihres Mannes, den es als Juden und Erfolgsmenschen ärgern müsste, dass bei mir zu Hause alles vor Kälte starrt, außer meiner Seele, und ich außer Büchern nichts besitze.

Manchmal hilft mir und erinnert sich an meine Existenz – kein Vorwurf, es geht ihr offenbar selber schlecht – die Schauspielerin Swjaginzewa – sie kam nach Assjas »Rauch« zu mir und schloss mich anstelle von Assja ins Herz – und ihr Mann, weil er seine Frau liebt.

Sie brachten mir Kartoffeln, ihr Mann schlug auf dem Dachboden mehrmals Balken heraus und zersägte sie.

Dann noch R. S. T⟨umar⟩kin, der Bruder von Frau Z⟨etl⟩in, auf deren Literatur-Abenden ich öfter war. Er gibt Geld, Streichhölzer. Ist gutherzig, mitfühlend.

Und das ist alles.

Balmont würde gerne, ist aber selber bettelarm. Seine Worte: »Ich habe ständig Gewissensbisse, spüre, dass ich helfen sollte« sind Hilfe genug.

Die Leute wissen nicht, wie unendlich viel wert mir Worte sind. (Das ist besser als Geld, weil man seine Dankbarkeit leichter zeigen kann!)

Mein Tag: ich stehe auf – im oberen Fenster das erste Grau – Kälte – Pfützen – Sägemehl – Eimer – Krüge – Lappen – überall Kinderkleider und Hemdchen. Ich säge. Ich heize. Ich wasche in eiskaltem Wasser Kartoffeln, die ich dann im Samowar koche. In den Samowar lege ich glühende Kohle, die ich direkt aus dem Ofen nehme. (Ich gehe und schlafe in ein und demselben

braunen, einmal unsinnig eingelaufenen Kleid aus Barchent, das ich im Frühjahr 1917 nach Augenmaß bei Assja in Alexandrow genäht habe. Es ist ganz versengt von herabfallenden Kohlen und Zigaretten. Die Ärmel – früher einmal mit Gummizug – sind zu Röhren zusammengedreht und mit Nadeln festgesteckt.)
Dann das Aufräumen – »Alja, bring den Kübel raus!« Doch bevor ich fortfahre, zwei Worte über den Kübel: das ist der Hauptakteur in unserm Leben. Im Kübel steht der Samowar, denn wenn er mit den Kartoffeln kocht, macht er rundherum alles nass. In den Kübel wird alles Spülicht abgegossen – das Wasser und alles Übrige ist eisig –, nachts leere ich den Kübel durchs Fenster aus. Ohne Kübel wäre kein Leben.
Die Kohlen – das Sägemehl – die Pfützen – *Vous voyez ça d'ici*. Und der hartnäckige Wunsch, dass der Boden sauber sei! – Wenn ich über den Hintereingang zu G⟨old⟩mans Wasser holen gehe, fürchte ich, auf den Mann zu stoßen. Glücklich kehre ich zurück: mit einem ganzen Eimer und einer Blechbüchse voll Wasser! (Sowohl Eimer wie Blechbüchse sind nicht von mir, meine wurden gestohlen.) Dann die Wäsche, der Geschirrabwasch: in der Spülschüssel mit dem kleinen handgearbeiteten Krug ohne Henkel »für den Kindergarten«, kurz: »Alja, mach den Kindergarten zum Abwasch fertig!« (Alja ging drei Wochen hin, bekam Keuchhusten, jetzt hole ich die Mittagessen für sie ab) – das Säubern des kleinen kupfernen Soldatentopfs und einer Blechkanne für die Pretschistenka (erhöhte Verpflegung, dank der Protektion ebenjener Frau G⟨old⟩man) – der Korb, in dem die Tasche mit den Essensmarken ist – Muff – Fäustlinge – am Hals der Schlüssel zum Hintereingang – und ich gehe.
Meine Uhr geht nicht. Ich weiß nicht, wie spät es ist. Nehme mir ein Herz und frage einen Passanten: »Entschuldigen Sie, können Sie mir sagen, wie viel Uhr es jetzt ungefähr ist?«
Ist es zwei, fällt mir ein Stein vom Herzen. (Auf der Pretschisten-

ka geben sie bis 3 Uhr aus; einmal wusste ich die Zeit nicht und kam zu spät. Da habe ich mir die Haare gerauft.)
Die Marschroute: in den Kindergarten (Moltschanowka 34), das Geschirr hinbringen, – über die Starokonjuschennyj in die Pretschistenka, von dort in die Mensa an der Prashskaja (für die Essensmarke der Granskijs), aus der Prashskaja (der sowjetischen) zum ehemaligen »Generalow« – geben sie Brot aus? –, von dort wieder in den Kindergarten, um das Mittagessen abzuholen – von dort – durch den Hintereingang, behängt mit Krügen, Schüsseln und Blechbüchsen – keinen Finger frei – und dazu die Angst, die Tasche mit den Essensmarken könnte aus dem Korb gefallen sein! – durch den Hintereingang nach Hause. – Sofort zum Ofen. Die Kohlen glimmen noch. Ich fache sie an. Wärme das Essen auf. Alle Mittagessen – in eine Kasserolle: die Suppe ist wie Kascha. Wir essen. (War Alja mit mir fort, binde ich als Erstes Irina vom Stuhl los. Ich begann sie anzubinden, seit sie einmal in Abwesenheit von Alja und mir einen halben Kopf rohen Kohl aus dem Schrank aufgegessen hatte.) Ich lege Irina schlafen. – Sie schläft auf dem blauen Sessel. Es gibt auch ein Bett, aber das geht nicht durch die Tür. – Ich koche Kaffee. Trinke. Rauche. Schreibe. Alja schreibt mir einen Brief oder liest. Zwei Stunden Stille. Dann wacht Irina auf. Wir wärmen den Rest der Suppe auf. Mit Aljas Hilfe fische ich aus der Tiefe des Samowars die letzten Stückchen Kartoffeln. Alja legt sich schlafen, doch zuerst bringen sie oder ich Irina zu Bett.
Um 10 Uhr ist der Tag zu Ende. Manchmal säge und hacke ich noch Holz für den nächsten Morgen. Um 10 oder 11 gehe auch ich zu Bett. Glücklich über die kleine Lampe neben dem Kopfkissen, über die Stille, das Heft, die Zigaretten, – manchmal etwas Brot.
Ich schreibe unschön, in Eile. Habe weder die *ascensions* auf dem Dachboden notiert – eine Treppe gibt es nicht, an einem Strick ziehe ich mich hinter den Balken hoch – noch die *ständigen* Verbrennungen von den Kohlen, die ich mit bloßen Händen heraus-

nehme, noch die Lauferei durch die Kommissionsgeschäfte (wurde etwas verkauft?) oder die Kooperativen (gibt es vielleicht Salz, Tabak?).

Und das Allerwichtigste habe ich nicht notiert: die Fröhlichkeit, die Gedankenschärfe, die Freude über das kleinste Gelingen, die Pläne für Theaterstücke – alle Wände sind vollgekritzelt mit Verszeilen und NB! fürs Notizbuch! – Nicht notiert habe ich die nächtlichen Reisen ins furchtbar eisige Erdgeschoss – Aljas ehemaliges Kinderzimmer –, um irgendein Buch zu holen, nach dem mich plötzlich ganz unsinnig verlangte, nicht notiert habe ich Aljas und meine ständige, aufmerksam gespannte Hoffnung: Hat es nicht geklopft? Es hat anscheinend geklopft! (Die Klingel geht seit Beginn der Revolution nicht mehr, statt der Klingel – ein Hammer. Wir wohnen ganz oben, hinter zwei Türen, und hören alles: jedes Geräusch einer fremden Säge oder Axt, jedes Schlagen einer fremden Tür, jeden Lärm im Hof, – alles, außer dem Klopfen an unserer Tür!) Und – plötzlich – es hat anscheinend geklopft! – eilt Alja, das blaue Pelzmäntelchen übergeworfen, genäht, als sie 2 Jahre alt war, oder eile ich, gar nichts übergeworfen, hinunter, tastend, im Sprung, in voller Dunkelheit, erst an der Treppe ohne Geländer vorbei, dann dieselbe Treppe hinunter – zur Kette an der Eingangstür. (Man kann übrigens auch ohne unsere Hilfe hereinkommen, aber nicht jeder weiß es.)

Nicht notiert habe ich mein ewiges, immergleiches Gebet – mit den immer gleichen Worten! – vor dem Schlafengehen.

Doch das Leben der Seele – Aljas und meiner – wächst aus meinem Notizbuch – den Gedichten – Stücken – ihren Heften hervor.

Ich hatte *nur einen Tag* notieren wollen.

*

Nie musste ich nach Versen suchen. Die Verse suchen mich, und kommen in einem solchen Übermaß, dass ich gar nicht weiß – was schreiben, was verwerfen.
Dadurch erklärt sich die Milliarde nicht- oder nicht-zu-Ende-geschriebener Gedichte.
Manchmal schreibe ich so: rechts auf der Seite das eine, links das andere, und irgendwo daneben noch etwas, die Hand fliegt von hier nach dort, fliegt über die ganze Seite, reißt sich von einem Vers los, eilt zum anderen – um ja nichts zu vergessen! um zu packen und festzuhalten! – Es fehlt nicht an Zeit, – *es fehlt an Händen*!

*

Beil und Säge haben in mir nicht das Leben der Seele und des Geistes vernichtet, doch ganz und gar die Verführung zur Liebe. In dieser Beziehung bin ich – trotz allem – »russische Intelligenz«!

*

Wahrscheinlich gibt es zurzeit – wegen Beil und Säge – immer weniger *enfants d'amour*! – Im Übrigen sägt und hackt nur die Intelligenz (die Bauern zählen nicht! Es geht sie nichts an!), wobei die Intelligenz auch früher schon weder durch *enfants* noch durch *amour* glänzte!

*

Cafés, Musik, – alles, was auf den Straßen zur Liebelei verführte, wurde von der Revolution weggefegt und eliminiert. – Russland ist es nicht vergönnt, ein Land der Liebe (*amoureuse*) zu sein!

*

In meinen Gedichten gibt es, wie im Meer, *verschiedene Ströme*.

*

Einer facht den Brand an,
Der andere – löscht ihn.
      (Darüber wollte ich ein Gedicht schreiben.)

*

Ich erinnere mich, da war ich acht und in der Vorbereitungsklasse des IV. Gymnasiums.
Wir mussten ein paar Beispiele zu Subjekt und Prädikat schreiben (vielleicht auch etwas anderes!).
Zum Beispiel: der Hund bellt, die Katze fängt Mäuse usw.
Und schon damals war meine Abneigung gegen Gemeinplätze so stark, dass ich zum Wort »Müller« (der Müller mahlt – natürlich – Mehl!) schrieb:
»Der Müller spielt Cello.«

*

Unlängst auf dem Smolensker Markt: ein üppiges Bauernmädchen – den prachtvollen Schal über Kreuz – ein Gang aus der Hüfte heraus – und plötzlich eine kleine dürre Gnadenbrotesserin – eine Giftspinne! Ihr dürrer Finger bohrt sich in die hohe Brust des Mädchens. Einschmeichelndes Flüstern: »Was haben Sie da – Schweinefleisch?«
Das Mädchen hüllt sich noch tiefer in den Schal und sagt hochmütig: »Dreihundertachtzig.«

*

Oh, irgendwann einmal schreibe ich eine Geschichte des Moskauer Alltags im Jahre 1919. Eine andere Revolution kenne ich nicht!

*

Balmont – in ein Frauentuch, genauer, das eines Dienstmädchens gehüllt – im Bett – irrsinnige Kälte – der Atemdampf wird zur Säule – neben sich ein Tellerchen mit Kartoffeln, gegart im Kaffeesud:
»Oh, das wird eine schmachvolle Seite in der Geschichte Moskaus! Ich spreche nicht über mich als Dichter, ich spreche über mich als Arbeitenden. Ich habe Shelley, Calderón übersetzt … Bin ich nicht seit meinem 19. Lebensjahr über Wörterbüchern gesessen, statt mich zu amüsieren und zu verlieben?! Und nun hungere ich buchstäblich. Es bleibt mir nur der Hungertod! Die Dummköpfe glauben, Hunger habe mit dem Körper zu tun, sie wissen nicht, dass in sensiblen Organismen der Hunger die Seele angreift, mit seiner ganzen Schwere die Seele erdrückt. Ich bin zermartert, eingeengt, ich kann nicht schreiben!«
Ich bitte ihn, rauchen zu dürfen. Er reicht mir seine Pfeife und hält mich an, mich beim Rauchen nicht abzulenken.
»Diese Pfeife verlangt große Aufmerksamkeit, darum rate ich Ihnen, nicht zu reden, denn ich habe keine Streichhölzer im Haus.«
Ich rauche, das heißt, ich ziehe mit aller Kraft – die Pfeife ist wie zugepfropft – es gibt nur ein Zehntel Rauch bei jedem Zug –, vor Angst, sie könnte ausgehen, rede ich nicht nur nicht, sondern denke auch nicht – und nach einer Minute, erleichtert:
»Danke, ich habe mich satt geraucht!«

*

Aljas Abreise ins Heim

»Also, morgen sei früher bereit. L⟨idija⟩ A⟨lexandrowna⟩ kommt gegen elf. Um zwei müssen wir dort sein.«
Die hohe Gestalt in einer prächtigen grauen Jacke verschwand. Ich schaue auf Alja. Sie ist völlig erstarrt. Und nach einer Minute, mit zitternder Stimme, voll Herzenstränen:
»O Marina! Sie müssen wissen, mein Herz bleibt hier! – Ganz, ganz! – Ich nehme nur einen Teil meines Herzens mit – wegen der Sehnsucht!«
Die ganzen letzten Tage schrieb sie mir einen Brief ins Heft, und ich versuchte, sie besser zu ernähren, offen, ohne Gewissensbisse, dass ich Irina benachteilige.
Am letzten Morgen – Durcheinander, Packen, Hysterie –, sie saß an meinem Schreibtisch und schrieb ihre letzten Worte.
O Gott!

*

»Alja, versteh, das ist ein Spiel. Du spielst ein Heimkind. Du hast einen rasierten Kopf, ein knöchellanges, schmutziges rosa Kleid – und um den Hals eine Nummer. Du solltest in einem Palast leben, lebst aber im Heim. Verstehst du, wie großartig das ist?«
»O Marina!«
»Das ist ein Abenteuer, das große Abenteuer deines Lebens. Verstehst du, Alja?«
»O Marina!«
»Für Irina ist das graue Kleid aus Barchent – vergiss es nicht, Alja! Dir gebe ich: hellblaue Hosen, zwei Leibchen ... Alja, wenn sie dich schlagen, schlage zurück. Steh nicht da und lass die Hände sinken, sonst schlagen sie dir den Schädel ein!«
»Ja, Marina, und ich hoffe, ich kann für Sie Essen zur Seite legen. Vielleicht geben sie zu Weihnachten etwas, was man nicht aufbe-

wahren kann? Vielleicht Kompott? Dann fische ich die getrockneten Pflaumen heraus und verstecke sie. O Marina, wie schade, dass man Essen nicht trocknen kann, wie Blumen!«
»Alja, das Wichtigste – iss mehr, schäme dich nicht, iss dich voll! Denk daran, dass ich dich nur darum ins Heim gebe!«
»Ja, Marina, sie sind Feinde – und ich werde ihnen alles wegessen! Und ich bin froh, Marina, dass ich ins Heim fahre und nicht ins Lager. Das Heim ist irgendwie vertrauter …«
Auf den Knien packe ich ihr die Sachen in den Korb: ein wenig Unterwäsche (sie wird sowieso gestohlen), ein Heft – von früher – mit gutem Papier, aber unliniert, nachts hat sie Linien gezogen, – Bücher: Tschistjakows »Biographische Erzählungen« (über Byron, Beethoven, Napoleon u. a.), »Aladins Wunderlampe« (eine alte Auswahl mit zauberhaften Bildern), »Wunderbare Reise des kleinen Nils Holgersson mit den Wildgänsen« von Lagerlöf und »Lichtenstein« von Hauff. Die letzten beiden hat sie immer wieder gelesen, ein bisschen Heimatgefühl im Exil. – Noch ein Federkästchen mit einem neuen schönen Tintenstift mit Halter. Tinte geht nicht, sie könnte ausfließen. – Und noch die blaue »Zauberlampe«, in diese lege ich – heimlich – ein Foto von mir, aufgenommen in Feodossija, als ich einundzwanzig war, da gleiche ich Charlotte Corday. Und im allerletzten Moment stecke ich eine kleine Gravüre ins Heft: ein Mädchen mit Laute. *The lily of the valley.*
Es klopft an der Tür. Ich nehme die Kette vom Schloss. L⟨idija⟩ A⟨lexandrowna⟩ mit ihrem herrlichen euphorischen Gesicht, das unter einer riesigen Kapuze hervorschaut, die zu etwas Riesigem über dem Pelzmantel gehört. – Schneesturm!
Ich ziehe die Kinder an. Alja trägt zwei Kleider übereinander, dazu lange blaue Strickhosen, die ich die ganze Nacht gestopft habe, und ihre ewige blaue Joppe, in der sie wie die Stuart aussieht. Irina ein rosa Kleid und eine schmutzige weiße Jacke. Ich ziehe Alja das Pelzmäntelchen an, genäht, als sie 2 Jahre alt war, damals reichte es bis zum Boden, jetzt bis zu den Knien. »Augen

wie der Mantel, der Mantel wie die Augen« (sagten alle Passanten auf der Straße. Das Pelzmäntelchen ist hellblau.) Hellblaue Mütze. Gestrickte Fausthandschuhe, die ich nachts gestopft habe.
L⟨idija⟩ A⟨lexandrowna⟩ nimmt Irina, ich gehe mit Alja zum Hintereingang. Wir nehmen Platz. Shenja Goldman ruft: »Auf Wiedersehen.«

*

Alja sitzt auf meinen Schoß, rutscht langsam hinunter. Ich bedecke ihren Kopf mit meinem schwarzen Tuch mit den Rosen. Sie schweigt.
Ihr erster Ausruf – wir verlassen die Stadtgrenze:
»Marina! Das Geschäft ›Königin‹, ›Koroléwa‹!«
»›Koroljowa‹«, verbessert L⟨idija⟩ A⟨lexandrowna⟩.
Irina sitzt auf L⟨idija⟩ A⟨lexandrownas⟩ Schoß und wiederholt, zu meinem Ärger, pedantisch und unsinnig:
»Sön zu sitzen« und singt: »Aj dudu dudu dudu …«
Wir sind vorbei an der Poklonnaja Gora. – Schnee, Schnee. – Ich habe vergessen, dass der Himmel so trüb sein kann. – Die schwarzen Streifen der Wälder. Aus irgendeinem Grunde fallen mir die »Russischen Frauen« ein. – Nur war es dort noch einsamer. Alja ist fast auf den Boden des Schlittens gerutscht. Sie schweigt. – »Alja, ist dir nicht kalt?« – »Nein, ich fühle mich wunderbar.«
Noch spüre ich den Abschied nicht, ganz von der Fahrt benommen: dem trostlosen Schnee, dem zu großen Himmel, der Kälte, die meine Füße erstarren lässt.

*

Dann Abhänge, Senken, Hügel, der Schlitten fliegt. Ein Park. Riesige Fichten, zugefrorene Teiche, Gruppen von Birken. –

Wie schön muss es hier im Sommer sein! Im Moment ist alles – Erinnerung oder Verheißung. Der Winter hat für mich, wie für einen Säugling, keine Gegenwart! – Die Fichten sind riesig, ganz ruhig, wie erstarrte Tänzerinnen (die Fichte erinnert mehr als jeder andere Baum an eine Frau – prüfen Sie's nach – es ist so! Die ganze *Gebärde* ist die einer Frau!)
Die Fichten sind riesig, unter ihnen lässt sich gut leben.
In der Tiefe des Talkessels etwas Gelbes: eine Datscha – das Heim. Wir steigen aus. Ein Soldat hält Irina. Das Erste, was ich sehe: ein völlig räudiger schwarzer Hund frisst aus einem Spüleimer.
Einige Kinder kommen herbeigerannt. – »Sie haben einen Jungen gebracht!« – Wir treten ein: es ist dunkel, warm und riecht nach Holz.
Während sich L⟨idija⟩ A⟨lexandrowna⟩ mit der hageren Heimaufseherin unterhält – Irina wurde auf einen Stuhl gesetzt –, gehe ich mit Alja in die Küche. Ein Kater und ein gelber Hund. Große Kessel. Hitze. Wir sind rechtzeitig zum Mittagessen gekommen. Das nennt sich »den Stier bei den Hörnern packen«. Ich freue mich für Alja.
Alja »muss mal«. Wie sich zeigt, sind alle (?) Toiletten zu, wir müssen irgendwo hinter die Holzstapel, in den Schnee.
Hm.
»Ist das Ihr Mädchen?« – »Ja.« – »Sind beides Ihre?« – »Ja.« – Ich hätte offenbar »nein« sagen müssen, denn die Kinder sind hier alle als Vollwaise registriert.
Das sagt mir kurz danach L⟨idija⟩ A⟨lexandrowna⟩. Ich mache Alja aufmerksam. Wenn die Kinder fragen, wer ich sei, soll sie sagen: »Ich weiß es nicht, – so eine Tante.«
L⟨idija⟩ A⟨lexandrowna⟩ flüstert mir zu, die Aufseherin sei erstaunt, warum die Kinder so gut gekleidet seien.
»Ich konnte sie doch nicht abgerissen herbringen! Die ganze Nacht habe ich Aljas Hosen und Kleid ausgebessert!«
»Vergeblich, zerrissene Kleider wären besser gewesen.«

»Mädchen, bringt Salz!« – »Salz!« – »Salz!«
Irina wurde auf eine Bank gesetzt, man gab ihr einen Holzlöffel in die Hand und stellte ihr eine Schüssel vor die Nase. Sie wiegt sich und singt. Ich höre jemandes Stimme: »Dieses Mädchen ist völlig blöd.«
Hm. Ich bin einverstanden.
Die Kinder laufen ins Esszimmer. Die meisten sind älter als Alja. Lange schmutzige Kleider, statt warmer Unterhemden – Löcher. Große Bäuche. Idiotische Gesichter.
»Nun, wir müssen gehen, sie werden jetzt zu Mittag essen«, sagt L⟨idija⟩ A⟨lexandrowna⟩.
»Aletschka, begleite mich!«
Wir stehen an der Tür. Ich sehe Aljas erhobenes Gesicht.
»Marina, bücken Sie sich!« – Ich bücke mich zu ihr hinab.
»Schnell, Marina, den Löwen!«
Ich zeige ihr den Löwen (das Löwengesicht, – ein Erbe von Serjosha.) Ich küsse sie. – »Aletschka, vergiss nicht, ich liebe dich, ich liebe nur dich ...«
Sie weint nicht – ich weine nicht. Als ich hinausgehe, mache ich ein Kreuz über der Tür. – Wir setzen uns in den Schlitten. Fahren.
»Nun, heute ist ein großer Tag!«, sagt L⟨idija⟩ A⟨lexandrowna⟩ begeistert. – »Hüllen Sie sich in den Pelzmantel! Haben Sie bemerkt, wie viel Suppe ausgeteilt wurde? Und es roch nicht schlecht ...« (Pause.) »Aber *was für* Gesichter!!!«

*

L⟨idija⟩ A⟨lexandrowna⟩ heizte zwei Öfen: sie standen einander gegenüber, und ich kauerte abwechselnd vor dem einen und dem anderen. Ein höflicher Soldat brachte immer wieder einen Armvoll Holz. Wolodja schloss die Fensterläden. Nach dem Mittagessen gab mir L⟨idija⟩ A⟨lexandrowna⟩ einen Feld-Notizblock, eine Feder und rote Tinte. »Schreiben Sie Alja.« Ich habe

die ganze Zeit ausprobiert, ob der Atem Dampf erzeugt, und war erstaunt: nicht einmal ein Hauch. Ich bedauerte, dass Alja dieses Wunder nicht sehen kann.
Abends badete ich in der Küche. Als ich in die Wanne stieg, wunderte ich mich, warum ich mit verbrannten Haferkörnern übersät war. Ich hatte, wie sich zeigte, das Wasser aus dem Spüleimer in die Wanne geschüttet. Und lachte wie eine Verrückte, ganz allein, im Wasser. – Und morgens – früh, sehr früh – ging ich zum Bahnhof. Dreißigmal musste ich nach dem Weg fragen, bis ich ihn schließlich fand. Unterwegs war ich überzeugt, ich würde nie ankommen, und als ich dort war, ich würde nie einen Sitzplatz finden. Aber ich kam an und fand einen Sitzplatz.
Als ich beim Warten auf den Zug den Bahnsteig auf und ab ging, dachte ich, dass alle Freunde, Verwandte, Bekannte haben, dass alle herbeieilen, sich grüßen, über etwas austauschen – über Namen, Tagespläne –, nur ich bin allein, und allen ist es gleich, ob ich einen Sitzplatz finde oder nicht.

*

Da kam mir ein anderer Bahnsteig in den Sinn – vor neun Jahren! – nur war es sehr spät – und sehr weit weg – im Gouv⟨ernement⟩ Ufa. S⟨erjosha⟩ und ich warteten auf den Zug. – Es war mitten im Herbst. – Ich erinnere die schreckliche Trübsal, unsere Verlassenheit – wie am Ende der Welt! – die späte Stunde, den einsamen Bahnsteig, die Dampfpfeifen. – Doch heute erscheint mir jener Moment als schieres Glück. – Wer weiß, vielleicht wird mir in neun Jahren dieser einsame Augenblick in Kunzewo auch als Glück erscheinen?!

*

Aber als ich das Moskauer Gebiet erreichte, frohlockte ich. Über Moskau lag ein leichter, rosafarbener Nebel – gedämpftes Morgenrot. Jungs verkauften Zigaretten, Bäuerinnen Piroshki. Den ganzen Heimweg war ich froher Stimmung. Als ich an einem kleinen Laden vorbeikam, fiel mir ein, dass ich das letzte Mal, als ich aus Kunzewo zurückgekehrt war, hier Erdbeeren gekauft hatte. (Immer wenn ich aus dem Zug steige, habe ich ein Feiertagsgefühl und kaufe unbedingt etwas, was ich mir zu normalen Zeiten nie »erlauben« würde.) Ich habe mir – zum ersten Mal seit der Revolution – ein Päckchen »Java«-Zigaretten gekauft – für 130 Rubel, einfach aus Freude darüber, dass ich wieder in Moskau war.

*

Aber als ich zu Hause ankam und – mitten im Zimmer – Aljas verwaistes Tischchen erblickte: das Tintenfass mit der Feder drin, das aufgeschlagene Heft, da begriff ich, was ich getan hatte. Noch im Pelzmantel – ohne den Hut abzulegen – begann ich, ihren Brief zu lesen. (Hier schreibe ich nur einzelne ihrer Ausrufe und Worte auf, all das, was sie selbst nicht aufschreibt, aber für die Geschichte dieses Tages ist der Brief unabdingbar.)
Oh, warum habe ich keine rote Tinte?!!

*

Der Brief

[…] Liebe Marina! Ich flehe Sie an, wenn Sie mein Leben nicht zerstören wollen, dann müssen Sie mir ein Heft – und wenigstens ein Gedicht! – mitgeben, sonst sterbe ich!
Ihre Broschen, Ihre Ringe, Ihre Schlüssel, Ihre schmutzige Wäsche, das ist mir so wahnsinnig lieb! – Casanova, Bube (wenn ich nicht irre), Die Großmutter, Der Schneesturm.
Marina! Ich heule wahnsinnig, wie ein Schneesturm: Sie haben das Stückchen Brot, das ich auf Ihrem Bett gelassen habe, nicht

gegessen. Aber ich danke Ihnen sehr, dass Sie mich schreiben lassen! Jetzt bin ich ein bisschen glücklich. Ich warte auf Sie, warte zitternd. Ich denke an die Zeit zurück, als Sie sich mit mir unterhielten.

> Marina! Es ist an der Zeit!
> Das Schicksal entschied: es ist so weit.
> Marina! Der Löwe
> Ist bereit!
> Sogar jetzt tobt
> Der Schneesturm.
> Marina! Herein!
> Ich bin treu, wenn auch klein!

Marina! Ich danke Ihnen für Ihre Liebe, die Sie mir gegeben haben. Danke für alle Spaziergänge, Hand in Hand. Für die Ikone, die Bücher, den Löwen. Vor allem – für Sie!
Hurra! Ich habe Sie bekommen. Ich bin so froh, toi, toi, toi, unberufen. Dieser traurige Lampenschirm, das Kästchen mit der Tinte. O Gott! Irina ächzt. – Schon beugt sich Ihr Kopf über das Heft. Bald sehe ich Ihre Hand mit der Feder. Daneben der kleine Löwe mit dem zufriedenen Gesicht. Die Verse eines Trinkers kommen mir in den Sinn.
Marina! Das wahnsinnige Geheul Ihrer Tochter! Oh, wie angenehm ist es, an Ihr Kommen zu denken. Ich erinnere mich, wie ich mit jemandem spazierte, vor uns gingen zwei Jungen. Der eine fragt den anderen: »Ich habe zwei Eltern, wie viele hast du?« – »Ich habe drei.« – Marina! Jetzt ist es Zeit, den Löwen zu küssen, und der Löwe gibt meinen Kuss weiter an Sie. Marina! Ich möchte Ihnen etwas Kleines schenken. – Den Löwen! Marina! Jetzt müssen Sie und ich Qualen erdulden: I-rina isst! – Mütterchen! Der Tag geht zu Ende. Ein Sonntag. – Marina: »Alja, wenn ich nachts nicht schlafen kann, träume ich vom Mittagessen – und schlafe sofort ein.« Ja! Ich verstehe nun, was das

Leben bedeutet! Eine Sekunde lang Glück, dann Tage, Monate, Jahre ohne Freunde! Jetzt haben wir eine neue Lampe. Aber was soll sie mir, wenn Sie nicht da sind.
Ich denke an das Märchen von Andersen.
(Hier folgt die Geschichte von der Schneekönigin, dem Lieblingsmärchen von Alja und mir.)

»… Der Sommer ist vorbei,
Die Rosen sind verblüht …
Bald kommt zu uns
Das Jesuskind …«

(Verse von dort, reizend!)

Marina! Sie gleicht einem heiligen Märtyrer. Ihre Haare locken sich wie bei einem Erzengel. Sie geht, als wäre sie eine fliegende Schneeflocke! Sie redet, als würde sie singen, wie ein prächtiger Vogel. Sie singt – wie nicht einmal Gott singen kann, Jesus Christus aus Nazareth. Sie betet, wie nur Engel zu Gott beten. Und redet wie keiner sonst. Sehr gewandt. Ohne zu wissen, um *welchen* Gegenstand es sich handelt, beschreibt sie ihn schon. Sie ist wahnsinnig mutig, mutiger als jeder Ritter. Sie schreibt Gedichte. Sie weiß alles im Voraus. Schwierigkeiten meistert sie mit leichtem Lächeln. Sie ist sehr zäh. Bereit, in Haft zu gehen. Mit einem einzigen Wort kann sie einen Verrückten besänftigen. Mit einem einzigen Blick kann sie das Volk zum Kniefall bewegen. Kohle kann sie in eine Frucht verwandeln. Sie spielt den bezaubernden Löwen, der mal zärtlich, mal traurig, mal verächtlich, mal begeistert dreinschaut. Sie trägt Ringe. Sie versteht es, mit einer Bäuerin und dem Zaren, mit einem Straßenjungen und mit Gott zu reden. Sie gleicht Napoleon. Sie zeigt eine arge Kraft. Sie kann eine Woche lang nicht essen. Sie liebt die Musik. Spielt sogar Klavier. Kann wunderbar erzählen. Großartiges Gedächtnis. Sie schreibt Stücke und Bücher.

Sie hält jede Qual aus, stemmt jedes Gewicht.
Sie kann an Pest erkranken – und stirbt nicht.
Ein Gott.

Der letzte Tag

Geräusche des Beils, Geräusche Irinas, Geräusche des Herzens. Nebel. Neugier. Begeisterung. Vielleicht kann ich an Weihnachten etwas für Sie aufheben. Morgen ist Abreise! Aber den heutigen Tag verbringen wir zauberhaft. – Leben! Gespannt erwarte ich jemanden, der mich für kurze Zeit entführt. Irina schreit widerlich: »Alja stört!« Stille. – Ich warte auf Sie. Gebe Gott, dass die G⟨oldmans⟩ Sie bewirtet haben. Manchmal knistert ein Holzscheit, das Herz dröhnt, ich warte auf Ihre leichten Schritte, das Geräusch der Eimer, der Blechbüchsen! Endlich! Da sind Sie, mit Ihrem lockigen, hellbraunen Kopf. Das Oberfenster ist nicht zugefroren. Hurra! Ich schreibe, Sie aber werden Geld finden.
Es ist so angenehm, jetzt zu lieben. Dort blühen jetzt Rosen! Dort schickt man Ihnen Geld. Ein leichter würziger Rauch. Zum letzten Mal! Der Rauch kräuselt sich wie Lammfell und wie die Träume eines Prinzen und einer Prinzessin. Das Zauberöfchen ist offen. Durch den Nebel erblicke ich Sie, in Ihrem braunen Kleid. Ein weißer Wasserkrug und der Deckel eines Kupferpfännchens zeichnen sich ab. Ich bereue, dass ich die Kartoffeln und das Brot aufgegessen habe.
Marina! Hurra! Hurra! Hurra! Wir gehen auf den Feind los! Für Mütterchen Russland! Für Väterchen Zar! Das Heim! – In einem Monat ist »ihr« Weihnachten. Dann lege ich für Sie etwas Süßes beiseite. – Es kränkt mich, dass Irina ins Feuer schaut, und ich nicht. Ich warte auf den Löwen. Morgen ist ein Schicksalstag. Ich werde ihn geduldig ertragen. Leise knistert das Holz im Ofen, Irina wiegt sich.
Marina! Ich sterbe, ich schreibe, ich lebe! Das ist eine Fieber-

phantasie, das ist ein Traum, das ist Gott!... Die Kartoffeln kochen, Tropfen fallen auf den heißen Ofen, Kohlestückchen fliegen heraus:

> »Wie viel hat in dunklem Vergessen
> Das Herz für immer versenkt!
> Wir erinnern die traurigen Lippen,
> Das üppige Haar, gar nicht streng!
>
> Den Seufzer über dem Heft
> Und den Ring mit roten Rubinen,
> Du beugtest dich über das Bett,
> In dem wir selig schliefen.
>
> Wir erinnern dein junges Leid
> Wegen Vögeln, die verwundet,
> Und unser Auge weint,
> Weil das Klavier verstummte.«[1]

Marina! Wir sind doch alle – am Leben! Morgen ist Abreise. Sie werden mit mir zufrieden sein.
Kaffeekannen, Teekessel, Pfännchen, Teller, Krüge ... Das leise Bullern des Wassers im Teekessel, im Ofen.
Heute wird unser kleiner Ofen den ganzen Tag geheizt. In der Seele ist es leicht und traurig. Der letzte Tag vergeht. Das Heim. Bald, bald. Oje.

Jetzt ist es so weit. Leben Sie wohl. Wie wunderbar war es mit Ihnen, zwischen Ihren Büchern und Heften. Der Samowar singt wehmütig sein Abschiedslied. Oh, ich liebe Sie! Ich lebe durch Sie und für Sie. Wenn Sie mich nicht brauchen, sagen Sie's. – Ihre phantastischen Schritte, Ihre Stimme, Ihre Löwen. – Traurig.

---

[1] Meine Verse an die Mutter aus der »Zauberlampe«. (Anm. MZ)

Morgen, morgen, doch das schicksalhafte Heute ist da. – Aber Sie werden uns begleiten.
Ihre Gedichte, Stücke – adieu. – Aber – Hurra.
Ihre Tochter: Ariadna Sergejewna Efron
      – fliegt davon.
         (Zeichnung eines Löwen.)
         Auf Wiedersehen.

Puschkin schaut düster drein. Alles schnurrt zu einem »Auf Wiedersehen« zusammen. – Oh, »sie«! Oh, die echte Freiheit! Ich werde die Bücher hüten. Zu Weihnachten, glaube ich, werde ich Ihnen etwas schenken können.
Der angenehme Duft von Kaffee und Tabak. – Zum letzten Mal. – Ich möchte so sehr, dass Sie mich lieben. Zum letzten Mal hat der Samowar wehmütig gesummt.
Auf Wiedersehen.
         (Zeichnung eines Löwen.)

*

Heute zum Beispiel habe ich den ganzen Tag gegessen, dabei hätte ich den ganzen Tag schreiben können. Keineswegs möchte ich im Jahr 1919 vor Hunger sterben, aber noch weniger möchte ich zum Schwein werden.

*

Wenn ich mit Menschen zusammen bin, die nicht wissen, dass ich – ich bin, bitte ich mit meinem ganzen Wesen um Verzeihung, dass ich existiere. – Versuch einer Wiedergutmachung! So erklärt sich, dass ich mit den Menschen ständig lache.

*

Ich ertrage es nicht – dulde es nicht – verbiete es, dass man schlecht von mir denkt.

*

Niemand weiß, was mein Leben für eine Wüste ist.

*

Der tiefe Ernst meines Wesens – seine Tragik: das ahnt keiner. Für die Leute bin ich immer ein seltsames *enfant terrible* – ⟨deutsch:⟩ *ein Kleid, das mich gut kleidet*, aber kein Lebewesen. So bin ich für sie leichter verdaulich.

*

Es käme mir nie in den Sinn zu lachen, wenn ich allein bin.

*

Den ganzen Tag keine Menschenseele, kein Menschenlaut. Die eisige Wüste der Zimmer. Mein winziger, kaum lebendiger Herd: Säge, Beil, Beil, Säge. Dann das Knistern des Feuers, dann das Knistern der herausfliegenden Kohlestücke. Dann das Kratzen des Besens auf dem Boden. Dann das Summen des Teekessels im Ofen. Dann das Geräusch, wenn ich mit dem Kopf das Kissen berühre … »Ohne die Kinder werden Sie sich freier fühlen:« – Oh, ich habe es im Voraus gewusst! – Danke.

*

Mein Lachen ist – entweder eine Entschuldigung dafür, dass ich existiere, oder Erregung. – Andere weinen in beiden Fällen.

*

Das Alter zu besiegen – so wie jetzt – die Jugend: dazu hilft mir die Ironie.

*

Ich stelle an mir Gesten einer alten Frau fest. Sitze auf dem Bett – habe gesägt, bin müde –, die Hände liegen unschön und kraftlos auf den Knien.
Das ist weder traurig noch schlimm. Sei's drum! (Umso mehr als ich 27 bin, aber aussehe, als wäre ich nicht einmal 20!)

*

Vom Versailles des 18. Jahrhunderts bis zum Chlystentum des Gouv⟨ernements⟩ Kaluga. Reicht die Bandbreite? Man kann sagen: Ich schöpfe aus dem Vollen.

*

Wenn Gott wüsste, wie sehr ich mich über seine Sonne freue, würde er sie jeden Tag über dem Borissoglebskij pereulok scheinen lassen.

*

Von Natur aus ertrage ich keine Vorräte. Entweder ich esse alles auf oder ich gebe es weg.

*

Goethe. Mit voller Einfalt des Herzens, unmittelbar nach seiner ⟨deutsch:⟩ »*Wahrheit und Dichtung*« und Eckermanns Büchlein frage ich mich: wo ist seine sprichwörtliche Kälte, seine Göttlichkeit, seine Gleichgültigkeit gegenüber der Welt?

Von seinen ersten Lebensjahren bis zum letzten Tag: Liebe zu allen und allem (es scheint, etwas mehr zu allem als zu allen!), unersättliche Liebe, Einfachheit, Klarheit, Leidenschaftlichkeit: ein Mensch bis zuletzt, ein echter Junge (folglich genial!), ein echter Jüngling, ein echter ⟨deutsch:⟩ *Mann im Mannesalter* (Reise nach Italien), ein echter Greis – wie die untergehende Sonne.
Mit Goethe hat man es sich schwer gemacht. Um über Goethe zu sprechen, muss man Goethe sein – oder Bettina (ich).

*

Heute hatte ich mein kleines Italien: meine Nachbarin im Borissoglebskij pereulok vor dem Hintergrund des großen rosaroten Hauses, das ich wegen meiner Kurzsichtigkeit für die Morgenröte hielt.

*

Ich lebe, wie andere tanzen: bis zum Rausch – bis zum Schwindel – bis zur Übelkeit!

*

Ich weiß, wer ich bin: die Tänzerin der Seele!

*

Es ist viel interessanter, Zeitgenosse eines großen Menschen als ein großer Mensch zu sein: man ist nicht verantwortlich für seine Dummheiten.

*

Gestern hat der Schriftstellerverband im Künstlertheater einen Gedichtabend organisiert. Ich wurde nicht eingeladen. Das ist mir egal, denn außer der Angst, zu spät zu kommen, der Verlegenheit und dem Klang meines eigenen Lachens im Ohr bleibt mir von einem solchen Abend nichts.
Aber typisch ist es schon.

*

Gedichte lese ich gerne vor – aus Liebe oder für Geld.

*

Alja. Ein solches Wesen gab es nie – und wird es nie geben. Es gab dreijährige Genies in der Musik – der Malerei – der Poesie usw. usf. – aber es gab noch nie ein dreijähriges Genie in Sachen Seele!

*

Kinder – vielleicht habe ich das schon einmal notiert – sollten in einem kirchlichen Kindergarten aufwachsen. Da gibt es Rosen, Spiele und 5 Minuten entfernt – Stille, Tiefe – Ewigkeit.

*

Wenn ich nichts mehr zum Spielen habe, spiele ich Tugend.

*

»Sie lacht nicht mehr.«
       (Aufschrift auf meinem Grabkreuz.)

*

Ich habe das Jahr 1919 etwas übertrieben wahrgenommen: so wie man es in hundert Jahren wahrnehmen wird: kein Körnchen Mehl, kein Stückchen Seife, ich fege den Schornstein selbst, trage Stiefel, die doppelt so groß sind wie meine Füße, – so wird irgendein Romanschriftsteller, mit mehr Phantasie als Geschmack, das Jahr 1919 beschreiben.

*

Mein Zimmer. – Irgendwann werde ich es verlassen (?). – Oder ich werde, wenn ich die Augen öffne, niemals, nie-mals etwas anderes sehen als: das hohe Fenster an der Decke – den Kübel auf dem Boden – auf allen Stühlen Lappen – das Beil – das Bügeleisen (mit dem Bügeleisen schlage ich auf das Beil) – die Säge von den Goldmans …

*

⟨-⟩ *November 1919*, Sonntag

Das Jahr 1919 hat mir – im Alltag – nichts beigebracht: weder Sparsamkeit noch Enthaltsamkeit.
Brot nehme – esse – verschenke ich genauso leicht, wie wenn es 2 Kopeken (statt wie jetzt 200 Rubel) kosten würde, Kaffee und Tee aber habe ich immer ohne Zucker getrunken.

*

Gibt es in Russland jetzt – wo Rosanow tot ist – einen wahrhaftigen Betrachter und Beobachter, der ein wahrhaftiges Buch über den Hunger schreiben könnte – ein Mensch, der essen möchte – ein Mensch, der rauchen möchte – ein Mensch, der friert – über einen Menschen, der viel hat und nichts gibt – über einen Menschen, der wenig hat und viel gibt – über die früher Freigie-

bigen und jetzt Geizigen – über die früher Sparsamen und jetzt Freigiebigen – über die früher Stolzen und jetzt Gebeugten, und schließlich über mich: Dichter und Frau – allein, allein, allein – wie eine Eiche – wie ein Wolf – wie Gott – inmitten von allerlei Pest im Moskau des Jahres 1919.
Ich würde es schreiben, wenn nicht diese Frauenseele in mir wäre, nicht meine Kurzsichtigkeit, nicht diese Eigenheit, die mich manchmal hindert, die Dinge so zu sehen, wie sie sind.

*

Ich kehre zu diesem Thema zurück, denn es ist sehr wichtig.
Nie werde ich ein geniales Werk schreiben, – nicht, weil ich zu wenig begabt wäre – das Wort ist mein treuer Diener, beim allerersten Pfiff zugegen – nein, ich muss nicht einmal pfeifen – es ist da und harrt ⟨ein ausgelassenes Wort⟩ – also nicht, weil ich zu wenig begabt wäre, äußerlich und innerlich, sondern wegen meiner *Eigenheit*, ich würde sagen der Bizarrheit meiner Natur. Würde ich zum Beispiel statt Casanova den Trojanischen Krieg wählen – auch dann wäre Helena Henriette, d. h. – *ich*.
Es ist nicht so, dass ich von mir und dem Meinen nicht loskomme, dass ich nichts anderes sehe, – ich sehe und weiß, dass es das andere gibt, aber es zieht mich viel weniger an, ich – das Meine – meine Welt – sind so viel verführerischer, dass ich lieber darauf verzichte, ein Genie zu sein, und über eine Frau des 18. Jahrhunderts im Umhang schreibe – einfach über den Umhang – über mich.

*

Ich und der Instinkt.
Meine Seele hat den Instinkt aufgezehrt, genauer:
mon instinct – c'est l'Âme!
So kann ich beim Abschiednehmen nicht davon lassen, einen ansteckenden Kranken zu küssen, obwohl ich weiß, dass das anste-

ckend ist, ich mich fürchte und nicht sterben will – aber *ich kann einfach nicht anders* – schäme mich – lieber würde ich Berge versetzen!
Das ist unsinnig, denn ich will leben und *kenne* den Wert des Lebens: mehr Verstand also! Logik! – außerdem entbehrt diese Handlung einer edlen Gesinnung, denn beim Küssen *fürchte ich mich* (und es fehlt nicht viel und ich würde ausspucken, wie bei einer Behexung) – trotzdem bestehe ich darauf, mit sorglosem und strahlendem Gesicht – *par pure politesse* –, wie bei *sehr vielem*, was ich tue!

*

Oh, wenn ich bloß reich wäre!
Liebes Jahr 1919, du hast mich diesen Stoßseufzer gelehrt! Früher, als alle alles hatten, brachte ich es zuwege, trotzdem etwas zu geben, aber heute, wo niemand etwas hat (die Anständigen!), kann ich nichts geben außer meiner Seele – meinem Lachen – manchmal einem Armvoll Holz (aus Leichtsinn!) – und das ist zu wenig.
Oh, was hat sich für mich jetzt für ein Betätigungsfeld aufgetan, für meine Unersättlichkeit in Sachen Liebe (nur dann bin ich am Leben!). Dem gehen übrigens alle auf den Leim – die allerkompliziertesten Menschen! – sogar ich! Ich liebe jetzt entschieden nur die, die mir geben; wer verspricht und nicht gibt – egal! – wenn er nur eine Minute lang – aufrichtig (vielleicht auch *nicht* aufrichtig, schnuppe!) geben wollte.
Der Satz – folglich auch seine Bedeutung – hätte nach der Laune der Feder und des Herzens eine andere Wendung nehmen können – und wäre dennoch wahr.
Früher, als alle alles hatten, brachte ich es trotzdem zuwege, zu geben. Jetzt, wo ich nichts habe, bringe ich es trotzdem zuwege, zu geben.
Gut?

*

Wie alles, was ich tue, gebe ich aus einer Art seelischen Abenteuerlust – um eines Lächelns willen – des eigenen und des fremden.
Kein Abenteuer in meinem Leben sind nur S⟨erjosha⟩, zum Teil Alja – und ich selbst, wenn ich allein mit mir bin.

*

Von allen seelischen Dingen auf der Welt bange ich am meisten um Aljas Hefte – um meine Notizbücher – dann um die Stücke – die Gedichte rangieren weit hinten; in Aljas Heften, in meinen Notizbüchern und Stücken bin ich mehr ich selbst: die Ersteren sind mein Alltag, die Letzteren mein Festtag, und die Gedichte sind wohl meine unvollständige Beichte, sie sind weniger genau, weniger – ich.

*

Mein Vermächtnis an die Kinder:
»Herrschaften! Lebt wesentlich!« (Meine Mutter sagte vor ihrem Tod: »Lebt nach der Wahrheit, Kinder, – lebt nach der Wahrheit!« Wie schleierhaft! Wahrheit! Nie verwende ich dieses Wort. Wahrheit! Wie kärglich – ärmlich – unattraktiv!) »Lebt zur Musik« – oder »Lebt wie vor dem Tod« – oder einfach: »Lebt!«

*

Meine Mutter. Groß, schlank, kräftig, dunkles gewelltes Haar, herrliche männliche Stirn, graubraune – mittelgroße – ungewöhnlich klare – etwas unheimliche Augen, lange, gebogene Nase, trauriger Mund mit einem Ausdruck von leichtem Ekel, ebenmäßiges ovales Gesicht, zartes, entflammbares Wangenrot: die Züge männlich, die Farben weiblich – wie bei mir! Etwas abfallende Schultern, langer, freier Hals, Abwesenheit von »Figur« – Jugendlichkeit. Große, sehr weiße Hände, von vornehmer, doch männlicher Form – traurige und kluge Hände – mehrere Ringe.

Männer – Knaben! – liebten sie, Frauen (»Damen«) konnten sie nicht ausstehen. Zu Ersteren verhielt sie sich mütterlich-spöttisch-zärtlich, zu Letzteren herausfordernd. Sie hörte sich Beichten an, verstand die Sünden, ohne selbst zu sündigen (vor guter Erziehung! auch ich werde so enden).

Sie lebte von der Musik, d. h. von der Seele, wie ich – von der Seele, d. h. der Musik.

Zu ihren Kindern war sie streng, so wie ich zu meinen, sie schalt sie ins Gesicht, war aber heimlich stolz auf sie, sie erzog unsinnig (und richtig – mich und Assja!), sie *forderte* Genialität – nie werde ich ihre kränkenden Ausrufe vergessen:

»Ich habe schon mit sieben Jahren die Halluzinationen des Mars gesehen! Mars mit dem Pokal – auf der Treppe! – und der Pokal rollte klirrend hinunter! Danach musste man mich nicht mehr unterrichten, aber ihr! ...«

»Mama, wer ist Bonaparte?«

»Du bist sechs und weißt nicht, wer Bonaparte ist? *Meine* Tochter!«

»Woher sollte ich es denn wissen? Niemand hat es mir gesagt!«

»Das hängt doch in der Luft!«

Liebe zur Armut. (Armut – Andersen.) Zur Geborgenheit in der Armut, zu Mansarden, Spaziergängen, wie sie das Volk liebt: an den Stadtrand, in Friedhöfe, zu alten Jungfern – vor allem deutschen –, wenn zwei Schwestern sich an der Hand fassen und vor dem Tannenbaum ⟨deutsch:⟩ *Weihnachtslieder* singen. Kult Napoleons – in *Nervi* nahm sie irgendeinen Gauner auf, nur weil er aus St. Helena kam. Liebe zu Hunden und Katzen – wahnsinnige Liebe! Sie weinte und aß nicht, wenn sie umkamen! Über ihre Liebe zu Gedichten will ich erst gar nicht reden, ich nenne hier Einzelheiten! Ihre Liebe zur Vagabundage: das Symbol – ihre Gitarre mit dem roten Band (und dies als Frau eines Geheimrats

und Professors, der dem Hof nahestand!), ihre Liebe zur Boheme – ohne sich mit dieser zu vermischen –, die Boheme war bei ihr zu Gast, doch sie selbst gehörte nicht dazu – ein bisschen spielte sie die *grande dame* (nicht die *bourgeoise*), genauer den *grand seigneur*. Liebe zu Ludwig von Bayern (bei mir zum Herzog von Reichstadt!) – Patriotismus für alle Länder! – Einsamkeit – auch sie wurde verlacht und gefürchtet. Wahrheitsdrang – Unbestechlichkeit (Beispiel: ihre Liebe zu elementaren, aber schönen Gedichten, bei denen der Inhalt die Form übertraf oder – *trotz* der Form – zur Geltung kam, etwa A. Tolstojs »Gegen den Strom« – ihre Lebensdevise!). Bücherkult, ans Bizarre grenzende Kultiviertheit, sie liebte die Engländer – ach, sie liebte alles, und hatte zu wenig Lunge für die Luft, zu wenig Luft für die Lunge! Und diese äußere Bescheidenheit: in der Kleidung, in den Gewohnheiten – 10 Jahre lang trug sie das gleiche Kleid, und sie ging immer zu Fuß …
(Aber es gab auch Absonderlichkeiten: mich und Assja zum Beispiel kleidete sie wie Bettelkinder, in komische Stoffe, die 3 Kopeken pro Arschin kosteten und scheußlich aussahen! Auch unsere Frisuren waren nicht besser!)
Aristokratismus – Untadeligkeit – wenn nötig Eiseskälte.
»Mama, was ist Sozialismus?«
(Assja, mit elf, 1905 in Jalta.)
»Wenn der Hausmeister mit den Füßen auf deinem Klavier spielt – dann ist das Sozialismus!«
Zuerst der Roman aller aristokratischen Herzen mit der Revolution (im Winter 1902 in Nervi – im Nest polnisch-jüdischer Emigranten – half sie mit Geld und spielte ihnen auf dem Klavier vor usw.), dann die Abkehr 1905, als es um Habe und Blut ging.
Ach, das habe ich ganz vergessen! Ihre leidenschaftliche Liebe zu den Juden, eine stolze, herausfordernde, widerspruchslose Liebe (das Wort »Jidd« habe ich erst 1919 gelernt) – damals im Kreis Sergej Alex⟨androwitschs⟩, alter Professoren-Monarchisten, die zum Hofe gehörten! Ich erinnere mich, wie sie mit besonderem

Stolz, leicht prahlerisch und etwas verspielt behauptete, in ihren Adern sei zweifellos ein Tröpfchen jüdischen Bluts, sonst würde sie sie nicht so sehr lieben!

Sie ging mit uns in die Kirche, starb aber ohne heilige Kommunion – bei vollem Bewusstsein (Tuberkulose)!

Und die schlaflosen Nächte, das späte Lesen, die ungewöhnlichen Träume, die sie uns erzählte.

Und Ironie fast bis zum Grab. Als sie in Jalta Blut hustete (im März 1906 – am 5. Juli 1906 starb sie) und ihre Freundin Tonja, mit der sie aufgewachsen war, sie in einem Brief überzeugen wollte, zu Gott zurückzukehren (d. h. zu den Priestern, von Gott hatte sie sich nie abgewandt), erwiderte Mutter auf den Satz: »Vergiss nicht, dein Leben hängt an einem seidenen Faden!« – zwischen zwei Hustenanfällen, mit spöttischem Lächeln –: »Hoffen wir, dass dieser Faden aus Pferdehaar ist und es aushält!«

Und ihre Worte vor dem Tod. Tarussa, ein Zimmer aus Holzbalken, verdunkelt durch einen Jasminstrauch, Arzneigeruch. Das Ende! Assja, im rosa Kleid, eine Pfeife aus Schilfrohr in der Hand, kommt ins Zimmer gerannt – und fragt ⟨deutsch:⟩ *leichthin*:

»Mama, wie geht es dir? Was hat der Doktor gesagt?«

»Auch der zweite Lungenflügel ist entzündet!«

»Nur das?«

»Ich glaube, das reicht.«

Und ich, wie mir scheint am selben Tag, sie schlief nie, drei Tage vor ihrem Tod tat sie kein Auge zu:

»Ach, Mama, du müsstest ausschlafen!«

Und sie, mit bitterer Ironie, irgendwie unmenschlich:

»Ausschlafen werde ich im Grab!«

Und noch diese Sätze: »Leid tut es mir nur um die Musik und die Sonne.« (O Gott! Bin das nicht ich?!)

Und indem sie mich und Assja ansah, wie von ferne, mit plötzlicher beängstigender Zärtlichkeit:

»Mein Gott, wenn ich mir vorstelle, dass jeder Hergelaufene sehen kann, wie ihr in 10 Jahren sein werdet!«

Sie starb, umgeben von der vollkommenen Herzlosigkeit ihrer Kinder: ich liebte damals die Spiridonowa und Schmidt und hasste sie, weil sie mir die »Russische Geschichte« von Schischko nicht zu lesen gab, – Assja träumte von Hebemaschinen, Edison und schnitzte Pfeifen mit den Jungen des Wächters. Walerija hasste sie, weil sie die Sozialdemokraten hasste, Andrej war ihr gegenüber völlig gleichgültig. Um Mutter kümmerte sich das Zimmermädchen Dascha in roter Jacke – wie die heutigen Flaggen –, auch sie eine Sozialdemokratin. Walerija machte sie zu einer Dorflehrerin, sie aß »dasselbe wie wir«. Während der letzten zwei Tage half ihr eine Krankenschwester, klein von Wuchs, mit dem Gesicht einer Maus, erregt und gereizt gegen Andrej, der sie träge »Schwesterchen« nannte, kichernd und umtriebig, – ein böser Geist am Sterbebett.

Kummer empfand nur Papa – alt und gutmütig, wie er war, und nicht gewohnt, seine Gefühle auszudrücken.

Assja und ich waren Nüsse suchen gegangen. Wir sind auf der »großen Straße« (so hieß die Birkenallee, die zum Haus führte). Entgegen kommt Walerija.

»Nun, Mädchen, Mama ist gestorben.«

In mir zerriss etwas (später versuchte ich oft, dieses Gefühl wachzurufen, dann verlor es sich). Assja fing zu weinen an. Wir gingen ins Haus.

Mamas Kinn war festgebunden, damit der Mund sich nicht öffnete, auf den Augen hatte sie Fünfkopekenstücke. Am Kopfende des Bettes weinte Papa. Wir blieben verlegen stehen.

»Kniet nieder.« Wir taten es, dann küssten wir Mutters Hand.

Ich fragte die Krankenschwester: »Hat sie selbst die Hände so hingelegt?«

»Nein«, erwiderte sie lachend, »kann ein Lebender seine Hände so hinlegen? Das haben wir getan.«

Darauf: »Warum ließ sich eure Mamascha nicht verwöhnen? Holte mich – und starb!«

Abends im Esszimmer nähten wir das Kleid: die Frau des Kreisarztes, Papas Verwandte, das Zimmermädchen Dascha, die aus Prinzip ihre rote Jacke nicht ablegte – und niemand wies sie zurecht! –, Walerija, und sogar ich, die ich mit plötzlicher Wehmut daran dachte, wie gerührt Mama wäre, wenn sie wüsste, dass ich für sie nähe.

Es war dunkel. Papa weinte. Die Verwandte tröstete ihn mit leicht grober Gutmütigkeit, überredete ihn, zu essen. Andrej – mit ähnlich ungelenker Gutmütigkeit – warf Assja in die Höhe, sagte, sie sei »zweijährig« und ihr Kopf werde »anschwellen«, nur um sie abzulenken.

Am nächsten Tag kam aus Moskau ein Mann mit Eis. Er und die Krankenschwester lachten schallend in der Küche.

Ich vergaß zu sagen, dass drei Tage vor Mamas Tod, als bekannt wurde, dass ihre Lage hoffnungslos war, die Frau des Kreisarztes nach Serpuchow fuhr, um Stoff für Mamas Kleid und unsere Trauerkleider zu kaufen.

Für uns nähte man graukarierte Kleider aus Barchent. Sie waren viel zu warm für die Jahreszeit, Juli.

Mama wurde angezogen. Vor ihrem Tod hatte sie festgelegt, wie man sie kleiden sollte. Weiße Bluse und schwarzer Rock: Papa hatte aus Respekt befohlen, ihr diese Bluse und den Rock anzuziehen. Das Kleid kam darüber. Die Ringe hatte sofort jemand entwendet: den Ring mit dem Saphir und den andern mit drei Steinchen.

Sie starb bei vollem Bewusstsein, fühlte selber den Puls. Als die Krankenschwester ihr das Gläschen halten wollte, sagte sie: »Ich selbst«, und als sie es nicht mehr halten konnte: »Ich habe ein wenig verschüttet.« Dann: »Die Agonie hat begonnen.« Als die Krankenschwester ihr etwas vorschlagen wollte, sagte sie: »Nein, lieber später.« Die Krankenschwester ging Papa holen. Erschöpft von einer schlaflosen Woche, schlief er. Während die Krankenschwester ihn weckte und er aufstand – war alles schon vorbei. Sie starb ganz allein. Das Letzte, was sie getrunken hatte, war Champagner.

*

28. November 1919 (seit genau 2 Wochen sind die Kinder im Heim.)

Ich habe keine Kraft zum Schreiben. Ich habe keinen Mumm zum Schreiben. Die Wahrsagerin am Bahnhof sagte, der Herzkönig und mein Haus würden mich beruhigen.
Gebe Gott! Oh, Weg des Herzens!
Herr! Ich knie vor Dir im Schnee nieder: Meine Fürsprecherin im Himmel – Jeanne d'Arc! Ich wage nicht zu schreiben, meine Bitte auszusprechen, aber Sie, die Sie in den Herzen lesen können, Sie kennen sie!
Jetzt – übern Korridor – entscheidet sich mein Leben.
Herr! Vertreibe die Wolken, zeig mir Dein Antlitz!
Herr!

*

Wenn ich in einem fremden Haus bin, verzehnfache ich mich. Um nicht zu stören, gehe ich von Zimmer zu Zimmer, von Ecke zu Ecke – und man sieht mich überall: mal hier – mal dort – mal drüben – wie jenes schreckliche Maul in »Undine«, das bei jedem Ruderschlag auftaucht.

*

Was ist Hunger? Wirre seelische Unruhe – Besorgtheit – *idée fixe*!
       (Drei Stufen.)

*

O Herr, bei meiner Fähigkeit – Gabe – Leidenschaft zu beobachten und zu bestimmen (wahrzunehmen und zu formen) ist kein einziges Leiden schrecklich, außer dem fremden! (*Der andere* hat Schmerzen, *der andere* ist hungrig usw.)
Mehr noch: eigenes Leiden gibt es nicht.

*

Die einzige Liebe, vor der einem hinterher nicht übel wird, ist die Liebe *jenseits* des Geschlechts, die Liebe zum andern in seinem Namen. Alles andere: Täuschung, Dunst.

*

28. November 1919 – Fortsetzung

Wenn ich zu Gast bin, verwandle ich mich unweigerlich in ein kleines Kind. Das ist nicht erlaubt – nein, legen Sie es nicht hierhin, hier sind die Papiere – nein, rauchen ist nicht erlaubt – hängen Sie den Mantel bitte woanders hin, hier sind Kleider – nein, jetzt können Sie sich nicht waschen, weil jemand schläft – und so in einem fort. Ganz zu schweigen vom ständigen Klumpen im Hals, wegen des *fremden* Essens.
Man muss ein Idiot sein, um freiwillig zu Besuch zu gehen!

*

Mich verachten alle (und haben das Recht dazu).
Die Angestellten dafür, dass ich nicht angestellt bin, die Schriftsteller dafür, dass ich nicht veröffentliche, die Dienstmädchen dafür, dass ich keine Herrin bin, die Herrinnen dafür, dass ich in Bauernstiefeln herumgehe (die Dienstmädchen *und* Herrinnen!).
Außerdem alle dafür, dass ich kein Geld habe.

½ verachtet mich, ¼ verachtet und bedauert mich, ¼ bedauert mich (½ + ¼ + ¼ = 1).
Und das, was außerhalb der Eins ist – die Dichter! – sind entzückt.

*

Stellen wir uns das Weltall als Eins vor.
Großartig. Dort habe ich, die Sinnlose, keinen Platz. Aber wir haben ein wi-inziges Fleckchen vergessen. Dort ist mein Haus.

*

6. Dezember 1919 alten Stils

Ich bin so wenig Frau, dass es mir kein einziges Mal in den Sinn gekommen ist, dass es gegen den Hunger und die Kälte des Jahres 1919 auch andere Mittel gibt, als Sachen auf dem Markt zu verkaufen.

*

Eine anständige Frau ist – *keine* Frau.

*

Ich will nicht essen, nicht trinken, nicht leben.
Nur die Arme verschränken, mit den Augen still
Über den leeren Horizont schweifen.
Bin weder für die Freiheit noch gegen sie,
O Gott! ich rühre keinen Finger.
Möchte aufhören zu atmen – die Arme verschränkt!

*

Allzu viel Schnee,
Allzu wenig Brot ...
      (Moskau 1919)

*

Geduldig *fremde* Leiden zu ertragen, das kann Gott nicht fordern.

*

Schreiben heißt leben: Bücher, Worte, die Handschrift lieben, wünschen, dass etwas ist – vielleicht – ewig ist. Ohne den Wunsch nach Leben verweigert die Hand die Feder.

*

An Gott

Vielleicht ist dies eine Lektion – dann danke.

*

Eines kann ich sagen: Gott (das Leben) habe ich *bis zur letzten Möglichkeit* geliebt.

*

Nur allzu gut kann ich verstehen, was Alja und S⟨erjosha⟩ so zu mir hinzieht. Sie sind Mond- und Wasserwesen, angezogen vom Sonnenhaften und Feurigen in mir.
Der Mond schaut ins Fenster (liebt einen Einzigen), die Sonne in die Welt (liebt alle).
Der Mond sucht in der Tiefe, die Sonne scheint auf der Oberfläche, tanzt, sprüht, *geht nicht unter*.

Kurzum, in der Fabel »Der Kranich und der Fuchs« ist der Mond der Kranich.

*

Der Mond hat einen Strahl. Der Mond ist ganz Strahl. Der Mond ist ganz Schnabel. Die Sonne ist ganz Schwanz (eines Pfaus).

*

Balmonts Erzählung

Spätabends kehre ich von irgendwoher nach Hause zurück – durch kleine Gassen. Alles still, einsam, schneebedeckt. Plötzlich bei einem Tor ein riesiges Feuer. Es brennt. Und an einen Laternenpfahl gelehnt, in guter Pose, ein sehr nachdenklicher Milizionär. Er schaut ins Feuer. Da sage ich plötzlich laut: »Moskau ist tot«, gehe und wiederhole: »Moskau ist tot.«
Und plötzlich höre ich hinter mir Schritte – winzige, hastige Schritte. Sie hat mich eingeholt. Eine kleine Alte. Mir wird irgendwie ungemütlich. Eine Zeitlang geht sie neben mir her, dann fragt sie plötzlich: »Onkelchen, Onkelchen, wo ist mein Haus?«
»Wie meinen Sie das, Ihr Haus?«
»Ich gehe zur Tante, aber ich weiß nicht, wo mein Haus ist.«
»Wo leben Sie denn?«
»Ich gehe zur Tante, aber wo mein Haus ist, das weiß ich nicht.«
»Nennen Sie mir die Straße, wo Sie wohnen, dann sage ich Ihnen, wie Sie gehen müssen.«
»Sie wollen mir also nicht sagen, wo mein Haus ist?«
Jetzt ist mir vollends unheimlich. Ich beschleunige meinen Schritt. Sie läuft neben mir her.

»Onkelchen, Onkelchen! Sagen Sie's mir! Ich suche schon so lange!«
»Meine Liebe, ich würde Ihnen gerne helfen, aber ich weiß es nicht ...«
»Auch Sie wissen es nicht, wirklich?«
»Versuchen Sie sich an den Straßennamen zu erinnern ...«
»Können auch Sie Ihr Haus nicht finden?«
Da spüre ich, dass ich *nicht* mehr kann, dass dies ein Alptraum – das Nichts – der Tod ist. Ich renne fast, sie holt mich ein. Ich biege in eine Gasse ein.
Und höre von weitem, wie sie wieder jemanden fragt: »Onkelchen, Onkelchen ...«

Ich: »Oh, Balmont! Wie wunderbar! Und alles so klar. Das neue Russland – der Milizionär am Laternenpfahl schaut ins Feuer – Moskau, das nicht weiß, wo sein Haus ist – und Sie, der Dichter ...
Moskau fragt den Dichter nach dem Weg ...«

*

Die Epopöe von Kunzewo

Wie wir nach Kunzewo fuhren, habe ich schon beschrieben. Zehn Tage später gehe ich über den Hundeplatz und höre ein dünnes Stimmchen:
»Ihre Aletschka hat Heimweh nach Ihnen und weint.«
Ich drehe mich um. Ein rotbraunes Pferd, ein Schlitten voll Stroh, und ein etwa zehnjähriges Mädchen mit Kopftuch.
»Kennen Sie Alja?! Sind Sie aus dem Heim? Wie geht es Alja?«
»Sie weint immer, hat Heimweh.«
Oh, wie es mein Herz zusammenschnürte!
»Hat sie sich mit jemand befreundet?«
»Sie ist mit allen befreundet.«

»Liest sie, schreibt sie?«
»Sie liest und schreibt ins Heft.«
»Geht sie auch spazieren?«
»Nein, wir gehen jetzt nicht spazieren, es ist kalt.«
»Wird sie nicht geschlagen?«
»Nein, wir raufen uns nicht.«
Ich verabrede mit dem Mädchen, dass sie auf mich wartet, eile nach Hause, nehme den Brief, den ich die ganzen Abende an Alja geschrieben habe, eile ins Kinderzimmer, raffe aufs Geratewohl einiges zusammen: den leeren Eichhörnchenkäfig, ein kaputtes Auto und andere ausrangierte Scheußlichkeiten, dann ein altes kleines Heiligenbild (der Muttergottes von Iwersk), einen kleinen japanischen Steinlöwen auf Postament, das alles schnüre ich zu einem Bündel zusammen und renne zurück zum Hundeplatz, in der Liga zur Rettung der Kinder suche ich nach Nastassja Sergejewna, überreiche ihr das Bündel und den Brief und erkundige mich nach den Kindern.
»Alja ist ein sehr braves Mädchen, nur übermäßig entwickelt, man könnte ihr 12 Jahre geben, was heißt 12 – sechzehn! Ich unterhalte mich absichtlich nicht mit ihr, um ihre Entwicklung zu bremsen. Sie liest die ganze Zeit, schreibt, ist ganz still. Heute hat sie ein bisschen geweint: sie hat ein Buch gelesen, dann kam ein Junge – er kann nicht lesen – und wollte es anschauen. Sie wollte es nicht hergeben, aber er nahm es ihr weg ...«
»Und Irina?«
»Irina? Das ist ein Kind mit Defekten. Sie isst wahnsinnig viel und ist trotzdem hungrig, und immer wiegt sie sich und singt. Wenn jemand etwas sagt, greift sie es auf und wiederholt es völlig sinnlos. Sie ist bei uns in einer Sonderposition.« Usw.
Ich bespreche mit der Leiterin, dass sie mich übermorgen abholt.
Zwei Tage später warte ich eine halbe Stunde, warte, warte. Die Zeit vergeht, keine Leiterin. Ich gehe in die Liga, suche sie auf.
»Nehmen Sie mich denn nicht mit?«

»Nein, ich kann nicht, ich muss noch in den Bezirk.«
Stimme und Gesicht sind kühl.
»Wie geht es den Kindern?«
»Ihre Alja ist erkrankt.«
»Mein Gott! Was ist mit ihr?«
»Ich weiß es nicht, der Doktor war noch nicht da. Sie hat Fieber, Kopfweh. Heute habe ich sie nicht aus dem Bett gelassen.«
»Einen kleinen Moment, ich gehe schnell nach Hause, schreibe ihr ein Briefchen, – ich wohne gleich nebenan, im Borissoglebskij pereulok, bin gleich zurück. Küssen Sie sie von mir und sagen Sie ihr, dass ich morgen komme ...«
Ich eile nach Hause, schreibe ein Briefchen – mein Inneres sackt in sich zusammen, die Sehnsucht sitzt nicht in der Brust, sondern im Bauch.
Zu Hause laufe ich durchs Zimmer, und plötzlich weiß ich, dass ich heute fahre, – rasch gehe ich zu Balmont, um ihm den süßen Reisbrei zu bringen (Kraftnahrung für Kinder in der Pretschistenka, noch sind mir von den Kindern Essensmarken geblieben), ich kriege ihn nicht den Hals runter, und die Kinder im Heim sind gut genährt, – von den Balmonts dann zum Bahnhof, wie gewöhnlich bin ich unsicher, frage tausendmal nach dem Weg, die Füße schmerzen (ungleiche Schuhe), jeder Schritt eine Qual – es ist kalt – ich habe keine Galoschen – Sehnsucht – Angst – Entsetzen.
In Kunzewo gehe ich zu L⟨idija⟩ A⟨lexandrowna⟩, erzähle, sie tröstet mich. Es ist schon dunkel (ich bin mit dem 4-Uhr-Zug gefahren), ins Heim kann ich nicht. Tausendmal erkundige ich mich bei L⟨idija⟩ A⟨lexandrowna⟩ und Wolodja nach dem Weg. – Es sei nahe, wie vom Borissoglebskij pereulok bis zum Lubjanskaja-Platz – immer geradeaus, geradeaus, dann kommt der Schornstein der Otschakow-Fabrik und rechts das Tor mit der Aufschrift »Zentrospirt« oder »Zentroshir«. Zuerst aber das Dorf Aminjewo.
Ich schreibe mir alle Abzweigungen auf, die Sorge, ich könnte nicht hinfinden, lenkt mich ein wenig vom Gedanken an Aljas

Krankheit ab. Aminjewo – der Schornstein von Otschakow – Zentro – so schlafe ich ein.

Am nächsten Morgen breche ich um 11 Uhr auf, – ich bin um 8 Uhr aufgestanden und könnte schon längst bei Alja sein, doch die Angst und die Argumente L⟨idija⟩ A⟨lexandrownas⟩ und Wolodjas, mit ihnen Tee zu trinken (meine ewige fatale Höflichkeit), halten mich auf.
Ich werfe einen Blick auf den Zettel – und gehe. Ein paar Schritte fährt mich Wolodja, der in Sachen Spital unterwegs ist. (Er ist Chefarzt.)
»Und jetzt geradeaus, geradeaus, bis zum Schornstein von Otschakow ...« Ich springe aus dem Wagen, bedanke mich. Rechts Fichten, links und vorne öde Felder. Ich gehe.
Im Dorf Aminjewo necken mich Kinder, rufen unanständige Wörter. Der Weg führt hinauf und hinunter – ein abschüssiger Hang – ein gefrorener Teich. Jemand fragt, ob ich nicht Tabak tauschen würde.
Ich gehe, unsicher, ob wirklich richtig, obwohl es nur eine Straße gibt. Endlich – wie ein Wunder, an das ich nicht mehr zu glauben wagte – der Schornstein von Otschakow. Rechts das Tor. – Zentro.
Ich gehe durch die riesige Allee. Meine Angst hat etwas abgenommen – gleich sehe ich Alja! Dann die kleine Brücke – dann der steile Abhang – der bekannte Talkessel – das Heim. Ich trete ein. Eines der Kinder: »Ihre Alja ist krank!« – »Ich weiß, darum bin ich hergekommen, bitte führt mich zu ihr.« Wir gehen eine breite dunkelgelbe Treppe hoch. Es riecht nach Fichte. Zweiter Stock. Ein Mädchen rennt voraus: »Alja! Du hast Besuch!« Ich trete ein. Viele Betten. Ich kann nichts unterscheiden. (Bin völlig kurzsichtig.)
Ein Klageruf: »Marina!«
Immer noch sehe ich nichts und taste mich der Stimme nach ins Innere des Zimmers.

Eine *schrecklich* schmutzige, elende wattierte Bettdecke. Unter ihr hervor Aljas riesige, vom Weinen stark gerötete Augen. Fiebriges Gesicht, voller Tränen. Rasierter Kopf. Alja setzt sich auf: ich sehe, dass sie ihr kariertes Wollkleid trägt.
»Alja!!! Was ist mit dir?!«
Schluchzend wirft sie sich an meine Brust:
»O Marina! So viel Unglück! So viel Unglück! Die Kinder haben mein Heft zerrissen – und den Einband des Buches – Ihres Lieblingsbuches – und ich kann überhaupt nicht stehen!«
Ich drücke sie an mich. Bringe kein Wort heraus. Sie weint.
»Alja! Hat man dir das Haar abrasiert?«
»Ja. Aber ich habe eine Locke für Sie behalten, sie ist im Büchlein, in der ›Zauberlampe‹«.
Unter dem Kissen holt sie mein blaues samtenes Bändchen hervor, schlägt es auf: da ist eine goldschimmernde Haarsträhne – Stuart! –, beim Gedicht ⟨der Titel ist nicht genannt⟩.
»Aber das Heft, das Heft! Marina, ich bin *wirklich* nicht schuld! Die Kinder ...«
»Aletschka, beruhige dich, das macht nichts, das ist alles dummes Zeug, ich bringe dich weg von hier. Haben sie das ganze Heft zerrissen?«
»Nein, nur die leeren Seiten. Aber ich habe es *so sehr* gehütet! Auch den Einband des Buches ... Das Heft habe ich mit Faden verschnürt ...«
Sie ruft die Aufseherin – Lidija Konst⟨antinowna⟩ – und bittet sie, ihr das Heft zu bringen.
Ich erkundige mich bei der Aufseherin nach Aljas Krankheit.
(Ich habe vergessen zu sagen, dass es sehr viele Kranke gibt, etwa 15, sie liegen zu zweit und zu dritt in den Betten.)
Es stellt sich heraus: der Doktor ist nicht gekommen und wird nicht kommen – es ist zu weit – Medikamente gibt es nicht, auch keinen Fiebermesser.
Neben Alja liegt ein rasiertes Mädchen, etwa fünf Jahre alt. Die ganze Zeit nässt sie ein, stöhnt ununterbrochen und wirft den

Kopf hin und her. Ein Bett weiter – zwei Jungen, die Köpfe auseinander. Noch weiter – ein Mädchen mit seinem kleinen Bruder, Petja.
Erst jetzt bemerke ich Irina, die umherläuft. Schmutzstarrendes rosa Kleid, das ihr bis zu den Fersen reicht, kurzgeschnittenes Haar, dünner langgestreckter Hals. Sie läuft zwischen den Betten herum.
»Irina!« Ich hebe sie hoch ⟨ein Wort ist nicht ausgeschrieben⟩, streichle sie: nein, sie hat nicht zugenommen, sie ist abgemagert. Das Gesicht ist ein wenig anders – noch ernster. Riesige dunkelgrau-grüne Augen. Sie lächelt nicht. Ihre Haare stehen bürstenartig ab.
»Marina! Verzeihen Sie, aber sie sieht wie ein echter Seehund aus! Fürchterlich!«
»Sie benimmt sich fürchterlich, und was ist das nur für eine Gewohnheit, nachts einzunässen«, beklagt sich Lidija Konst⟨antinowna⟩, »auch wenn ich sie aus dem Bett nehme und jede halbe Stunde aufs Töpfchen setze, macht sie dreimal pro Nacht ins Bett, und waschen geht nicht, die Wasserleitung ist kaputt. – Zuerst will sie, und kaum sitzt sie, heißt es: ›Ich muss nicht!‹ Und schreit. Was soll das? – Und Ihre Ältere ist allzu sehr entwickelt, wie sie schreibt! Das ist eine Art Tagebuch, ich habe es gelesen. Wie gut sie unsern Hahn beschrieben hat!!!«
Ich reiche Alja ein Plätzchen, Irina eine Kartoffel. Alja erzählt, dass Irina von niemandem etwas annimmt, nur von Lidija Konst⟨antinowna⟩. Die Kinder geben ihr etwas, sie aber rührt nichts an, steht da und schaut. Und noch etwas:
»Irina, gib die Kartoffel her!«
»Das ist meine Kartoschka!«
»Irina, gib uns einen Ziegenratschlag!«
»Das ist mein (!!!) Ziegenratsch!« usw. Die Kinder mögen Irina nicht, necken sie. Wenn man sie aufs Töpfchen setzt, wirft sie sich zu Boden und schüttelt den Kopf wie wild.
Allmählich *realisiere* ich das Grauen des Heims: es gibt kein Was-

ser, die Kinder dürfen – in Ermangelung warmer Kleider – nicht spazieren gehen, es gibt keinen Arzt, keine Medikamente, nur wahnsinnigen Schmutz, die Böden sind rußschwarz, es herrscht grimmige Kälte (die Heizung ist kaputt). – Bald gibt es Mittagessen.

L⟨idija⟩ Konst⟨antinowna⟩ teilt aus: als Erstes – in einem *flachen* Teller – etwas Wasser mit ein paar Kohlblättern. Ich traue meinen Augen nicht. Als Zweites: einen (normalen) Löffel voll Linsen, »zusätzlich« einen zweiten. Brot gibt es nicht. Das war's. Die Kinder essen, um das Vergnügen zu verlängern, die Linsen einzeln. Während ausgeteilt wird, stürmen die gesunden Kinder ins Krankenzimmer, um zu »überprüfen«, ob die Aufseherin keine Löffel versteckt hat.

Schlotternd realisiere ich, dass hier – *Hunger* herrscht! Wo bleiben Reis und Schokolade, mit denen mich Pawluschkow verführt hat! (Der Arzt, der die Kinder im Heim untergebracht hat.)

Irina, die meine Gegenwart spürt, benimmt sich bescheiden. Kein »ich geb nicht!« (der einzige Satz, den sie im Heim gelernt hat). Sie lässt sich aufs Töpfchen setzen. L⟨idija⟩ Konst⟨antinowna⟩ kann sie nicht genug loben.

»Irina, wer ist denn zu dir gekommen?«

Irina schaut mich, wie gewöhnlich, kurz an und wendet sich ab. Sie schweigt.

Ich gebe Alja selbst zu essen. Die Holzlöffel sind riesig, passen fast nicht in ihren Mund. Trotz des Fiebers isst Alja gierig.

»Und was bekommt ihr morgens?« – »Wasser mit Milch und einen halben trockenen Kringel, manchmal ein Stückchen Brot.« – »Und abends?« – »Suppe.« – »Ohne Brot?« – »Manchmal mit Brot, aber selten.«

Die kleineren Kinder weinen, als sie fertig sind. – »Noch mehr!« Aljas Nachbarin stöhnt ohne Unterlass. – »Was ist mit ihr?« – »Sie möchte essen.« – »Und ihr bekommt immer so wenig?« – »Immer.«

Ich schaue aus dem Fenster. Der Schnee blendet weniger, bald wird es dunkel. *La mort dans le cœur* nehme ich Abschied. Küsse und bekreuzige Alja. »Aletschka, weine nicht, morgen komme ich auf jeden Fall. Und bringe dich fort von hier!«
Ich küsse und bekreuzige sie. – »Marina, vergessen Sie das Heft nicht! Und nehmen Sie die Bücher mit, sonst reißen die Kinder sie in Fetzen.«
Ich trete hinaus. Und wieder die Allee – die roten Säulen des Heims – ich schlage ein Kreuz – wieder die kleine Brücke – der Teich – die Schneemassen. Ich gehe mit wachsender Furcht, doch die Angst, mich zu verirren, lenkt mich etwas ab. Ich biege nach rechts ab, frage einen entgegenkommenden Bauern, ob es hier nach Kunzewo geht, er sagt: nein, nach links.
Und so gehe ich – durch den vielen Schnee – allein – mit schmerzenden Füßen – im Herzen tödlichen Gram – gehe.

Im Haus von L⟨idija⟩ A⟨lexandrowna⟩ war es schon dunkel. Ich trat ganz leise ein, setzte mich auf den Stuhl und weinte.
Die dicke Marija (eine Bedienstete aus gutem Haus, die mich verachtete) tischte mir im Auftrag von L⟨idija⟩ A⟨lexandrowna⟩ Essen auf. Ich saß im Dunklen, aß nicht, weinte. L⟨idija⟩ A⟨lexandrowna⟩ unterhielt sich im Nebenzimmer mit Wolodja. Dann rief sie mich zu sich herein:
»Und wie steht's?«
»Ein Alptraum.« Ich sprach mit leiser Stimme, damit man meine Tränen nicht merkte.
»Was heißt das?«
»Sie werden dort weder ernährt noch geheilt – es gibt keinen Fiebermesser – keine Medikamente – keinen Arzt. Und geheizt wird auch nicht. Alja stirbt.«

*

Das erste Mal, als ich zu Alja ins Heim ging, hatte ich nicht besonders Angst: da war meine Sorge wegen des unbekannten Wegs (in meiner Idiotie werde ich nie hinfinden) – die gute Reputation der Kinderlager – die Unwirklichkeit von Aljas Krankheit (noch nie hatte ich sie krank gesehen), – ich empfand eine gewisse Unruhe und Besorgtheit, aber keine Angst.

Doch das zweite Mal – nach dem ersten Besuch und der Sache mit dem Heft – und nach einer Nacht in der eiskalten Kanzlei, in Kleidern und Pelzmantel – das zweite Mal ging ich wie zur Hinrichtung.

Schnee, Schnee. Das Schwarz der Fichten. Tod. Ich gehe wie ein Gespenst, auf schiefen Absätzen stolpernd, – Schneesturm. Schon jetzt ist die Straße kaum zu sehen, wie wird es auf dem Rückweg sein? Ich bringe Alja zwei Würfel Zucker und zwei Plätzchen, sie sind von L⟨idija⟩ A⟨lexandrowna⟩, in Kunzewo gibt es nichts zu kaufen.

Ach, ich sollte in ein Bauernhaus, das Armband gegen Brot tauschen, aber ich sehe so verdächtig aus – und habe eine so unnatürliche Stimme – entweder zu klagend oder zu forsch (immer, wenn ich etwas verkaufe) – und niemand würde mir glauben, dass meine Tochter im Heim ist.

Der Weg ist endlos. Oh, das sind natürlich nicht drei Werst, sondern mindestens sechs. Der Schneesturm tobt, die Füße versinken im Neuschnee.

Unweit vom Heim bietet ein Bauer mir an, mich hinzufahren. Ich nehme Platz. Rötlicher Bart, klare, klare – schelmisch-kindliche – blaue Augen. Er fragt, ob ich eine Anstellung habe. Wie jedes Mal verspüre ich dumpfe Scham, und da ich im Falle von »nein« die Missbilligung voraussehe, sage ich »ja«. – »Wo?« – »In der Kooperative.« Mein Mann sei Seemann, in Sewastopol gefallen. – »So, so.«

Da ist »Zentro« – ich steige ab und bedanke mich. Das Ziehen in den Eingeweiden (*entrailles*), das während des Gesprächs mit

dem Bauern nachgelassen hat, wird zur Übelkeit. Ich muss meine Füße zwingen, zu gehen.
Die roten Säulen des Heims. – »O Gott!« – Ich erstarre.
Das Haus. Die Treppe. Fichtengeruch. Eine Vielzahl von Kindern, ich kann sie nicht unterscheiden.
Flehend: »Ich möchte zu Aletschka.«
Eines der Kinder (offenbar ein Junge):
»Aletschka geht es schlechter! Aletschka ist gestorben!«
Ich bin schon oben. Neben der Wand Lidija Konst⟨antinowna⟩.
Ich packe sie mit beiden Händen, drücke sie fast an die Wand.
»Um Gottes willen, ist das wahr?«
»Ach wo, warum sind Sie so erschrocken!«
»Ich flehe Sie an!!!«
»Ach wo, sie scherzen, reden blödes Zeug.«
»Im Ernst, ich flehe Sie an!!!«
»Ich sage doch, sie scherzen. Gehen wir!«
Mit Riesenschritten gehe ich zu Aljas Bett. Unter der Bettdecke schaut der rasierte Kopf hervor – sie streckt mir die Hände entgegen – sie lebt!
»Alja! Weinst du schon wieder? Was ist mit dir? Geht es dir schlechter?«
»Der Kopf tut sehr weh und die Ohren.«
Ihr Bett befindet sich in der Ecke zwischen zwei unverkitteten Fenstern. Rasierter Kopf. Durchzug. – Sie trägt irgendein fremdes Hemd, voller Löcher.
Im Vorbeigehen fällt mir auf, dass der Boden jetzt gereinigt ist.
»Ja, sie weint die ganze Zeit, weint, jetzt hat sie Kopfweh«, sagt Lidija Konst⟨antinowna⟩. Nur mit Mühe meinen Unmut zurückhaltend, gebe ich Alja Chininpulver. – »Was geben Sie ihr da?« – »Chinin.« – »Das sollten Sie nicht tun, davon bekommt sie Verstopfung und Ohrensausen.«
»War der Doktor noch nicht da?« – »Nein, es ist zu weit, früher, als wir in der Nähe des Spitals waren, habe ich die Kinder hingebracht.«

Einige Kinder sind wieder gesund. Jede Sekunde stürzen welche ins Zimmer, Lidija Konst⟨antinowna⟩ jagt sie fort, aber sie gehorchen nicht. Alja hustet wie wahnsinnig, ein Rückfall des Keuchhustens. Die Adern auf Stirn und Hals sind dick wie Seile. Das Augenweiß – bei Alja bläulich, nur wenig blasser als die Pupille – ist jetzt entzündet und rot wie Blut.

Die Aufseherin brummt: »Es kamen welche mit Keuchhusten, ich habe sofort gesagt, dass sie Keuchhusten haben. Und jetzt husten alle.«

Ich weiß nicht, wie die Rede auf die Schule kam.

»Eine Zeitlang hat sie sich hartnäckig geweigert, dann ist sie doch gegangen. Erlauben Sie: dort gibt es Frühstück, Laterna magica. Zuerst sagte sie, sie wolle nicht ohne den Buchstaben ›jat‹ schreiben, ich erwiderte: ›bis zum jat‹ dauert es noch eine ganze Weile, geh hin, schau dir die Bilder an, du lernst etwas, die Lehrer sind gut ...‹«

Alja, in Tränen: »Nein, ich bin nicht hingegangen! Marina, glauben Sie's nicht! Ich bin die ganze Zeit im Hof geblieben ...«

»Gut, gut, alles nicht so wichtig, beruhige dich, Aletschka, ich glaube dir ...«

(Eine gegen alle! Hatte ich recht?)

Ich bemühe mich, Alja in ein anderes, freies Bett zu legen. Das Bettgestell wackelt. An einem fremden Ort zu schalten und zu walten – und nicht für das eigene Kind (ich bin ja eine »Tante«) – geht mir völlig gegen den Strich – oh, verfluchte Wohlerzogenheit!

Aber es geht um Aljas Leben – und so *zwinge* ich mich, auf dem Meinen zu beharren. Ich spüre dumpf die Unzufriedenheit der Aufseherin.

Schließlich ist Alja umgebettet. L⟨idija⟩ Konst⟨antinowna⟩ zieht ihr ein frisches Hemd an, darüber ziehe ich ihr Kleid und Joppe an.

»Sie packen Sie zu sehr ein, – das ist nicht gut.«

»Aber bei Ihnen ist nicht geheizt.«

Zwischen den Betten läuft Irina umher. Ich gebe Alja den Zucker. Ein Hustenanfall. Mit vor Angst geweiteten Augen nimmt Alja schweigend den Zuckerwürfel aus dem Mund: er ist voller Blut.

Zucker und Blut! Ich zucke zusammen.

»Das macht nichts, Aletschka, vom Husten platzen kleine Äderchen.«

Trotz des Fiebers isst sie gierig.

»Warum geben Sie der Kleinen nichts?«

Ich tue, als würde ich es nicht hören. O Gott, soll ich es Alja wegnehmen?! Warum ist Alja erkrankt, und nicht Irina?!!

Ich gehe ins Treppenhaus, rauchen. Unterhalte mich mit den Kindern. Ein Mädchen: »Ist das Ihre Tochter?« – »Meine.«

In dem schmalen Zwischenraum zwischen der Treppe und der Wand schlägt Irina im Zorn mit dem Kopf gegen den Fußboden.

»Kinder, neckt sie nicht, lasst sie in Ruhe, ich selber beachte sie nicht, dann hört sie schnell auf«, sagt die Leiterin Nastassja Sergejewna.

»Irina!!!«, rufe ich. Irina steht folgsam auf. Eine Sekunde später sehe ich sie über der Treppe. »Irina, geh weg von hier, sonst fällst du hinunter!«, schreie ich. – »Sie ist nicht gefallen, nicht gefallen, und fällt?«, sagt ein Mädchen.

»Genau«, sage ich ruhig und böse, indem ich das Wort in die Länge ziehe, »sie ist nicht gefallen, nicht gefallen – und fällt. So ist es immer.«

»Und verletzt sich«, meint das Mädchen sanft.

Ich kehre zu Alja zurück. Aljas Nachbarin klagt:

»Essen mecht i, essen mecht i ...«

Und Petja, gleich alt wie Irina, schluchzt.

»Weine nicht!«, redet ihm ein Kind ins Gewissen, »wenn du essen willst, wozu dann weinen? Das ist nicht schlau!«

»Die Kranken bekommen heute nichts Zweites!«, kommt einer hereingerannt.

»Heute gibt es Kartoffeln und nichts Zweites.«
»Doch«, sage ich hartnäckig – und bin entsetzt.
Die gleiche Suppe – die gleiche Menge – ohne Brot. Wieder sind die großen Kinder beim Verteilen dabei. L⟨idija⟩ Konst⟨antinowna⟩ ärgert sich: »Ich verstecke doch nichts. Glaubt ihr, ich esse alles selbst?«
(Ich vergaß zu sagen, dass ich Aljas Wunsch wehen Herzens nicht erfüllt habe: ich konnte ihr keine Löffel bringen, weil L⟨idija⟩ A⟨lexandrowna⟩ nur Silberlöffel besitzt.)
Irina wird zum Mittagessen getragen. Die Suppe ist aufgegessen.
Ich warte, warte. Offensichtlich gibt es keinen zweiten Gang. Jemand kommt mit der Nachricht, die Kranken bekämen ein Ei.
Aljas Vorräte sind aufgegessen. Ich sitze beklommen da.
»Du müsstest jetzt schön schlafen, du tust mir leid«, sagt L⟨idija⟩ Konst⟨antinowna⟩ zu Irina, »ich weiß nur nicht, wo ich dich hinlegen soll, – du machst alles voll.« Sie legt sie quer auf ein großes Bett, auf eine Unterlage, deckt sie mit dem Pelzmantel zu.
Nach drei Minuten der erschrockene Schrei derselben L⟨idija⟩ Konst⟨antinowna⟩: »Ach, ach, ach! Schon fängt es an!«
Sie packt Irina, setzt sie aufs Töpfchen, doch zu spät.
Nach einer Weile muss Alja. Ich bringe einen Gegenstand mit Wasser, setze sie darauf.
Als L⟨idija⟩ Konst⟨antinowna⟩ zurückkommt, schlägt sie die Hände zusammen:
»Ach, was haben Sie getan! Das war doch zum Waschen gedacht! Woher soll ich jetzt Wasser nehmen?«
Ich schweige böse.
Als ich gehe, lasse ich Alja eine halbe Portion Chininpulver:
»Aletschka, das nimmst du am Abend, – schau, ich lege es hierhin, vergiss es nicht«, und zu L⟨idija⟩ Konst⟨antinowna⟩:
»Und dieses Pulver geben Sie ihr bitte am Morgen, vergessen Sie's nicht.«

»Gut, gut, aber es ist unnötig, sie mit Chinin vollzustopfen, davon bekommt sie Ohrensausen.«
»Seien Sie so lieb, vergessen Sie's nicht!«
»Gut, gut, ich tu es in den Schuh.«
Ich schaue aus dem Fenster: der Schnee blendet kaum noch. Ein riesiger Schneesturm. Bestimmt wird es bald dunkel. Eigentlich wollte ich auf das Ei warten, aber länger kann ich nicht warten, ohnehin weiß ich nicht, wie ich zurückfinde.
»Nun, Aletschka, Christus sei mit dir!« Tiefbetrübt beuge ich mich zu ihr, küsse sie. »Weine nicht, morgen nehme ich dich mit – und wir werden wieder zusammenleben – vergiss das Chinin nicht! Nun, meine Freude …«

Als ich hinaustrat, war es schon dämmerig. Ich dachte an Ebbe und Flut – an das Schicksalhafte von Ebbe und Flut.
Ich kann beliebig schnell gehen – die Dunkelheit überholt mich trotzdem. Schneesturm. Und natürlich finde ich den Weg nicht und erfriere. Aber ich muss gehen, solange die Füße mich tragen. Ich gehe – in ruhiger Hoffnungslosigkeit – auf einem kaum sichtbaren Pfad. Die Füße versinken tief im Schnee.
Ich gehe ungefähr zehn Minuten und bin immer noch in Otschakow. Die Stimme einer alten Frau: »Fräulein, wo wollen Sie hin?« – »Nach Kunzewo.« – »Ach, das schaffen Sie nicht, die Straße ist völlig schneeverweht. Und bald ist es dunkel.«
»Und wohin gehen Sie? Auch nach Kunzewo?«
»Nein, ich bin von hier.«
Meine Hoffnung schwindet. Die Alte biegt um die Ecke – und plötzlich höre ich von weitem, wie sie einem fahrenden Schlitten zuruft:
»Liebes! Nimm sie mit! Sie muss auch nach Kunzewo! Da kommt man nicht hin, – und es ist dunkel! Du musst doch zum Bahnhof?«
»Zum Bahnhof, auf den Vieruhrzug! Nun gut, setzen Sie sich, aber schnell, ich will das Pferd nicht anhalten, bin in Eile!«

Ich springe auf – im ersten Moment weiß ich nicht, ob ich auf dem Schlitten oder im Schnee gelandet bin – nein, der Schnee bewegt sich – also bin ich auf dem Schlitten.
Gerettet!
Das Weib – eine Hausangestellte – fährt zum Bahnhof, um ihre Wirtsleute abzuholen, sie darf nicht zu spät kommen. Wir unterhalten uns.
Ich erzähle, wer und was ich bin und warum in Otschakow.

*

MÄRZ 1920

In der Regel: *un cœur de fer dans un corps de cristal.*
Ich: *un cœur de cristal dans un corps de fer.*

*

Solange ich beim Gehen mit den Füßen Steinchen hochschleudere, ist alles gut.

*

Gedichte, Stücke, das Notizbuch – nein, das ist mir doch zu eng! Ich brauche etwas anderes, die Seele hat diesen Kreis vollendet, ist darüber hinausgewachsen. Mit dreißig werde ich wahrscheinlich einen guten Roman schreiben.

*

Ich empfinde nicht so leicht Abscheu: darum ertrage ich die physische Liebe.

*

Seltsam: im Moment der größten Anspannung kann ich mich überhaupt nicht konzentrieren: ich versuche, etwas, das sich entzieht, zu erhaschen, erhaschen, erhaschen, eine blitzschnelle Gedankenjagd, als wäre mein Kopf auf dem Grund eines Brunnens – und ich möchte ihn heben, um dieses Etwas zu erhaschen – und kann ihn nicht heben.
Und DENKE AN GAR NICHTS!

*

Drei Quellen der Inspiration:
Die Natur – die Freiheit – die Einsamkeit.
Und – das Kind. (Ein dreijähiges – mit Locken – dicklich – das man küssen möchte – es ist *kein Geist*!)

*

Ein Mann! – Was für eine Unruhe im Haus! Schlimmer als ein Säugling.

*

Ich habe Sehnsucht nach einem kleinen Kind: einem dicklichen, gesunden, lockigen, normalen, wie ich es nie gehabt habe. Ohne prächtige Augen, ohne eine prächtige Seele! Von mir aus ein Raufbold und Schreihals!
Um es an- und ausziehen zu können, um mich mit ihm auf dem Boulevard zu brüsten, um es zu baden und zu küssen, – eines, das beim Kauen auch schluckt (o Alja!!!), und nicht nur schluckt, sondern auch kaut (arme Irina!).
Ich weiß nicht: soll es ein Junge oder ein Mädchen sein?
Ich weiß: es soll blond, gesund, fröhlich sein.
Ein Kind eben.

*

Und Alja (7 Jahre alt!!!), die es gehört hat, mit Rührung:
»O Liebe! Wie gut ich Ihren Wunsch verstehe!«

*

Ein Dummkopf, wer glaubt, der sexuelle Trieb ziehe mich zu den Männern.
1) Er zieht mich nicht. 2) Nicht nur zu den Männern nicht. Ich habe ein zu einfaches Blut – wie es das Volk hat –, eines, das nur beim Arbeiten Freude empfindet.
Nein, alles liegt an meiner Seele.

*

Unlängst träumte ich von Wolodetschka Alexejew. Er führte mich an der Hand, auf einem Pfad überm Meer.
Als ich erwachte, hatte ich so starke Sehnsucht nach ihm, dass mir fast die Tränen kamen. Wolodja ist ein würdiger Nachfolger von Serjosha! Nur sie beide habe ich in meinem Leben geliebt!
Das letzte Jahr fällt mir ein: Winter – die langen Abende (Nächte) unter dem blauen Kronleuchter – wie ich ihm »Casanova« vorlas – unser gemeinsames Russland – seine Geschenke: eine türkische Pistole, ein Zigarettenetui, ein Ring – meine ständige Begeisterung und das Fehlen von Liebe – seine wunderbar aufrichtige Prahlsucht – seine Verlegenheit, wenn ich ihn lobte – seine Liebe zu Alja – sein Gedächtnis für jede Kleinigkeit – sein erster Satz im Theater, übern Tisch:
»Irgendwie erinnern Sie mich an George Sand. Auch sie hatte zwei Kinder – ein schweres Leben – und hat trotzdem geschrieben.«
Oh, Freund mit Großbuchstaben! Und dann dieses plötzliche Auftauchen um 11 Uhr – in der Osternacht!

*

Weiter denke ich: ich muss ihm gefallen haben, sonst hätte er – trotz des Zaubers, den mein *commerce intellectuel* auf ihn ausübte – nicht ganze Nächte bei mir gesessen.

Und wie oft habe ich – das will ich nicht verschweigen, weil *ich* so bin! – mitten im Gespräch seine Hand genommen, einmal sogar, wie mir scheint, geküsst! – und wir lagen: er auf dieser Seite, ich auf der andern Seite des Diwans – und ich legte meinen Kopf in seinen Schoß – und nie – eine einzige Geste!

Eine andere Liebe? Geküsst hat er S⟨onetschka⟩ H⟨olliday⟩.

Nein, keine andere Liebe, er unterhielt sich einfach mit mir – auf Lateinisch – wie mit Gott.

Und ewig wird mein Herz sich nach ihm verzehren!

*

Das Gebiet der Sexualität ist das einzige, auf dem ich nicht fassbar bin.

*

S⟨erjosha⟩ hielt, was er versprach, W⟨olodja⟩ A⟨lexejew⟩ mehr, als er versprach (denn ich erwartete weniger), die andern – die andern – ein Missverständnis.

*

17./30. März 1920

Vielleicht liegt meine Schwäche darin, dass ich das Schreiben stets als Luxus betrachtet habe, nie habe ich es – genug – ernst genommen, *au sérieux* (*von Grund auf!*) – nie habe ich es in Betracht gezogen, habe seinetwegen etwas oder jemanden aufgegeben, – so benimmt sich eine glücklich verheiratete Frau – oder eine, die einfach anständig bleiben möchte! – im Umgang mit

ihrem *cavalier servant* oder Pagen, der nie ihr Liebhaber wird. (Und den sie – vielleicht – mehr als ihren Mann liebt!)
Es ist nicht Trägheit – denn ich schreibe mit Leidenschaft und mag diese Leidenschaft – dieses Glück – mit nichts vergleichen.
Nein, dieses mein eingefleischtes Spartanertum, diese Strenge sind die gleichen, die ich auch in Bezug auf die Liebe praktiziere.
Man kann doch nicht den ganzen Tag den Duft von Rosen einatmen!
(Obwohl ich sonst nichts brauche!)

*

»Nicht berechtigt ...« So beginnt – allen unsichtbar – die Epopöe meiner Seele.
Nicht berechtigt, gut zu essen, weich zu schlafen, vom frühen Morgen an zu schreiben. Wer hat es verboten? Niemand.
Schuld sind nicht die Bolschewiken, sondern ich.

*

Die Beobachtung wird mir zur Leidenschaft, sie macht mich zu einem halb abgehobenen, fast unverletzlichen Wesen.
Meine Wehrlosigkeit – ist eine Wolke, meine Wehrlosigkeit – ist eine offene Tür, damit *alle* eintreten können.
Auch ist mir klar: ich bin nicht Eigentümerin meiner Seele, bin ein Gast wie alle anderen (doch Kennerin und Liebhaberin – ich raube nicht, zerstöre nicht).
Mein Hausherr ist – Gott.

*

Oh, meine Leidenschaft für Frauen! Unlängst hielt ich ein altes Bändchen der Gräfin Rostoptschina in Händen – und sofort Musik, Männer und – oh! – was für eine Woge von ihr zu mir, von mir zu ihr, was für eine Herablassung gegenüber den anderen im Zimmer, was für ein Ring der Einsamkeit – wie eine mit einem Ledergurt zusammengeschnürte Taille!

*

G. Sand und Chopin. Wie viel mehr bedeuten sie mir als Romeo und Julia!

*

Was habe ich an den Menschen geliebt? Ihr Äußeres. Alles andere habe ich – größtenteils – angepasst.

*

Mein Traum: ein Klostergarten – eine Klosterbibliothek – alter Wein aus dem Klosterkeller – türkische Pluderhosen – eine lange Pfeife – und ein siebzigjähriger *ex-ci-devant*, der jeden Abend vorbeikäme, um sich anzuhören, was ich geschrieben habe, und um mir zu sagen, wie sehr er mich liebt.

*

18./31. März 1920

Ich lebe wie im Traum. Morgens holt man mich und Alja ab, gibt uns zu essen, versieht uns mit Streichhölzern, Buchweizen, Mehl, Schuhen, wenn wir gehen wollen, lassen sie es nicht zu, wenn wir uns bedanken, sind sie gekränkt.
M⟨ilio⟩ti dient der D⟨schalalow⟩a, die D⟨schalalow⟩a K-sch, ich

M⟨ilio⟩ti, Frau E. mir. Natürlich eine Frau! Mich lieben ausschließlich Frauen, – Frauen, die Männer nicht besonders mögen – und von den Männern vielleicht nicht besonders gemocht werden. – Und Sonetschka Holliday? – Nein, das war anders, da ging es noch um anderes.

Ich weiß – weiß es nur allzu gut –, dass ich für Frauen *unwiderstehlich* bin. – Tanja – L⟨idija⟩ A⟨lexandrowna⟩ – Frau G⟨old⟩man – die junge Nina N. – jetzt Frau E. (in einem einzigen Winter!). Tanja ist 29, liebt ihren Mann leidenschaftlich, L⟨idija⟩ A⟨lexandrowna⟩ ist 48, liebt ihre Einsamkeit und franz⟨ösische⟩ Bücher, Frau G⟨old⟩man ist 34, Mutter von drei Kindern, bourgeoises Milieu, N. N. ist – ein bisschen wie Edvarda – ein Kind der Natur, närrisch und lieb (20 Jahre alt), Frau E. eine Idealistin, die ihr Leben lang nur die Wahrheit geliebt hat (Mädchentyp der 70er Jahre, wunderbar in ihrer Reinheit) – um die vierzig. Und früher! Die verzückte Liebe von Nina W., das Hingerissensein von Waretschka I⟨satschi⟩k und – noch im Gymnasium – die leidenschaftlich-schwärmerische Liebe einiger Mädchen zu mir (ich liebte sie nicht, liebte andere) – und Sonja P⟨arno⟩k! – und ihr ganzer Frauenkreis – und meine Sonetschka Holliday – mein Engel – meine kleine Muse!

Doch wenn die Frauen mich liebten, *je leur ai bien rendu!*

*

Gestern – am 17. März – kam Frau E.

»Ein Brief für Sie«, sie fand ihn vor der Tür. »Aus Rostow am Don.« Ich erstarrte und öffnete langsam den Umschlag.

Rostow a/D
28.1.20
(alten Stils)
S[ehr geehrte] F[rau]
Marina Iwanowna.

Ich schreibe Ihnen im Auftrag von S⟨ergej⟩ Ja⟨kowlewitsch⟩. Er war um den 23. Dezember (alten Stils) bei uns. Er sah sehr gut aus und fühlte sich ausgezeichnet. S⟨ergej⟩ Ja⟨kowlewitsch⟩ bat mich Ihnen mitzuteilen, dass er Sie anfleht, nach F⟨eodossija⟩ oder K⟨oktebe⟩l zu kommen. Er sagte, Sie wüssten, wo Sie dort unterkommen. Wenn Sie nach K⟨oktebe⟩l fahren, dann können Sie bei M. W⟨oloschin⟩ wohnen. S⟨ergej⟩ Ja⟨kowlewitsch⟩ wollte Ihnen selber schreiben, aber er hielt sich nur kurz bei uns auf, war sehr in Eile.

S.

Der Brief wurde (nach dem Stempel auf dem Umschlag zu urteilen) am 2. Februar abgeschickt, ich habe ihn am 17./30. März erhalten, er war fast zwei Monate unterwegs.
Oh, mein Serjoshenka! Gerda findet ihren Kay.

*

Gebet

Gott, mein Herr!
Veranlasse, dass ich Serjosha wiedersehe – auf Erden!
Schenke, Herr, Alja ein gesundes und langes Leben.
Rette, Herr, Assja, Walja und Andrjuscha.
Rette, Herr, Sonetschka Holliday und Wolodetschka.
Verzeih, Herr, alle meine Verfehlungen.
Ich danke Dir, Herr, für alles, wenn nur Serjosha am Leben ist.
Herr, lass mich vor Serjosha und Alja sterben.
Danke, Herr, für alles.
Amen.

*

Zum letzten Mal erreichte mich eine Nachricht von S⟨erjosha⟩ (auf Umwegen, über Gerüchte) am 25. März 1919, an Mariä Verkündigung, vor einem knappen Jahr.
Danke, Gott! – Danke, März!

*

Gestern so viel Glücksmomente! Morgens ein klarer Hinweis von Gott: »Ich habe dir verziehen, doch sündige nicht mehr« – dann der Brief von Serjosha – am Abend das Hufeisen von Alja (sie hat es irgendwo gestohlen). Gestern trug ich vom Morgen an S⟨erjosha⟩s Lederjacke, als hätte ich es gespürt. – Auch jetzt habe ich sie an. – Und ich rauche seine Pfeife (eine englische).

*

Das einzige Wunder in meinem Leben ist – die Begegnung mit S⟨erjosha⟩ – und das zweite: Alja.
Ergo: das einzige *Wunder* meines Lebens ist – meine Ehe. Umso mehr rechtfertigt sich mein scherzhafter Ausspruch:
»Ich liebe Wunder, vor allem bei mir zu Hause.« (Im Gegensatz zum üblichen Diktum: »Ich liebe Wunder, nur nicht bei mir zu Hause.«)

*

Mond und leere Straßen – Mond und Stein. – Ich bin zur Einsicht gelangt, dass ich den Mond nur in der Stadt liebe, wenn unter den Füßen etwas Festes ist. (Und in K⟨okte⟩bel, wo die Erde – wie Steinplatten – klingt!)
Ich liebe die Erde ⟨über der Zeile: den Stein⟩, die unter den Füßen klingt – und den Mond. Unter den Füßen – der Klang des Steins, über dem Kopf – der Klang des Monds. Das ist keine hohle Phrase. Der Mond – klingt, das Mondlicht kann zerbrechen, der Mondstrahl zersplittern, im Mond ist Glas.

Oh, wie Alja und ich gestern heimgekehrt sind – allein – allein in der ganzen Stadt – nur wir und der Mond! Ein Haus am Arbat sah nachts wie eine riesige Festung aus. (Tagsüber ist es ein hässliches Ungetüm.) Im Mondlicht sind alle Gebäude herrlich, der Mond ist ein echter Zauberer, jede Alte wird zur Hexe, jede Frau zur Schönheit ⟨über der Zeile: Schicksal⟩.
Und über diesem festungsartigen Haus – in einem *riesigen* Nimbus – der Mond!
»Mond! Luna! Muttergottes aller Treuebrüche!
Blau, tiefblau ...«
Ich wiederholte diese Zeilen aus »Casanova«, ging nicht, flog. In der Lederjacke, die Tasche über der Schulter, mit Aljas Hand in meiner Hand. Mond!!!
Alja sah zum ersten Mal den Hof des Monds. Mit erhobenem, nein, zurückgeworfenem Kopf blickten wir zum Mond, ich brachte Alja das Wort »*halo*« (französisch für Hof des Monds) bei.
Und Begeisterung. – Oh, Serjosha!

*

Manchmal betrachte ich die Fotografie von Irina. Rundes (damals!) Gesichtchen, umrahmt von goldenen Locken, riesige weiße Stirn, tiefe – vielleicht leere – dunkle Augen – *des yeux perdus* – reizender, lebhaft frischer Mund – runde, etwas abgeflachte Nase – etwas Negroides in den Gesichtszügen – ein weißer Neger. Irina! Ich denke jetzt wenig an sie, im Leben habe ich sie nie geliebt, immer nur *im Traum*, – geliebt habe ich sie, als ich zu Lilja fuhr und sie dick und gesund vorfand, geliebt habe ich sie in jenem Herbst, als Nadja (die Kinderfrau) sie vom Dorf herbrachte, ich ergötzte mich an ihren wunderbaren Haaren. Doch der Reiz des Neuen ließ nach, meine Liebe erkaltete, mich ärgerte ihr Stumpfsinn (als wäre ihr Kopf zugepfropft), ihre Unsauberkeit, ihre Gier; irgendwie glaubte ich nicht daran, dass sie jemals groß würde – obwohl ich nie an den Tod dachte –, sie war für mich einfach ein Wesen *ohne Zukunft*. – Vielleicht mit einer genialen Zukunft?

Irina war für mich nie Realität, ich kannte sie nicht, verstand sie nicht. Jetzt aber erinnere ich mich an ihr schamhaftes – leicht verlegenes – so seltenes! Lächeln, das sie sofort zu unterdrücken versuchte.

Und wie sie mich am Kopf streichelte: »Uáu, uáu, uáu« (Liebes) – und wie sie, wenn ich sie auf den Schoß nahm (höchstens zehnmal in ihrem ganzen Leben), lachte!

Ein Gedanke – nicht ein Gedanke, ein Satz, den ich mit ätzender Regelmäßigkeit halblaut vor mich hin sage:

»Wenn Irina nicht mehr essen wollte, so hieß das, dass die Todesqual gekommen war ...«

Irina! Wie ist sie gestorben? Was hat sie empfunden? Hat sie sich gewiegt? Was hat sie in ihrer Erinnerung gesehen? Vielleicht ein Stückchen des Hauses am Borissoglebskij – Alja – mich? Hat sie »Aj-dudu-dudu-dudu ...« gesungen? Irgendetwas begriffen? Was hat sie – als Letztes – gesagt? Und woran ist sie gestorben? Ich werde es nie erfahren.

Irinas Tod ist darum so schrecklich, weil er leicht hätte vermieden werden können. Hätte der Arzt bei Alja die Malaria diagnostiziert – hätte ich ein bisschen mehr Geld gehabt –, so wäre Irina nicht gestorben.

Irinas Tod ist für mich ebenso unwirklich wie ihr Leben. Ich kenne ihre Krankheit nicht, ich habe sie nie krank gesehen, ich war bei ihrem Tod nicht zugegen, ich habe sie nicht als Tote gesehen, ich weiß nicht, wo ihr Grab ist.

Ungeheuerlich? Ja, von außen betrachtet. Doch Gott, der mein Herz kennt, weiß, dass ich damals nicht aus Gleichgültigkeit nicht ins Heim gefahren bin, um von ihr Abschied zu nehmen, sondern weil ich NICHT KONNTE. (Zu einer Lebenden bin ich nicht gefahren ...)

Irina! Wenn es einen Himmel gibt, bist du im Himmel, versteh

und verzeihe deiner Mutter, die schlecht zu dir war und nicht imstande, ihre Feindseligkeit gegenüber deinem dunklen, unverständlichen Wesen zu überwinden. – Warum bist du gekommen? – Um zu hungern, um »Aj-dudu« zu singen, um im Bett herumzugehen, am Gitter zu rütteln, dich zu wiegen, Tadel einzuheimsen?
Du seltsam-unverständliches, geheimnisvolles Wesen, allen fremd, niemandem zugetan – mit so herrlichen Augen! – in einem so fürchterlichen rosa Kleid!
In welchem Kleid hat man sie beerdigt? – Auch ihr Pelzmäntelchen ist dort geblieben.

*

Irinas Tod ist darum so schrecklich, weil er auf reinem Zufall beruht. (Wenn sie an Hunger starb – hätte etwas Brot gereicht! Wenn an Malaria – ein bisschen Chinin. Ach! – EIN BISSCHEN LIEBE ⟨nicht zu Ende geschrieben⟩.

*

Irinas Leben und Tod:
Für ein kleines Kind gab es in dieser Welt zu wenig Liebe.

*

Dienstag in der Karwoche

Tausend Dinge muss ich notieren.
Ich schreibe Gedichte, denke mir Schicksale aus, bin entflammt (der Gedanke glüht!) vom plötzlichen Zusammenprall zweier Wörter, gehe Wasser holen, Kartoffeln auftreiben, säge, hacke, verwöhne M⟨ili⟩oti (jetzt ist es ganz gut – weil es ganz vorbei ist!), bin begeistert und bedrückt wegen Alja (Ersteres betrifft

die Gedichte, Letzteres ihr Essverhalten), gräme mich – eine Sekunde lang – wegen der verlorenen Verpflegungsrationen, tröste mich rasch mit Gedichten.
Strahlende Kraft – das bin ich.
Manchmal taucht – für eine Sekunde – Irinas Gesicht auf: nicht das traurige, wenig menschliche der letzten Zeit, sondern das runde, braungebrannte, mit den leuchtenden dunklen Augen und dem Lächeln – nach dem Sommer.
Irina.

In den Erinnerungen von Karolina Pawlowa lese ich von einer alten Frau aus vorrevolutionärer Zeit. Als man sie vom Tod ihres einzigen Enkels – eines glänzenden jungen Mannes im Heer – benachrichtigte, rief sie aus: »*Pauvre jeune homme! Que je suis heureuse de ne pas l'avoir connu.*«
Dasselbe sage ich über Irina:
»*Pauvre enfant! Que je suis heureuse de ne pas l'avoir aimé!*«
Ich hatte ihr gegenüber einige seltene – unerträgliche! – Anwandlungen von Zärtlichkeit, doch das dauerte höchstens eine Stunde, das Leben aber dauert Tage – Monate, – kurzum: eine dunkle Sache, ich versteh sie nicht.

*

Oder sollte die tiefste Stimme dieser Welt verloren sein? Sie sang doch so gern! Und kaum ertönte in der Ferne Musik, hob sie den Kopf und sagte freudig:
»Musik ssspilt!«
(Ich quäle mich absichtlich.)

*

Irina! Wenn du am Leben wärst, würde ich dich von morgens bis abends füttern – Alja und ich essen ja so wenig! Irina, eines

musst du wissen: ich habe dich nicht ins Heim geschickt, um dich loszuwerden, sondern weil man uns Reis und Schokolade versprochen hat.
Stattdessen – Hungertod.

*

Tausendundeinmal wundere ich mich über die *STILLE*, in der sich die größten Ereignisse abspielen – und über ihre *EINFACHHEIT*.
Kein Blitz und Donner, kein »*LOS GEHT'S*!!!« – einfach: ein Fläschchen mit Medizin, eine schmutzige Serviette, ein Gespräch über den Regen oder Schnee, – es wird gegessen und geraucht – und plötzlich: die Person atmet nicht mehr. *OHNE VORWARNUNG!*
NIE werde ich erfahren, wie sie gestorben ist.

*

Ohne Vorwarnung – stimmt nicht ganz. Ein Vogel kam durchs Fenster von Aljas Zimmer hereingeflogen, an jenem 2. Februar (dem Tag von Irinas Tod) fielen mir drei Weihnachtskerzen in die Hände, – aber ich dachte an Alja, das Schicksal führte mich in die Irre.

*

Etwas anderes: Bevor Mann und Frau sich für immer zusammentun, sollten sie sich eine Stunde lang lieben – um einzusehen, wie wenig das taugt.
Ist jetzt klar, dass ich ein Mann bin?
Ist jetzt klar, dass ich eine Frau bin?
Nun, dann kann man das für immer vergessen.
Oder:

Ist jetzt klar, wie unwichtig das ist?

*

Aber Freundschaft ohne eine Liebesepisode – ist nicht stark, wird immer nach Liebe streben, diese überbewertend.
Kurzum: nimm an, um abzuweisen.
Aber nimm *UNBEDINGT* an!

*

Meine Liebe zu Frauen.
Ich lese die Gedichte K. Pawlowas an die Gräfin Rostoptschina.
… Die Schöne und die Georgesandistin …
Und der Kopf trübt sich, das Herz schlägt im Hals, der Atem stockt.
Ein Pathos der Ausweglosigkeit!

*

Aber eine ergänzende Bemerkung: Ich mag Frauenliebe nicht, hier werden gewisse Grenzen überschritten, – Sappho – ja –, doch das sind versunkene Zeiten, und Sappho – ist einmalig.
Nein, lieber eine verzückte Freundschaft, die Vergötterung der Seele der anderen – und jede hat ihren Liebhaber.

*

»Alle werden Sie lieben« oder »Die Kunst, ein perfekter Liebhaber zu werden«. (Anweisungen für einen jungen Mann.)
1) Achten Sie auf Kleinigkeiten: wenn Sie geküsst haben, gehen Sie nicht gleich weg und rauchen Sie nicht!
2) In den Augenblicken des höchsten Pathos sprechen Sie nur

den *Namen* aus, die Frau legt alles in ihn hinein, was Sie nicht hineinlegen.

3) Sagen Sie mehr, als Sie fühlen, und versprechen Sie mehr, als Sie halten können: die Frau braucht *nur Worte*. Sie ist die Erste, die sie vergisst.

4) Indem Sie sagen: Du bist meine Erste und Letzte, bringen Sie die Frau um die Eifersucht auf Ihre Vergangenheit und Zukunft, sagen Sie darum lieber einfach:

                Du!

5) Und möglichst wenig: Du, möglichst selten: Du. Und weniger falsches Pathos, mehr Fröhlichkeit. Pathos unterstreicht die Sünde, Fröhlichkeit stellt das Gefühl von Naivität wieder her, wenn Sie lachen, hat sie das Gefühl, das verwöhnte Kind noch etwas mehr verwöhnt zu haben.

6) Wenn sie redet, versuchen Sie nicht, sie zu küssen, schauen Sie ihr direkt in die Augen, hören Sie aufmerksam zu, sie ringt mit Ihnen um ihre Seele und hebt den Kopf, – halten Sie sich zurück, küssen Sie sie nicht – seien Sie versichert, dass sie als Erste des Redens überdrüssig wird.

7) Hören Sie genau hin! Darin besteht die ganze Kunst der Liebe: die Frau fügt immer sich selbst Schaden zu, während sie Ihnen Freude bereitet.

8) ⟨Fehlt; die restliche Hälfte der Seite ist leer.⟩

*

Karsamstag, 28. März alten Stils 1920

In den nächsten Tagen – am 13. April – wäre Irina 3 Jahre alt geworden. Ich habe niemanden, mit dem ich über Irina reden könnte – Alja weiß es nicht, mit den anderen wäre es mir peinlich, das bringt nichts –, darum schreibe ich über sie in mein Notizbuch.

Heute ist Karsamstag, ein zauberhafter Tag, es ist Morgen, die

Sonne wärmt die Haare auf meiner Stirn, ich sitze am offenen Fenster.

Ich erinnere mich – werde von selbst erinnert! – an die wunderbaren Augen von Irina – blendend dunkel, von seltener graugrüner Farbe und ungewöhnlichem Glanz – und an ihre langen Wimpern.

Oh, ich möchte einen Sohn! Doch wenn es mir nicht vergönnt ist, S⟨erjosha⟩ wiederzusehen, brauche ich niemanden.

Aber selbst dann – selbst wenn ich einen Sohn habe – wird mich ewig das Gewissen plagen, dass es nur zwei sind, wo es drei sein könnten. Ja.

An Irinas Tod kann ich immer noch nicht glauben.

*

Das Osterfest wird ohne Osterkuchen, Osterbrot usw. sein, und ohne Liebe, in völliger Einsamkeit. (Alja zählt nicht, denn Alja und ich sind – eins. Liebe ist etwas, das unabhängig von einem ist.)

Gestern schenkte Andrej Alja eine Strickjacke (er bekam sie an der Arbeitsstelle), grau, mit offenem Kragen, und E. M. G⟨old⟩man ein Stückchen Butter, und L⟨idija⟩ A⟨lexandrowna⟩ brachte uns eine Schüssel Suppe.

Alja küsste mich auf den Rücken: »Mama! Sie sind ein verkörperter Sonnenstrahl!« Im Hof – unbekümmert um den Karsamstag – schreit ein Tatare (ein Trödler).

Gestern schrieb Alja Gedichte für S⟨awad⟩skij, und heute, bei der morgendlichen Suppe, sagte sie:

»Marina! Wie seltsam: Stachowitsch – Sonetschka H⟨olli⟩day, Wolodetschka, Sawadskij – das ist alles Frühling, frühlingshaft ...«

Und ich wiederholte unwillkürlich, um mich zu vergewissern: »Stachowitsch – Sonetschka Holliday – Wolodetschka – Sawadskij – alles Frühling, frühlingshaft ...«

Preise:
Ei – 300 R.
1 Pfund Osterkuchen – 2½ Tausend
1 Pfund Rosinen – 2½ Tausend
1 Pfund Kaffee – 2000 und 2200 R.
1 Pfund Putenfleisch – 1½ Tausend
1 Pfund Kartoffeln – 135 R.
1 Pfund Pferdefleisch – zwischen 175 R. und 550 R.
Rahm – 900 R.
5 Goldrubel – 6000 R.

12 Uhr nachts

Irgendwo im Haus wird gesägt. – In der Osternacht! – Alja schläft angekleidet, um 2 Uhr gehen wir zum Frühgottesdienst. (Der Frühgottesdienst findet um halb drei statt, so hat es der Patriarch angeordnet.)
Heute habe ich Antokolskij getroffen. Den Ring, den er von mir hatte, teilte er in zwei: den schwarzen Teil aus Gusseisen (schwarze Rosen) steckte er in eine Ritze des Weinkellers, wo sie spielten, den goldenen Teil schenkte er seiner Frau. (Er hat kürzlich geheiratet.)
Lächelnd sage ich zu mir selbst, dass von allen, denen ich Ringe geschenkt habe, wahrscheinlich nur einer meinen Ring nicht weiterverschenken wird: S⟨awad⟩skij, und zwar aus Angst, sich zu kompromittieren (man könnte ihn zur Heirat drängen!).
Ringe habe ich verschenkt: an O. Mandelstam (einen silbernen, mit Siegel – Adam und Eva unter dem Baum der Erkenntnis von Gut und Böse), T. Tschurilin (mit Granaten), Kolja Mironow (einen Zigeunerring, mit einem Chrysopras), Sawadskij (einen chinesischen aus Silber), P. Antokolskij (einen aus Gusseisen, mit Rosen), W. Alexejew (einen großen chinesischen) und – schließlich – Milioti, mit Alexandrit, aber er ist in Reparatur – und ich gebe ihn nicht mehr her.

*

Im letzten Winter habe ich mich gegenüber meinen Altersgenossen mütterlich verhalten, in diesem Winter – wie eine Großmutter, im nächsten Winter werde ich demnach zur Urgroßmutter, und im übernächsten zu einem Puschkin-Denkmal, das auf die spielenden Kinder zu seinen Füßen blickt.
»Die Geschichte darüber, wie sich eine junge Frau in der Blüte ihrer Jahre in ein Puschkin-Denkmal verwandelte.«

*

Drei Menschen – sofern sie am Leben sind! – denken jetzt an mich: Serjosha – Wolodetschka Alexejew – und Sonetschka Holliday.

*

Niemand hat mich und Alja zum Ende der Fastenzeit eingeladen, – und ich wäre auch UM NICHTS IN DER WELT! hingegangen – allein schon der Gedanke, etwas Fremdes, Teures zu essen, verursacht mir Schüttelfrost.
Aber es hat uns *niemand* eingeladen.

*

Ich weiß – und hafte mit dem Kopf! –, dass Wolodetschka Alexejew – ob verheiratet oder nicht! – jetzt an mich denkt. (Im letzten Jahr ist er nachts um halb zwölf – ohne Ankündigung! – gekommen, um mit mir und Alja zum Frühgottesdienst zu gehen. Weihrauchduft – Kerzen – der Heimweg – Verlegenheit: »Nun, Christus ist auferstanden, Marina Iwanowna ...« Er überwand sich aus Tradition! Dann das Herumstreifen durch Moskau bis zum Morgengrauen – Gespräche über Russland ...)

*

Herr! Herr! Mein Gott! Mit wem und wo werde ich im nächsten Jahr Ostern feiern?! (1921!).

Ostern 1915 – mit Serjosha im Kreml.

Ostern 1916 – mit M⟨andelstam⟩ beim Muttergottesbild der Unverhofften Freude, dann alle zusammen – S⟨erjosha⟩, Boris und ich – oben bei Serjosha.

Ostern 1917 – am Borissoglebskij, mit Boris.

Ostern 1918 – am Borissoglebskij, in der Küche (Öllämpchen, ich im Mantel, Alja aufgewacht, Saks und Lilja mit Geschenken, am Morgen Osterkuchen und Osterbrot von den Zetlins).

Ostern 1919 – in der Kirche von Boris und Gleb – hier bei uns in der Powarskaja – mit Wolodetschka und Alja, dann mit Wolodetschka durch Moskau.

Ostern 1920.

*

Der erste Ostertag: Andrej kommt mit drei himbeerroten Eiern – verlegener dreimaliger Osterkuss – Aljas ungestüme Freude – Osterkuchen und -brot. Zusammen verspeisen wir meine widerwärtige Suppe aus Erbsen und Hirse. Dann begleiten wir ihn durch die festlichen Boulevards. Uns entgegen kommen Kommissare in leuchtend gelben Stiefeln (Beute aus Archangelsk!), herausgeputzte kleinbürgerliche Grisetten – die neue Klasse im sowjetischen Russland, erzogen durch Kinematografen, durch »Studios« und »Es gibt weder Gott noch die Natur« (ein Plakat der Anarchisten). – Andrej erzählt, auf der Marossejka habe er einen Hund mit der Tafel »Nieder mit Trotzki und Lenin, sonst werde ich gefressen!« gesehen. Beim Kammertheater verabschieden wir uns. – »Alja, wenn er sich umdreht, wirf ihm eine Kusshand zu.« Aber er dreht sich *nicht* um, was mir den Unterschied zwischen einem Bruder und einem Liebhaber traurig bewusst macht. (Das franz⟨ösische⟩ Wort »*amant*« ist besser, weil nicht so direkt, – es geht auch ohne Bett!)

Am Tag davor war ich mit Alja in der Erlöser-Kathedrale. An der Steinbrüstung über der Uferstraße eine junge Frau mit einem kleinen Kind im Arm, das andere, etwa dreijährige, möchte sich auf die Brüstung setzen. Ich laufe zu ihm, hebe es hoch, halte es fest, zitternd vor Angst, es könnte hinunterfallen.
Oh, Irina! Ich beneide die Frau, die außer diesen beiden noch zwei weitere hat. – Ein Augenblick heißer, *UNERTRÄGLICHER* Zärtlichkeit.

*

NOTIZBUCH 8
1920-1921

Moskau, 25. April 1920, Samstag

Ich beginne dieses Büchlein an meinem Lieblingstag, dem Samstag, und an einem glücklichen Tag: zufällig habe ich den ersten Band *Lespinasse* gestohlen (den zweiten schon früher, aber ich grämte mich um den ersten!).
Darin gibt es einen Satz über die Jugend und das Alter, der mich vollkommen bestätigt.
Dieses Büchlein habe ich selbst zusammengenäht, – schlecht, doch niemand verschenkt Notizbücher, und in großen kann ich nicht schreiben.

– Fortsetzung –

»Wissen Sie's schon, es ist eine neue Zeile von Puschkin entdeckt worden … Dein unlöschbarer Kuss … Das ist alles.«
»Nun, ehrlich, wenn Sie nicht wüssten, dass sie von Puschkin ist, würde sie für Sie gleich klingen wie jetzt?«
»Ich glaube schon. – Unlöschbar … Das ist ebenso unerwartet wie richtig. Wer von uns hat das nicht schon erlebt? Doch dadurch, dass es von Puschkin stammt, bekommt es einen besonderen Glanz.«
(Schade, dass ich die Stimme nicht wiedergeben kann: sie berührt die Worte kaum.)
»Und Folgendes ist mir jetzt über mich eingefallen! Ich bin nicht Meeresschaum. Auch das Feuer hat Schaum, nicht wahr? Oben, an der Spitze. Einen feurigen, trockenen Schaum. Das Feuer ist nicht böse, sondern fröhlich.«

»Verdecken Sie Ihre Stirn immer so?«
»Immer, und – wissen Sie – niemand darf sie entblößen. Nie.«
»Sie haben wahrscheinlich eine sehr hohe Stirn?«
»Sehr, und überhaupt eine schöne. Aber es geht nicht darum. Ich mag mein Gesicht überhaupt nicht.«
»Ihr Äußeres steht deutlich hinter Ihrem Inneren zurück, obwohl Ihr Äußeres durchaus nicht zweitrangig ist ...«
»Hören Sie, ich habe eine phantastische Antwort gefunden, sie fand sich von selbst. Erinnern Sie sich, Sie haben gestern in Bezug auf Casanova und den *Prince de Ligne* gesagt, dass Sie nichts von alledem haben. Auch Serjosha hat nichts davon, kein bisschen. Nur den Stil. Aber weder den Leichtsinn noch die göttliche Sorglosigkeit, weder die Liebe zum Moment noch diese ganze Schaumschlägerei – nichts. Stille. Wie Sie.«
»Haben Sie schon einmal zugeschaut, wie gefochten wird?«
»Ja.«
»Ein Verfahren heißt: den Hieb des anderen zu imitieren. Das andere: ⟨ausgelassenes Wort⟩ zu senken, damit der Gegner ins Leere trifft.«
»Ist das gefährlich?«
»Ja, es kommt unerwartet und man verliert das Gleichgewicht. – Ein Hieb ins Leere, wo man einen Festkörper erwartet hat. Das ist das Allerschlimmste.«
»Wie froh bin ich, dass Sie das alles wissen.«
Ich betrachte seine Hand, die sich auf den Diwan stützt.
»Wollen Sie gehen?«
»Ja.«
»Noch ein bisschen?«
»Ja.«
»Ein guter Mensch!« Ich erinnere an M⟨ilio⟩ti.
»Er hat mir damals von Ihnen erzählt, aber ich habe nicht genau hingehört.«
»Er hat von mir erzählt?«
»Ein wenig.«

»Ich kann selber erzählen. Was halten Sie von dieser Bekanntschaft?«
»Ich habe nicht darüber nachgedacht, ich kann das Denken abstellen. In dieser Sache habe ich es einfach nicht zugelassen.«
»Möchten Sie, dass ich erzähle? Es wird Sie amüsieren. Eine dumme Geschichte.«
Ich erzähle.
Ich erzähle, wie ich in solchen Fällen immer erzähle, bemüht um zweierlei: die ganze Wahrheit zu sagen – und den Gesprächspartner nicht zu schockieren.
Stellenweise – so scheint es – verheimliche ich etwas, stellenweise – so scheint es – verstöre ich.
Nach meiner Erzählung – Schweigen. Ich fühle mich wie ein geschlagener Hund, mein ganzes Verhalten ist abstoßend und dumm, und durch nichts gerechtfertigt.
»M⟨ilio⟩ti ist mir in dieser Geschichte klar«, sagt N. N., »aber Sie überhaupt nicht.«
»Fragen Sie, dann kann ich besser antworten.«
»Wussten Sie, wohin das führen würde, haben Sie es gespürt oder nicht?«
Ich überlege, gehe über die Bücher.
»Ich habe Begeisterung gespürt und fand es interessant. Als er mich küsste, habe ich den Kuss sofort erwidert, aber ich war nicht sehr glücklich darüber, habe es nicht erwartet.«
»Reden wir schlicht und offen. Sie fragen sich: ›War das Nähe?‹ Wissen Sie denn nicht, womit diese scheinbare Nähe hätte enden können?«
»Ich habe einfach nicht nachgedacht, wollte nicht nachdenken, habe auf Gott gehofft. Ist Ihnen das sehr zuwider?«
»Nein, ich will Sie keineswegs verurteilen. Aber es tut mir leid, wirklich leid, dass Sie so wegwerfend mit sich umgehen.«
Nachdenklich streicht er über die blaue Bettdecke, die am Fuß des Diwans liegt. Ich schaue auf seine Hand.
»N. N.!« Ich spüre die – fast scherzhafte – Zärtlichkeit meiner

Stimme: »Warum streichen Sie über die Bettdecke, die nichts empfindet, wäre es nicht besser, über mein Haar zu streichen?«
Er lacht. Ich lache. Seine Hand – weiß und in Bewegung – ist immer noch auf der Bettdecke.
»Möchten Sie nicht?«
»Doch, das wäre mir sehr angenehm, Sie haben wunderbare Haare, aber wenn ich Ihre Gedichte lese, lese ich sie doppelt: als Gedichte – und als Sie!«
»Na und?«
»Es fällt mir eine Zeile ein:
        Gegen eure Küsse – oh ihr Lebenden! –
        Habe ich nichts mehr einzuwenden …«
»Ach, wie lang ist das her, wie lang! Jetzt ist es genau umgekehrt! Und überhaupt hat es nie stattgefunden!« Und, mich plötzlich erinnernd:
»Herrgott, was rede ich da!«
Wir lachen.
»N. N., ich bin trotzdem beleidigt, dass Sie mir nicht übers Haar streichen wollen. Ist mein Kopf denn nicht besser als eine Bettdecke?«
»Sie haben einen wunderbaren Kopf, aber wenn ich über die Bettdecke streiche, weiß ich wenigstens, dass es ihr *nicht* unangenehm ist.«
»Sie hat nichts dagegen einzuwenden?« Ich lache. Lasse mich zu Boden gleiten, ihm zu Füßen, lege meinen Kopf in seinen Schoß.
Und dann war es wie ein Traum, ein anderes Wort gibt es nicht. Seine Hand war zärtlich – zärtlich – traumwandlerisch – und mein Kopf schläfrig – und jedes Haar schläfrig. Und ich grub mich mit dem Gesicht tiefer in seinen Schoß.
»Ist es Ihnen unangenehm?«
»Nein, mir ist wunderbar.«
Er streichelt, streichelt, als wollte er meinen Kopf, jedes einzelne

Haar überzeugen. Das knisternde Seidengeräusch der Haare – oder ist die Hand aus Seide? Nein, eine heilige Hand, ich liebe diese Hand, es ist meine Hand ...
Und plötzlich – der Zweifel des Thomas. ›Vielleicht mag er nicht mehr streicheln und fährt nur aus Höflichkeit fort? Ich muss aufstehen, muss es selbst beenden – nur noch eine Sekunde! nur noch ein wenig!‹ Und stehe nicht auf. Die Hand streichelt weiter. Und oben die gleichmäßige Stimme:
»Jetzt gehe ich.«
Ich stehe folgsam auf. Begleite ihn durch die dunklen Zimmer hinaus. ›Aber weiter nicht!‹ Schon regt sich in mir Widerstand. Zuerst begleite ich ihn bis zur Eingangstür, dann bis vors Haus, gehe neben ihm her.
Leere (Angst vor seiner Leere), Bewusstsein meiner Nichtswürdigkeit und seiner Missbilligung, Kälte, Unbehaglichkeit.
Ich begleite ihn bis Sollogub, er begleitet mich zurück. Ich murmle etwas über M⟨ilio⟩ti: »Er hat schon alles vergessen!«
»Bilden Sie sich nicht ein, er werde sich jahrelang daran erinnern!...« Die Stimme ist nicht ohne Boshaftigkeit.
Ich sage etwas über ihn – und:
»Wenn ich mit Ihnen zusammen bin ... Aber egal: Sie sind ja weit – weit ...«
»Wie sollte ich denn sein?«
»So wie Sie sind. So mag ich Sie ... Wenn das zu Ende ist ...«
»Was?«
»Unsere Bekanntschaft.«
»Wird sie bald enden?«
»Ich weiß es nicht.«
Wir gehen durch die Gasse.
»Wissen Sie, wenn mir jetzt jemand begegnet, denkt er nicht schlecht über mich. Ich gehe durch die Straßen und zaubere.«
»Warum glauben Sie das?«
»Weil ich mich selbst unschuldig fühle, – bei Gott! – trotz allem, was ich tue!«

»Sie haben recht.«
Als wir uns verabschieden, legt er mir die Hand auf den Kopf – vielleicht habe ich die Stirn gehoben? Ich lehne den Kopf an seine Schulter, umarme ihn mit beiden Händen um seine Junker-Taille! So stehen wir lange.
»Sie haben, wie mir scheint, unter dem Vorwand, mich zu streicheln, meine Stirn entblößt? Oho!«
Er lacht. – Wir stehen weiter so. – Ich mit geschlossenen Augen. Sachte, sachte berührt er mit den Lippen meine Stirn.
Und entfernt sich mit gleichmäßigen, resoluten Schritten.

*

Morgen. Es ist wohl noch früh: die Sonne steht tief. (Ich lebe ohne Uhr.) M⟨ilio⟩ti im grauen Morgenrock und Gott weiß womit noch.
Ich gebe L⟨idija⟩ P⟨etrowna⟩ zwei Kindermäntel – aus ganzem Herzen und damit meine Anwesenheit *lui pèse moins*. N. N. ist nicht da, – an der Tür ein Schloss! – Sehr hübsch! – Ich küsse L⟨idija⟩ P⟨etrowna⟩, fröhlich, im Glauben, dass er kommen wird. Alja rennt durch den Garten, sammelt jene gelben Blumen – die ersten! –, die später zu Löwenzahn werden (der Hof am Trjochprudnyj! Kindheit!).
Sie bringt zwei Sträuße, einen reicht sie M⟨ilio⟩ti.
Er: »Das ist doch nicht für mich!« Ich ignoriere es hochmütig.
Man ruft Alja, damit sie Grütze isst. Schritte – oder täusche ich mich? Vor Freude bin ich sofort netter. Ein Telefonanruf – für N. N. –, Scheremetjew sagt, er sei im Garten.
Alja rennt herum, nimmt mich bei der Hand: »Marina!« Ihre Augen leuchten. »Aletschka, hole bei M⟨ilio⟩ti die Kaffeekanne!« Wir treten ein. Begrüßen einander freudig. Alja gibt ihm die Blumen.
»Sind Sie so früh weggegangen?« – »Nein, ich bin aufgestanden und in den Garten gegangen.« – Ich setze mich an den Tisch.

Erzähle über Bettina, Goethe, eine Katze mit schwarzen Augen.
»Ich könnte nur einen Hundertjährigen lieben!« – »Aber es gab Tolstoj, ihn haben Sie nicht geliebt.« – »Nein.« – »Na eben ...« Er lächelt verständnisvoll. – »Tolstoj ist was anderes.« – »Und Anatole France?« – »Oh! Der schon! Er würde alles verstehen! Würde sich alles anhören!« – »Gleichgültig.« – »Nein, zärtlich – und mit Ironie!« (Ich habe vergessen zu notieren: er liebt *Lys rouge*, lacht über diese »heimliche Leidenschaft, deren er sich schämt«. O Gott! Er ist doch kein Buddha!)

Seine Hand liegt auf dem Tisch. Ich lege meine Stirn darauf.

»Sind meine Augen heiß? Ich habe fast nicht geschlafen.«

Er sagt, das sei nicht eine Kaffeekanne, sondern ein Weihwasserbecken. Er stellt die Blumen hinein. Schlägt vor, wir sollen ihn zur Roshdestwenka begleiten. Ich weiß nicht, wo die Roshdestwenka ist, aber es ist mir egal.

Unterwegs: »Das ist eine echte englische Jacke, ein französischer Offizier hat sie mir geschenkt, weil ich ihm einen großen Dienst erwiesen habe. Im Oktober waren wir zusammen, gingen zusammen in die Sowjets, um Menschen festzunehmen ...«

(Ich, schweigend: ›Hm. Also gut!‹)

»Ich ging damals an Krücken, er hat mich beschützt.«

»Warum an Krücken?«

»Nach dem Krieg, ich war verwundet.«

Wir gehen noch ein paar Schritte, dann halte ich es nicht mehr aus und frage ruhig: »Wen haben Sie festgenommen? Die Junker?«

»Nein, wir wurden festgenommen. Übrigens, einmal im Leben habe auch ich jemanden festgenommen: meinen Regimentskommandanten, damals, zu Beginn der Revolution. Das war in Tambow, es kamen nur dunkle Gerüchte ...«

»Was war es für ein Gefühl?«

»Ein dummes Wort: Verwegenheit.«

»Ein herrliches Wort!«

»Kalkulierte ich richtig, war es gut, beging ich einen Fehler, be-

deutete es: Schlinge um den Hals. Ich habe sie schon gespürt – hier. Wir bewegten uns doch im Dunkel.«
(Ich erinnere mich an die Erzählung N. N. M⟨irono⟩ws, wie er in Minsk – irrtümlich – seinen alten Regimentskommandanten festnahm.)
Etwas später, ich: »Wir werden uns so lange nicht sehen, vier Tage! Sind Sie heute abend besetzt?« – »Ja.« – »Und ich an diesen Tagen: Freitag, Samstag. Sonntag. Kommen Sie am Montag.«
Dann: »Gehen wir doch in den Neskutschnyj-Garten!«
»Gut, wenn Sie all die Leute abgefertigt haben, die ich nicht kenne.«
»Ist das schon die Roshdestwenka?« – »Nein.« – »Kommt sie bald?« – »Ja, bald.«
»Können Sie an diesen Tagen vielleicht morgens bei mir vorbeischauen? Das würde mich sehr freuen.« – Ich schweige. (Weiß, dass ich es nicht tun werde! Darum möchte ich mich auch trennen!) – »Sie werden wahrscheinlich zu M⟨ilio⟩ti gehen?«
»Ist das die Roshdestwenka?« – »Ja.« – Auf der gegenüberliegenden Straßenseite ist ein flatterndes Aushängeschild: »Hier. Ich bitte Sie nicht, hereinzukommen, weil ich weiß ...« – »Ich komme nicht mit.«
(Eine Ikonenausstellung.)
Und schweigend: ›Sie haben keine Ahnung, ich würde überallhin mitkommen ...‹
Wir verabschieden uns. Alja bittet: »Ein Küsschen!« – Er beugt sich zu ihr hinunter, küsst sie und sagt zu mir: »Wenn Sie am Morgen Zeit finden – würde ich mich sehr freuen!«
»Auf Wiedersehen!«

*

Vier Tage ohne –

*

Aus dem Feld-Notizbuch

Traum:
Viele Soldaten. Erregte, freudige Gesichter: gerade ist die Post gekommen. Alle haben Briefe in der Hand. Alja flitzt herbei, sie trägt einen Haufen Briefe, – einer ist zerrissen, sie weint. »Alja, ist er gestorben?« – »Nein, nein, lesen Sie!« Wir sitzen auf einem Felsen über dem Meer. Ich lese den Brief. Einen Brief von Assja: »Sogar jetzt, wo er vor offenen Türen steht, die in die ganze weite Welt führen, ist er noch immer ...«
(Ein Brief von Assja – über S⟨erjosha⟩. Ich weine.)

*

Ich zerreiße den Riemen an einem Bett. – Ich habe geschaukelt, man bat mich abzusteigen, ich tat es nicht. Man legte mich auf den Boden, auf ein Brett, um meine Sehnen zu strecken. A⟨ntokol⟩skij war treu, küsste mich, legte sich neben mich.

*

Jeder Dichter schreibt, auch wenn er eine Milliarde Leser hat, für einen einzigen, so wie jede Frau, auch wenn sie tausend Liebhaber hat, auf einen einzigen steht.

*

Jedes Mal, wenn ich liebte, wollte ich unbedingt sterben für –. Und war er eine völlige Null, wollte ich wenigstens unbrauchbar werden.

*

Nie – nie – nie habe ich mich mit jemandem angefreundet ohne (zumindest scheinbare!) geistige Nähe, aber sehr oft ohne körperliche Nähe (Vertrauen).

*

Körperliches Vertrauen – das würde ich anstelle von Leidenschaft verwenden.

*

Bestimmte Naturgesetze sind in mir gestört, – wie schade! Meine Mutterschaft ist auf dem Gebiet der Geschlechtlichkeit mein Zwiespalt.

*

Ich übertrage auf das Gebiet der Geschlechtlichkeit Dinge, die ihr völlig fremd sind: Höflichkeit – Kränkung – *délicatesse de cœur*. (Ich lese und interpretiere die Haut mit den Augen der Seele.)

*

Literatur? – Nein! – Was bin ich für ein »Literat«, wo ich alle Bücher der Welt – die fremden und die eigenen – für ein einziges Flämmchen von Johannas Scheiterhaufen hergeben würde! Nicht Literatur, sondern Selbstverbrennung.

*

Jede Liebe in meinem Leben (außer der von S⟨erjosha⟩) war *Idylle – Elégie – Tragédie – cérébrale*.

*

Wenn ein mir naher Mensch fehlerhaft ist (Nähe rechtfertigt nicht alles!), denke ich, das müsse so sein, bin gehorsam wie immer, wenn ich liebe.

*

Nähe! Was für eine faktische und ironische Definition!

*

Meine Aufgabe auf Erden: dem tauben Beethoven zu folgen – nach Diktat des alten Napoleon zu schreiben – die Könige nach Reims zu geleiten. Alles andere: Lauzun – Casanova – Manon – wurde mir von sittenlosen Gaunern eingeimpft, die mich aber doch nicht ganz zu verderben vermochten.

*

Das Leben für etwas hinzugeben, ist leicht. *Vive le Roy!* Und der Kopf rollt.
Man muss die Tage für etwas hingeben.

*

Ich kann zehn Nächte hintereinander nicht schlafen, zehn Tage hintereinander nicht essen (*ich kann es!!!*), arbeiten wie ein Sklave – doch alles ist umsonst, wegen irgendwelcher Nichtigkeiten. Ich brauche eine Aufgabe (Liebe), die mein ganzes Leben *und jede Stunde* in Anspruch nimmt.

*

Da es Puschkin gibt, wozu braucht es Zwetajewa?
Einverstanden.

Aber: da es Puschkin gibt, wozu braucht es Iwan Bunin?
(Noch mehr einverstanden!)

*

Zwei Leidenschaften: das Bett (träumen) – und der Schreibtisch (die Träume aufschreiben) – oder: der Schreibtisch (träumen) – und das Bett (die Träume im Schlaf verwirklichen).

*

Der Körper ist in der Liebe nicht Ziel, sondern Mittel.

*

Wie viel besser erkenne ich einen Menschen, wenn ich nicht mit ihm zusammen bin!

*

Traum über Irina

Ich halte sie im Arm, genauer, sie umschlingt mich (mit den Armen um den Hals, den Füßen um die Hüfte).
»Nun, küss mich!« Ihr Gesicht, ihre wunderbaren dunklen Augen, ihr goldenes Haar – sie ist fröhlich! gesund!
Sie küsst mich. Ihr Blick ist etwas boshaft, wie wenn sie auf meine Aufforderung: »Sag: Mama!« mit offenem Mund erstarrte: »M-a-a-a-a ...«
Und plötzlich führt sie ein sich bewegendes schmales Etwas direkt an meine Lippen:
»Küss das!« – »Lass das, Irina, das ist ekelhaft!« – »Das ist eine Eidechse!« – »Was für eine Eidechse, im Winter?«
(Jetzt phantasiere ich.)

Als ich sie im Arm halte, empfinde ich ein so heftiges Glücksgefühl, dass es sich mit *NICHTS* vergleichen lässt. – Irgendwie unerträglich. (Vielleicht ist das – Mutterschaft?)

*

26. April 1920 alten Stils, nach dem Schlaf:

Traum über Irina

Sie steht vor mir, in ihrem langen rosa Kleid, mit einer Brotrinde in der Hand (lebendig!).
»Irina, möchtest du Milch?«
(Ich erinnere mich, dass sie schon 2 Tage tot ist, denke: ein lethargischer Traum!)
Lebendig! Blass, dünn, im rosa Kleid, geht sie herum, kaut Brotrinde.
Und wieder der Gedanke: »Ich wusste doch, dass sie nicht gestorben ist!«

*

Mein Starrsinn kommt nur meiner Demut gleich.

*

Kirke hat Helden in Schweine verwandelt, ich verwandle Schweine in Helden.

*

Blok (in der ersten Sekunde notiert).
Blok: spricht das »r« nach französischer Art aus, undeutliches »sch«, schmales gelbes hölzernes Gesicht mit eingefallenen Wan-

gen (die Backenknochen zeichnen sich deutlich ab), große eiskalte Augen, kurzes Haar – er ist nicht schön. (Gern hätte ich sein Lächeln gesehen! Leidenschaftlich gern!)
Ausdruckslose, kaum vernehmbare Stimme. Er spricht einfach – von innen heraus – etwas abgehackt. Das Gesicht – völlig unbeweglich, mürrisch.
Es geht um Siege – ⟨ein ausgelassenes Wort⟩, um Ruhm ...

*

Das Kleid hat etwas Sackartiges, der ganze Mann wirkt steif und hölzern!, besser lässt es sich nicht ausdrücken; als er geht, nickt er düster, dreht einem fast den Rücken zu, kein Anflug eines Lächelns! – keine Spur Freude von den Willkommensreden.
ALLES MIT WIDERWILLEN. Im Volksmund würde man sagen: ein Geschlagener.

*

Um ihn herum Menschen von unglaublich hässlichem Aussehen. Und ich dachte: Alexander Blok! Ein schöner Mann! Schöne Frauen!
O ich!!! (mit Ironie).
Ich höre zu, bezaubert: erstens dadurch, dass er nicht bezaubert (Gott sei Dank! so muss ich ihn nicht lieben!), dann dadurch, dass er auch andere nicht bezaubert (das heißt – er gehört mehr mir! Ich möchte, dass er nur mir gehört!). Idiotin! (Ich möchte, dass er taub ist, blind und *stumm* – mein!!!)
Meine Sehnsucht nach Blok ist wie die nach einem Menschen, den ich im Traum nicht zur Genüge lieben konnte. Was gibt es Einfacheres? Zu ihm hingehen: ich bin die und die ...
Aber mag man mir auch Bloks ganze Liebe versprechen – ich gehe nicht zu ihm hin.
So bin ich.

*

Mein Brief wurde übergeben. Der Urheber der wiederauferstandenen Tretjakowka hat ihn auf den Tisch gelegt, eine Dame hat ihn etwas näher herangeschoben. Als ich eintrat – eine Sekunde nach seinem Weggang –, war das blaue Kuvert schon verschwunden.
In seiner Brieftasche – auf der Brust – nahe dem Herzen, wo ich nie sein werde – mein Brief.

*

3. russischer Mai 1920 – Sonntag –

Leidenschaftliche Abscheu vor meinem Notizbuch, – schlimmer, als wenn ich einen Schuft geküsst hätte – und mir davor ekelte.
Geht es um solche Küsse, ist gerade mein Notizbuch Schutz und Stütze. Jetzt aber ist mein Notizbuch fort, weil jemand es gelesen hat (gelesen und nicht gemocht. Mich.)

*

Gewissen.
Die einen tragen es als Riemen um die Taille (fressen sich voll und lockern ihn).
Für die anderen ist es eine Schlinge um den Hals.

*

Wie schade, dass die Menschen mich nicht kennen, wenn ich allein bin. Wenn sie mich kennen würden, würden sie mich lieben. Aber sie werden mich nicht kennen, weil ich so nur bin, weil ich allein bin. Mit den Menschen bin ich von einer affenartigen Gewandtheit (nur in die entgegengesetzte Richtung, ich wiederhole die Bewegung *umgekehrt*. Beispiel: in Gegenwart von Judenfreunden hasse ich die Juden, in Gegenwart von Judenhassern vergöttere ich sie – und immer aufrichtig – bis zu Tränen! Liebe durch Abstoßung.)

*

Niemand bemerkt hinter meinen liebenswürdigen Tändeleien meine Pyramiden. Dabei verdanken sich meine Tändeleien zur Hälfte meiner Liebenswürdigkeit: es ist ja irgendwie peinlich: eine Frau – und Pyramiden!

*

4. russischer Mai 1920, Montag

N.N.! – Mich grämt, dass ich alles an Ihnen ablehne, Sie aber nicht verachten kann.
Und mich grämt, dass ich nicht alles an Ihnen ablehne.
Und drittens grämt mich, dass Sie mit Ihrem Heldenmut etwas nicht in die Wiege gelegt bekamen: *sensibilité* (dieses Wort existiert nicht auf Russisch: Empfindsamkeit klingt dumm, Empfänglichkeit – allgemein und kalt).
Sensibilité ist die Fähigkeit, durchdrungen zu werden, ist Verwunderbarkeit der Seele durch einen anderen. Klar?
Und was mich auch noch grämt: dass Sie mit Ihren Händen zärtlich zu meinen Händen sind, nicht aber mit Ihrer Seele zärtlich zu meiner Seele! So war es mit vielen (meine Beziehung zu S⟨awad⟩skij – von *seiner* Seite!), nur habe ich von denen nicht Seele verlangt.
Natürlich – mit den Händen ist es einfacher! Nur sehe ich hinter den Händen immer die Seele, strebe – durch die Hände – zur Seele, auch wenn es sie nicht gibt. Sie aber haben eine (für sich!) – und die Zärtlichkeit Ihrer bloßen Hände ist – in Ihrem Fall!!! – eine Beleidigung für mich.

Die Beziehung zu Ihnen ist für mich ein *großes Ereignis*. Ach, wenn ich an die Welten denke, die uns trennen, was sollen da die Hände! Ich will sie nicht – sehne mich nicht danach – brauche sie nicht! Für *bloße Hände* habe ich mich nie verkauft!
In einer Minute blendender Hellsicht habe ich einmal – Tiefe maskierend – unter Lächeln gesagt:
»Andere verkaufen sich für Geld, ich – für die Seele.« Mit Haut und Knochen verkaufe ich mich – wem habe ich mich nicht schon verkauft! Und immer wollte ich gehorsam sein!
Aus der Fassung bringt mich auch Ihr »angenehm«. Ach, wenn es dem einen *qualvoll* ist vor Nichtübereinstimmung und dem andern angenehm vor Übereinstimmung – was sind das für Übereinstimmungen und Nichtübereinstimmungen! Der uralte Abgrund zwischen dem Männlichen und dem Weiblichen!
Lieber Freund, Sie könnten ein Wunder an mir vollbringen, aber Sie wollen nicht, Ihnen ist »angenehm«, dass ich bin, wie ich bin.
... So streichelt man Katzen oder Vögel ...
Sie könnten, ohne ein einziges Mal über meine Haare zu streichen (»das ist überflüssig, ich sehe gut genug!«), doch mit der ganzen Zärtlichkeit Ihrer lieben Hand einmal meine Seele streichelnd, aus mir machen, was Sie wollen (Sie wollen immer nur das Beste!) – eine Heldin, Schülerin, Dichterin *großen Stils*, Sie könnten von mir verlangen, gar keine Gedichte mehr zu schreiben (?), das ganze Haus herauszuputzen, als wäre ich willenloses Werkzeug, ein Teleskop anzuschaffen, alle Ringe abzustreifen, Englisch zu lernen.
Mein ganzes Leben lang – seit ich 7 bin! – wollte ich nur eines: sterben für, jetzt, mit 27, würde ich versuchen zu »leben für« ...
Nicht für Sie, ach nein! Sie brauchen das nicht (darum brauche auch ich es nicht!), sondern irgendwie mit Ihrer Hilfe, – Sie könnten mich an der Hand nehmen und direkt zu Gott bringen.
Ja.

Die Blok'schen »Verschen« würde ich Ihnen verzeihen (von meinen ganz zu schweigen!), und Assjas Buch, und Ihre verfluchte Müdigkeit, und Ihren Garten, mein Freund! Aber Sie wollten mir nichts erklären, Ihnen fehlte die Energie und der Wille – nun, ich sag's! – zu meiner Rettung.
Denn einen Pawlik An⟨tokol⟩skij, der schreibt:
                    Zeit,
    dass die Offiziere für Peter aufstehen –
selber aber für niemanden aufsteht, – einen solchen Verbündeten brauche ich nicht. Dann schon lieber einen Feind wie Sie.
Sie haben mir übel mitgespielt, lieber Freund.
Sie sagten: »Das ist nicht das Wahre, aber es geht auch so.« Das Erste glaubte ich, und weil ich das Erste glaubte, glaubte ich nicht an das Zweite. (Weil es ein ECHTER Mensch sagte!)
Sie erwiesen sich als zu streng für einen Bekannten (was geht es Sie an?) – und als zu wenig streng für einen Menschen, der so oder so in mein Leben eingetreten ist.
Ja, ich bin in Ihr Zimmer eingetreten, Sie aber in mein Leben. Das sagt alles. Ich, die Leichtsinnige, erwies mich als schwerer als Sie, der Schwergewichtige!
Wissen Sie, wer ich gerne wäre, wenn ich Sie wäre? Eine Ordonnanz! Ein Wachtposten! Jungenhafte Rollen!
»Geh dorthin – ich weiß nicht wohin,
Bring das – ich weiß nicht was.«
Und ich würde gehen und es bringen. (Ach, was empfinde ich jetzt für eine Zärtlichkeit für Sie!) Ich könnte auch ein Hund sein ...
Stattdessen kommt es wohl anders – und ich bin traurig –
Nun, mit einem Wort: aus einem Hirngespinst (dem Helden eines fremden oder eigenen Buches) – aus einem Hirngespinst wird ein Schuft (ein leibhaftiger), aus einem Schuft ein Hirngespinst ...
Oh!
Hören Sie gut zu, ich spreche zu Ihnen wie vor dem Tod: Mir

genügt es nicht, Gedichte zu schreiben! Mir genügt es nicht, Stücke zu schreiben! Ich brauche etwas – jemanden (BESSER – ETWAS!) zum Lieben – zu jeder Tages- und Nachtstunde –, damit alles zusammenkommt, damit ich nicht zur Besinnung komme, wie der Tod.
Damit mein ganzes Leben wie ein einziger Arbeitstag! ist, nach dem man schläft wie ein Stein.
Verstehen Sie mich: Mein ewiges Bestreben, Wasser auf fremde Etagen zu schleppen, irgendeinem Dummkopf beim Tragen seines Bündels zu helfen, nicht zu schlafen, nicht zu essen, mich selbst und die Schwierigkeiten (!) zu überwinden – das ist nicht einfach ein Überschuss an spielerischen Kräften, ich schwöre es!
Aber ich kann nichts dafür, dass alle Schwierigkeiten – alle Verzichte! – mir leichtfallen, dass alles wieder zum Spiel wird.
Finden Sie Schwere in mir.
Und nicht eine Schwere um der Schwere willen (wie Schneeschaufeln um der Muskeln willen!), sondern damit diese jemandem nütze.
Teilen Sie jede Stunde meines Lebens ein, geben Sie mir Aufgaben, so wie die Schwestern Aschenbrödel Aufgaben gaben:
»Trenne Erbsen von Linsen …«
Und schicken Sie mir ja keine Feen zu Hilfe!

*

Ich mag es nicht, zusammen mit anderen zu lieben – das ist erniedrigend! Darum könnte ich nicht Propheten, Schauspieler, Dichter lieben. Mich irgendwie *encanailler en compagnie*.
Vielleicht nicht einmal mich *angeliser en compagnie*.
Es wäre trotzdem widerlich! Dann schon lieber: allein – ein ganzes Regiment!

*

12 Uhr nachts

Vor langem, vor 10 Jahren hatte ich die gleichen Gefühle. (N⟨ilende⟩r, meine und Assjas erste Liebe! Jetzt ist er mit Krätze zum Dieb verkommen.)
Das Erste: was habe ich ihm angetan?
Und ein Gefühl von solcher Schutzlosigkeit und Unterwürfigkeit!
Da bin ich, mach, was du willst, ich werde alles machen, was du willst; wenn du sagst: atme nicht – werde ich nicht atmen, nur verstoße mich nicht, verstoße mich nicht, verstoße mich nicht. Ich habe dir ja nichts angetan, verzeih mir, ich bin die Erde unter deinen Füßen, zertritt mich!
O Gott, und da heißt es, ich hätte keine Seele! Was tut mir denn so weh? Nicht ein Zahn, nicht der Kopf, nicht eine Hand, nicht die Brust – nein, nicht die Brust, etwas in der Brust, wo man atmet, – atme ich tief, tut es nicht weh, und doch tut es immer weh, *schmerzt*, unerträglich!
Ich saß bei L⟨idija⟩ P⟨etrowna⟩. An der Tür ein Schloss, doch der Spalt so groß, dass ich immer hoffte, es komme mir nur so vor, da sei ein Schloss. Als ich mich zum Gehen anschickte – eine Sekunde lang die Wahnsinnsfreude: Licht! (Einmal habe ich Schritte gehört, das hat mich mit *Leben* erfüllt!) Doch das Licht war nicht bei ihm, sondern im Durchgangszimmer. Ich gehe durch die Powarskaja: es ist noch hell – Soldaten. Jetzt ist die ganze Powarskaja wie N. N.: Militärjoppen und blaue Galliffethosen, jedes Mal springt mein Herz und sinkt.
Herr-je-e.
Ich gehe, Tränen in den Augen, die Linden sind wie ein langes dunkles Gewölbe, der Hals zugeschnürt: gleich bin ich zu Hause – der Hintereingang – der Schlüssel – Dunkelheit und Unordnung – mein Zimmer – *Goethe* – *Mme de Staël* – die Bücher. Sekundenlang der hoffnungslose Entschluss: kein Wiedersehen! – um nichts in der Welt! – soll er sich sehnen! – er wird sich sehnen! Soll er denken, ich hätte ihn vergessen!

Und plötzlich der eiskalte Schrecken: vielleicht denkt er, ich hätte ihn vergessen?! Und kommt darum nicht?

Ich gehe auf keinen Fall, auf keinen Fall, auf keinen Fall, sage ich zu mir selbst: er ist nach T⟨ambo⟩w gefahren, ich glaube ihm – und gehe nicht zu ihm, denn es wäre unsinnig, wenn er in T⟨ambo⟩w ist.

Aber ich werde erfahren, dass er nicht in T⟨ambo⟩w war, ich werde es nicht überprüfen, ich werde es erfahren ...

Und vor allem: was wäre, wenn man mir sagte: du wirst ihn in 10 Tagen sehen?

Ich würde ihn jeden, jeden, jeden Abend erwarten, und er würde jeden, jeden, jeden Abend nicht kommen, und was, wenn er nach 10 Tagen – nach einem Monat – nicht kommen würde – nie mehr?!

Ach, wenn ich ihn anderthalb Tage nicht sehe, kommt es mir schon wie eine Heldentat vor! Ich betäube mich mit Gedichten, mit *Mme de Staël*, mit Menschen, ich kämpfe die ganze Zeit, jede Minute überzeuge ich mich von seiner Notwendigkeit, jede Minute – *ohne ihn*.

Oh, ich kenne mich! Nach zwei vollen Tagen werde ich ein solches Gefühl erfüllter Pflicht haben, ein solch strahlendes Gefühl ertragener – übermenschlicher! – Anstrengung, ich werde mich als einen SOLCHEN HELDEN fühlen, dass ich – ohne zuvor auch nur eine Sekunde lang daran gedacht zu haben! – mich an jeden beliebigen Vorwand klammern werde, nur um zu ihm zu stürzen, im reinen Glauben, dass es *um eine dringende Angelegenheit* geht.

Ach, ich übertreibe nicht! Lassen wir die 4 bis 5 Stunden Schlaf beiseite, und zählen wir die Minuten.

48 Stunden minus 10 = 38 Stunden, 38 × 60 = 2280.

Zweitausendzweihundertachtzig Minuten, und jede wie eine Messerspitze! SO ist es. Für ihn aber – mit seinem Zeichnen, seinen Beeten, seinen Spaziergängen und ich weiß nicht womit noch (vielleicht liebt er jemanden?) – für ihn sind das nicht zwei

Tage, sondern gar nichts, gar nichts, – er bemerkt es nicht einmal.

So habe ich mit 22 unter Sonja P⟨arno⟩k gelitten, nur war es dort anders: sie stieß mich ab, machte mich hart, sie trampelte mit den Füßen auf mir herum, aber sie liebte mich!

Dieser da – ich denke tief und fassungslos darüber nach – BRAUCHT MICH NICHT. Über seine Freunde sagt er: »Würden sie sterben, ich würde sie wahrscheinlich schnell vergessen ...« Bin ich für ihn vielleicht »ein Freund«? So ist es »angenehm«.

Herr, ich gestehe alles ein: mit meinem Stolz ist es vorbei, das »angenehm« kann ich akzeptieren, aber eines, eines, eines nicht! Mich geringer zu fühlen als ein Klopfen an die Zimmertür. Das kann ich nicht, – und es ist nicht der Stolz, der sich in mir sträubt, sondern das letzte Restchen Verstand: »du erreichst nichts!«, und das, womit ich sterbe, ist – Korrektheit.

Lieber Freund, jetzt sind Sie wahrscheinlich zu Hause, L⟨idija⟩ P⟨etrowna⟩ hat Ihnen ausgerichtet, dass ich dort war, – mehr weiß ich nicht.

Vielleicht verstehen Sie alles und haben Mitleid mit mir, vielleicht – nichts, weil Sie (ein Engländer!) mich nicht einmal in Gedanken in eine peinliche Lage versetzen möchten.

(Wie erstaunlich leicht der Stolz verfliegt!)

Oh, wie müde ich bin! Wie leer! Meine Seele ist wie mein »Speisezimmer«!

Morgen früh: A⟨ntokol⟩skij bitten, mit mir eine fremde Verpflegungsration abzuholen (10 Pfund Fisch und 2 Pfund Butter, ich darf sie – wegen Alja!!! – nicht verfallen lassen. A⟨ntokol⟩skij gebe ich die Hälfte, dann sind es 5 Pfund und 1 Pfund, dennoch ist es nicht in Ordnung. Ach, wenn A⟨ntokol⟩skij die ganzen 10 und 2 Pfund verlangen würde! Dann müsste ich nicht hingehen!)

Und meine andere Ration – meine literarische – lastet 2 Pud schwer auf meinem Gewissen!

Und die nicht abgeschriebenen Gedichte! Und der heutige verlorene Tag! Und was soll ich mit diesem Fisch machen – 5 Pfund –, wo Alja und ich so wenig essen?!
Und die auf der Remington abgetippten Gedichte, die ich schon völlig vergessen habe! (Wozu so viel Geld, wenn man nichts braucht?! Herrgott, wie gern würde ich sie verschenken, wenn ich nicht Angst hätte, man würde mich für verrückt halten oder mir etwas unterstellen! Ich habe Angst.) – Und bei Kussikow das Geld abholen. – Am Donnerstag läuft »Adrienne Lecouvreur«, ich werde leiden, dass N. N. das 18. Jahrhundert nicht mag – eine weitere Bestätigung unseres Streits! –, und werde niemandem davon erzählen können.
Ich brauche nichts. Und N. N.s strenge Stimme: »Sie haben Alja!« – Alja tut der Bauch weh, und sie isst nichts. Aber ich habe heute schon einen Haufen Essen zu M⟨ilio⟩ti geschleppt, mein Gott, ich bin so glücklich, wenn jemand irgendetwas von mir braucht, und seien es Kartoffeln.
Mein Gott, was habe ich ihm angetan, dass er mich so quält?
Und ich dachte, ich würde nie mehr jemanden lieben können!
Wie damals, mit 17, ganz lockig nach den Masern, – zum ersten Mal!
Die Gedichte. – Aber er mag meine Gedichte nicht, er braucht sie nicht, also brauche auch ich sie nicht, – was soll mir, dass Balmont sie lobt?!
Kurze Atempause. – Eine Sekunde der Nüchternheit:
Wenn ich im Zimmer bin, ist es ihm angenehm. – Noch hat er sich nicht ganz entwöhnt, weiß es zu schätzen.
»Es tut mir sehr leid, dass Sie schon gehen«, sagte er mehrmals, und als er mir das Buch reichte: »Sie haben doch versprochen, dass Sie es von mir annehmen.« Das Zweite vielleicht aus Bedauern, das Erste spontan: ich bin für ihn unterhaltsam, als eine Spielart von etwas: ein besonderes Tierchen, ein komischer Vogel.
Ich *setze* das nüchterne Nachdenken *fort*:

Alles, was ich schreibe (fühle), kennt er nicht. Heute habe ich wütend gestritten, habe – laut – das Meine geliebt. Vielleicht spürt er nichts dahinter, denn er ist nicht musikalisch.

Mein Gott, wenn ich – reich! und anziehend trotz allem! – mich so quäle, was ist dann mit den anderen, die ihn geliebt haben? S⟨awad⟩skij hat mich auch nicht geliebt, aber ihm schmeichelte meine Aufmerksamkeit, außerdem! konnte ich ihm schreiben. Er liebte Gedichte. Außerdem genoss ich im Dritten Studio Ansehen, das erhöhte meinen Wert in seinen Augen, – wenigstens konnte er mit meinem Namen prahlen! (Das Dritte Studio ist noch weniger bekannt als ich!)

Dieser aber –

*

Russischer Mai 1920, Dienstag

Nach einem heroischen Tag brauche ich eine Belohnung. Es ist leichter, gegen Engländer zu kämpfen als gegen die eigene Seele, und Johanna sah jeden Abend den König oder hörte Stimmen! Heute seit dem frühen Morgen Gedichte (vielleicht sind sie schlecht, ich weiß es nicht, doch bemerkte ich dadurch den Morgen nicht), dann zu den G⟨oldma⟩ns, ich lag auf dem zugigen Balkon (habe wahnsinnig Angst!) – um braun zu werden (was ich wahnsinnig mag!) – und unterhielt mich mit drei Kindern: 12, 6 und 2 Jahre alt (Alja zählt nicht – sie ist Teil von mir!). So, von zwei bis acht Uhr. Dann wieder Gedichte. Jetzt ist es dunkel, gegen zwölf. Der gleiche Schmerz in der Brust (das gleiche Weh) und das gleiche Würgen im Hals. Den ganzen Tag über war es nicht da, am Morgen bin ich fast glücklich aufgestanden, doch habe ich mich tagsüber zu sehr verausgabt, und am Abend bin ich wehrlos, nehme alles auf, sauge und ziehe alles in mich hinein: daher der Schmerz. – Eine Sekunde lang überlegte ich, zu A⟨ntokol⟩skij zu gehen, dann begriff ich: wozu?

Trösten kann mich nur jener eine, alle anderen wühlen mich nur auf.

Zu meiner Ehrenrettung sei gesagt, dass ich keine Sekunde in Versuchung war, zu M⟨ilio⟩ti zu gehen – nicht im Geringsten! –, sogar jetzt verziehe ich den Mund.

Wenn jener jetzt nicht zu mir kommt, weil er nicht weiß, ob ich mich darüber freuen würde, ist klar, dass es auf der Welt sinnloses Leiden gibt (meines).

Aber eines ist unzweifelhaft: der Mann hat sich abgewandt – und ich weiß nicht, warum.

Ich lebe völlig freudlos.

*

Weil ich nicht schlafe – rauche ich, weil ich rauche – rede ich, weil ich rede (alles Mögliche!) – verblöde ich, weil ich verblöde – verschenke ich (mich selbst!), weil ich verschenke – verbrenne ich … – flenne ich. –

*

Ich habe keine Sünden, sondern Kreuze.

*

Vielleicht bin ich zu sehr wortgläubig? N. N. ist überzeugt, dass ich schlecht bin – und schon bin ich selber davon überzeugt, ohne Überprüfung. – Aber was habe ich denn schlechter gemacht als er? Gehen wir zum Ausgangspunkt zurück. Seit Beginn unserer Beziehung wusste ich, wer er war, wusste er, wer ich war. Also: der Heilige und die Sünderin. Wer hat letztlich mehr Sünde: der Heilige, der küsst, oder die Sünderin? Und was soll daran Beleidigendes sein, dass ich ihn geküsst habe? Ich weiß nicht einmal, wer begonnen hat.

Und noch: »Sagen Sie die Wahrheit! Sie lieben mich doch *nicht*?«
Das fragt man, wenn man zumindest die Absicht hat, zu lieben; wenn es egal ist, fragt man so nicht, hat kein Recht dazu – es gibt keinen Grund!
Habe ich ihn denn gefragt? Ach, ich bin so unendlich bescheiden, was die Gefühle anderer mir gegenüber betrifft! Unbescheiden bin ich nur in Bezug auf die eigenen. Es käme mir schlicht nicht in den Sinn.
Das Grundsätzliche war bei uns gleich: ihm war es angenehm mit mir, mir – mit ihm. Und berücksichtigt man unsere unterschiedlichen Naturen, unsere Beziehung zum Wort (er ist so geizig!, ich so freigiebig!), so ergibt sich, dass er sich mehr zu mir hingezogen fühlte als ich zu ihm.
Und wozu braucht er meine Gedichte im Notizbuch? Er mag meine Gedichte nicht (Schaum! – und einmal sprach er von Bloks »Verschen«. Aber er liebt Bunin. Hm …). Eitelkeit – wenn er denn welche hätte! – kann ich nicht hätscheln, mich kennt man zu wenig.
Offensichtlich geht es einfach um Leidenschaft für Methodik. Wenn in diesem Büchlein schon drei Gedichte von mir drinstehen, müssen alle rein. Ich habe sie übrigens gestern, als ich nach Hause kam, abgeschrieben.
Es ergibt sich:
Seine Bitte bietet mir die Möglichkeit, aufzuatmen (nicht zu ersticken vor –). Befreiung von Überschuss.
Meine Bitte bietet ihm die Möglichkeit, die Leere in Bezug auf mich durch Arbeit auszufüllen. – Als Ersatz!
Kurzum, ich handle aus Begeisterung … Er aus dem Gefühl, eine Gentleman-Pflicht erfüllt zu haben.
Oder vielleicht fehlt auch das?

*

Traum über Blok

Heute sind Sie mir erschienen. Zuerst bin ich so erschrocken – ich hatte es nicht erwartet! –, dass ich nichts verspürt habe.
Sie sind gekommen, Bücher zurückzubringen und Bücher abzuholen. Ach, ja! Und um Geld zurückzugeben! (»Unverzeihliche Vergesslichkeit ...«)
Ihre schwarze Mütze, Ihre lieben Hände.
Ich schaute auf Sie wie auf einen Toten (*nicht* Auferstandenen!).
Sie sagten etwas über Bücher: »Sie kennen meinen Geschmack ja ein wenig ...« – »Nein, heute weniger denn je. Was ich wusste, habe ich vergessen. Am Anfang ging ich kühn voran – wie eine Blinde –, aber als ich ein wenig zu sehen begann – war es furchtbar, je mehr man weiß, desto furchtbarer wird es ... Und jetzt weiß ich nichts mehr.«
»Irgendwann später werde ich Ihnen alles verraten. Doch vorläufig werde ich Sie weiter abstoßen – nicht immer – immer geht nicht ...«
Dann ich: »Erkenntnis bringt mir nichts ...«
Er, mit einem Lächeln, einen Kachelspruch zitierend: »Erkenntnis? ... Erinnern Sie sich an die Reihenfolge: Erkenntnis – Furchtlosigkeit – und nach vielem anderen – ganz unten, ganz am Ende – die Liebe ... Bei Ihnen aber ...«
»Bei mir ist es umgekehrt. Nämlich: Liebe – Erkenntnis – Furchtlosigkeit, oder einfach: Liebe – Furchtlosigkeit, oder einfach: ⟨nicht zu Ende geschrieben⟩

*

9. russischer Mai 1920

So habe ich mich nur einmal im Leben gequält – vor 10 Jahren, als ich 17 war! Ich hatte völlig vergessen, wie das ist.
Als würde ich am Grund eines Brunnens liegen, mit zertrüm-

merten Beinen und Armen, und oben gehen Menschen, die Sonne scheint.
Die leere helle Powarskaja ist schrecklich für mich.
Oh, dieser Abend gestern, »geschäftsmäßig«.
»Zu den Büchern, die ich gerne hätte, gehören einige Bücher Ihres Mannes ...«
Ich erstarrte. (*Serjoshas* Bücher!)
Kurzum, im Tausch: Aljas Porträt.
Ich sagte: nein – bescheiden und trocken – und nochmals: nein, und abermals: nein. Und heute habe ich ihm die Bücher gegeben und das Porträt genommen, weil er sagte:
»Ja, ich liebe Alja nicht. Aber ihre zarten Kinderhände *versöhnen mich* mit ihr.«
»*Versöhnen?* Was mögen Sie denn nicht an ihr?«
»Sie hat kein Lächeln, Kinder lächeln, sie schneidet eine Grimasse.«
Ich musste leer schlucken.
»Habe ich ein gutes Gespür?«
»Ja. Jetzt sagen Sie mir, wen ich liebe?«
Ich, lachend: »Mich lieben Sie mehr als Alja.«
Er, nach einer kurzen Pause: »Ja, mehr.«
Ich: »Weil es mit mir lustiger ist.«
Er: »Und jetzt sagen Sie mir, was ich wirklich liebe.«
Ich: »Ganz im Ernst, ohne Spott: Ihren Garten.«
Er: »Ganz im Ernst, Hand aufs Herz: nein.«

Und er sagte noch vieles, zum Beispiel:
»Mir gefiel unsere Beziehung am Anfang, und jetzt beginnt sie mir wieder zu gefallen, aber dazwischen (eine Bewegung mit der Hand) gab es diese Zickzacks ... dunkle, gewundene Linien ...«
Und über Blok: »Rembrandt war ein Ozean, Blok ist im Vergleich Wasser, das aus einem Glas ausgeschwappt ist ...«
Und als ich über die Front und Gedichte erzählte (Kolja M⟨iron⟩ow und Blok 1914), sagte er:

»Im Krieg werden keine Gedichte gelesen, das ist nicht ein Fest ...«
Weitere Sätze:
»Irgendwann werde ich Ihnen alles erklären, aber nicht so bald ... (und ein zweites Mal:) aber nicht so bald ... Vorläufig ...«
Jede Frau würde daraus folgern, dass er mich liebt, aber zu lieben und so zu quälen, ist noch monströser, als nicht zu lieben und zu quälen, – außerdem: gibt es denn Hinweise?
Es gibt hier keine Hinweise.
Es gibt hier nur eine große Grausamkeit – ob absichtlich oder nicht, weiß ich nicht, aber egal ob absichtlich oder nicht, sie ist trotzdem monströs. Ich bin doch ein Lebewesen, und er lässt mich nicht atmen.
Und da ist seine wunderbar zärtliche Hand, und der Blick, und die Mütze, und die Stimme.
Das alles erinnert mich ein wenig an Brand (schon immer habe ich diesen Helden und das Stück gehasst!). Verschenk die Kinderhaube, denn du liebst sie – und folge mir.
Hier aber heißt es einfach: Verschenk die Kinderhaube, denn du liebst sie – ich aber gehe weg.
Aljas »Grimasse«.
Sei dreimal verflucht: von mir als Mensch (Blok! und alles Übrige!), als Mutter, – nein, nur zweimal: die Frau lass ich außen vor.

*

10. russischer Mai 1920

Heute hat mir einer aus dem Palast der Künste gewahrsagt. Auf der kleinen Wiese lagen: ich, M⟨ilio⟩ti, R⟨ukawischnik⟩ow, Achromowitsch und der Wahrsager.
»In Ihrem Leben gibt es drei unglückliche Lieben: eine mit 16

oder 17 Jahren, die zweite bald – oder sie ist gerade vorbei. Da war etwas und ist auseinander, vielleicht vorübergehend, das ist irgendwie unklar ... Aber es geht um ein starkes Gefühl, und es quält Sie ...«

Den ganzen Tag habe ich gelitten (leide noch immer!). Eines muss ich (neben vielem anderen!) begreifen: besser als zu Hause fühle ich mich nur mit N. N. Doch mit ihm zu sein, ist mir nicht gegeben (selbst wenn ich, *alles* in mir niederkämpfend, zu ihm gehe, empfinde ich keine Freude, nur unaufhörlichen Schmerz), was heißt, dass ich allein sein muss.

Es gab zwei glückliche Tage: den gestrigen Abend mit Chudolejew (er ist ein bisschen wie Petipa – Stachowitsch – Wolodetschka Alexejew: altmodisch, von vornehmer Schönheit, redegewandt – und liebt mehr als alles auf der Welt sich selbst). Wunderbar las er den »Brief an Jussupow« und einige Gedichte von Byron vor, – beides habe ich zum ersten Mal gehört, ich saß da mit leuchtenden Augen und trockener Kehle, – unbeschreiblich!

Das Haus, wo wir waren, ist gemütlich, die Hausherrin freundlich, es gibt Kinder und eine Bonne, und einen herrlichen Hund von seltener wölfischer Rasse, – einen großen Diwan, einen Flügel, starken Tee. Ich las »Fortuna« vor, aber das ist unwichtig. Chudolejew mit seinen Gedichten – seine wundervolle Stimme – und Chopins Schaum – und der Hund, das alles hat mich bestätigt. Ich habe wohl niemandem besonders gefallen, alle waren mit sich selbst beschäftigt, aber ich kann auch ohne dies glücklich sein, mich einfach über eine Stimme, den Tee, meine Gedanken freuen, die – immer! – nur um die Liebe kreisen.

Ch⟨udo⟩lejew ist begeistert von Aljas Gedichten. Ich mag es nicht, sie anderen vorzulesen, das ist unziemlich. Und Lob – für mich, für Alja – brauche ich nicht. Ich brauche Liebe.

Im Grunde könnte ich jeden lieben, aber ich bin jetzt in einer unglücklichen Verfassung. Es gibt eine Insel auf der Welt (im Meer!), wo mich jeder lieben würde.

Und dann, nach dem Tee, der Stimme, nach Puschkin, Byron,

Chopin und dem Hund – durch die pechschwarze Nacht nach Hause mit M⟨ilio⟩ti. Den ganzen Weg über lachten wir, den ganzen Abend lang verkehrten wir freundschaftlich. Er gab sich Mühe, »*faire le beau*«, hat einen subtilen Humor, gibt nicht ohne Brillanz Gemeinplätze von sich, ist angenehm.

Eine ohrenbetäubende Neuigkeit: N. N. hat Frau und Tochter, beide sind auf der Krim. Ich kann es nicht glauben. Vielleicht ist seine Tochter auf der Krim, weil sie auch »Grimassen schneidet«? An die Frau denke ich nicht. – Völlig egal. – Eifersucht (und gleichzeitig Freude!) empfinde ich nur in Bezug auf die Tochter.

Und er hat 7 Zimmer in Moskau.

»W⟨assilij⟩ D⟨mitrijewitsch⟩, nehmen Sie dieses Zimmer?« »Wozu? Ich habe schon eines.« – »Dann nehme ich es.« – »Wozu?« – »Einfach so, zum Nutzen.«

Und als M⟨ilio⟩ti ihn bat, ihm die Verpflegungsration (Brot) auszuhändigen, kam die ruhige Antwort:

»Ich esse gerade zu Mittag.«

Ich musste wahnsinnig lachen. Heute kam Sh. W⟨ige⟩lew mit einem Kollegen, sie sprachen über Blok. Und am Morgen brachte ich N. N. das Glas für die Bilder sowie Bücher. Ich war fröhlich – nach dem gestrigen Abend, da ich *zu Hause* war (niemand beschimpfte mich!), fühlte ich mich glücklicher, d. h. weniger bedürftig, d. h. freier. Und er war nett. Und gegen Ende des Tages – nachdem ich den ganzen Tag mit M⟨ilio⟩ti zugebracht hatte – ging ich für eine Sekunde zu N. N. – wieder litt ich unsäglich, anders lässt es sich nicht ausdrücken! –, und da war er unfreundlich.

Ein Satz von ihm: »Ich will Sie nicht beleidigen – ich kann nicht – möchte nicht.«

Und ich, lachend (selbst im Sterben werde ich lachen!):

»Zwei von diesen Aussagen sind – Lüge!«

Er lächelte. Aber es war widerwärtig. – Die ganze Zeit Leute und mein Bedürfnis, jede Sekunde loszuheulen – die Bereitschaft – die Angst! – loszuheulen.

Dass ich zu ihm gehe, ist *unwürdig*. Ich darf nicht.

*

Zu Balmonts Abend bin ich – ein Schwein! – nicht gegangen, verwüstet von fünf Stunden mit M⟨ilio⟩ti und fünf Minuten mit N. N.
Das geht über meine Kräfte. Man soll mich an einen andern Ort versetzen – und alles wird gut. (Vielleicht auch schlimmer!)
(Jetzt ist tiefe Nacht, plötzlich ein Regenguss, – angenehm.)
Den ganzen Abend habe ich Gedichte geschrieben – gute! (Über das Theater, über das Sterbelager einer Tänzerin, über Frauenköpfe auf Lanzen, über die Revolution, »Ohne Beweisgründe, wie tierisches Gebrüll ...«, über den bescheidenen Ruhm eines Grabhügels.) Gestern begann ich das Stück »Der Schüler« – über N. N. und mich, ich war beim Schreiben sehr glücklich, denn anstelle von N. N. war da etwas Lebendiges und Zärtliches – und weniger Kompliziertes.
Meine Gedichte braucht niemand: N. N. hat Puschkin und Bunin, M⟨ilio⟩ti seine eigenen (schlechten) Gedichte. Ich schreibe nur für mich selbst – um irgendwie durch das Leben und den Tag zu kommen.
Niemand weiß, dass ich an einem seidenen Faden hänge.

*

11. Mai 1920 alten Stils – Montag

Sonne auf meinem Tisch. Der Tisch ist sauber, aufgeräumt. Mein Leben: Alja zu essen geben und hinbringen – und dann schreiben. Ich mache keine Erledigungen.
Oh, Blok, der im Morgentau hinter dem Pflug phantasiert! Wie rührend – und wie unglaubwürdig!
Offensichtlich liebe ich die Natur nicht leidenschaftlich, ob-

wohl mich jedes Bäumchen in Staunen versetzt. Wenn ich ein eigenes Bäumchen hätte, würde ich es wahrscheinlich lieben wie einen Menschen. Ich brauche eine Beziehung, einen lebendigen Kontakt, während die Natur – mag man sie noch so sehr lieben – nicht antwortet. Ihr ist es völlig gleich, ob ich das bin oder ein beliebiges Weibsbild. Man kann sie nicht umfangen! Und es gibt nichts Entsetzlicheres als das Verwüstetsein nach einem ganzen Tag im Freien. Unmöglich, sich zu sammeln. Und jederlei Schönheit – tut weh!
Je suis faite pour les plaisirs d'une société honnête, l'amitié de quelques amis choisis et l'amour unique et merveilleux de quelque gentilhomme beau de visage et haut d'esprit.
Ich tröste mich mit Dummheiten!
Überhaupt habe ich seit der Bekanntschaft mit N.N. viel an Glanz verloren. Das ist so neu für mich – ich habe so sehr vergessen, was es heißt, nicht geliebt zu werden!

*

Jeden Tag, da ich nicht Gedichte geschrieben habe, und jedes Jahr, da ich nicht ein Kind geboren habe, empfinde ich als verloren.
Wie wenig verlorene Tage.
Wie viele verlorene Jahre.

*

Ich lese »Corinne«. (Zum ersten Mal las ich es mit 17.) Ein phantastisches Buch, und das gilt erst recht für G. Sand! Große Seele und großer Verstand.
Und meine ewige Gewohnheit, über alles (Menschliche!) nachzudenken. Und meine tiefe Gleichgültigkeit gegenüber allem, was sich außerhalb (des Brustkorbs!) des Menschen befindet.
Rom ist für sie – ein Ruinenfeld menschlicher Leidenschaften,

ein riesiger Friedhof, eine Brandstätte. Das erinnert mich an S⟨erjoshas⟩ Worte: »Mich zieht es nach Europa, weil dort jedes Fleckchen Erde geheiligt ist durch Milliarden von Menschenleben. Ich brauche keine unberührten Inseln.«

*

Klar ist: wenn ich arbeite, reicht der Tag nicht aus, wenn ich nicht arbeite, ist jede Minute überflüssig.
Und da mein Ziel darin besteht, den Tag zu jagen wie ein wildes Tier, ist klar, dass ich arbeiten muss.

*

Durch Müßiggang habe ich nie gesündigt. Und »sündigen« passt nicht, da Sünde – wie man hört – angenehm ist.
Sagen wir lieber: an Müßiggang habe ich nie gekrankt.

*

Müßiggang ist die gähnendste Leere, das verheerendste Leiden. Vielleicht liebe ich darum weder das Landleben noch die glückliche Liebe.

*

Wort»schaum«, meine Herren, meine Herren! (Lesen Sie über N. N.! N. N.!) Aber irgendwie muss ich das Liebeswerk tun, das Werk, das Sie mir nicht zugestehen wollen.
Ich kann doch nicht von morgens bis abends *nur* waschen, *nur* Alja ernähren, *nur* zu Besuch gehen!
Und dann – Worte! Schaum! Trunkenheit!
»Vergessen! Nur Vergessen!
Suchen wir in unserm Schreiben!«
(Lochwizkaja)

Sie alle haben eine Anstellung – einen Garten – Ausstellungen – den Schriftstellerverband –, Sie leben auch *außerhalb* Ihrer Seele, für mich aber sind: Anstellung – Garten – Ausstellungen – Schriftstellerverbände – ich selbst, meine Seele, meine Liebe, meine Abneigung, meine Qual, mein schrecklicher Schmerz wegen allem!
Und so ist es nur natürlich, dass ich zu mir und in mich gehe, wo niemand mit mir streitet, wo mich niemand abweist, in mein armseliges, unordentliches Haus, wo man mich dennoch liebt.
Und ich bin nicht schuld, wenn daraus Gedichte entstehen!

*

Was braucht man heute nur für Worte statt »Liebe«.
Ju⟨rij⟩ S⟨awadskij⟩ zum Beispiel: »Das muss nicht erwähnt werden«, M⟨ilio⟩ti zum Beispiel: »Offenbarung«, N.N. zum Beispiel: »angenehm« – und sie tun alle dasselbe!
Oder sie fürchten, beim Wort »Liebe« käme sofort eine Rechnung für Schuhe oder ein Wechsel für ewige Treue.
Für mich aber ist Liebe ohne das Wort »Liebe« – eine Beleidigung, als würde ich dieses Wort nicht verdienen, – wo ich es allein schon als Belohnung dafür verdiene, dass es bei mir niemals Wechsel und Treue gibt!

*

Vielleicht aber hat mich – schlicht und einfach – keiner von ihnen geliebt? (»Vielleicht« klingt bezaubernd!) Hat keine Sekunde geliebt und es darum auch nicht ausgesprochen. Männer sind allzu ehrlich: »ich liebe« sagen sie nur zu der, die sie bis hin zur Heirat lieben! (Eine Heldentat!) Wer aber würde von ihnen – allen – mich heiraten wollen?
So tun sie alles, wie es sich gehört, ohne zumindest mit Worten zu lügen.

(Ich aber hege den unsinnigen Glauben: wenn du küsst, so liebst du auch! Männer küssen nicht aus *délicatesse de cœur*!)
Und da ist noch etwas: ich brauche das Wort.
Für mich gilt: »*les écrits s'envolent, les paroles – restent!*«

*

Eine alte Wahrheit, an mir wieder bestätigt! Wenn Männer küssen, verachten sie (die eher Sensiblen – sich selbst, die einfacheren Gemüter – den anderen). Wenn Frauen küssen, so küssen sie einfach.

*

Die fremden Tugenden und die eigenen Sünden ⟨über der Zeile: *Laster*⟩
Mit meinen Lastern (?) schade ich niemandem, außer mir selbst.
Mit seinen Tugenden schadet N. N. – zum Beispiel – zuallererst mir.
(Meine Laster: ich küsse leicht die Hand, schreibe fröhliche Gedichte, liebe Blok, – andere – ich schwöre! – sind mir nicht bekannt.)
Kurzum: bei N. N. gibt es *les défauts de ses qualités*.
Bei mir: *les qualités de mes défauts*.
(Offenbar – eine Formel!)

*

Kreise von Schauspielern: ausschließlich mentales Leben, reines Feuerwerk, wie Brambilla. Das ist zu fröhlich für mich!
Kreise von Pflichtmenschen (wie N. N.): immer Ertrinkende retten, immer Brände löschen, immer Gärten umgraben, kein Lächeln!

(Gärten gibt es mehr als Brände.)
Das ist zu ernst für mich!
Ich habe keine Kreise, ich habe Freundinnen: Bettina, *Comtesse de Noailles*, M⟨arija⟩ B⟨aschkirzewa⟩, G. Sand, Sonetschka Holliday, Assja, *Mme de Staël*, K. Pawlowa, Achmatowa, Rostoptschina, und Tausende von solchen, die *nicht* geschrieben haben!

*

Bei mir gibt es nur eine ERNSTE Beziehung: zur eigenen Seele. Und auch das verzeihen mir die Leute nicht, weil sie nicht erkennen, dass dieses »zur eigenen Seele« gleichzeitig »zu ihrer Seele« bedeutet! (Denn was wäre meine Seele – ohne Liebe?)

*

Dies alles wusste ich schon lange, doch 10 Jahre glücklichen Lebens (erfolgreicher Seele!) lehrten mich, zu lächeln und zu lachen, und während ich lachte und lächelte, vergaß ich ein bisschen, dass ich im Grunde genommen unfähig bin, das Leben zu leben.

*

Ich bin nicht leichtsinnig, meine Zunge ist leichtsinnig, ich lasse mich zu einer Erwiderung verleiten, werfe sie in die Luft, und N.N. (der hier für viele steht) holt sie von dort und trägt sie in die Liste meiner Vorzüge (Laster) ein.
Schweigend – mit mir allein – in der Liebe – in der großen Sache der Liebe! – bin ich völlig schutzlos, völlig ernsthaft, völlig rein.

*

Wäre Irina ein Junge gewesen, hätte ich eher Serjosha in ihr gespürt, hätte sie zärtlicher geliebt, hätte ihre späte Entwicklung auf ihr Junge-Sein zurückgeführt, nach Aljas Brillanz ...
So aber habe ich sie nur als mein Eigenes empfunden und sie ebenso streng beurteilt wie mich selbst, wie mein Eigenes ... Verhängnisvoll.

*

N. N.! Angefangen haben dennoch – Sie! (Lieber Freund, ich mache Ihnen keine Vorwürfe!) Sie sagten zuerst: »Wenn ich tatsächlich ein alter Lehrer wäre und Sie meine junge Schülerin, würde ich sofort meine Hände auf Ihren Kopf legen – Sie segnen – und gehen.« Wie sollte ich da meinen Kopf nicht hinhalten, nicht Ihre segnenden Hände küssen?
Und beachten Sie: ich habe mich bis am nächsten Abend zusammengenommen!

*

Seltsam: alle Mystiker liebten – die Nacht, besangen – die Nacht, beteten – zur Nacht! Novalis – Swedenborg, ich kenne mich bei den Mystikern schlecht aus, aber auch die Freimaurer versammelten sich nachts.
Und nicht nur die Mystiker, – alle, mit der Gabe der Seele Begabten!
(Oh, meine Bettina!)
Und Sie, lieber N. N., ein Mystiker und ein Wesen, das – trotz allem! – klar mit der Gabe der Seele (ich würde sagen – des Geistes!) begabt ist, entscheiden einfach: die Nacht ist für den Schlaf. Und spüren nichts in der Dunkelheit.
Wenn Sie damit erzieherische Ziele verfolgen, glauben Sie mir: die Nacht ist für mich – am allerwenigsten – zum Küssen da!
Nachts – das spüre ich – gehen von mir Strahlen aus. Und offen

gesagt: bin ich denn ein Wesen der Liebesleidenschaft? Ich bin einfach ein Lebewesen.
Und wissen Sie, wie Sie mit mir »fertiggeworden« wären?
»M⟨arina⟩, denken Sie tiefer, fühlen Sie tiefer ...«
Das ist alles.

*

Sie hatten keine Mutter. Ich denke darüber nach. Nun, wo ich genug darüber nachgedacht habe, verzeihe ich Ihnen alle Sünden.

*

Ich lege einen feierlichen Eid ab – *coûte que coûte* – nicht allein zu Ihnen zu gehen.
Nicht nur überdeckt die Freude die Erniedrigung nicht. Die Erniedrigung tötet die Freude. Und wenn ich von Ihnen weggehe, bin ich ärmer als zuvor.

*

13. Mai 1920 alten Stils – Mittwoch

Ringt er mit mir oder hat er mich schon niedergerungen?
Alles hängt davon ab, und ich werde es nie erfahren.
Ich führe das Leben einer Zwangsarbeiterin. Vom Morgen an Gedichte – das Abschreiben der Gedichte – das Notizbuch – die belastende Übersetzung von Musset – und so den lieben langen Tag bis zum Abend. Ich kann mich nicht dazu aufraffen, zu jemandem zu Besuch zu gehen, lieber bin ich alleine. Abends lese ich »Corinne«, nachts versuche ich zu schlafen, aber ich habe so schreckliche Träume, dass ich wieder Licht mache und rauche.

Gestern kam ein nettes Geschöpf (ein Kind, obwohl sie schon zwei Kinder hat, ein bisschen wie Edvarda!), gestern brachte mir ein nettes Mädchen einen Strauß »Nachtschönheiten« – *belle-de-nuit* – weiße – rechts und links vom Stengel – Veilchen.
Ich freute mich sehr, erinnerte mich an Tarussa – die Kindheit – die Einsamkeit.
Und plötzlich, am Abend: ein Wunder, als wäre eine ganze nächtliche Wiese im Zimmer.
Und sofort der Gedanke: in der Natur – Ihrem »Lehrer«, N. N. – gibt es Geschöpfe, die nachts intensiver leben!
Übertretung eines Gesetzes? Doch die jährlich jeden Frühling – bis zum Ende des Universums – sich wiederholende Übertretung eines Gesetzes ist schon – ein neues Gesetz. Das ist nicht ein Kälbchen mit drei Köpfen!
Und es gibt Kuckucke, die legen ihre Vogeljungen heimlich in fremde Nester, um alle ungehinderter anöden zu können.
(Ich tue so was – nicht!)
Und die Eule, die nachts nicht schläft.
Warum ist es der Eule erlaubt, und mir nicht?

*

Irgendwo, in einem meiner Hefte, gibt es den leichtsinnigen und traurigen Ausspruch:
Ist es nicht gleich, mit wem man *auf* Erden schläft, wenn man *unter* der Erde mit irgendeinem Zufälligen schlafen wird.
Schließlich haben nicht alle Familiengrüfte!

*

N. N.! Es kommt die Stunde, da werden Sie alle Worte vergessen und ich alle erinnern.

*

Ein Mensch, der sich so offensichtlich nicht nähert und nicht schaut, ist offensichtlich nicht ruhig. (Oh, wenn ich etwas Ruhe hätte, um von der Seite die ganze Kurve unserer Beziehung überblicken zu können! Aber ich kann nicht – es schmerzt zu sehr! Ich bin ganz vom Schmerz besetzt!)

*

Ich bin kein Spieler, ich werde selber zu schnell zur Karte.
Und ich bin kein Jäger, ich werde selber zu schnell zur Beute, zu schnell zu einer unnützen Beute, sobald ich Jäger bin.

*

Wie viele Tage schon ist Alja vom frühen Morgen bis zum späten Abend allein – oder mit den Kindern – im Garten Sollogubs.
Wo bleibt meine frühere Eifersucht?!
Oh, ich hätte so gern noch ein Kind!

*

Herrschaften! Wenn Sie eine Widmung in einem Buch wollen, lassen Sie mich in der ersten Minute schreiben, dann verstecken Sie das Buch möglichst weit, denn …
Denn die Kurzsichtigkeit wird – mit der Zeit – korrigiert. (Sagen die Ärzte.)

*

Die Liebesaureole eines Mannes verdankt sich der Liebe der Frauen zu ihm, die Aureole einer Frau – der Liebe zu sich selbst.

*

Nun gut! Vielleicht habe ich das alles gebraucht, um festzustellen, dass mein Herz noch lebendig ist!

*

Was ist Verlangen?
Mich verlangt es nach N. N. – das ist Verlangen.
Aber ich kann mich nicht überwinden, zu ihm ins Zimmer zu gehen. Was ist das?
Offensichtlich ist die Unmöglichkeit stärker als das Verlangen, die Unmöglichkeit könnte nur durch Unentbehrlichkeit überwunden werden.
Wenn N. N. mir *unentbehrlich* wäre, würde ich zu ihm ins Zimmer gehen.
Aber – tief innen: nein! Ich glaube, es fiele mir leichter, auf seiner Schwelle zu sterben.

*

Warum *kann ich nicht* hineingehen, sosehr *es mich verlangt*?
Weil ich mich in seinem Zimmer überflüssig fühle. Was ist das? Selbstliebe? – Nein. – Wie oft – und wie anschaulich! – habe ich sie bezwungen. – Stolz? – Nein. Würde er zu mir sagen: Verzichte!, ich würde es – blind – von mir aus! – tun, ohne zu fragen, worauf. Es ist einfach Angst, – ich habe Angst, Angst, Angst! Als hätte man den Eingang mit einem Eisengitter versperrt, nein, als wäre die Tür fest verschlossen.
Und jedes Mal überkommt mich eine lächerliche, unsinnige kleine Freude, eine Art Beruhigung, wenn ich bemerke (mich vergewissere), dass kein Schloss an der Tür hängt, dass sie offen ist.
Eine alte Erinnerung vielleicht?

*

»Corinne« von *Mme de Staël* ist mir ein großer Trost. In mir sind tatsächlich alle Frauen vereint, die einst weinten und eine Feder in der Hand hielten!
Und ich weiß überhaupt nicht, was ich machen soll.
Die Kräfte sind ungleich.
1) Er kennt mich (ich habe mich ganz in seine Hände gegeben). Ich kenne ihn nicht.
2) Für mich ist jede Minute *ohne ihn* verloren, er aber braucht im Grunde niemand. (»Wenn meine Freunde sterben würden ...«).
3) Für mich ist diese Beziehung lebendig und dauert an, für ihn ist sie beendet.
Da habe ich ein Bändchen mit Gedichten, die ich für ihn abgeschrieben habe. Soll ich es ihm geben? Oder warten, bis er darum bittet?
Gestern lag ich auf der Wiese und las »Corinne«. Er kam. Ich hob den Kopf. Er berührte mit der Hand meine Mütze.
Ich gab ihm die Hand: »Sie gehen vorbei und wollen mir nicht einmal die Hand geben?«
»Im Gegenteil, ich habe Sie zuerst begrüßt.«
»Ich möchte mich mit Ihnen versöhnen.«
»Haben wir uns denn gestritten?«
»Ich weiß nicht, ich möchte mich mit Ihnen versöhnen, ich habe mir vorgenommen, mich an Pfingsten mit Ihnen zu versöhnen, – ist das nicht bald?«
»Ich weiß nicht. – Haben wir uns denn gestritten?«
»Vielleicht Sie nicht, ich schon.«
»Nun gut, dann wollen wir uns an Pfingsten versöhnen.«
Und er ging weiter.
Was ist mit ihm? Ich weiß es nicht. Erinnert er sich überhaupt an etwas? Vielleicht ist alles einfacher, als es scheint!
Er stellte fest, dass er sich verlieben könnte, begriff, dass das seine Ruhe stören würde, erinnerte sich an meinen »Schaum« – und ging, bevor es zu spät war!

Ohne sich zu verabschieden!

*

Vor meinem Brief und der Rückgabe der Bücher lief es anders, da verlor er manchmal für eine Sekunde seine frühere Stimme. Durch die Kälte spürte man seine Erregung.
Jetzt aber ist er wie eine undurchdringliche Mauer. Mit meinem ganzen Wesen spüre ich, dass ich für ihn NICHT EXISTIERE.

*

Meine lieben Urenkel, Liebhaber und Leser in 100 Jahren! Ich rede mit euch wie mit Lebenden, denn ihr *werdet sein*! (Die Distanz macht mir nichts aus! Meine Füße und meine Seele erheben sich gleichermaßen leicht!)
Meine lieben Urenkel – Liebhaber – Leser! Urteilt: wer hat recht? Und aus tiefster Seele bitte ich euch: habt Mitleid mit mir, denn ich habe es verdient, dass man mich liebt.

*

Alja wird im Balmont'schen Garten von den Kindern mit »Laus« geneckt und mit Steinen beworfen, – es sind gut gekleidete, anständige Kinder, Jungen und Mädchen zwischen 10 und 15 Jahren. Und als ich heute für sie eintrat – »ihr seid groß, und ihr Jungen seid Ritter« –, Gekreisch, Geschrei, prustendes Gelächter und Raserei im ganzen Hof – und einige Mädchen im Chor:
»Ritter?... Pfff ... Hi-hi-hi ... Ha-ha-ha ... Diese Zeiten sind vorbei ...«
»Aber seht, wie klein und dünn sie ist!«
»Und wir sind groß und dick und wollen nicht mit einem solchen Fischotter spielen, und sie gefällt hier niemandem, und bevor sie kam, hat niemand Steine geworfen.«

*

Danach sagte ich zu Mirra: »Mirrotschka, Sie leiden hier mit Alja wegen der Kinder, ich aber wegen der Erwachsenen, nur tausendmal mehr. Weinen Sie nicht. Wenn ich bei jeder Kränkung weinen würde, käme ich aus den Tränen nicht mehr heraus ...«
(Eine fröhliche Perspektive für die Kinder! Zuerst mit Steinen gegen den Kopf, und wenn der heil bleibt und die Person am Leben, mit Steinen gegen das Herz, und dann mit Steinen gegen Kopf und Herz. So ist das Leben.)

*

Heute – ich war mit Alja unterwegs zu den Balmonts – ein kleiner gelber, glatthaariger Hund, mit runzliger Schnauze, fröhlich, verspielt, seine Zuneigung zeigend.
Ich kauerte mich hin und streichelte ihn mit beiden Händen, geduldig, um nichts auszulassen, um ihn möglichst überall berühren zu können.
Kinder und Hunde – das ist alles, was mir an Lebewesen geblieben ist. Gestern, am Jubiläum Balmonts, gestehe ich Wjatsches‹law› Iwanow meine Liebe zu ihm – er ist um die 60, das darf doch erlaubt sein? weckt doch keinen Verdacht?
Und er: »Lieben Sie im Moment niemand außer Ihrer Tochter? Ist ein Platz vakant? Nun, ich sage nicht nein ...«
Wie grob. – Und wie richtig.

*

Balmonts Jubiläum. Die Reden von Wjatscheslaw und Sologub.
Grußwort der Japanerin Iname – kehlig, aufgeregt, stockend, leise, bedeutsam, weil sie schlecht Russisch spricht und nur das Unumgängliche sagt. Balmont wie ein Zar auf einem blauen Thronsessel. Blumen, Glückwünsche. Er sitzt da, ruhig und ge-

lassen, vor den Augen des ganzen Saals. Neben ihm, in einem kleineren Sessel, der alte Wjatscheslaw – ein wenig *Magister Tinte*. Auf den Knien, vor Balmont, ein bisschen nach vorne geneigt, Alja mit einer Mohnblume – wie ein kleiner Page, dahinter Mirra – das Kind der Sonne –, strahlend und aufrecht, wie ein junger Kentaur, neben Mirra – in einem prächtigen weißen Kleid, ein Täschchen aus rosafarbenem Atlas in der dunklen Hand – tanzt fast unbeweglich die Zigeunerin Katja, eine Altersgenossin von Alja. Neben dem Redner Wjatscheslaw, fast an ihn geschmiegt, ein schmutziger 15-jähriger Dummkopf, dem die ganze Zeit die Nase fließt. Ich spüre, dass der ganze Saal ihn für Wjatscheslaws Sohn hält (»der arme Dichter! Ja, die Kinder berühmter Leute ... Hätte er ihm wenigstens ein Taschentuch gegeben ... Im Übrigen bemerkt er das als Dichter nicht!«), – und noch deutlicher spüre ich, dass sich Wjatscheslaw gerade davor fürchtet – und kann nicht mehr – ersticke vor Lachen – halte mir das Taschentuch vor den Mund ...

Wjatscheslaw spricht über die verführerische Sonne, über die blendende Sonne, über das unveränderliche Feuer (das Feuer wächst nicht – der Phönix verbrennt und ersteht neu – die Sonne geht jeden Tag auf und jeden Tag unter – Fehlen einer Entwicklung – Unbeweglichkeit). Man muss Sonne sein, nicht wie die Sonne. Balmont sei nicht nur eine verliebte Nachtigall, sondern ein Scheiterhaufen, der verbrennt.

Dann die Begrüßungsreden der englischen Gäste. Eine stämmige, männlich aussehende Engländerin – ihr Hut wie ein Käppi mit Ohrenklappen. Es tauchen die Worte Proletariat und Internationale auf. Und Balmont: »Unser wunderbarer weiblicher Gast aus England« – offenherzig, denn da es eine Frau ist, muss sie wunderbar sein, und da zusätzlich Gast, ist sie doppelt wunderbar (die slawische Gastfreundschaft!).

Er spricht über die Verbindung aller Dichter der Welt, über seine Nichtliebe zum Wort »Internationale« und seine Liebe zum Wort »überstaatlich«. – »Ich war nie ein Dichter der Arbeiter, es hat

sich nicht ergeben, immer führten mich die Wege woandershin. Aber vielleicht kommt das noch, denn der Dichter ist vor allem: ein Morgiger ...« Er spricht über die Ungerechtigkeit, dass der Tisch des Lebens für die einen gedeckt ist und andere ständig am Hungertuch nagen – spricht einfach, menschlich, ich könnte es mit beiden Händen unterschreiben.
Jemand nähert sich vom anderen Saalende. Mein Nachbar zur Linken (ich sitze mit Jelena auf einem Hocker) hebt mit weiter, sicherer, unrussischer Geste – Jahrhunderte der Höflichkeit! – den schweren leeren Stuhl geschickt in die Höhe, dieser vollzieht in der Luft einen Halbkreis und fällt leicht wie ein Spielzeug auf seinen Platz neben mir zurück. Ich, begeistert: »Wer ist das?« Wie sich zeigt: ein englischer Gast. (Das war noch *vor* dem Auftritt der Engländerin, ich wusste es also nicht.)
Breites Gesicht, niedrige Stirn, gerade Nase, viel Kinn – das Gesicht eines Boxers, breite Schultern.
Danach: Karikaturen. Vertreter von irgendwelchen Filialen des Palastes der Künste in anderen Städten und von kooperativen Vereinigungen, – ein Arbeiter liest ohne Unterbrechung, die Wortendungen betonend, nein, mit der Stimme nachzeichnend!, ein Grußwort vom Blatt, wo das einfachste Wort »vielfarbig« und »vielstimmig« lautet ...
Dann ich mit einem Glückwunsch von M⟨ilio⟩ti.
»Vom besten Moskau ...« Und in Ermangelung des Besten – ein Kuss. (Der zweite in meinem Leben vor vollem Saal! Der erste – Petipa.)
Dann die Japanerin Iname – blass – furchtbar aufgeregt:
»Ich weiß nicht, was ich sagen soll. Ich bin traurig. Sie fahren weg. K⟨onstantin⟩ D⟨mitrijewitsch⟩! Kommen Sie zu uns nach Japan, bei uns gibt es Chrysanthemen und Irisse. Und ...«
Wie kollernde Perlen. Ein japanisches Gezwitscher! Wahrscheinlich »Auf Wiedersehen«?
Und mit verschränkten Armen – eine tiefe Verbeugung.
Ihre Stimme war sehr leise, man konnte deutlich den Herzschlag

hören, den zurückgehaltenen Atem. Große Pausen zwischen den Worten. – Sie rang nach Worten. – Kehlige Aussprache, etwas zigeunerisch, das Gesicht blassgelb. Und diese winzigen Hände!
»Die Russen sind schlauer als die Japaner. Ich habe meine Antwort im Voraus vorbereitet«, und die Gedichte an sie – entzückend.
Dann – fast am Ende – F. Sologub – alt, rasiert, grauhaarig, – sein Gesicht kann ich nicht sehen, aber – so denke ich – er gleicht Tjuttschew. (Vielleicht ist es falsch.)
»Gleichheit gibt es nicht, und Gott sei Dank. Balmont selbst wäre entsetzt, wenn es sie gäbe. – Je weiter von der Menge entfernt, desto besser. Dichter, schätze nicht des Volkes Liebe. Der Dichter ist ein so seltener Gast auf Erden, dass jeder seiner Tage ein Fest sein müsste. – Gleichheit gibt es nicht, denn sind etwa unter denen, die B⟨almon⟩ts Gedichte lieben, viele, die in diesen mehr sehen als nur schöne Worte und angenehme Klänge? Demokratische Ideen sind für den Dichter – ein Spiel, ebenso wie monarchistische Ideen; der Dichter spielt mit allem, wobei den höchsten Wert für ihn das Wort darstellt.«
Ungefähr so. – Ich klatsche aufrichtig. F. Sologub war als Letzter dran. Ich vergaß zu sagen, dass nach seiner Behauptung »Gleichheit gibt es nicht« Rufe aus dem Saal ertönten: »Lüge!«, »Je nachdem.«
Kussewizkij spielte nicht: »Er wollte kommen und für dich spielen, aber ein Finger tut ihm weh«; er spricht von seiner Begeisterung, ohne Worte zu finden. Mejtschik spielt Skrjabin, Ejges das »Märchen« (kleine Perlen) nach Worten Balmonts.
Es waren auch Frauen da: P. Dobert mit Pincenez, Bekannte von B⟨almon⟩t: Warja Butjagina (Gedichte) und Agnessa Rubintschik, aber das ist alles unwichtig.
Das Wichtigste: B⟨almon⟩t, Wjatscheslaw und Sologub. Und Iname. – Ich habe es schlecht beschrieben, war in Eile. (Wohin?!)

*

Bei Balmonts Haus holt uns Wjatscheslaw ein. Wir stehen im Mondlicht. Wjatscheslaws Gesicht wirkt gutmütig und gerührt.

»Du hast mich wie ein Habicht mit den Krallen zerfleischt«, sagt B⟨almon⟩t. »Feuer – Sonne – Scheiterhaufen – Phönix …«

»Dich kann man nicht zufriedenstellen. Womit hätte ich dich denn vergleichen sollen? Mit einem Löwen? Aber das ist doch ›nur ein starker Hund‹, – siehst du, wie gut ich deine Verse kenne?«

»Nein, ich bin doch ein Mensch! Der Mensch empfindet Sehnsucht. Und verfügt als einziges Lebewesen über die Fähigkeit: die Augen zu schließen und sich sofort am andern Ende der Welt zu befinden, und alles gierig in sich aufzusaugen …«

»Aber dich kann man nicht aufsaugen, du bist unauflöslich …«

Das Weitere erinnere ich nicht. Es ging, glaube ich, um Venedig und Florenz. Um B⟨almon⟩ts Träumereien, »wie dort nächtens die Absätze klappern«. Und Wjatscheslaw – ich kehre in das Byzanz meines Gedankens zurück:

»Der Mensch ist ein sehr problematisches Wesen. Eine Sphinx, bestehend aus einem Löwen und einem Kalb – und einem Engel … Nicht wahr?«

*

Über mich an jenem Abend habe ich nicht geschrieben. Ich freute mich über *Gedanken*, *Worte*, und was die Menschen betrifft – über den Bruder von Wolodetschka. Ich war betrübt wegen Wjatscheslaws »vakantem Platz« (was an »pikant« anklingt, – o Gemeinheit!), betäubt durch meinen Worttumult – Sehnsucht nach N. N. – Nach Hause, zu ihm!

Ich dachte daran, dass wenn ich alt bin, alle meine jungen – jetzigen – Gedichte lesen, lieben und kennen werden, und mich beglückwünschen (zu etwas, das sie heute! – damals! – nicht liebten!). Aber vielleicht werde ich das nicht erleben – werde sterben – und alle Hefte werden verloren gehen.

*

Ist das ein Wahnsinn, diese meine unentwegte Aktivität der Seele – des Gedankens – des Herzens? Ewige Schlaflosigkeit – auch im Traum – meines ganzen Wesens. Und was soll ich dann im Alter machen, wenn ich jetzt schon reich an allem bin, was die Jugend bietet, – mit dem mir eigenen Takt des Herzens fühle ich, dass ich mich auf einem glitschigen Weg zu (und in Bezug auf) Menschen befinde. Als wäre der Boden zwischen mir und den Menschen nicht eben, nicht wie Parkettquadrate, sondern eine abschüssige Fläche.
(Von mir – zum Menschen! ⟨hier folgt ein Schrägstrich von oben links nach unten rechts⟩ Dies bestimmt meine Bewegung zum Menschen und seine zu mir. Im Übrigen lasse ich nicht zu, dass er sich nähert, warte es nicht ab, als ob diese abschüssige Fläche auch noch unter den Sohlen brennen würde!)

*

Alja ist eine »Laus«, und ich suche mir einen Ersatz für den »vakanten Platz«. Ist es gut, wie die Kinder mit ihr umgehen, die Leute mit mir, mit uns beiden – Gott?

*

Ich verachte die krankhafte Ängstlichkeit des Körpers und akzeptiere, rechtfertige, verherrliche – duldsam, aus tiefer innerer Überzeugung, mir des Preises bewusst! – die Ängstlichkeit der Seele.

*

Gott sei Dank bin ich nicht eine Jüdin! Schon so kommt es mir vor, als redete man mit mir nur aus Mitleid (sie ist allein – ein Kind gestorben – von ihrem Mann getrennt – und Alja ist so dünn – außerdem ist sie offenbar talentiert).
Beim ersten »Jüdin« würde ich einen Pflasterstein nehmen und die Person umbringen.

*

Woher habe ich – seit der Kindheit – diesen Verfolgungswahn? War ich vielleicht im Mittelalter Jüdin?
Sollte ich jedenfalls mal verrückt werden, dann *nicht* wegen Größenwahn!

*

Wohin ist mein strahlendes Vertrauen der letzten 10 Jahre entschwunden? Ich bin jetzt wie ein gehetztes Wild. Kaum spricht jemand zärtlich mit mir, habe ich sofort Tränen in den Augen. Und sage keinem ein Wort, – ich schäme mich, der Mund ist wie zugenäht.

*

Warum liebt mich niemand? Liegt es an mir?

*

Ich bin nicht eine wählerische Braut, ich bin eher eine Dirne (eine seelische Kurtisane, wie einmal jemand über Assja gesagt hat), aber wenn eine Dirne nach jedem ihrer Leute schmachtet – bei aller Ausgelassenheit und bei aller Bescheidenheit ihrer Ansprüche! –, so heißt das, dass es ihr wirklich schlecht geht – oder dass zufällig ihre Bekannten schlecht sind.

*

Von einem Menschen brauche ich unbedingt: Charme oder einen großen, umfassenden, wachen Verstand (wie bei Wjatscheslaw). Sonst ist es *mir mit ihm fad*. – Dann bin ich lieber allein.

*

In den Augen jeder entgegenkommenden Dame lese ich:
»Dich sollte man richtig anziehen!«
Aber keine liest in meinem offenen, ehrlichen Blick den tückischen Satz:
»Dich sollte man richtig ausziehen!«

*

Heute Nacht habe ich bis zum Vogelgezwitscher geschrieben und gelesen. So gut. – Es tagt – ich habe niemanden geküsst – bin allein. – Wie viel würdiger ist das, inspirierter, inspirierender!
Nur um eines tut es mir leid: um die einsame helle Gasse, um den einsamen aufklarenden Himmel, um die zwei Pappeln gegenüber …
Sich selbst begleitet man ja nicht zum Hauseingang!

*

N. N.! Das erste Mal, als Sie mich begleiteten, bin ich zum ersten Mal im Leben nicht vor meinem eigenen Haus stehen geblieben.
Man kann dies auf verschiedene Weise interpretieren: 1) was soll mir das alte Haus, wenn ich jetzt ein neues habe (Sie); 2) ich möchte einfach nicht nach Hause; 3) ich möchte nach Hause, aber nicht zu mir (sondern zu Ihnen!) usw.
Im Endeffekt: ich habe weder ein eigenes Haus noch Ihres.

*

Ich brauche den nicht, dem ich nicht notwendig bin.
Überflüssig ist mir der, dem ich nichts geben kann.

*

N. N. ist schlau. Wissend, dass er meinetwegen leiden wird, hat er es vorgezogen, mich leiden zu machen.

*

In der Liebe ist der im Recht, der schuldiger ist.

*

16. Mai 2020 – Sonntag – Pfingsten

Der Tag unserer Versöhnung, lieber Freund.
Schade, dass ich Ihnen an diesem Tag keine neue Liebe offerieren kann! (Ich bin noch nicht bereit.)
Versöhnen gehe ich mich nicht, obwohl das Büchlein bereit ist – abgeschrieben und gewidmet.
»Dem lieben N. N. W. – mit großer Trauer – aufrichtigen Herzens – am wunderbaren Pfingsttag.«
Aber Sie haben heute Vernissage, Ihnen geht es nicht um Pfingsten und weibliche Verse.
Bruder von Wolodetschka, Ihnen fällt heute die Rolle des Doktors zu (hoffentlich nicht des Feldschers!), nur ahnen Sie das nicht.
Sie gehören zu jenen »Frauenverehrern«, die weder tiefer blicken noch näher rücken als nötig.
Wir werden wahrscheinlich gut und freundschaftlich miteinander verkehren, und wenn Sie so intelligent sind, wie ich es erhoffe, werde ich mich mit Ihnen nicht langweilen.
Jetzt beende ich »Corinne«. Oswald liebt bereits Lucile, die nicht einmal dann die Augen aufschlägt, wenn sie allein ist.

Ich schweife ab:
Mme de Staël (Corinne) empfindet nichts für die Natur, – für sie ist alles wichtiger als die Natur.
Comtesse de Noailles erstirbt von jedem Blättchen.
Comtesse de Noailles ist darin mit Bettina verwandt.
Mme de Staël mit Marija Bachkirzewa.
In den ersten beiden ist meine *âme émotionale*.
In den letzten beiden meine *âme intellectuelle*.
In mir ist alles vermischt.
Mme de Staël ist vor allem eine Beobachterin und Denkerin, darin gleicht sie meinen Notizbüchern. In ihr ist meine Tapferkeit verkörpert.
Und weil sie leidenschaftlich lebt – *le temps presse* –, hat sie keine Zeit für Beschreibungen.
Was mich von ihr unterscheidet: im Bereich des *Unwesentlichen* (denn das Wesentliche ist für sie – eindeutig – die innere Welt) zieht es sie stärker zur Kunst, Laokoon zum Beispiel bedeutet ihr mehr als ein einfacher Baum.
Ich aber bin gegenüber Laokoon, ja der Kunst allgemein (außer der Musik und der Poesie) – als auch gegenüber der Wissenschaft – Hand aufs Herz! – gleichgültig.
Die Natur wirkt auf mich unvergleichlich stärker, die Natur – ist ein Teil von mir, für den Himmel gebe ich meine Seele her.
Dabei ist mir klar geworden: in der Natur – ich merke es einfach an – ist mir lieber, was an der Oberfläche ist: Sonne, Himmel, Bäume – *tout ce qui plane*. Was ich an der Natur nicht liebe, sind die Details: *tout ce qui grouille*, den Überfluss mag ich nicht, die Erde nur ein wenig. (Ich mag sie, wenn sie trocken ist wie ein Stein, damit der Fuß wie ein Huf auf sie treten kann.)
In der Natur liebe ich wahrscheinlich die Romantik, ihre große Geste. Mich zieht es nicht zum Garten (Details), nicht zum Setzen und Aufziehen, – ich bin nicht eine Mutter, der abendliche Himmel (eine Apotheose mit all meinen Göttern!) berauscht mich mehr als der Geruch der Erde im Frühling. – Die gepflügte

Erde! – sie versetzt mich nicht unmittelbar in Ekstase, ich müsste eine andere – ein anderer! – werden, um sie lieben zu können. Das ist mir nicht angeboren. Wenn ich sage »auf der zärtlichen Erde«, »auf die sanfte Erde« sehe ich große, große Bäume und Menschen unter ihnen.

Das ist nicht Künstlichkeit – ich mag die Kunst ja nicht! –, das ist meine Besonderheit in allen Dingen, bei der Auswahl von Menschen, Büchern, Kleidern.

Die gepflügte Erde ist mir näher als Laokoon, doch brauche ich im Grunde beide nicht.

Die gepflügte Erde ist – Mutter und Kind, ich bin gerührt, verneige mich und gehe weiter.

Außerdem fühle ich mich durch die Natur gekränkt, – alles in ihr kommt ohne mich aus. Ich aber möchte und will, dass man mich liebt.

Darum sind mir die beiden Pappeln vor meinem Hauseingang lieber als große Wälder, – ob sie wollten oder nicht, haben sie sich in den letzten 6 Jahren an mich gewöhnt, haben bemerkt, wer sie so oft in der Morgendämmerung vor dem Hauseingang betrachtet hat. Und das Wort: »*mes Jardins*« des *Prince de Ligne* ersetzt mir alle Gärten der nördlichen und der anderen Semiramis!

*

Natur ist – Überfluss, und jeder Überfluss, außer beim Menschen (nicht den *Leuten*!), erdrückt mich.

Mit der Natur kann ich nicht verschmelzen; da ich *sie* nicht finde, verliere ich mich, gehe in ihrer Weite zugrunde, ster-be.

*

Ich liebe die Felder – die Räume (das schmerzt, aber ich liebe sie), – ich liebe die Felder, wie die Kirche, wie den Tod.

Für andere ist die Natur – Sein, für mich – Nichtsein.

*

Kurzum, von der Natur brauche ich Geborgenheit (befreundet sein, *camaraderie*) – das deutsche Dorf! – oder Pathos!
In der russischen Natur gibt es weder das eine noch das andere.
Aber die italienische würde mich wahrscheinlich genauso fertigmachen, wenn ich sie nicht umgehend mit heroischen Schatten bevölkern würde.
(Ich war auf Sizilien! Und strebte von dort – Idiotin! – in meinen kindlichen Schwarzwald!)

*

Ist der Garten denn nicht Geborgenheit? Nein, der Garten ist Alltag, besonders wenn man ihn mit eigenen Händen umgraben und besäen muss.
So liebe ich das Kind, nicht aber die Windeln.

*

Ich liebe alles, was mein Herz höher schlagen lässt. Das ist es.

*

Pfingsten. Von halb drei bis sechs Uhr mit Alja und Katja (der kleinen Zigeunerin aus dem Palast der Künste) im Zoologischen Garten. Phantomhaftigkeit der Tiere, übertriebene Materialität der Zuschauer (einfaches Volk).
Wir stiegen auf die künstlichen Hügel, fütterten die Bären, saßen an der Anlegestelle, standen Schlange nach Tee, suchten über eine Stunde den Käfig mit dem einzigen kränklichen Affen, der überlebt hat, – kurzum, wir haben alles vorbildlich gemacht.
Seit ich mich von N. N. getrennt habe, zieht es mich unweigerlich zu den Kindern, als suchte ich bei ihnen Schutz, – vor den

Erwachsenen fürchte ich mich, alles schmerzt zu sehr, ich zweifle zu sehr an mir, fürchte zu sehr ihren Tadel.
Zu den Kindern zieht es mich auch aus *lâcheté* (ich suche Schutz und »den Kindern genügt es auch so!«) – und aus dem Bedürfnis, zu geben (sie weisen mich nicht ab!) – und – vor allem? –, um ein anständiges Leben zu führen – in seinem Namen – und ⟨ein Wort ausgelassen⟩ so, dass er es nicht weiß.

*

Nun – ein Tag in der Natur?
Und? Eben das. Alles, wie ich es gesagt habe.
Als wir zurückkamen, lag ich bis am Abend bewegungslos da, – ich kann nicht – der Tag ist kaputt – ich leer.

*

Was ich an der Natur noch liebe, ist die Überwindung.
Gefährliche Pässe (*Mauvais pas* in den Alpen, mit 11!) – Felsen, Berge, 30 Werst lange Wanderungen, – Aktivität!
Dass alle müde sind, und ich nicht! Dass alle Angst haben, und ich hinüberspringe! Dass niemand etwas trägt, und ich alles! Und dass alle klagen, und ich laufe! – Abenteuer! – Aventüre! – Casanova in der Natur. Aber nicht nur Casanova!
In der Natur – in einer solchen Natur – bin ich mehr denn je jener junge Spartaner mit dem Füchslein.
Es schmerzt – es ist schwierig – die Füße wollen nicht mehr, – aber nein, ich werde lachen, werde laufen, nehme alle Lasten auf mich!
Je schwieriger, desto besser! Nur dann lebe ich.

*

Jene glückselige, göttliche, olympische Natur, wo ich nur Zuschauer bin, liebe ich wahrscheinlich nicht *par excès de sensibilité* – sie macht mich nur darum fertig, weil ich sie zu stark spüre, – jeden Lufthauch.
Wie die Musik. – Wie die Liebe.

*

Überhaupt darf ich, um glücklich, d. h. im Vollbesitz meiner Kräfte, zu sein, nicht aus dem Geleise geraten. – Eine *règle monastique* – ein festes Fundament – Reglement.
Tagsüber – das Handwerk, abends – das Gespräch, nachts – die Nacht, das nächtliche Element, – ich.
Und bloß keine Liebe, die mich so zauberhaft, vom ersten Moment an und für lange, vom Weg abbringt!
Mein Fundament ist das Spartanertum.

*

Jeder meiner Verse ist das Letzte, was ich über mich weiß, ist die aller-, aller-, allerletzte Sekunde, als stünde ich endlich mit den Füßen auf der Horizontlinie.
(Dieselbe Täuschung.)

*

Und nun: wenn die Stärke eines Menschen, sein Sinn und sein Charme in seiner Tapferkeit, seinem Ehrgefühl und seiner Treue zum Wort bestehen, wie soll ich mich dann zu folgendem Benehmen verhalten:
Vor mehr als einer Woche bat ich ihn, mir das Fenster zu streichen und die Kisten zuzunageln – kein Wort.
Immer noch hat er einen ganzen Stapel meiner Lieblingsbücher bei sich – kein Wort.

Und dieser Handel mit Aljas Porträt und Sergejs Büchern? (Ein Handel – mit mir!!!)
Und dieses stumpfsinnige Bekenntnis – mir ins Gesicht –, dass er Alja nicht mag – weshalb? –, »weil sie nicht lächelt, sondern Grimassen zieht! *Kinder* lächeln ...« (Ich bin nicht nachtragend, aber keine Mutter würde das verzeihen!)
Wie soll ich das beurteilen?

*

Ich habe ihn gerade im Sollogub-Garten getroffen. Steinern sein Gesicht, steinern mein Gesicht. Nicht der Anflug eines Lächelns.
Als ich ihn liebte, war ich überzeugt, dass er davon überzeugt ist, – das war mir sogar unangenehm.
Jetzt, da ich ihn nicht liebe (dürres Holz, morgen ist Freitag!), bin ich überzeugt, dass auch er davon überzeugt ist.
Ich weiß nur nicht, was ich mit dem Büchlein für ihn tun soll.
Soll ich es ihm überlassen – einer wie er wird es nicht verlieren! –, dieses Zeugnis eines so großen Effektes einer so armseligen Sache, *grand effet d'une si piètre cause*?
⟨deutsch:⟩ »*Aus meinen großen Leiden
Mache ich kleine Lieder.*«

*

Beigeschmack unausgesprochener Verachtung.
(Über den Kuss.)

*

Bei Balmont:
»Womit sind Sie so beschäftigt?« – »Nun, ich übersetze Musset.«
Ich antworte im vollen Bewusstsein, nichts Falsches gesagt zu haben.

»Ich übersetze Musset« – und Schluss.
Wenn ich geantwortet hätte, »ich schreibe«, wissen Sie, was dann gewesen wäre? Mit hastiger Stimme, die Stirn über die Zigarette gebeugt, die ich stopfe, hätte ich gesagt:
»Nun, ich spaziere mit Alja, lese, wasche, schreibe ein wenig … Darf ich Ihnen eine Zigarette geben?«
Oh, die Niederträchtigkeit meines Slawentums!

*

Was hat mir das Slawentum gegeben? – Das Recht, es zu verachten.
(Es ist ja – meines!)

*

19. russischer Mai 1920, Mittwoch

Jetzt habe ich drei Freuden: Wjatscheslaw Iwanow – Chudolejew – und N. N.
Wjatscheslaw Iwanow – das Byzanz des Denkens, Chudolejew – mein glückseliges Wien (die Strauss-Dynastien!), N. N. – mein altes England und mein englisches *home*, wo man sich nicht – unter keinen Umständen! – schlecht benehmen darf.
Heute ist ein wunderbarer Tag. Er begann gestern. Ich habe den ganzen Tag geschlafen – das ist noch nie vorgekommen! – so unverhofft – unwiderstehlich – und so selig! – was für Träume! – wie nie in der Nacht! Und dieses allmähliche Einschlafen. Nachts stürzt du wie in einen Brunnen – bums, das war's! Gewöhnlich schlafe ich bei Licht ein, manchmal dem zweifachen – Tageslicht! –, mit einem Buch in der Hand, oft angekleidet.
Jetzt aber – Kindergeschrei aus dem Hof, das Geräusch von Teppichen, die ausgeklopft werden, plötzlich ist es still, du schläfst fast, dann wieder der Schrei eines Vogels (eines Kindes), du

zuckst zusammen: habe ich geschlafen? – nein? – das Herz schlägt (als gäbe es keinen Körper), als wäre es das einzig Lebendige im Körper.
Und der Reichtum – das Tempo – die Fülle – die Vielfalt der Träume. Laute Stimmen, der Lärm von unablässigem Gezänk, der ganze Traum ist zänkisch (meine schlaflose Seele rächt sich für den Schlaf), manchmal sogar ohne Worte.
Irgendwelche Flüge: riesige leere Gebäude, Draht, Verfolgungsjagden, – ich allein fliege! – endlose furchterregende Treppen ...
Und wenn du aufwachst, kannst du nicht – ist es dir unmöglich! – nicht wieder einzuschlafen.
So war es gestern. Als ich begriffen hatte, dass ich unter diesen Umständen vielleicht gar nicht mehr aufstehen würde, ging ich, noch benommen, selig und sehr blass, taumelnden Schrittes zum Tisch – und hörte ein Klopfen an der Eingangstür – ein ganz leises.
Ich löse den Türriegel (eine Stuhllehne, eine Arbeit von M⟨ilio⟩ti) – Wjatscheslaw! In einem schwarzen breitkrempigen Hut, graue Locken, Gehrock, wie ein flügelloser Vogel.
»Da bin nun auch ich, Marina Iwanowna! Darf ich? Sind Sie nicht beschäftigt?«
»Ich freue mich riesig.«
(Mir stockt der Atem! Das Einzige, was in mir die Verlegenheit besiegt, ist die Begeisterung.)
»Nur sieht es hier sehr schlimm aus, ein einziges Durcheinander, alles ist kaputt. Aber keine Angst, dort bei mir ist es besser ...«
»Werden wir hier sitzen?«
(Er schaut sich hilflos und misstrauisch um: Tische, halbe Diwane, überall Beine und Armlehnen von Stühlen und Sesseln, Krüge, zerschlagenes Kristallglas, Staub, Dunkelheit ...)
»Nneein! Wir gehen zu mir. Gott sei Dank, sehen Sie es nicht, sonst ...«
»Sonst würde ich sagen, dass es bei Ihnen gleich ist wie bei mir.

Auch ich lebe in entsetzlichen Verhältnissen, – ungemütlich, alles ist kaputt, so viele Menschen ...«
Wir treten ein.
»Und wo ist Ihre Tochter?« – »Sie ist mit Mirra Balmont im Hause Sollogubs.« – »Im Palast der Künste?« – »Ja.«
»Wie ungemütlich es bei Ihnen ist: dunkel, nur ein winziges Fenster. Ist das Leben hier nicht trostlos?«
»Nein, alles andere als das.«
»Aber Sie haben es doch schwer, haben kein Geld. Sind Sie irgendwo angestellt?«
»Nein, d. h., ich war 5½ Monate angestellt, beim Internationalen K⟨omitee⟩. Ich war der russische Tisch. Aber ich werde nie wieder arbeiten.«
»Wovon leben Sie denn? Woher nehmen Sie das Geld?« – »Irgendwie, – manchmal verkaufe ich etwas, d. h., man verkauft es für mich, manchmal bekomme ich etwas, mal eine Lebensmittelration, so, – ich weiß es nicht. Alja und ich essen so wenig ... Ich brauche nicht unbedingt Geld ...«
»Aber die Sachen werden irgendwann mal ausgehen?«
»Ja.«
»Machen Sie sich keine Sorgen?«
»Nein.«
»Aber Sie könnten eine andere Anstellung suchen ...«
»Ich will keine Anstellung, – ich bin dazu nicht fähig. Ich kann nur schreiben und schwere Arbeiten verrichten – Lasten schleppen usw. Und es gibt solche Freuden: zum Beispiel ›Corinne‹ von *Mme de Staël* ...«
»Ja, ideellen Trost gibt es reichlich ... Leben Sie allein?«
»Mit Alja. – Im Übrigen gibt es hier oben noch irgendwelche Leute, sehr viele, immer neue ...«
»Und das sind alles Ihre Sachen?«
»Ja, Trümmer, Überreste. Ich fühle, dass Sie mich verachten, – aber – verzeihen Sie! – ich habe bis zur letzten Minute versucht, alles zu retten, – ich kann doch nicht ständig hinter allen her

sein und aufpassen: ob sie stehlen oder nicht. Außerdem sehe ich nichts …«

»Ach, Sie sprechen von diesen Sachen? Nein, wie soll man sie schon retten können! Und in Anbetracht einer so aufrichtig-philosophischen Haltung zum Leben verspüre ich keine Verachtung, sondern – *admiration*!«

»Das ist keine philosophische Haltung, das ist nur der Selbsterhaltungstrieb der Seele. – Ich bin so froh, dass Sie mich nicht verachten!«

»Neulich habe ich etwas Dummes gesagt – über den vakanten Platz, das kommt bei mir oft vor.«

»Nein, das war nichts Dummes, ich war einfach gekränkt, aber jetzt ist es vorbei, ich bin so glücklich!«

»Wir müssen uns etwas für Sie ausdenken. Warum beschäftigen Sie sich nicht mit Übersetzen?«

»Ich habe jetzt einen Auftrag – für Musset, aber …«

»Gedichte?«

»Nein, Prosa, eine kleine Komödie, aber …«

»Sie sollten Gedichte übersetzen, und nicht von Musset – vielleicht ist das auch gar nicht so nötig –, sondern irgendjemand Großen, der Ihnen am Herzen liegt …«

»Aber ich möchte so gerne Eigenes schreiben!!! Das klingt natürlich sehr komisch, was ich sage, ich weiß, dass das niemand braucht …«

»Wie kommen Sie darauf, – warum soll das niemand brauchen?«

»Einfach so, man braucht mich nicht, ich passe nicht zur aktuellen Stimmung und Strömung, aber ich brauche es – für mich, ich muss mich mit irgendetwas trösten, kann nicht nur waschen, kochen …«

»Was schreiben Sie denn? Gedichte?«

»Nein, Gedichte genügen mir nicht, ich schreibe sie nur, wenn ich Nähe zu einem Menschen suche und anders nicht vorgehen kann. Meine Leidenschaft sind jetzt die Notizbücher: alles, was

ich auf der Straße höre, alles, was andere reden, alles, was ich denke ...«
»Notizbücher – das ist gut, aber das ist nur Material. Kehren wir zur Übersetzung zurück. Ist es etwa nicht gut, dass Balmont Shelley übersetzt? Wie er das gemacht hat, ist eine andere Frage. Er hat ihn übersetzt, so gut er konnte. – Aber Gedichte zu nehmen, die in einer Fremdsprache geschrieben sind, und sie in der eigenen Sprache zu durchleben und nachzuempfinden, – das ist nicht geringer, als etwas Eigenes zu schreiben. Das ist ein geheimnisvoller Bund, wenn du – wirklich – liebst. Wählen Sie einen solchen Dichter aus und übersetzen Sie ihn – 3 Stunden pro Tag. – Das wird Ihre Mission sein, man kann nicht ohne Mission sein!«
»Ich verstehe Sie bestens, vor allem was die Mission betrifft. Aber ich habe nie genug Zeit. Ich stehe auf: muss Wasser holen – kochen – Alja zu essen geben – sie zu Sollogub bringen – dann abholen – ihr wieder zu essen geben ... Verstehen Sie? Und dann möchte ich auch noch lesen, – es gibt so viele wunderbare Bücher! Aber das Wichtigste sind die Notizbücher, das ist meine Leidenschaft, denn in ihnen ist am meisten Leben.«
»Alja, ich mache mir große Sorgen um sie. Wie heißt sie: Alexandra?«
»Nein, Ariadna.«
»Ariadna ...«
»Mögen Sie sie? ...«
»Oh, ich mag Ariadna sehr ... – Haben Sie sich schon lange von Ihrem Mann getrennt?«
»Vor fast drei Jahren, – die Revolution hat uns getrennt.«
»Das heißt?«
»Nun ...« (Ich erzähle.)
»Und ich dachte, Sie hätten sich getrennt.«
»O nein! Gott behüte!!! Ich wünsche mir nur eines: ihn wiederzusehen!«
Ich spreche über meine Unfähigkeit zu leben, meine Leidenschaft fürs Leben.

»*Mais c'est tout comme moi, alors!* Ich bin nämlich auch zu nichts fähig.«
(Der unbeschreibliche Charme seiner fremden: franz⟨ösischen⟩ und deut⟨schen⟩ Rede, ein wenig Selbstironie und etwas – klein wenig – von Stepan Trofimowitsch.)
»Und schreiben Sie Prosa?«
»Ja, die Notizbücher ...«
»Wie Ihre Schwester?« – »Nein, kürzer und pointierter ...« – »Sie wollte ein zweiter Nietzsche werden, wollte den Zarathustra vollenden.« – »Sie war 17 Jahre alt. Und wissen Sie, wer vor Nietzsche über Zarathustra geschrieben hat?« – »?« – »Bettina, Bettina Brentano. Kennen Sie Bettina?« – »Bettina ist genial, und ich liebe sie, weil sie zu den ›tanzenden Seelen‹ gehörte.« – »Das haben Sie wunderbar ausgedrückt!« – »Meine Frau, Lidija Petrowna ⟨Dmitrijewna⟩ Sinowjewa-Annibal ...« – »Ich liebe ihre ›Tragische Tierschau‹, – der ›Teufel‹ dort – das bin haargenau ich!« – »Ja, wenn Sie sie kennen, muss sie Ihnen nahestehen ... Einst – als sie ein ganz junges Mädchen war, in einer völlig unpassenden Situation – auf einem Ball – sagte sie zu irgendeinem Gardisten: ›Wir könnten so bis Golgatha weitertanzen.‹ Sind Sie Christin?«
»Jetzt, da Gott beleidigt wird, liebe ich ihn.«
»Gott wird immer beleidigt, wir müssen Gott helfen, zu *sein*. In jeder armen Frau, der wir begegnen, wird Christus gekreuzigt. Die Kreuzigung ist noch nicht vollzogen, Christus wird stündlich gekreuzigt, – solange der Antichrist existiert. – Also, sind Sie Christin?«
»Ich denke, schon. – Auf jeden Fall habe ich ein schlafloses Gewissen.«
»Gewissen? Das gefällt mir nicht. Das ist etwas Protestantisches – das Gewissen.«
(Auf seinem Gesicht eine leichte Grimasse, wie vom Geruch eines Schwefelstreichholzes.)
»Und außerdem – liebe ich mehr als alles auf der Welt den Men-

schen, den lebendigen Menschen, die menschliche Seele, – mehr als die Natur, die Kunst, mehr als alles andere ...«
»Sie müssen einen Roman schreiben, einen richtigen großen Roman. Sie verfügen über Beobachtungsgabe und Liebe, und Sie sind sehr intelligent. Seit Tolstoj und Dostojewskij hat es bei uns keinen Roman mehr gegeben.«
»Ich bin noch zu jung, ich habe viel darüber nachgedacht, es brodelt noch zu stark in mir ...«
»Nein, das sind Ihre besten Jahre. Einen Roman oder eine Autobiographie, was Sie wollen, – es könnte auch eine Autobiographie sein, aber nicht wie die Ihrer Schwester, sondern wie ›Kindheit und Knabenalter‹. Ich möchte von Ihnen etwas ganz Großes.«
»Es ist noch zu früh für mich – ich täusche mich nicht –, noch sehe ich nur mich und meine Welt, ich muss älter werden, mich hindert noch vieles.«
»Nun, dann schreiben Sie über sich und Ihre Welt, der erste Roman wird betont individualistisch sein, danach kommt die Objektivität.«
»Der erste wird auch der letzte sein, ich bin schließlich eine Frau!«
»Seit Tolstoj und Dostojewskij – was gibt es da? Tschechow war ein Schritt zurück.«
»Mögen Sie Tschechow?«
Ein Moment des Schweigens – und dann unsicher:
»Nicht ... sehr ...«
»Gott sei Dank!«
»Was?«
»Dass Sie Tschechow nicht mögen! – Ich kann ihn nicht ausstehen!«
»Ich bin Empörung und Vorwürfe als Antwort schon so sehr gewöhnt, dass ich unwillkürlich gezögert habe ...«
»Herrgott! Es muss doch erlaubt sein, etwas nicht zu mögen!«
»Lassen wir dahingestellt, ob Tschechow etwas taugt oder

nicht, – in Bezug auf den Roman hat er jedenfalls nichts geleistet. Und seit Dostojewskij – wer?«

»Nun, Rosanow, aber er hat keine Romane geschrieben.«

»Nein, wenn schon schreiben, dann etwas Großes. Ich fordere Sie auf, nicht kleine Hügel, sondern schneebedeckte Gipfel zu erklimmen.«

»Ich fürchte mich vor Willkür, vor allzu großer Freiheit. In den Stücken zum Beispiel: da ist der Vers – mag er noch so nachgiebig! noch so flexibel! sein – trotzdem irgendwie richtungsweisend. Hier aber: völlige Freiheit, mach, was du willst, ich kann das nicht, ich fürchte die Freiheit!«

»Es gibt hier keine Willkür. Denken Sie an *Goethe*, der es so unschuldig und herzlich formuliert hat ⟨deutsch:⟩ *Die Lust zum Fabulieren.*

Da ist ein weißes Blatt Papier – *fabuliere!* Das ist schwieriger, als Sie denken, es gibt hier eigene Gesetze, schon nach wenigen Seiten werden Sie gebunden sein, von mehreren Ausgangspositionen ⟨ein Wort fehlt⟩ – Ausgängen! – und es können Hunderte sein und alle großartig! – werden Sie einen auswählen, einen finden müssen, vielleicht den 101sten. Und schon spüren Sie über sich das Gesetz der Notwendigkeit. Da gibt es – als Beispiel – die allseits bekannte Anekdote über Tolstoj und Anna Karenina.«

»Ich kenne sie nicht.«

»Das ist eine wahre Geschichte. Die Redaktion wartet – die Druckerei wartet – ein Bote nach dem anderen – kein Manuskript. Es stellt sich heraus, dass Tolstoj nicht wusste, was Anna als Erstes tat, als sie zu sich nach Hause zurückgekehrt war. Dies? – Das? – Etwas anderes? – Nein. – Also, er sucht, findet nicht, sucht, – das ganze Buch stockt, ein Bote folgt auf den anderen. Schließlich geht er zum Tisch und schreibt: ›Sobald A⟨nna⟩ K⟨arenina⟩ den Saal betreten hatte, ging sie zum Spiegel und richtete den Schleier …‹ Oder etwas in dieser Art. – Nun eben.«

»Das eiserne Gesetz der Notwendigkeit. Sonnenklar.«

»Fürchten Sie die Freiheit nicht – ich wiederhole: es gibt keine

Freiheit! Außerdem kann nur der ein echter Prosaist werden, der die Schule der Dichtung durchlaufen hat.«
»Oh, keine Angst! Längen wird es bei mir nicht geben, ich strebe im Gegenteil zur Verdichtung, zur Formel ...«
»Aber auch trocken sollte es nicht sein, sonst wird es womöglich schematisch. Puschkins Prosa ist an sich schon trocken, man wünscht sich Details – aber es gibt keine. Ein Prosaiker braucht die Fähigkeit, andere so zu sehen wie sich selbst, und sich selbst so wie einen anderen, und er braucht einen großen Verstand – den haben Sie – und ein großes Herz ...«
»Oh! – Das schon! ...«
»Was halten Sie von A. Belyj, denn *tout compris* ist er der einzige Prosaiker unserer Tage.«
»Er ist mir nicht nahe, er entspricht mir nicht, besser gesagt, ich mag ihn nicht.«
»Sie mögen Andrej Belyj nicht? Verstehen Sie mich richtig, es geht nicht um Ihre persönliche Beziehung, um den Menschen, sondern um den Prosaiker, den Autor! Ich möchte nicht, dass Sie unter seinen Einfluss geraten.«
»Ich?! Ich habe keine Angst davor, A. Belyj ist bedeutender als ich, aber ich habe einen genauen Verstand und gehöre nicht zur obsessiven Sorte. Er liegt immer unter irgendwelchen Trümmern ... Eine ganze Stadt ist auf ihn eingestürzt, – Petersburg ...«
»Eine gespenstische Stadt!«
Ich bin begeistert.
(Wjatscheslaws Rede war viel glatter als hier bei mir, aber ich bin in Eile, es wird Zeit, Alja abzuholen, und ich habe Angst, das Gesagte zu vergessen.)
»Wie auch immer, es ist schon 10 Uhr, es wird Zeit für Sie, Alja zu holen.«
»Noch ein wenig!«
(Er mahnt mich nicht zum ersten Mal.)
»Aber es ist Zeit für sie, zu schlafen.«

»Aber sie bekommt dort zu essen, geht immer früh zu Bett, und ich bin so glücklich mit Ihnen – und ein Mal ist kein Mal.«
Er lächelt.
»Ich würde Sie mit nach Florenz nehmen! ...«
(O Herr, der Du mein Herz kennst, Du weißt, wie viel es mich gekostet hat, ihm in dieser Sekunde nicht die Hand zu küssen!)
»Also: mein Vermächtnis an Sie: schreiben Sie einen Roman. Versprochen?«
»Ich werde es versuchen.«
»Sorgen mache ich mir nur um Alja, wenn Sie nämlich anfangen zu schreiben ...«
»O ja!«
»Was wird dann aus ihr?«
»Nichts, sie wird spazieren gehen, sie ist genau wie ich ... Sie kann nicht ohne mich ...«
»Ich überlege die ganze Zeit, wie Sie von hier wegkommen könnten. Wenn es mir nicht gelingt, ins Ausland zu fahren, dann reise ich in den Kaukasus. Fahren wir zusammen?«
»Ich habe kein Geld und ich muss auf die Krim.«
»Und Sie müssen Ihre Tochter holen. Gehen wir.«
»Aber ich begleite Sie ein Stückchen. Stört es Sie nicht, dass ich keinen Hut trage?«
Wir gehen hinaus. Ich mit ihm, in die entgegengesetzte Richtung von Sollogub. An der Ecke zur Sobatschja Ploschtschadka, dem Hundeplätzchen, sagt er:
»So, jetzt gehen Sie aber zu Alja!«
»Noch ein wenig!«

*

20. russischer Mai 1920

Ein großer Roman – das dauert ein paar Jahre. *Vous en parlez à votre aise, ami. Moi, qui n'ai demandé à l'univers que quelques pâmoisons.*
Und außerdem: glaube ich denn an diese paar Jahre? Und selbst wenn es sie geben sollte, wären es dann nicht ein paar Jahre aus *meinem Leben*, und kann eine Frau die Zeit denn unter dem Gesichtspunkt einer wie auch immer gearteten Aufgabe betrachten?
Jeanne d'Arc konnte es, aber sie lebte, sie schrieb nicht.
Kann man denn einfach so leben – ohne zu sehen und zu hören, aber im Voraus wissend, dass man ein paar Jahre lang nichts sehen und hören wird, außer dem Kratzen der Feder und dem Papier, den Stimmen und Gesichtern der erfundenen Helden? Nein, dann lieber sich erhängen!
Ach, Wjatscheslaw Iwanow, Sie haben ein wenig vergessen, dass ich nicht nur die Tochter von Prof⟨essor⟩ Zwetajew bin, stark in Geschichte, Philologie und Fleiß (all das ist vorhanden!), dass ich nicht nur einen scharfen Verstand habe und das Talent, Großes – Allergrößtes! – hervorzubringen, sondern dass ich auch eine Frau bin, der jeder Hergelaufene die Feder aus der Hand, den Geist aus den Rippen schlagen kann!

*

Seit der Begegnung mit N. N. bin ich irgendwie niedergeschlagen; nachdem ich entdeckt habe, dass mein Herz lebt (für Liebe und Leid, – »es schmerzt!«), habe ich Angst vor mir bekommen und traue mir nicht mehr. – »*Tu me feras encore bien mal quelque jour*«, ich liebe mich weniger.
Zehn Jahre lang war ich ein Phönix, der sinnlos und selig verbrannte und auferstand (anzündete und auferweckte!) – jetzt aber Zweifel – Skepsis:

»Und wenn du nicht auferstehst?«

*

Gestern war N. N. bei mir. Vorgestern bat ich ihn in einem Briefchen, mir über Alja die Bücher (*Comtesse de Noailles*, Gedichte) zurückzugeben. Gestern früh brachte er sie vorbei.
Alles will ich nicht beschreiben. Ich freute mich, war aber nicht außer mir. Er kam rechtzeitig. Jetzt bin ich durch Wjatscheslaw und Chudolejew abgelenkt, ein bisschen durch das Stück, durch mich, vor allem aber durch die Frauen, durch das Rätsel des Weiblichen.
Solche Sätze: »Ist das ein Morgenrock?« – »Nein, ein Schal.« – »Er gleicht ein bisschen Ihnen.« – Der Schal ist golden (Rotgold) und türkisfarben – alt – wunderschön. Wäre er aus schlechterem Stoff, könnte er geschmacklos wirken. Und noch immer ein zigeunerischer Anschein (wie Anklang).
Ja, er gleicht meiner strahlenden Seele.
Als ich N. N. sah, begriff ich, dass er mich doch – irgendwie – auf seine Art – ein klein wenig! – liebt, auf jeden Fall erinnert. Ich wunderte mich nicht – freute mich – wurde fröhlich.
Und plötzlich – ich vergaß und verdrängte alles – oh, urtümlicher, wilder Instinkt des Siegers! (ich bin nicht besiegt, sondern Sieger!) – überkam mich Ruhe und Gewissheit: »wenn du willst, dann liebe, wenn nicht – dann eben nicht« – und Bereitschaft zum Spiel: die Bereitschaft des Tigers unter der zähmenden Hand des Bändigers – zum Sprung! Das Bedürfnis, ihn ein wenig zu reizen (⟨ein Wort fehlt⟩ sofort!), das Bedürfnis, ihn glauben zu machen, dass ich ihn nicht brauche, die Angst, dass er es glaubt.
»Also, versuchen Sie, mich nicht zu kränken, mich nicht so abzuweisen. Was sollte ich sonst mit Ihnen, ehrlich? Vergnügen kann ich mich nicht mit Ihnen, fürs Vergnügen habe ich fröhlichere Partner ...«

»Für den Verstand – verständigere«, sagt er gedehnt – mit steinernem Ausdruck.
Da halte ich es nicht mehr aus. Denn so wie die Begeisterung in mir stärker ist als die Verlegenheit, so ist das Mitleid in mir stärker als die Erziehung! Ich erhebe mich: er ist so groß – auch dafür liebe ich ihn, dass ich den Kopf heben muss! – erhebe mich, nehme seinen Kopf in beide Hände, ziehe ihn zu mir – presse ihn an meine Lippen.
Dann setze ich mich auf die Bank – er in den Sessel –, drücke seine Hand an meine Wange, wir unterhalten uns. Ich bin ganz ruhig, habe ein vollkommen reines Gewissen.
»Ich bitte Sie nochmals: vergessen Sie nicht, dass Sie es mit einem lebendigen Menschen zu tun haben. Schauen Sie: ich reiche Ihnen die Hand aus Freundschaft, ich *möchte* mit Ihnen befreundet sein, aber vergessen Sie nicht, dass mich das alles schmerzt.«
»Ich habe Sie nicht gekränkt.«
»Wer weiß es besser: der, den es schmerzt, oder der, den es nicht schmerzt? Vielleicht wollten Sie nicht ...«
»Ich meinerseits ...«
»Rücken Sie nur mit der Sprache heraus.«
»Sie bitten mich, auf Sie als lebendigen Menschen Rücksicht zu nehmen, ich aber bitte Sie, auf die Umstände Rücksicht zu nehmen ...«
Ich, *ébahie*: »Ausgerechnet ich?! Ich mache um Ihr Zimmer doch einen Bogen von hundert Werst! Ausgerechnet ich?!...«
»Von außen betrachtet sind Sie mehr als rücksichtsvoll, aber bei genauerer, sensiblerer Betrachtung ...«
»Ich verstehe! Erlauben Sie mir, zu antworten ...«
»Antworten Sie lieber nicht!«
»Keine Angst, ich werde gut antworten. Gut spielt man nur die eigene Rolle. Ich bin keine Schauspielerin. Wenn ich Sie sehe, kann ich weder meine Verlegenheit noch meine Freude, d. h. meine übertriebene Gleichgültigkeit, verbergen. Das Einzige,

was ich tun kann, ist, auch weiterhin einen Bogen von hundert Werst um Ihr Zimmer zu machen.«

»Nun, überlassen wir das alles dem natürlichen Fortgang. Dem Leben.«

Dann wühlten wir in den Büchern – seine Gier – meine milde Ironie (er ist plötzlich 10, ich 70!), – über den Büchern beruhigte er sich meinetwegen, ich seinetwegen.

Aber es *war* doch da! Hat *weh getan*! Wohin ist es entschwunden? Ich spürte einen gewissen Schmerz in der Brust – keinen allegorischen! – einen echten, ich kann sogar die Stelle zeigen, einen Schmerz nicht von einem Schlag (ein solcher ist schärfer und seelisch erträglicher!), einen anderen, irgendwie körperlosen, der sich *in einem anderen Körper* abspielt, – ich kann es nicht besser ausdrücken.

Wenn ein Zahn schmerzt, reizt man oft absichtlich den Nerv, aber schlussendlich geht es im Galopp zum Zahnarzt, weil man den Schmerz nicht hätscheln mag! So auch hier. Habe ich denn *gespielt*?! Ich habe mich gequält, wusste nicht, wohin mit mir, hätte alles – wirklich alles – gegeben, um nicht lieben zu müssen, um zu vergessen.

Das heißt, es *war*!!! – Und ist nicht mehr.

Das beginnt im Kopf, senkt sich ins Herz, erfüllt mein ganzes Wesen – die Gedichte, die schlaflosen Nächte, der dringliche Todeswunsch! Und plötzlich steht der Mensch im Zimmer, liebt (nehmen wir es mal an) – wohin verschwindet dann dies alles?

Für mich ist es so: wenn ich nicht gefalle, wende ich mich ab, wenn ich gefalle, zieht es mich zum andern, wenn er sich abwendet – strebe ich zu ihm, wenn er zurückkehrt – bin ich verwundert.

*

Wie sehr würde man mich betrügen, wenn ich reich wäre, wo man mich im Moskau des Jahres 1920 so betrügt!

*

Oh, die Leere der Wortmenschen (Schauspieler, Dichter usw.)!
Oh, die Schwere der Tatmenschen (N. N.)!

*

Niemand will, niemand kann verstehen: dass *ich vollkommen allein bin.*
Bekannte und Freunde habe ich in ganz Moskau, doch nicht einen Einzigen, der für mich – nein, ohne mich! – sterben würde.
Ich bin für niemanden lebensnotwendig, nur allen angenehm.
War gerade bei Natascha A⟨ntokol⟩skaja, suchte Zuflucht vor der gestrigen Einsamkeit. Niemand weiß, wie sehr mich das Zusammensein mit Menschen fertigmacht!
Von Kindesbeinen an wollte ich nur eines: den Tag loswerden, herumbringen: in der Kindheit mit Büchern, später mit Schreiben, jetzt mit was auch immer, jedes Mittel ist mir recht.
Ich höre den Leuten aufmerksam zu, lache, antworte, ereifere mich, – aber alles nur oberflächlich, tiefer innen – Leere. Im Grunde brauche ich niemanden, noch erfreuen mich »Wortspiele«, aber das gehört zu meinem Handwerk, zu dem, womit *Heine* gestorben ist, womit *ich* sterben werde.
Ist das Kälte, dieses mein »Ich brauche niemanden?« – Nein, ich leide selber darunter, ich liebe es so sehr, zu lieben. – Doch Lieben ist mir nicht gegeben! – Ja, abgesehen von N. N., Wjatscheslaw, Ch⟨udo⟩lejew (der zählt natürlich nicht, aber der Verschiedenartigkeit halber!) – es ist mir nicht gegeben, alle Vergangenen und Zukünftigen zu lieben! Sie sind mir alle fremd. *Auch die wählerische Braut, auch die Dirne.*
(Vielleicht ist eine darum Dirne, weil sie eine wählerische Braut ist?)
Lieben – *poignant* – tu ich nur einen, der nicht da ist und an den zu denken schrecklich, über den zu schreiben unmöglich ist.
Mein Fundament ist jetzt – die Hoffnungslosigkeit, meine Oberfläche – der Leichtsinn.

Oh, ich bin überhaupt nicht ein fröhlicher Mensch!
Da ist sie, die Strafe für meine Begeisterung! Kälte, Einsamkeit, Schneegipfel, die ich sogar auf Abbildungen fürchte!
Ich liebe irgendwie Einzelnes: Stimmen, Hände, Wörter, Lächeln, Gesten – dafür würde ich meine Seele hergeben! – doch Stimme folgt auf Stimme, Hand auf Hand, Wort auf Wort, Lächeln auf Lächeln, – und im Endeffekt: Einsamkeit, Ausgewrungenheit, Leere.
Oh, ich habe Angst vor mir! Ich habe überhaupt keine Macht über mich. Mit welcher Furcht horche ich tausendmal pro Tag in mich hinein: Nun, wie steht's? – Alles in Ordnung, so weit. Und plötzlich – Leere, Nachlassen des Willens, der Tag ist endlos, ich kann nichts tun, lege mich auf den Diwan, vermag mich nicht zu bewegen, – sterben! sterben! sterben! Aber es ist nichts passiert, der Tag nahm seinen Verlauf, die Sonne schien, niemand hat mich gekränkt.
Meine Seele ist gleichermaßen offen für Freude und Schmerz, es ist einfach so, als hätte man mir die Haut abgezogen.
Ich weiß nicht, wie andere leben, ich weiß nur, dass ich zehnmal am Tag sterben will, unbedingt!
N. N., ich bin jetzt wie eine Sechsjährige, die man zudecken muss – nicht weggehen! dableiben! – trösten oder einfach die Hand halten – ganz leise – bis ich einschlafe.

*

Abscheu vor Nahrung. Wie beim Hunger – kaum rühre ich sie an, ist sie mir widerwärtig, ich kann nicht, Schüttelfrost. Auch jetzt bekomme ich beim bloßen Gedanken Gänsehaut (Hühnerhaut?) ⟨nicht zu Ende geschrieben⟩.
Auch meine Verpflegungsration hole ich nicht ab – und die Gedichte – und Musset übersetze ich nicht – und Kleider probiere ich nicht an, obwohl es im Hof ist.
Nur Ch⟨udo⟩lejews Schuhe habe ich zur Reparatur gebracht,

weil es ihm Freude bereitet. Selber – 2 Kisten voller Gummi! – gehe ich in völlig kaputten Schuhen, – egal, es ist mir schon lange egal.
Was ist meine Befähigung mit Menschen?
Sie verstehen? Nein. Sie lieben? Nein. Mich an ihnen erfreuen. Wie niemand sonst.
Ich habe den »Schüler« beendet. Ein *Capriccio*. Nur weiß ich den Schluss noch nicht. Als ich am Ende war, verfiel ich in Nachdenken.
Der Junge gibt alles seinem erwachsenen Freund: sein dichterisches Talent, sein schlafloses Talent, er ist bereit, ihm den Garten umzugraben, und wird seine Hand nicht küssen. Nun aber weiß ich nicht: warum er fortgeht (fortgehen muss er!) – was er nicht hergeben kann: den Hund (seine Treue!) oder das »Talismanzeichen« auf seinem Finger (seine Laune; ich liebe dieses Wort!).
Das eine und andere – bin ich, gleichermaßen – ich, mit dem einzigen Unterschied, dass ich es hergebe, und nachdem ich es hergegeben habe, fortgehe.

*

Noch bevor ich eine Zeile geschrieben habe, schreibe ich schon »Eva«.
»Mit dem ersten Lichtstrahl ⟨Fehlen eines Wortes⟩ der Tagessonne öffnete Eva die Augen. Das erste Verlangen, das ihre Hände öffnete, war die Sonne, das erste Wort, das ihre Lippen öffnete, war: ›Gib!‹ Aber da der Herr, der sie erschaffen hatte, weggegangen war und Adam noch schlief, sagte ihr niemand: Das geht nicht, und nach einigem Warten beruhigte sie sich.«

*

In dieser Art. – Das Erste, was sie zu Adam sagt, ist ebenfalls: Gib. Und da sie ihn um sein Auge bittet, hört sie: Das geht nicht.

Und beginnt zum ersten Mal zu weinen. (»Die Tränen sind salzig, ich werde nie weinen!«)
Adam ist für sie eine große Puppe, sie lauscht auf seinen Herzschlag (Stündchen!) – dann wieder: »Gib!« – und wieder geht es nicht. Sofort beginnt sie Adam zu hassen.
Die drei Hauptfreuden im Paradies: der Pfau – die Rose – der Löwe. Eva ist verliebt in die Welt, Adam – in Eva.
Beschreibung des Tagesablaufs, Bekanntschaft mit den Tieren. Sie ist kapriziös: warum singen die Fische nicht, fliegen die Vögel nicht?
Mittagsschlaf. – Zu Adam: »Ich schließe die Augen, du aber sitz da mit offenen, damit mein Pfau nicht weggeht.« – Adam sitzt da. Am Abend sieht sie zufällig ihr Spiegelbild im Wasser. »Das ist das Weißeste, Goldigste usw., was es hier gibt. (Schilderung.) Was ist das?« – »Das bist du, Eva!« (Das sagt vielleicht schon die Schlange?) Unter den dunkel werdenden Bäumen die Schatten der Engel. – Eine Rose. – »Das ist wahrscheinlich auch eine Frucht?« – Sie führt sie zum Mund. – »Nein, daran muss man riechen!« – »Das heißt, riechen ist noch besser als essen. Ich werde immer riechen!«
Seit dem Augenblick, da sie sich im Wasser erblickt hat, verliebt sie sich unwiederbringlich in sich selbst.
Abend – Adam ist ermüdet eingeschlafen. Eva ist allein mit der Schlange. – Der Baum. – Hier weiß ich noch nicht: vielleicht hat Adam, der Eva bereits durchschaut hat, ihr nicht gesagt, dass es ein verbotener Baum ist, sondern einfach: »Ein Baum wie jeder andere ...«
Im Übrigen, vielleicht hat er es auch gesagt, aber sie hat aus Leichtsinn seine Antwort nicht bis zu Ende gehört. Und jetzt sitzt sie, mit der Schlange um den Hals, unter dem Baum (die Schlange flüstert ihr direkt ins Herz) und erinnert sich: »Adams Auge – das geht nicht, sein Herz – das geht nicht, und da war noch etwas Drittes: ach ja, der Apfel!« Zur Schlange: »Wie seltsam! Du sprichst nicht, aber ich höre alles. Natürlich – man

muss ihn essen! Dann werden die Fische singen, nicht wahr? Und die Rosen fliegen usw ...« Sie isst. Nachdem sie davon gegessen hat, gerät sie in Verwirrung und gibt, um nicht allein zu sündigen, den Apfel Adam. Bedürfnis zu küssen. Gleichgültigkeit gegenüber Adam (er ist *schon* der gesetzmäßige Ehemann!). (Adam ist einen Tag älter und weiß schon alles. Braucht Chloe Daphnis oder die Schlange?!)
Ihre Beziehung zum Elephanten: er ist zu groß, ich fühle nichts. Zum Löwen: du bist herrlich, aber irgendwie streng, wie Adam! – Zum Tiger: du gefällst mir! Du bist golden wie ich und biegsam.

*

18./31. Mai 1920

Brief an Wjatscheslaw
(Ich schreibe ihn ab, um später nicht zu vergessen, wie sehr ich ihn geliebt habe.)

Lieber W. I.!
Das ist viel mehr, als ich ausdrücken kann.
Heute hätte ich irgendwohin gehen müssen, wo Musik gespielt wird (immer folge ich ihr wie ein Bettler!), aber ich bin zu Hause geblieben, um allein zu sein (mit Ihnen).
Sie sind für mich ein solches Glück und Ihre Abreise (!) ein solches Leid, dass ich überhaupt nicht weiß, was ich tun soll. Ich werde den 15. Juni zitternd erwarten, auch weil just am 15. Juni – das habe ich heute Morgen selber bestimmt – ein Soldat Petroleum bringen wird.
W. I., ich habe heute vom Gewissen gesprochen, Sie haben es nicht verstanden, jetzt verstehen Sie bitte – verstehen Sie!
Als Sie mich heute fragten: »Sind Sie sehr mit Balmont befreundet?«, verschluckte ich meine erste Antwort, Sie wissen schon,

jetzt wollte ich sie niederschreiben, aber ich kann nicht, solche Dinge auszusprechen, ist noch schlimmer – ist Verrat, definitiv Verrat. Jetzt habe ich Gewissensbisse.
Aber damit Sie nicht Schlimmeres denken, als was tatsächlich der Fall ist, sage ich es trotzdem. Dies brannte mir auf den Lippen:
»Ja, ja, ich bin sehr mit ihm befreundet, liebe ihn sehr, aber Sie sollten verstehen, dass ich nur Sie brauche!«
Das ist für mich das Unerträglichste auf Erden, jemanden auch nur in Gedanken zu verraten, – der andere ist schutzlos, unschuldig, weiß es nicht und soll es nicht erfahren, denn er würde sich nicht an die Reue erinnern, sondern an den Verrat, – wiedergutmachen geht nicht!
Jetzt denke ich über meine Antwort nach. Wie kommt es dazu?
Es sei nicht verhehlt: genuine Undankbarkeit – genuine Rechtfertigung im voraus – genuines Verwischen von Spuren – ist Frauensache.
Jetzt möchte ich über Sie und über B⟨almon⟩t reden.
B⟨almon⟩t ist ein Freund, ich liebe ihn und ergötze mich an ihm, ich glaube definitiv an ihn, dieser Mensch ist unfähig zu niedrigen Gedanken, ich bürge jederzeit für ihn, alles, was er sagt und tut, ist ritterlich und wunderbar. Mit ihm erlebe ich Heiterkeit und Ausgelassenheit, *grande camaraderie*, er ist für mich wie ein kleiner Junge, zusammen lachen wir viel, vor allem das! Mit ihm hätte ich gern das Jahr 93 in Paris erlebt, beide hätten wir entzückt das Schafott bestiegen!
Wir sind Altersgenossen, nur bin ich als Frau – älter.
Betrachten Sie dies nicht als Respektlosigkeit – da lasse ich mir nichts zuschulden kommen – doch B⟨almont⟩ respektieren heißt ihn beleidigen, ich verneige mich vor seinem Talent, vergöttere ihn. – Er ist ein Wunderkind aus Hoffmanns Märchen, – ja? (*Das fremde Kind.*)
Unsere Beziehung, im Wesentlichen tief, tanzt über die Oberfläche, so wie die Sonne das Meer besprenkelt.

Sie.
Mit Ihnen möchte ich in die Tiefe, *in die Nacht hinein*, in Sie hinein. Das ist die genaueste Beschreibung. – Ein Lot, gefällt in die Unendlichkeit. – Darum diese Atemnot. Ich weiß, je tiefer, desto besser, je dunkler, desto heller, durch die Nacht – zum Tag, ich weiß, dass mich nichts erschrecken würde, ich würde Ihnen blind folgen.
Wenn sich in mir – was ich manchmal eindringlich spüre – (aus einer gewissen Verantwortungslosigkeit heraus!) das Leben verkörpert, so verkörpert sich in Ihnen das Dasein.
⟨deutsch:⟩ *Das Weltall.*
(Ist Ihnen schon aufgefallen, dass wir – von den unterschiedlichsten Zufallsbekannten und Weggefährten! – immer! immer! ein Leben lang! – dasselbe zu hören bekommen! – mit denselben Worten!? Und lächelnd zuhören, obwohl wir schon im Voraus wissen, welches Wort folgt!?)

Jetzt etwas anderes. Heute hat mich ein Satz von Ihnen irgendwie schmerzhaft berührt: »Ich habe viel gelitten – ich liebe das Leben – aber irgendwie entsagungsvoll.«
Herr-gott! Das bin ja ganz – ich. Darum begrüße ich alles, weil ich schon im Voraus von ihm Abschied genommen habe. Ich liebe aus der Ferne, *à vol d'oiseau*, auch wenn ich scheinbar mitten im Leben stehe.
Als ich heute mit Ihnen unterwegs war, hatte ich das Gefühl, nicht mit Ihnen zu gehen, sondern hinter Ihnen, und zwar nicht wie ein Schüler, sondern wie ein Hund, ein guter, ergebener, fröhlicher Hund, der nur eines nicht fertigbringt: wegzugehen.
Sicher sind Ihnen schon viele Hunde gefolgt, lieber W⟨jatscheslaw⟩ I⟨wanowitsch⟩, aber – ich schwöre bei Gott! – einen so fröhlichen, praktischen, zeit- und ortskundigen Hund haben Sie noch nie gehabt. – Kaufen Sie eine Hundefahrkarte und nehmen Sie mich mit nach Florenz!
Sie fahren fort! fahren fort! fahren fort!

Hier in Moskau bin ich ruhig, ich kann Ihnen immer schreiben (übertreiben will ich es nicht, obwohl eine dritte Seite! – schon übertrieben wirkt!) – ich kann Sie kurz auf einer Abendveranstaltung sehen, kann Ihre altvertraute, listig-zärtliche Stimme hören, – allein schon das Bewusstsein, dass wir über die gleichen Arbater Straßen gehen – ich kenne Ihr Haus! –, bedeutet, dass es Sie gibt!

In Florenz aber kann ich Ihnen nicht einmal in Gedanken folgen, ich kenne keine einzige Straße, weil ich nie in Florenz gewesen bin!

Jetzt ist tiefe Nacht, Sie schlafen. – Wer war das im roten Kleidchen? Ihr Sohn? Er ist gleich alt wie Alja, von ihm hat mir einmal begeistert die Mutter von Max erzählt.

Ich grüße Sie und lege – auf Hundeart – meinen Kopf auf Ihren Schoß. – Seien Sie mir nicht böse! Ich werde Sie nicht belästigen, dazu liebe ich Sie viel zu sehr.

MZ.

*

Sobald ich jemanden zu lieben beginne, höre ich sofort auf, mich selbst zu lieben, d. h., ich verliere meine ganze Kraft und meinen Charme. Folglich darf ich, um geliebt zu werden, nicht selbst lieben, im Übrigen kehrt durch die Liebe eines andern die Liebe zu mir selbst sofort zurück, – zuverlässiger und schneller als durch Nichtliebe.

Doch letzten Endes wird man, ob durch Liebe oder Nichtliebe, meine Liebe gleichwohl los, durch Liebe noch schneller.

Wenn ich einen andern liebe, verachte (verliere) ich mich selbst, wenn ich von einem andern geliebt werde, verachte (verliere) ich ihn.

Dann schon lieber – lieben!

*

(Wahrscheinlich habe ich keine Ahnung, was Liebe ist, so wie ich keine Ahnung habe, was der andere ist.)

*

Versuchen wir gemeinsam, mich zu lieben! Wenn es bei Ihnen hapert, helfe ich nach. – Das ist das Aufrichtigste, was ich einem Partner sagen kann.

*

Traurig stelle ich fest, dass es N. N. an Großmut fehlt: die 7 Minuten Verspätung, die es ihm gesetzlich erlauben, einem Hungrigen das Brot zu verweigern; die 3 Minuten, die er eine alte Frau auf dem Gang warten lässt (sie kam 3 Minuten vor 6!); dieses »ich esse zu Mittag«, diese vorsichtige Bitte, die »Umstände zu berücksichtigen« (von Aljas Porträt und Sergejs Lukrez will ich gar nicht erst reden – ein *Schand*fleck!), diese Festigkeit, von sich aus nie Geld zu borgen, und wenn er doch welches gibt, vergisst er es *nicht*, diese ewige Sorge um die Rettung von Seele und Körper, – nein, es ist widerlich, verabscheuungswürdig, mir fehlen die Worte!
Woher nur hat er diese Hände?

*

26. Mai 1920

An den Kriegern stört mich der Krieg, an den Matrosen das Meer, an den Priestern Gott, an den Liebhabern die Liebe.

*

Meine Tragödie besteht darin, dass alle, die *reden* wie ich, furchtbar gemein handeln, und alle, die *handeln* wie ich, furchtbar hochtrabend reden.

*

Nie genieße ich nur mit dem Auge, nur mit dem Ohr (wie zum Beispiel mit dem Gaumen).
»Es schmeichelt dem Auge«, »angenehme Farben«, das gibt es nicht, sofort bin ich von Begeisterung oder Trauer überwältigt.
In mir ist wenig Tierisches, – höchstens bei starker Sonne oder im Wasser. – Und auch das nur kurz. (Nachhause! – Schreiben!)

*

Meine Gedichte sind mein Leben (fast schon mein Alltag), das, was ist. Meine Stücke – mein Leben großgeschrieben, das, was sein sollte.

*

Die göttliche Gleichgültigkeit des Dichters bezieht sich bei mir nur auf das eigene Leben – Werk – die eigene Haut.

*

29. russischer Mai 1920

Gerade ist Jelena gekommen. »Wir haben die Pässe! Im Laufe dieser Woche fahren wir!«
Ich frage nach. – Reval – mit dem Schiff nach Stettin.
So.

Ich aber weiß: dass ich nie irgendwohin fahren, nie irgendjemandem begegnen werde, dass ich im Winter 20 – in Moskau – sterben werde.

*

Oh, die Grausamkeit – die göttliche Gleichgültigkeit! – der Verreisenden! Sie sind schon – dort.
Ich fühle mich mit Verreisenden fremd – unwohl – fern! – wie mit Sterbenden. (Man braucht mich nicht.)

*

Verpflegungsration. – Hingehen. – Sie holen ... Ein Alptraum, der schon so viele Tage dauert! – Der Schrecken all meiner Morgen! – Säcke für Mehl, für Hirse, für Salz, für Zucker ... Die Blechbüchse für die Butter nicht vergessen ... – Schreiben geht nicht. Ich bin zerschlagen.
Wenn es schon mit der Verpflegungsration im Milchgeschäft Nr. 48 auf der Petrowka so anstrengend ist, wie soll ich dann von mir erwarten, jemals in einem Zug zu sitzen, der mich nach Taganrog – nach Reval – etc. bringt.
Der einzige Ort, wohin ich fahren werde, ist das Jenseits. – Das weiß ich.

*

Brief an Wjatscheslaw Iwanow
(30. Mai alten Stils 1920)

Lieber Wjatscheslaw Iwanowitsch!
Es ist schon sehr spät, – nein, sehr früh! – die ersten Vögel singen.
Gerade habe ich von Ihnen geträumt: Sie sind weggefahren, Sie

haben endlich die Freiheit erlangt und sind weggefahren. Aber Sie versprachen, vorbeizukommen und sich von mir zu verabschieden: »Nur werde ich sehr spät kommen, – nein, sehr früh, weil ich die ganze Nacht packen werde. Warten Sie auf der Straße auf mich, verpassen Sie mich nicht!«

So beschloss ich, gar nicht nach Hause zu gehen, die Nacht zieht sich hin, die Lichter gehen aus (wir sind nicht in Moskau, sondern auf einem Fischer-Eiland, überall Meer und Netze). Ich habe Alja vor mich hingestellt, aber sie schläft ein, ich trage sie auf den Armen nach Hause, klettere über irgendwelche Felsen. Das Haus liegt auf einem riesigen hohen Felsblock, rundherum Abgrund. (Und wenn Alja plötzlich aufwacht und schlaftrunken in den Abgrund fällt, wenn sie im Schlaf das Haus verlässt?)

Trotzdem lasse ich sie allein, gehe an den vorigen Ort zurück, bleibe stehen, warte auf Sie. – Dann allmählich das leise Entsetzen: Und wenn Sie da waren, während ich Alja nach Hause brachte? – »Warten Sie auf mich«, ich aber bin weggegangen, habe nicht gewartet, und jetzt fahren Sie fort, und ich werde Sie nie mehr sehen.

Ich erstarre. – Warte. – (So ein einfacher Traum, die Tränen fließen, ich lecke sie ab.)

Es dämmert schon, Wind, die Büsche bewegen sich – da tauchen hinter den Steinen und Felsen Sie auf. Ich erkenne Sie schon von fern: die schwarze Gestalt, die Haare im Wind. Rufe Sie nicht an. Sie gehen langsam, kommen näher, sind schon fast bei mir. – »W⟨jatscheslaw⟩ I⟨wanowitsch⟩!« – Aber Sie bleiben nicht stehen, hören mich nicht, Ihre Augen sind geschlossen, Sie gehen weiter, mit den schlafenden Armen die Zweige auseinanderschiebend.

Danach – im Traum ist eine Lücke – erinnere ich mich, wie ich einen steilen Felsen, an dem ich mich nicht festhalten kann, hochklettere, Sie sind oben, Sie werden gleich wegfahren, ich bitte Sie nicht um Hilfe, Sie selbst strecken die Hände aus – ich sehe Ihr Lächeln! –, doch ergreife ich Ihre Hände nicht, Sie kön-

nen mich nicht hochziehen, ich würde Sie mitreißen. Und die Felswand loslassend – um Ihre Hände nicht zu ergreifen! –, stürze ich in die Leere.
Und dieses Stürzen dauert noch an! – Ich bin erwacht, aber es ist nicht vorbei!
Weil Sie wegfahren! – Und gestern habe ich die B⟨almon⟩ts gesehen, sie haben ihr Visum, fahren weg.
Der Traum kommt daher. Nur ist der Traum genauer, denn die Tränen flossen – wegen Ihnen!, und gewartet habe ich – auf Sie!
Alja habe ich in einem schrecklichen Haus zurückgelassen, – wegen Ihnen!
Lieber Freund! Das ist ein großer Kummer! Und heute muss ich die Verpflegungsration holen und mich freuen, dass ich sie bekommen habe!
Und dieser ätzende Schmerz: dass Sie noch da sind, dass Sie noch mehrere Tage hier sein werden, dass viele Menschen Sie sehen werden, – alle, außer mir!
Ich nehme Ihre Hände – die eine und die andere – drücke sie an die Brust – küsse sie.
Das ist Frage – und Bitte – und – im Voraus! – Gehorsam.

               MZ.

*

Moskau, 31. Mai alten Stils 1920

N. N.!
Ich muss Ihnen so viel – so viel sagen, dass ich hundert Hände auf einmal bräuchte!
Ich schreibe Ihnen noch als einem Nicht-Fremden, versuche Sie mit allen Kräften aus dem Nichtsein (in mir) herauszureißen, ich möchte nicht Schluss machen, kann nicht Schluss machen, ich kann mich nicht von Ihnen trennen!
Wir stecken beide gerade in einer schlechten Phase, aber sie wird

vorübergehen, muss vorübergehen, denn wenn Sie tatsächlich so wären, wie Sie jetzt von mir gesehen werden wollen (und wie ich Sie – oje! – zu sehen beginne!), dann hätte ich mich Ihnen nie genähert.

Begreifen Sie doch! Noch versuche ich, mit Ihnen menschlich zu reden – auf meine Weise! – im Guten, eigentlich wollte ich Ihnen einen ganz andern Brief schreiben, ich kam nach Hause, außer mir vor Entrüstung – Kränkung – Beleidigung, aber mit Ihnen kann man, darf man nicht so umgehen, ich möchte nicht jenen anderen in Ihnen vergessen, nach dem sich meine Seele so sehnte!

N. N.! Sie haben unrecht an mir gehandelt.

Sie gefällt mir – gefällt mir nicht mehr, ist mir wichtig (mit Ihren Worten: angenehm) – ist mir unangenehm, das verstehe ich, das ist normal.

Und wenn es jetzt so wäre, müsste ich dann – o Gott! – zweimal Klage führen – ja auch nur ein einziges Mal?!

Doch unsere Beziehung nahm nicht die Richtung von »gefällt mir«, »gefällt mir nicht« – viele gefallen mir – und mehr als Sie!, auch Bücher habe ich niemandem gegeben, ich habe in Ihnen einen Menschen gesehen, mit dem eigenen Menschlichen wusste ich in den letzten Jahren überhaupt nicht wohin!

Erinnern Sie sich an den Beginn unserer Beziehung: Abgefallene Blätter? Damit begann es, mit diesem Menschlichen – vom Innersten zum Innersten.

Und wie hat es geendet? Ich weiß es nicht, verstehe es nicht, ich frage mich die ganze Zeit: was habe ich getan? Vielleicht haben Sie die Bedeutung Ihrer Hände für mich überschätzt, auch die Ihrer realen Gegenwart im Zimmer (weiche zurück!) – ach, lieber Freund, habe ich denn nicht mein Leben lang – anstatt der Seienden und viel leidenschaftlicher! – die Vergangenen – Nichtseienden – Wahrhaftigen geliebt?!

Ich schreibe Ihnen mit völlig reinem Herzen. Ich bin *wahrheitsliebend*, das ist meine einzige Devise. Und wenn das jetzt nach einer Erniedrigung aussieht – mein Gott! –, so stehe ich himmelhoch über jeder Erniedrigung, ich verstehe nicht einmal, was das ist.

Und brauche so sehr einen Menschen – seine Seele – das Geheimnis seiner Seele, dass ich mich mit Füßen treten lasse, nur um zu verstehen, mit der Sache fertig zu werden!

Das Gefühl der Wohlerzogenheit, – ja, ich folge ihm, – gesunder Menschenverstand, ja, wenn die Partie verloren ist (noch bevor sie verloren ist), aber ich bin hier aufrichtig und rein, ich werde bis zum Schluss kämpfen, denn der Einsatz – ist meine eigene Seele!

Und die göttliche Nüchternheit, die mehr ist als gesunder Menschenverstand, sie lehrt mich jetzt: traue nicht dem, was du siehst, denn der Tag verhüllt jetzt die Ewigkeit, höre nicht auf das, was du hörst, denn das Wort verhüllt jetzt das Wesen.

Das erste Sehen ist bei mir schärfer als das zweite. Ich habe Sie als wunderschön *wahrgenommen*.

Darum habe ich die »Erniedrigung« und die Kränkungen hinter mir gelassen, habe alles vergessen, zu vergessen versucht, und möchte Ihnen nur ein paar Worte zu diesem unglückseligen Büchlein sagen.

Gedichte, geschrieben für einen Menschen. Unter dem Netz der poetischen Form – eine lebendige Seele: mein Lachen, mein Schreien, mein Seufzen, das, was ich geträumt habe, das, was ich sagen wollte – und nicht gesagt habe – verstehen Sie's denn nicht?! – ein lebendiger Mensch – ich.

Wie soll ich denn das alles: Lachen, Schreien, Seufzen, ausgestreckte Hände – dieses Lebendige!!! – Ihnen geben, für den das nur *Gedichte* sind?!

»Zu diesem Verlust verhalte ich mich nicht lyrisch«, aber all die Gedichte, dieses ganze Geschenk bedeutet: Sie – ich – Ihnen – das Meine – das Ihre … Wie kann ich, warum sollte ich nach dem Vorgefallenen Ihnen diese Gedichte geben? Wenn es bloß um gereimte Verse geht, so gibt es Menschen, denen sie mehr bedeuten als Ihnen, denn nicht ich! – und nicht meinesgleichen – gehören zu Ihren Lieblingsdichtern!

Es ist, wie wenn man dir einen Finger abschneidet und der andere dasteht und schaut: wozu? Sie sind zu sehr überzeugt, dass Gedichte nur Gedichte sind. Aber es ist nicht so, bei mir ist es nicht so, wenn ich schreibe, bin ich bereit zu sterben! Und wenn ich nach langer Zeit etwas wiederlese, bricht es mir fast das Herz.

Ich schreibe, weil ich dieses (meine Seele!) anders nicht geben kann. Ja.

Ihnen die Gedichte zu geben, nur weil ich es versprochen habe – was soll das! Toter Buchstabe. Wenn Sie gesagt hätten: »Die Gedichte bedeuten mir viel, weil sie für mich sind …«, »bedeuten mir viel, weil sie von Ihnen sind …«, »bedeuten mir viel, weil das gewesen ist …«, »bedeuten mir viel, weil es vorbei ist …« oder einfach: »bedeuten mir viel« – o Gott!, ich würde sie Ihnen sofort! mit beiden Händen! geben.

Aber so – dann wäre es besser, ich hätte sie nie geschrieben!

Sie sind ein seltsamer Mensch! Baten mich, die Gedichte der D⟨shalalo⟩wa für Sie abzuschreiben – ein Gruß meiner leichtsinnigen Seele an ihr leichtsinniges Gebaren.

Wozu brauchen Sie meine Gedichte? Wegen der Form? Die allergewöhnlichste: ich glaube, Jamben. Also bin das Wesentliche: ich. – Und wenn Sie das, was für Sie geschrieben, von Ihnen inspiriert, Ihnen zugedacht ist, außer Acht lassen (Sie wissen nicht einmal, was, weil Sie es nicht gelesen haben), sind Sie nicht wegen der Lyrik betrübt, sondern erbitten mein Büchlein nur, um mir die Möglichkeit zu geben, gut zu handeln. – Sie müssen mir keine großen Gesten beibringen, ich habe sie alle zur Hand.

Wie sehr wünschte ich, dass Sie mich in dieser Geschichte mit den Gedichten – mit Ihnen selbst – verstehen!

Wie sehr wünschte ich, dass Sie in einem einfachen und klaren Moment Ihres Lebens mir einfach und klar sagten, erklärten: was geschehen ist, warum Sie fortgegangen sind. So, dass ich es verstehe! – glaube!

Ich bin gutgläubig, verdiene die Wahrheit.
Nun bin ich müde. Wie eine Welle breche ich mich am Fels (nicht der Nicht-Liebe, sondern des Unverstandenseins!).
Und mit Trauer sehe ich, wie viel schwerer ich, die Leichtgewichtige, wiege als Sie.

MZ.

Und Sie gehen an die Front – und haben nichts gesagt.

*

Den ganzen Tag habe ich geschrieben: zuerst den Brief an N.N. (habe ihn Alja mitgegeben), dann den »Schüler« – habe ein reizendes Lied verfasst, freue mich selbst darüber (als wäre es nicht von mir) – mit folgendem Refrain:
> Ich, ausgetragen nicht im Schoß
> Der Mutter, sondern des Meers!

Das soll im ersten Akt der Schüler vor dem Schlaf singen, da ist er schon ganz ich.

Gestern traf ich N.N. im Garten. Ich stammelte etwas über einen Toten (das habe ich mir gestern ausgedacht, habe die ganze Nacht – bis zum Morgengrauen – laut gelacht, konnte nicht schlafen!).

»N.N., ich hätte eine kleine Bitte an Sie: der Mann einer Bekannten von mir ist gestorben, sie wird gerade ausquartiert, könnten Sie ihn nicht vorläufig zu sich nehmen, wenn sie dann eine Wohnung findet, nimmt sie ihn wieder zu sich ...«

(Während ich redete, musste ich das Lachen im Hals unterdrücken, darum sprach ich schüchtern – unsicher – als würde ich mich schämen.)

»Sie meinen ihn?« (Pause.) »Den Toten?«

»Ja.«

»Erstens wohne ich hier ohne behördliche Bewilligung, und zweitens – wohin sollte ich ihn denn tun?«

»Ich dachte, ins Durchgangszimmer.«

»Sie meinen dorthin, wo ich das Brot wiege?«
»Ja. – Nicht lange, für eine Woche, sie findet sicher bald eine Wohnung.«
»Aber innert einer Woche verpestet er mir die ganze Luft. Nein, das geht nicht, ich weigere mich.«
»Das dachte ich mir.« (Und ohne den Mut zu verlieren:) »Dann hätte ich noch eine zweite Bitte: könnten Sie ihn vielleicht zeichnen, aus dem Gedächtnis?«
»?«
»Eine Porträtfotografie gibt es nicht, jetzt aber sieht er furchtbar verändert aus. – Man müsste das irgendwie kombinieren ...«
Dann steigerte ich mich in die Sache hinein und legte dar, worum es geht.
»Ich antworte Ihnen in 3 Tagen, denn man schickt mich an die West-Front ...«
Ich höre zu, ohne mit der Wimper zu zucken. Mein Herz hämmert.
Ich erzählte ihm von Buddha, dass ich gestern seine Lebensbeschreibung gelesen hätte, darauf empfahl er mir dies und das, worauf ich erwiderte: »Im Übrigen werde ich mich nicht besonders mit ihm beschäftigen!«
Er: »Natürlich! Was soll Ihnen – Buddha?«
(Eine Frechheit.)
»Sie haben mir wunderbare Dinge vergällt: Die Natur – Buddha – Mark Aurel ...«
Er, selbstzufrieden: »Und Sie mir – nichts. Nicht einmal Blok ...«
Ich falle aus allen Wolken:
»Ich sollte Ihnen Blok vergällt haben?!! Wie denn, wodurch ... Verstehen Sie überhaupt, was Sie da sagen?«
»Mit Ihrer grausamen Begeisterung ...«
»*Ich* jemandem etwas vergällen?! Damit Sie's wissen: Sie sind ein schlechter Mensch!«
»Ich habe Ihnen gesagt, dass Sie mich eines Tages gar nicht mehr mögen werden.«

Dann sagte ich ihm aus Wut, ich hätte alle Seiten aus seinem Büchlein ausgerissen.
»Schade, schade, dass Sie Ihr Versprechen nicht gehalten haben – und schade um das Büchlein.«
»*Nur das Geschriebene* ist weg, der Umschlag noch da, man kann neue Seiten hineinkleben.«
»Nein, das ist nicht dasselbe. Und Ihr ganzes Vorgehen unschön: zuerst schreiben, dann ausreißen, dann wieder schreiben, wieder ausreißen. Um die Lyrik tut es mir nicht leid!«
»Aber ich bin doch – ganz Lyrik!«
(Gestern habe ich bei Balmont erfahren, dass mich irgendwelche »isten« mit dem einfachen »e« statt Jat' gedruckt haben, unter der Überschrift: Intimisten.)
»Das Büchlein habe ich Ihnen aus Vertrauen geschenkt.«
»Ihnen wurde mehr, nämlich eine Seele geschenkt – aus Vertrauen.«
»Ich habe keinerlei Verpflichtung auf mich genommen.«
»Wenn man ein Geschenk annimmt, ist man verpflichtet, ihm Sorge zu tragen ...«
»Aber manchmal erhält man Geschenke, die keiner braucht ...«
(Zu seiner Ehrenrettung sei gesagt, dass er diese Replik hinunterschluckte – oder – dann ohne Ehrenrettung – den Scharfsinn dafür nicht aufbrachte! Schade, etwas mehr Frechheit hätte nicht geschadet, und ich hätte mich an der Schnelligkeit und Genauigkeit seines Ausfalls ergötzt.)
Später, im Zimmer:
»Ist Ihnen sehr langweilig?« (Er schaut mir direkt in die Augen:)
»Nein, nicht sehr.«
Dann, in irgendeiner Sache:
»Nein, ich liebe das Lebendige und Gegenwärtige ...«
Ich, nun schon aufrichtig lachend:
»Ach, du lieber Gott! Jetzt brennt es mir auf den Lippen ...«
»Sagen Sie, was Ihnen auf den Lippen brennt ...«

(Entweder ist er ein Komödiant – oder ein Wahnsinniger – oder eine Null.)
»Was denken Sie eigentlich über mich?...«
»Ehrlich gesagt habe ich nie darüber nachgedacht, aber wenn ich es täte, würden Sie wohl viel Angenehmes zu hören bekommen ...«
»Angenehmes? Das höre ich ohnehin von allen Seiten ...«
»Dann würden Sie es auch noch von mir hören ...«
Das Auftauchen seiner Freundin. Hysterisches Benehmen, sie konnte jemanden nicht abwarten, möchte nicht hier warten, dann schon lieber zu Hause sitzen und ein Buch lesen – ihre Stimme überschlägt sich fast – wenn die Person kommt, soll man sie mit Radieschen bewirten, die Radieschen sind in der Schüssel, – N. N.s Antworten, ausgeschmückt mit den üblichen »unangenehm«, »falls«, »betrüblich« –, sie werde später wiederkommen, jetzt gehe sie nach Hause lesen, die Radieschen seien in der Schüssel, – ich bin starr und wage nicht, mich zu bewegen, – dann geht sie. Nach einer Sekunde spielt sie ihren letzten Streich: »N. N.! Ich gehe und komme nicht wieder, was soll dieses Hin und Her, lieber komme ich gar nicht mehr!« – Das Mittagsmenü, die Anzahl der Portionen, ruft mir einen andern N. N. in Erinnerung – auch einen Künstler – der auch hier lebt (sogar bei meinem – meinem! – N. N. im Zimmer) – ich spüre, dass ich den Verstand verliere – und *auch dieser* N. N. isst keinen Hering. – N. N.: »Ich denke jetzt mal nach ...« Und ich: »Während Sie nachdenken, mache ich mich auf die Beine. Auf Wiedersehen!«

Was?

*

1. alter Juni – so scheint es.

Irina hätte leicht vor dem Tod gerettet werden können, – doch niemand tauchte auf.
So wird es auch mit mir sein.
Irgendwann werde ich mich zum Weggehen verleiten lassen: »Alle fahren fort, ich muss auch irgendwo hin!« Darauf die anderen: »Wie schade! Wenn wir gewusst hätten ...«
Aber aus mir wird niemand klug: Für meine 27 Jahre bin ich viel zu alt, um mit den Menschen so zu sein, wie ich bin. Und wenn sie von sich aus nicht helfen, ist es sinnlos, sie um Hilfe zu bitten.
Ich bin niedergeschmettert, fast zerschmettert, krank *durch Freiheit*, von allen verlassen, nicht nur nicht gewollt und gebraucht – sondern nicht einmal ⟨deutsch:⟩ *willkommen*!
Alja spielt mit Puppen, möchte nähen lernen, entfernt sich ein wenig, mit dem Alter wird sie kindlicher, – Gott sei Dank.
Verreisen.
Um zu verreisen, braucht es nicht: Hunger, Kälte, Ausgelassenheit, Demut, Heroismus usw. – sondern Geld, Genehmigungen, *Verkäufe*!!! Tag für Tag: nicht schreiben, nicht atmen, – verkaufen! Ohne den Glauben und die Möglichkeit wegzufahren, würdest du alles gleich ausgeben!

*

3. russischer Juni 1920

Balmont erzählt, wie er kürzlich jemandem ein Buch zurückgegeben hat, dessen letzte Seite herausgerissen war:
»Ich gebe Ihnen mein Wort, dass nicht ich es veruntreut ...« Er bewegt nervös die Finger, sucht nach dem passenden Ausdruck:
»... nicht ich es geplündert ... Es wollte mir nicht einfallen! Wie symptomatisch für ein übermüdetes Gehirn!«

Ich: »Symptomatisch für Moskau 1920!«
 (Veruntreuen – plündern.)

*

Meine Mutter, einzige Tochter vornehmer Eltern (der Vater war Page von Alexander II., die Mutter – Fürstin Bernazkaja), wuchs in unermesslicher Distanz vom einfachen Volk auf, aber liebte die dreckigen schwarzen Schoten in den Verkaufsständen, Kohlstrünke und sonstigen Plunder.
Seriös: »Das habe ich von meiner Amme.«
Ob nicht auch ich das von der Amme habe, dieses Hingezogensein zu den menschlichen Schoten in den Verkaufsständen, zu Kohlstrünken und sonstigem Plunder?
(Außer S⟨erjosha⟩ und W. A⟨lexeje⟩w – sind es lauter Schoten! – N. N. ist ein Kohlstrunk!)
Meine Amme war übrigens Zigeunerin.
Als Großvater ihr »fürs Neugeborene« vergoldete Silberohrringe schenkte, riss sie sie – weil sie nicht aus Gold waren – fast mitsamt den Ohrläppchen heraus und zertrat sie, nach Mamas Worten, so lange, bis nichts mehr von ihnen übrig blieb!
Nein, natürlich ist nicht meine Amme schuld, ich küsse – ob für ein Kupferstück oder keines! – brav die Hand.
 (Mein polnisches Blut, – Sie, Großmutter!)

*

Das Leben eines Mannes, der vor Liebe stirbt, ist folgerichtig: denn er wurde von einer Frau geboren und stirbt wegen einer Frau.
Vielleicht stirbt auch die Frau wegen einer Frau (wegen sich selbst, weil sie – die Liebe liebt!)

*

Frauen liebe ich, in Männer verliebe ich mich.
Die Männer gehen vorüber, die Frauen bleiben.

*

Sie sind vom gleichen Schlag: Bettina – Maja – Sonetschka Holliday. Auch ich gehöre zu ihnen, nur bin ich zu groß gewachsen, das macht mich – *ein bisschen* seriöser – (der Wuchs – *oblige*!) – äußerlich.
Und dann noch das Slawentum!
(Ich weine nicht bei jeder Gelegenheit. Expansiv bin ich nur im Zustand der Freude, mag sie auch klein sein. Würde zum Beispiel S⟨erjosha⟩ zurückkommen, wäre ich – äußerlich – nicht von Sinnen.
Expansiv – völlig offen! – bin ich nur im Abenteuer. Hier bin ich zu Hause.)

*

Mein Haus ist wie ich. Bei anderen gilt: Zu dieser Zeit ist es möglich, dann und dann nicht.
Zu mir können alle – jederzeit – kommen, und für einen jeden reiße ich mich – jederzeit – von den Gedichten und Beschäftigungen los, – einfach so, aus Gastfreundschaft. Es gibt kein äußeres Hindernis. – So bin ich.

*

Hand aufs Herz, ich liebe Jelena ebenso wie Balmont.
Dieses kleine Schlangenköpfchen mit den herrlichen feuchten Augen, kein Körper – eine einzige Linie! – Lächeln – eine Mischung von Ironie und *sensibilité* – natürliche Großmut des ganzen Wesens – untrügliches Gespür für alles Kleinbürgerliche und dessen Ablehnung – gleiche Beziehung zu Kindern wie

bei mir – Widerwille gegen Puppen, Flicken, Details – feinstes Taktgefühl – Fähigkeit, durch *Taten* zu lieben, trocken, praktisch, ohne Worte – bei all ihrer Liebe zum Wort! –, und – vor allem! – ihre Liebe zu Balmont, wie edel! Ihrer Tochter Mirra antwortete sie: »Zuerst B⟨almont⟩ – dann die Gedichte – dann du, wenn du Gedichte schreibst!«
Liebe zum Kind als Lebewesen, zum Kind als Sinnwesen, Fehlen der *femelle* in der Mutterschaft, – sie gehört zu meinem Schlag! – nicht eine Frau, ein Wesen.
Und diese Strenge zu Mirra, die mich so sehr an die von Mama mir gegenüber und meine Strenge zu Alja erinnert, und dieser Kult der verstorbenen Mutter – Traditionen einer Generalstochter – und der Kult der schlaflosen Nacht – die Fähigkeit, nicht zu essen, nicht zu trinken, nicht zu leben, – *zu sein*!
Nie sagte sie mir auch nur mit einem Wort, dass sie mich mag, – aber wie viel Liebe: halb kameradschaftlich, halb mütterlich!
Sie liebt mich mehr und macht das besser, mehr nach meiner Art als Balmont!
Mirra aber ist ganz nach ihm geschlagen! Schnell, offen, spontan, strahlend, gut, großzügig, so leichtherzig!
Wenn Jelena kompliziert ist, so sind B⟨almon⟩t und Mirra unkompliziert, vollkommen offen!

*

Gestern. Auf der Hintertreppe, vor der Tür stelle ich mit Schrecken fest, dass ich die Schlüssel bei den B⟨almon⟩ts vergessen habe. Ich kehre zurück. Gehe langsam. Krieche. (Der winterliche Alptraum mit dem Schlüssel!) Im Fenster Jelena in meinem weißen Lieblingsschal. – »Wir wollten uns schon zu Ihnen aufmachen! Ich dachte plötzlich, Sie würden nicht kommen!«
Sie begleiten mich. Ein *unbeschreiblicher* Himmel. B⟨almon⟩t bleibt stehen, wirft den Kopf zurück, scheint zu fliegen, sagt mit seliger, schläfriger Stimme:

»Nie werde ich diesen Himmel vergessen! Er ist schon in mir – für immer! Marina! Am ersten Ostertag bin ich diesen Weg gegangen, zu dieser Stunde. Ich hob den Kopf und sah ... (selig:) einen Schwarm von Seemöwen! Eigentlich war es nicht ein Schwarm, dieser Schwarm teilte sich in drei, – drei Schwärme! Wo geht die Sonne unter?« – Ich zeige es ihm. – »Nun ja, sie flogen nach Norden!« – »Nach Norwegen«, füge ich hinzu. – »Nun ja, nach Norwegen, wo wir hinfahren. Und ich habe es damals schon geahnt. Ob es sich erfüllen wird? Marina, damals war ich verärgert, jetzt aber bin ich sehr glücklich, dass Sie die Schlüssel vergessen haben, sonst hätte ich diesen Himmel nicht gesehen. Und ich werde ihn nie mehr vergessen.«
Sie begleiteten mich, ich begleite sie zurück.
Wir trennen uns an der Ecke.
B⟨almon⟩t hält mich am Arm: »Jetzt, wo ich wegfahre, kann ich es Ihnen sagen. Für mich bleibt es ein unergründliches psychologisches Rätsel ...«
Er schaut mich an, mustert mich liebevoll ...
»... sich *sogar* von Balmont nicht verführen zu lassen!«

*

Man vergleiche das Urteil von N. N. und das von B⟨almon⟩t. Für B⟨almon⟩t liegt dieses unergründliche psychologische Rätsel – in Anbetracht von diesem und jenem – in mir, in meiner unerschütterlichen Treue!
Für N. N. ist es, delikat ausgedrückt: eine Herde von Leidenschaften.
(Dummkopf!)

*

So wie ich eher zu Verfolgungswahn als zu Größenwahn neige (obwohl ich nicht den Verstand verliere), so gehöre ich, wenn ich für eine Sekunde alle Frauen in solche einteile, die sich selbst verkaufen, und in solche, die einkaufen, zweifellos – von meiner Absicht her – zu letzteren.

Nicht: sich entkleiden, Schuhe ausziehen, Schmuck bekommen, auf Kosten des Mannes dinieren usw. – und zum Schluss – alles mit Füßen treten,

sondern:

sich ankleiden, Schuhe anziehen, eine Uhr mit Kette kaufen, selber für jemanden ein Abendessen kochen usw. – und – zum Schluss – mit Füßen getreten werden …

Mehr als einmal habe ich freundschaftliche Rührung für leicht alternde Frauen (um die 40!) empfunden, die ihren Liebhaber beweinen.

Erstens gibt es weniger Liebhaber als Liebe. Man soll nicht so schlecht denken: die Frau ist uneigennütziger, als es scheint.

»Mehr nehmen, um mehr geben zu können«, – das ist wohl die Formel.

Wenn du nicht definitiv in Besitz nimmst, kannst du nicht geben! Das ewige Streben des Meers zum Felsen!

Das mütterliche Prinzip jeglicher Liebe in der Frau.

Oh, George Sand!

*

Jetzt lese ich nochmals »*Quatre-vingt treize*«. Großartig. Anstrengend. Eine einzige Anspannung. Titanisch, wie der ganze *Hugo*. Die Naturkräfte haben ihn zu ihrem Herold gemacht. Lauter Gipfel. Jede Zeile – eine Formel. Die ganze Schöpfung. Alle Gesetze – göttliche und menschliche. Die Fehlerlosigkeit ermüdet. Es gibt feinste Unterschiede:

>Er dachte, er sei unfehlbar.
>
>Er war – nur fehlerlos.

Aus jeder Seite könnte man ein Buch machen. Vorliebe für Umrisse (für Architektonisches, vielleicht?).

Ja. – Nein. – Schwarz. – Weiß. – Tugend. – Laster. – Matrose. – Krieger. – Mädchen. – Greis. – Kind. – Royalist. – Republikaner. Großartige Gemeinplätze. Als wäre die Welt eben erst erschaffen worden. Jede Sünde ist die erste. Eine Rose duftet immer. Ein Bettler ist bettelarm. Ein Mädchen immer unschuldig. Ein Greis immer weise. In der Kneipe wird immer maßlos getrunken. Ein Hund muss auf dem Grab seines Herrchens sterben.
So ist *Hugo*.
Nichts Unerwartetes.
Ich verändere ein wenig Voltaires Satz über Gott:
Wenn nicht Gott die Welt erschaffen hätte, hätte *Hugo* sie erschaffen.
Und hätte sie genauso erschaffen!
Hugo sieht in der Welt nur das Richtige, Vollkommene, extrem Ausgeprägte, aber nicht das individuell Ausgeprägte.
Hugo hat Esmeralda geschaffen – ein völlig wunderlicher Einfall, aber keine Bettina. Und diese Einfälle sind bei ihm Gesetz: Gesetz des Einfalls.
Das Leben überlistet immer den Schöpfer.
Das Leben überlistet immer *Hugo*.
Niemand hat so klar das Allgemeine im Besonderen, das Gesetzmäßige im Zufälligen, das Einheitliche in allem gesehen wie er.
Mutter – Glockenturm – Ozean – Polizist – alles ist in der Natur der Dinge – und von einer solchen Naturgemäßheit, dass nicht einmal ich mich dagegen erhebe!
O *Hugo*! Wie viel größer ist das für mich, wie viel vertrauter als Lew Tolstoj!

*

Aber warum zieht es mich überhaupt nicht zum Menschen? Mir ist es ganz gleich, was er gegessen, getrunken, angezogen, wen er geliebt hat.
Der Schöpfer ist hinter seiner Schöpfung verschwunden.

Und *Goethe*?
Ist sein Schaffen nicht ebenso groß?
Aber woher dann dieser Wunsch, auf Marmortreppen, vorbei an Göttern und Göttinnen, hochzusteigen zu ihm, der im weißen Jabot und in Seidenschuhen mit Silberschnallen dasitzt, sich zu verneigen – niederzuknien! – seine Hand zu nehmen und zu küssen?
Und warum ist es so wichtig und notwendig, was er gegessen, getrunken, wen er geliebt, wie er sich gekleidet hat?
Denn angezogen ist man letzten Endes nur von dem, hinter dessen Büchern man – wegen der mangelhaften oder dürftigen literarischen Begabung – Größeres ahnt (wie der kleine Däumling, der Kieselsteinchen auf den Weg streut, diesen Kieselsteinchen folgen wir).
Aber in *Goethe* ahnen wir offensichtlich *trotz* der Vollkommenheit seiner literarischen Begabung Größeres.
Kurzum, was bei einem anderen ein weißer Weg unter den Strahlen einer 50-grädigen Sonne wäre, sind bei *Goethe* nur Kieselsteinchen.
Was für ein Haus!

*

Ich habe Blok (korrekt – nicht persönlich – über Hunderte von Händen – aufs Rednerpult, dann ein zweites Mal über ein kleines, schweigsames Mädchen – Alja) Gedichte übergeben. – Er hat nicht geantwortet.
Ich habe W. Iwanow einen Brief geschrieben und Tabak gebracht. – Kein Laut.
Es gibt den Namen, es gibt – so heißt es – auch Aussehen und Charme.
Woran liegt es? An Russland? Am Jahr 1920? Oder sind meine Handlungen die einer Verrückten? Aber warum erscheinen sie mir – in aller Herzenseinfalt – *so einfach*?!

(Übrigens denken alle Wahnsinnigen so!)
Ich beginne zu glauben, dass Einfachheit das Schlimmste ist (für den Besitzer ⟨über der Zeile: Hausherrn⟩ wie für den Nachbarn).
Was fehlt mir, dass man mich so wenig liebt?
Bin ich zu sehr 1. Sorte? (Für solche wie M⟨ilio⟩ti zum Beispiel!)
Trotz des literarischen 18. Jahrhunderts greift man mir nicht ans Kinn!
Folglich: auch in der 3. Sorte ist 1. Sorte!
(Erwünscht: dass in der 3. Sorte 4. Sorte ist, dann ist es lustig!)
Nun, und ein »Vornehmer« wie zum Beispiel N. N.? Er spricht vornehm, aber ab und zu nimmt er meine Hand »und küsst sie«!
Heuchelei – das ist es, was mir fehlt. Ich sage ja sofort: »ich verstehe sehr wenig von Malerei«, »ich verstehe nichts von Bildhauerei«, »ich bin ein sehr schlechter Mensch, meine ganze Güte besteht in Abenteuerlust«, – und man glaubt mir aufs Wort, nimmt mich beim Wort, bedenkt nicht, dass ich so mit mir selber rede.
Aber eines ist hervorzuheben: nie zeigt jemand mir gegenüber auch nur eine Spur von Familiarität.
Vielleicht liegt es an meinem – im Voraus – erstaunten, ernsten, nicht verstehenden Blick.

*

Man liebt diejenigen, mit denen es lustig – oder unmöglich – ist, sich zu küssen.
Mit mir gibt es weder das eine noch das andere: vielleicht ist das ein wenig schmeichelhaft. Aber heutzutage ist es so leicht, anderen mit einem Kuss Wertschätzung zu zeigen (ein Sekretär tut es gegenüber X oder man arbeitet in irgendeinem »Robdarwobl«), dass das Schmeichelhafte wegfällt.
Folglich …

*

Wenn bei mir keine Liebe, keine Bezauberung welcher Art auch immer im Spiel ist, verspüre ich keinen Anreiz, gut zu sein, Wasser zu schleppen, Heringe zu verschenken.
Ich muss hinzufügen, dass ich aus der Bezauberung nicht herauskomme. (Beispiel: die Schuhmacherfamilie Granskij, – ich bin begeistert von ihrer Wohlerzogenheit, gebe. Mit den Zigeunern dasselbe, auch damals mit M⟨ilio⟩ti: zuerst war ich von seiner Unbehaustheit bezaubert, dann von seiner Frechheit usw. So ist Eigennützigkeit.)

*

Wenn ich nicht bezaubert bin, bin ich vernünftig: der Hering kostet jetzt 1000 Rubel, – warum soll ich welchen verschenken?
Wenn ich bezaubert bin, bin ich unvernünftig: der Hering kostet jetzt 1000 Rubel, – warum sollte ich nicht welchen verschenken?!
Oder: wie soll ich es anstellen, dass sie (die Schuhmacherfamilie Granskij) den Hering annimmt?! Ich würde noch 1000 Rubel draufzahlen!
Aber: was sollen ein Hering und 1000 Rubel? – Zwei vergängliche Dinge! Und meine Liebe zur Schuhmacherfamilie Granskij? – Ewigkeit. – Das, worauf die Welt beruht!
Folglich: nur wenn ich bezaubert bin, bin ich vernünftig.

*

Ein Bildhauer ist abhängig von Lehm, Marmor, Meißel usw.
Ein Künstler von Leinwand, Farbe, Pinsel, – oder zumindest von einer weißen Wand und einem Stückchen Kohle!
Ein Musiker von Saiten, – aber es gibt keine Saiten in Sowjetrussland, mit der Musik ist es vorbei.
Ein Bildhauer kann unsichtbare Statuen formen, – die anderen sehen sie nicht.

Ein Künstler kann unsichtbare Bilder malen, – außer ihm sieht sie niemand.
Ein Musiker kann auf einem Bügelbrett spielen, – aber wie soll man da Beethoven oder Korobuschka erkennen?
Die Hand eines Bildhauers kann innehalten.
Die Hand eines Künstlers kann innehalten.
Die Hand eines Musikers kann innehalten.
Beim Dichter kann nur das Herz innehalten.

*

Außerdem: der Dichter sieht die nichtgeformte Statue, das nichtgemalte Bild und hört die nichtgespielte Musik.

*

Es ist dunkel – und eine Stimme singt.
Kein Pinsel, kein Meißel, keine Saite: alles gleichzeitig: Empfängnis und Geburt.
Der Sänger und der Vogel sind die vollkommensten Schöpfer.

*

Warum ist in mir diese krankhafte Anteilnahme an allem Inneren und mein völliges Schweigen, wenn es um äußeren Schmerz geht?
Meine Füße zum Beispiel. Durch das Gehen in riesigen Männerschuhen habe ich überall blutunterlaufene Stellen, offene Wunden, Blasen. Und nichts – ich gehe – nur ein bisschen langsamer, ich spüre, dass es schmerzt, mache mir aber nichts daraus. Erst wenn ich nachschaue, stelle ich fest, dass es sehr schmerzen muss – eine einzige Wunde!

*

9. alter Juni 1920, Dienstag

Heute hätten die B⟨almon⟩ts fahren sollen, sind aber nicht gefahren, weil die estnische Regierung keine Bewilligung erteilt hat. All diese Abende – Abschiedsfeiern, vorgestern bei Sandro, gestern bei den Skrjabins, das Bangen um jede Minute, es zerreißt mir das Herz.

*

B⟨almon⟩t ist halbtot, Jelena – wie immer – die Heldin. Eine vom Vogel verzauberte kleine Schlange!
Mit dem Wegzug der B⟨almon⟩ts ist Moskau für mich zu Ende. – Eine Wüste. – Ein Friedhof. – Schon seit langem fühle ich mich wie ein Gespenst, das die Orte, wo es gelebt hat, heimsucht.
Für die anderen bin ich ein Ausbund an Vitalität, sie wissen nicht, wie ich sein kann – gewesen bin!
Den ganzen Tag habe ich Bücher aussortiert. – Aljas alte Bücher, meine napoleonischen, meine Kinderbücher, – ein ganzes Leben! Und man gibt mir dafür – natürlich – nur ein paar Groschen, weil ich außerhalb stehe.
Unlängst saß ich auf der grünen Blechtruhe und heulte: laut und ein bisschen deklamatorisch – *déclamatoire* –, machte mir Luft.
»Ja, ja, alle fahren weg, ja, ja, niemand nimmt mich mit, weil niemand mich braucht, ja, ja, ich bleibe mit den Stühlen und Schüsseln und ›Männeranzügen‹ zurück, ich, die nichts braucht! – und die anderen werden auf den Straßen von Paris und auf kaukasischen Pfaden wandeln, ich aber sterbe – sterbe – sterbe ...«
Alja tröstete mich, aber ich wollte nicht getröstet werden, mir war es lieber – so.

*

Ich gab dem Staatsverlag zwei Bücher: Gedichte 1913-1916 und Gedichte ab 1916. Natürlich nicht zur Veröffentlichung, um Geld. Ungefähr 40000 Rubel (10 Rubel die Zeile, vier Jahre »Arbeit«).
Ich machte die Bekanntschaft einer netten kleinen Frau – Typ Eva F⟨elds⟩tejn, doch herzlicher –, der Frau von Marjanow. Sie schreibt Gedichte und ist hilflos wie ein Blümchen.
Ich spüre Zärtlichkeit für T. F. Skrjabina, – sie scheint von einer Insel zu stammen, wo alle leise sprechen und zärtlich fühlen, – sie ist nicht nur nicht russisch, sie ist nicht von dieser Welt. Wenn sie spricht, berührt sie die Worte kaum, nur ganz leicht.
Ich liebe die Kleinen und Zärtlichen (Maja, Sonetschka Holliday, die Frau von Brodauf, Jelis⟨aweta⟩ Mojsejewna, Jelena, die Frau Marjanows, T. F. Skrjabina) – natürlich auf unterschiedliche Art! – natürlich vergleiche ich sie nicht – aber sie alle sind »Schwestern meines Mitgefühls«!
Da spricht das männliche Rittertum in mir.
Und die Frauen lieben mich unglaublich!
Sowohl mütterlich (sie ist so groß, stark, fröhlich – und doch …) als auch begeistert.

*

Männer sind Schmerz nicht gewohnt – wie die Tiere. Wenn ihnen etwas weh tut, bekommen sie sofort solche Augen, dass du alles tust, damit es aufhört.

*

Rosanow starb unter dem Tuch des hl. Sergij, – bekam die letzte Ölung und alles, wie es sich gehört, – nach Rosanow'scher Art.

*

Worauf verstand ich mich im Leben? Zu geben, geben, geben!
Worauf verstand ich mich nicht im Leben? Zu verkaufen, verkaufen, verkaufen!

*

Der Tod ist schrecklich nahe, – irgendwie trifft man ständig auf ihn. (Wie früher – auf die Liebe!)

*

Das Meer – ist Hängematte, Schaukel, Wiege, es ist rund und darum nicht riesig.
Der Fluss aber – ist ein Pfeil, losgelassen in die Unendlichkeit. Ein weiter Weg.
Meer – Unbeweglichkeit.
Fluss – Bewegung.
Der Fluss ist wie ein Schwimmer, der sich mit den Schultern vorwärts bewegt, wie ein Pferd, das mit der Brust die Ufer auseinanderdrückt. Der Fluss erschafft sich durch Bewegung. Er kann unmöglich untergehen, weil er sich bewegt.

*

11. Juni 1920 – russischen ⟨Stils⟩

Es tut mir leid um meinen Kopf, zugenagelt und abgestumpft durch das erbitterte Aussortieren der Bücher, den ganzen Tag lang.
Autor – Titel – Jahr – Verlag – Seitenzahl, aber das ist schon der zweite Durchgang, der erste betraf die Sprachen, dann: Kinderbücher oder solche für Erwachsene.
Überall Haufen – Packen – Stapel – Berge, und jede Minute kippt etwas um, und dann: hier ist der zweite Band, wo ist der

erste? Der erste muss irgendwo sein, ich reiße mich los, mache mich auf die Suche, überall vermeintliche Signale, – so geht es den ganzen Tag, und innehalten ist unmöglich, weil ich das Gefühl habe, Zeit zu verlieren!
Oh!
Alja ist den ganzen Tag mit Mirra und Mara (Skrjabina), – sie wird mit jedem Tag kindlicher, ungezogener, flegelhafter, – treibt sich herum, lässt sich necken, spielt mit Fetzen – wie alle Kinder. Das ist sehr gut für ihre Gesundheit – ja.
Was kann ich über Alja sagen? Vielleicht kenne ich sie schlecht.
Mit mir ist sie – so, mit andern – anders.
Ich und sie mit sieben Jahren.
Ich: leidenschaftliche Liebe zum Lesen und Schreiben, Gleichgültigkeit gegenüber Spielen, Liebe zu Fremden, Gleichgültigkeit gegenüber den Meinen, aufbrausender Charakter, der manchmal in Jähzorn überging, übermäßiger Ehrgeiz, Ritterlichkeit, frühe Liebelei mit der Liebe, Wildheit, Gleichgültigkeit gegenüber Schmerz, Zurückhaltung und Verlegenheit bei Liebkosung, *Widerspenstigkeit* – im Guten, nicht im Schlechten! –, Widerstand, Hartnäckigkeit, bis zu Tränen Gerührtsein durch den eigenen Gesang – das eigene Wort – die eigene Intonation, Ablehnung und Verachtung von Säuglingen, Wunsch, verloren zu gehen, zu verschwinden, völliger Mangel an Spontaneität: ich spielte für andere, wenn sie zusahen, *Berauschtheit* durch Kummer (*tant pis – tant mieux!*), erbitterter Starrsinn (nie – ohne Notwendigkeit!) – du kannst mich brechen, aber nicht beugen! –, natürliche Wahrhaftigkeit bei fehlender Gottesfurcht. (Gott erreichte mich erst, als ich elf war, und nicht Gott – Christus, nach Napoleon!) Überhaupt Fehlen von Gott – halbherziger Glaube, keine Gedanken an ihn, Liebe zur Natur – eine schmerzliche, sehnsüchtige, mit vorweggenommenen Abschieden, jede kleine Birke war wie eine Gouvernante, die bald fortgeht. – Jungenhaftigkeit. – Pferdehaftigkeit.

Ich war lauter Ecken und Spitzen.
Alja: Nachgiebigkeit, das ganze Wesen *fluid*. Völlige Spontaneität: absolut keine Posen. Sie gefällt sich nicht und ist wenig mit sich selbst beschäftigt. Ich war ein begabtes Kind – es gibt Kinderhefte von mir –, sie ist ein geniales. Sie lebt, als würde sie schwimmen. Völlige Widerstandslosigkeit. Großzügigkeit – teilweise aus Gleichgültigkeit. Ihre Sprachbegabung ist schon jetzt ihrer seelischen ebenbürtig. Sie bemerkt auch das Allerfeinste. Ist im Kompliziertesten heimisch. Schwäche – Ängstlichkeit – Langsamkeit – sie ist keine Heldin des Schmerzes! – kann sie, wie ich glaube, bei drohender Gefahr aufgeben. Kinder und Spiele liebt sie nicht, nicht aus innerer Veranlagung, sondern weil Erstere sie schlagen und Letztere sie nicht interessieren. Würde man sie in irgendeine echte Familie geben, wäre sie glücklich. Eine Enkelin für die Großmutter, so wie ich eine Tochter für den Vater war, der sich sehnlichst einen Sohn gewünscht hatte.
Alja ist ein ⟨deutsch:⟩ *Lieblingskind*, so sehe ich sie, gespiegelt im blanken Parkett eines vornehmen Hauses.
Mühelose Zärtlichkeit, großzügige Liebkosungen, auch wenn sie nicht liebt, küsst sie viel – als Antwort, aus Feinfühligkeit, – keine tugendhafte Tapferkeit, keine Spur von Jungenhaftigkeit. Ungewöhnliche Naturliebe. Sie ist ganz auf mich ausgerichtet, mir ergeben ⟨nicht zu Ende geschrieben⟩.
Ausgeprägtes Gespür für Urteil und Ironie (was mir völlig fehlte, bis ich ungefähr 10 war), Sinn für die äußere Erscheinung, oft gründet ihre Beziehung zu jemand auf der äußeren Erscheinung, doch nicht auf Schönheit oder Nichtschönheit, sondern auf Besonderheit: so sind Wjatscheslaw und Balmont für sie schön.
Fröhlichkeit unter Menschen, Fähigkeit zur naiven Freude, Selbstbewusstsein dadurch, dass sie nicht an sich denkt, bei aller Genialität – Vernünftigkeit (vielleicht wegen ihrer physischen Ängstlichkeit). Sie denkt über alles nach, außer über sich selbst. – Nicht ich, sondern die Welt.

Duldsamkeit, Zornlosigkeit. Strahlendes Entzücken (meines in der Kindheit war – düster).
Apollinisches Wesen – Harmonie – eine gewisse Zurückgezogenheit – Außerzeitlichkeit.
Aber das Wichtigste – Wichtigste – Wichtigste – ihre Fähigkeit zu lieben, *le génie de l'amour.*
»Ich fühle mich so, als hätten Sie Fieber« – das ist das Gleiche wie bei *Mme de Sévigné*: »*J'ai mal à Votre poitrine*«, der einzige Unterschied besteht darin, dass Mme de Sévigné wusste, was sie sagt, Alja – nicht.

Von ihr denken viele: eine Nonne, demütig, nicht von dieser Welt. Ich würde sagen: von der *ganzen* Welt!
Und keine Nonne – o nein, mit Gott hat sie nichts zu tun, stützt sich nicht auf Gott (wie ich), schuldig mir gegenüber – ja, Gott gegenüber – nein. Und in der Kirche bekreuzigt sie sich entsprechend: heldenhaft, triumphal, fast provokativ.
Alja + ich – da haben Sie Jeanne d'Arc!
Mein Schwert der Tat + ihre allsehenden Augen.

*

ABREISE DER B⟨ALMON⟩TS: die zweite – erfolgreiche.

Das dunkle, vollgestopfte Zimmer. Die hin und her eilende Jelena. Der halbtote Balmont. Die fieberhafte, strahlende Mirra. Der traurige Sandro. Wera Sajzewa: weint und lacht (ich liebe sie!), B. Sajzew schweigt (er ist mir gleichgültig). Jelenas Bruder trägt die Koffer und Säcke hinaus. Alja schmiegt sich an B⟨almon⟩t. Auf dem Tisch tausend leere Schachteln englischer Zigaretten (B⟨almon⟩t und ich haben die gleiche Leidenschaft). B⟨almon⟩t bietet mir eine Zigarette an. – Ich sitze auf dem Fensterbrett, wie immer bescheiden und bemüht, nicht aufzufallen. Nachdem ich eine Weile gesessen bin, springe ich auf und helfe K⟨onstan-

tin⟩ K⟨onstantino⟩witsch die Sachen hinauszutragen, – die letzte Minute meiner aktiven Liebe!
Ich richte Mirras Kleid, fixiere es mit einer Sicherheitsnadel. »Marina!« – sagt Jelena – »hier ist ein Kleidchen für Alja, ich gebe es der Frau des Hausmeisters zum Waschen. Und brauchen Sie die Leinenklamotten?« – »Oh, danke, Jelenotschka, ich mag sie über alles.« – »Ich habe jede Menge. Und die Mütze für Alja?« – »Gern! Ich mag Mützen so sehr!« – Eine rote Strickmütze, ein bisschen militärisch (wie ein *Tschako*) – entzückend. – »Ich habe auch einen Matrosenanzug, – Mirra ist er zu klein, wunderbar blau-weiß gestreift, sie trug ihn (ich weiß nicht, wo), – vergessen Sie nicht, Marinuschka, er ist im Zimmer von Anna Nik⟨olajewna⟩, nehmen Sie ihn unbedingt!« – Sie verschnürt die Riemen am zwölften Koffer, – es gelingt ihr nicht, – ich ziehe sie fest zusammen – es gelingt. B⟨almon⟩t erzählt eine Geschichte – ich höre aufmerksam zu – es ist seine letzte! Jelenas Bruder: »Wenn Sie fertig sind, K⟨onstantin⟩ D⟨mitrijewitsch⟩, müssen wir los.«
Die Geschichte: B⟨almon⟩t und Jelena finden im Alexandergarten eine kleine Handtasche. Hinter ihnen sind drei Personen, die auch eine Auge auf sie geworfen hatten, aber aus anderen Gründen, denn »sie schielten auf ein Tanzvergnügen …«

*

⟨das Datum fehlt⟩ *Donnerstag*

Alleinsein und Einsamkeit.
         (Nach gründlichem Nachdenken definieren.)

*

Der Mann ist mehr Kind als die Frau, weil er seriös spielt. Vielleicht auch:

Wenn die Frau sagt, sie spiele, ist sie seriös; wenn der Mann sagt, er sei seriös, spielt er.
Die Frau spielt mit allem, außer mit der Liebe.
Der Mann – umgekehrt.

*

In den Büchern merke ich mir nur das, was ich unbedingt brauche. Der Rest ist wie weggewischt.

*

Schnell – schnell – schnell, ohne mit der Feder und dem Gedanken nachzukommen, sinne ich über den Tod nach.
Die Wunde: ein winziges Löchlein, durch welches das Leben entschwindet.
Der Tod wird für mich eine Befreiung vom Überfluss sein, es wird mir kaum gelingen, völlig zu sterben.
Ich verdiene es mehr als andere, durch Blut (*einen Blutstrahl!*) zu sterben, mit Trauer denke ich daran, dass ich unvermeidlich durch die Schlinge sterben werde.
Blut – ist Stenka Rasin, der Löwe im Käfig! Wahrscheinlich freut es sich, wie es in die von der Kugel oder dem Messer verursachte kleine Wunde strömt und strebt!

*

Christus hat nicht bedacht, was seine Lehre für eine Frau bedeutet – für eine junge Frau, eine entsagende Frau!

*

Woher soll ich den Stolz des Verzichts nehmen, wenn nicht aus der unverbrüchlichen Überzeugung, dass der Bittende mich nicht braucht.

Woher soll ich diese unverbrüchliche Überzeugung nehmen?

*

Selbsterhaltung – wie äußert sie sich bei mir?
Ich beklage mich weder über Lasten, über Schmutz noch über fremde – gleichgültige – Dinge, ganz zu schweigen von der Schlaflosigkeit und meinem Kopf, die mich von der Erde abheben!
Und da ich mich nie – über nichts – beklage – es fehlt mir einfach der Instinkt dazu! –, woher – durch welches Wunder – soll ich eine Stimme erlangen, die Nein sagt?

*

Vielleicht könnte ich, wenn mir eine nahe Liebe mehr Freude bereiten würde, entsagen, – wenn ich selbst darauf verzichten müsste.
Aber das ist nicht der Fall – so wie auch die Ablehnung fehlt – und:
Ça lui fait tant de plaisir – et à moi si peu de peine!

*

Nie jemanden küssen – ich verstehe – d. h. verstehe es nicht, aber es ist nicht hoffnungslos, – doch wenn schon küssen, unter welchem Vorwand dann nicht weiter gehen?
Vernunft? – Gemeinheit! Ich würde mich verachten.
Liebt man danach weniger? Ich weiß es nicht, vielleicht weniger, vielleicht mehr.
Treue? – Dann lass das Küssen bleiben.

*

19. alter Juni 1920

O Gott, o Gott, o Gott! Wie kaputt ich bin, wie zuwider ich mir bin, wie schwer ich mich fühle, nichts erfreut mich! – nichts ersehne ich mir!
Schlaflose Nacht? – Müdigkeit.
Die Feder fällt aus der Hand.
Es geht offensichtlich nicht um Verstehen.

*

Übersetzen Sie! Übersetzen Sie! Übersetzen Sie!
Aber ich möchte – schreiben!
Und statt ein Stück zu übersetzen, schreibe ich ein Stück. Möglich wäre auch: statt ein Stück zu schreiben – lebe ich ein Stück!

*

Antwortlosigkeit und Verantwortungslosigkeit. Das ist meine Antwort auf alles und für alles.
(Ich könnte auch hinzufügen: Gewissenlosigkeit!)

*

Anspruchslose Glaubwürdigkeit ist nie ein Gemeinplatz.

*

»Ich liebe Sie«, »rote Sonne«, »schwarzer Rabe« – offensichtlich gibt es einen Grad von Anspruchslosigkeit und Einfachheit, der das Wort, das in aller Munde ist, davor bewahrt, zum Gemeinplatz zu werden.
Gemeinplatz: wunderbare Träume.

Ein wunderbares Kind aber ist – immer neu!

*

Alles Vollkommene – ist von Anbeginn fertig. – ⟨deutsch:⟩ *Ist da*. – Die Uspenskij-Kathedrale wurde an Ketten vom Himmel heruntergelassen, der Kaukasus ist aus dem Schoß der Erde entstanden, wie er ist.

*

Der Berg – die Stirn der Welt.

*

Niederungen gleichzumachen, ist nicht meine Sache, – alle Berge aber sind von sich aus gleichgestellt!

*

Nie ist ein Berg auf einen andern neidisch, denn die Berge allein wissen, wie weit selbst der höchste von Gott entfernt ist!

*

JULI 1920

Wenn ein kleines Kind stirbt, wird die Erde reicher um ein neues Skelett. – Die Mutter und die Welt aber verlieren – eine ganze Welt.

*

Die Haut als Zugabe. (Die eigene und die fremde – in der Liebe.) Ich gehöre nicht zu denen, die Zeitungen wegen der Beilage abonnieren.

*

Warum freuen sich alle, wenn ein Mädchen zum ersten Mal liebt, und niemand, wenn zum zweiten Mal?

*

Ich verlange weder Herzlichkeit noch Ritterlichkeit, mir genügt es, wenn man mich anständig behandelt.

*

Ich: Extreme Begeisterung (meine! sie grenzt an Idiotismus!): den Mond Sonne zu nennen!

*

AUGUST

Am Ende des Nowinskij-Boulevards ist jetzt ein Lager. Sie liegen, kreischen, essen, packen einen am Arm, wahrsagen. Unlängst – am Smolenskij – ging eine großgewachsene Zigeunerin um die 30 langsam, die Menge widerwillig beiseitestoßend, vorbei: Adlernase, lockige Haarsträhnen unterm Kopftuch hervor, das Gesicht im Profil. Und plötzlich legte sie ihre Hand – mit schwerem Schlag – auf die Schulter eines Burschen, eines Soldaten, wahrscheinlich aus Rjasan. – Und dieser ging – mit erschrockenem Lächeln – weiter, tauchte unter, – gleich wird er seinen letzten Tausender los, – er, ein Kerl, der leidenschaftlich handelt – und jetzt! – wegen eines Zehnrubelscheins – soll er ihn

für eine bewusste Aufschneiderei, an die er nicht glaubt! hergeben, weil er Angst hat, weil sie ihm sagt: Gib her!
Diese ihre Geste – die Hand auf die Schulter! – so bestimmt – war nicht eine Eroberung, sondern ruhiger: der Beginn einer Besitzergreifung.

*

Für das einfache Volk ist eine Zigeunerin keine Frau, sondern eine Teufelin, eine Zauberin, etwas Fremdes – und so wenig zu gebrauchen, dass man nicht einmal einen Gedanken daran verschwendet!
So bin auch ich – trotz allem!

*

Der Gang der Zigeunerinnen: sie werfen beim Gehen – als würden sie ausschlagen – den Rock hoch. Zuerst der Rock, dann die Zigeunerin.
Und jedes Hochfliegen des Rocks: Scher dich zum Teufel! Der Fuß – zum Rock, der Rock – zum Passanten.

*

Wenn man mich verlässt
Weine ich wie eine Frau.
Klatsche wie ein Verbündeter.
Lache wie ein Weiser
         und
– überdies –
singe wie ein Vogel!

*

Meine Beziehung zu Menschen – der Ausschlag meines Pendels – bewegt sich zwischen: dem Wunsch, alles zu rechtfertigen, und der Forderung, in allem gerechtfertigt zu sein.

*

Die älteste der alten Frauen kommt herein: N⟨ikolaj⟩ W⟨yscheslawzew⟩. Die Augen der beiden anderen sind wütend und offen (bei der älteren mit einem Anflug von Billigung, bei der jüngeren mit einer Nuance von Herablassung) auf mein Gesicht gerichtet. – Ich hebe die Brauen. – Rauche. – Er kommt herein. – Ich grüße ihn trocken, indem ich mich heroisch zwinge, ihm in die Augen zu schauen. – Er ist unrasiert. – Bläulich-rosiges Gesicht. – Die Nase noch markanter. – Er setzt sich neben mich. – Bietet mir eine Zigarette an. (Früher tat er das nicht, ich freue mich.) Und fragt sofort, ohne Ausflüchte, ohne Gruß: »Und wie ist es bei Ihnen bis ›zum Gehalt‹?« – »Mühsam.« – »Ich verstehe nicht. Ich dachte, es sei ein Fehler.« – Ich, gutmütig, mich fast entschuldigend: »Sehen Sie, wenn man so viel bekommt – den ganzen Tag – verstehen Sie? – wird man müde, nicht wahr? Man möchte umsonst geben, nicht wahr? Wenigstens bei mir ist es so, obwohl« – ich versinke in tiefes Nachdenken – »ich nie viel bekommen habe. – Macht nichts.« – »Hm ... Sind Sie sicher? Aber Sie übertragen Ihr ... eigenartiges Gefühl (mit leichtem Ekel) auf ein Straßenmädchen.« – »Oh, in dieser Beziehung sind wir alle gleich.« – »Ich bin nicht einverstanden.«
Er raucht zum zweiten Mal. Mir bietet er nichts an. Leicht beleidigt gehe ich in die Küche, um den Samowar aufzusetzen. Tee ohne irgendetwas – macht nichts. Wir trinken. Er trinkt – nacheinander – drei Tassen, Tee ist gut für den Magen, er hat das Gesicht eines schlaffen Fisches. Nachdem er ausgetrunken hat, steht er schnell (wie von Sacharin) auf, jagt im Galopp um den Tisch, verabschiedet sich.

*

NOVEMBER

(Begegnung mit Lann)
Lann: »Ach, Ihre gemeine Zwetajewa'sche Natur! Sie legen sich einem selber unter die Füße, und wenn man auf Sie tritt – sind Sie unzufrieden!«

*

Alja über Lann (notiert am 23. russischen Januar 1921)

M⟨arina⟩ hatte einen Bekannten – Je. L. Lann: großgewachsen, mager, Soldatengamaschen und Hosen eines Obersten. Adlernase – Adlerkinn, langer dünner Hals, wilde Haare, aus der Stirn zurückgeworfen, Donnerstimme, wenn er Gedichte liest. Statt zu sagen: Gott sei mit Ihnen!, grüßte er: Apollo sei mit Ihnen! und sprach mit *kapriziöser* (unterstrichen!) Stimme. Dieses spitze Wort passt sehr gut zu ihm. Unsere Lebensumstände beachtete er nicht und ärgerte sich nicht darüber, er saß auf dem hohen Ledersofa, fuhr sich ins Haar und fuchtelte mit den Händen. Kleine, enge Schritte, die Taille mit einem Frauengürtel eng geschnürt, violette Joppe und Liebäugeln mit Mamas samtenem violettem Tabaksbeutel. (In ihrer Kindheit nannten sie und ihr Bruder die violette Farbe »purpurn«.)
Er ist krampfhaft ruhig und bringt einen mit seiner Ruhe zur Raserei. Wenn er keine Gedichte vorliest, ist seine Stimme brüchig – und dadurch verletzend.
Sein Umgang mit Marina – schonend. Er versucht sanft zu sprechen, doch unter der Stimme – Blitz und Donner.
Es sind Gedichte eines Menschen, der auf einem senkrechten Felsen steht – und – *sofort!!!* – hinunterfällt. Er gleicht einem Märtyrer, der sein Martyrium verwegen annimmt. Keine Minute Beruhigung: ewige Pfeile und ewige Nadeln. – Er hat den *ganzen* Baum der Erkenntnis von Gut und Böse aufgegessen. – Ein

Mann aus Stein, der bis zum Tod leiden wird, soll der Mensch sich in Krämpfen winden, mit Schaum vor dem Mund. – Ein Märtyrer und ein Peiniger. – Ein kranker Adler.
Im Leben war er weder Vater noch Ehemann – nur Sohn. Beim Jüngsten Gericht wird er kapriziös sein, wird an seinem Platz stehen, der ihm – seiner Meinung nach – gebührt, und wird keine Reue zeigen.
Er wird nie eine Frau sein, obwohl er auch kein Mann ist.
Er – es.

Im Alltag war er hilflos und winkte immer ab. Die Himmelfahrtskirche nannte er Nikitskij-Kirche, als er Marinas Plätzchen aß und sie ein Gespräch begann, schrie er:
»Nein, nein, ich bin schon gierig darüber hergefallen!«
Er erinnerte sich an nichts, als gäbe es keine Vergangenheit, nur den heutigen Tag. Nach meinem Eindruck ist eine Frau sterblich.
An den Abenden trank er (Marinas) schwarzen Kaffee, am Morgen einen schlechten.
In seiner Liebe zu Marina war auch jenes – es. Zu ihm paßten eine Pelerine und Regen.
Sein geheimnisvolles Auftauchen.
Er ist vom Geschlecht jenseitiger Gäste, die nur die Spur einer Pelerine zurücklassen.

*

Ich – zu Lann:
Ihre Hauptsorge gilt nicht dem Hier – niemals. Daher kann man Sie nicht fassen. Ich trete auf einen Schatten, – der Mensch ist schon weit.
Nicht einmal auf einen Schatten trete ich.

*

Aus dem Brief an Lann (nicht abgeschickt) –
nach seiner Abreise
AUS DEM ELENDSQUARTIER – IN DIE HÖHLE
Erster Brief

Lieber Freund!
Nach Ihrer Abreise hat mich das Leben sofort – und grausam! –
in die Mangel genommen.
Nachdem ich Sie etwas länger, als den Augen ersichtlich, begleitet hatte, kehrte ich nach Hause zurück.
D. A. hatte ein liebenswürdiges, fragendes – und sogleich dankbares! – Gesicht. (Weil ich – nach dem Geleit – fröhlich bin.)
Dankbar für das Lob, gab ich mich doppelt fröhlich. Meschijewa schimpfte über die M⟨alinow⟩skaja, D. A. widerlegte es taktvoll, Alja spielte mit dem Hund, A. D. ⟨D. A.⟩ mit Alja.
Dann ging ich mit der Meschijewa nach Hause – ich schützte sie vor Schlaglöchern, sie mich – vor den Autos.
(Vor diesen fürchten sich, so wie ich – mit leidenschaftlichem Hass –, nur noch Wjatscheslaw Iwanow – und Stepun.)
»Haben Sie sich sehr mit Lann befreundet?« (Alle – sogar Sie selbst! – sagen Lann, mit einem harten »l«, – ich aber *Lannes*, wie Napoleons Marschall hieß.) – »Ja, er ist ein großer Dichter und ein noch größerer Mensch. Ich werde ihn vermissen.« – »Gefallen Ihnen seine Gedichte?« – »Nein. Ein Vulkan kann nicht gefallen. Aber – ob ich will oder nicht – die Lava fließt und brennt.«

Zu Hause brachte ich Alja zu Bett. – Warten Sie! – Als ich eintrat, begriff ich sofort: das ist kein Dachboden und keine Höhle – das ist *ein Elendsquartier*! (Doch konnte ich mich nur halb freuen, weil Sie nicht bei mir waren, um es zu würdigen!)
Als mir diese Elendigkeit klar wurde, gab ich mich mit der Einsicht zufrieden und ging in ein anständiges Haus übernachten, – zu Bekannten von T. F. S⟨krja⟩bina. Dort waren nur Frauen, sie

unterhielten sich über Spiritismus und Somnambulismus (was für Unfug! – Unsinn! – was für eine Ungereimtheit! – ein fliegender Tisch, wo *ein Tisch doch stehen muss*! Und was für eine Hässlichkeit: als würde man auf einen Adler beispielsweise eine Suppenschüssel stellen und ihn zwingen, still zu stehen, während man ringsum zu Mittag isst. Gott hatte recht, den Adlern Flügel und den Tischen Beine zu geben. *Ich will es nicht* – umgekehrt!). Ich lag auf einem riesigen Bären (Fell schläfert ein, Bärenfell ganz besonders – ich weiß es aus Erfahrung –, jedes Mal, wenn ich mich auf einen Bären legte, bin ich eingeschlafen. – So erklärt sich der Winterschlaf der Bären.) Ich lag auf einem riesigen Bären, hörte nicht zu, stritt und schlief.

Nachts wachte ich 30 Mal auf, rauchte, ging umher, weckte alle und machte mich mit der Dämmerung aus dem Staub, so dass die Zurückgebliebenen sich wunderten, warum ich überhaupt gekommen war.

Dieses Moskau kennen Sie nicht, und auch ich hatte vergessen, dass es existiert! Glanz – Klang – Zerbrechlichkeit. Der Himmel *völlig* rund (in Bezug auf die Erde bezweifle ich es), wie rosig angehaucht, auch der Schnee war rosig, und ich sah aus wie ein Tigergespenst.

Als ich am Smolensker Markt ankam, beschloss ich – *noblesse oblige* – seine sterblichen Überreste aufzusuchen – zu besuchen – und sieh da – o Wunder! – er war nicht tot: der Bauer mit dem Brennholz!

»Kaufmannsfrau, kein Brennholz gefällig?« – »Und ob!« Ich habe mich mit dem Bauern vor den Schlitten gespannt und vier Säcke Brennholz nach Hause transportiert. Dafür gab ich ihm meine ganze Ration Mehl, wenigstens wird es nicht gestohlen, das Brennholz aber verbrenne ich schnell. Und – sogleich – das dumme Bedauern: Nun ja, kaum ist er weg, gibt es Brennholz!

(Doch wissend, dass Sie *jetzt* ohnehin warm haben, beruhigte ich mich sofort.)

Um 12 Uhr mittags schicke ich Alja auf das Hundeplätzchen

(das Ihrer Meinung nach nicht existiert), in die »Liga zur Rettung der Kinder«, um Kraftnahrung. Selber mache ich mich daran, die – letzten – Gedichte fertig zu schreiben, einen Dialog in Gegenwart eines Toten.
Dann schmerzt der Kopf, ich lege mich auf Aljas Bett, decke mich mit dem Tiger und dem Plaid zu, Brennholz ist vorhanden, – also muss ich jetzt nicht heizen, schreckliche Kälte, mein Kopf droht zu zerspringen, als würde jemand mit eisernen Fingern auf meine Lider drücken.
Ich schlafe.
Wache auf: es dunkelt. – Alja ist nicht da. – Ich gehe zu den Skrjabins. – Dort ist sie nicht. – Ich erinnere mich an das Heim, das Spital, *diesen Schrecken meines Innern*, vor einem Jahr, erinnere mich jetzt auch an die beiden letzten Wochen, wie sehr ich auf mich (Sie) bezogen war, wie mich ihre Langsamkeit erzürnte, wie ich es Gott an Dankbarkeit fehlen ließ – täglich, stündlich –, dass sie existiert.
Ich kehre heim – warte – lese ein Buch. – Es dunkelt. – Ich halte das Sitzen nicht aus, hefte einen Zettel an die Tür, gehe in den Palast der Künste, zu M⟨ilio⟩ti. – »War Alja bei Ihnen?« – »Sie ist gerade gegangen.« Wieder nach Hause. Eine Stunde verstreicht. (Es ist schon fünf.) Sie ist nicht da. – Die Tür geht auf: W⟨olken⟩stejn. »M⟨arina⟩ I⟨wanowna⟩, ich bin wegen des Stücks gekommen, ich möchte es unterbringen.« – »Mir ist jetzt nicht danach zumute, Alja ist verschwunden. Lassen Sie mich.« Er beharrt, fragt mich aus. – Widerwillig erzähle ich. – Er macht sich auf die Suche. – Ich warte. – Eine Stunde verstreicht. – Es ist schon ganz dunkel. – Er kommt zurück. – Im »Palast« haben sie alle gesehen: sie war bei R⟨ukawischniko⟩w, in der Kanzlei, bei den Zigeunern, in den Kellern, – alle haben sie gesehen – jetzt ist sie nirgends. – Er setzt sich. – (Spürt, dass er das Recht dazu hat. Hätte er nicht gesucht, hätte er sich nicht getraut!)
»M⟨arina⟩ I⟨wanowna⟩, werden Sie diesen Dichter noch sehen?« – »Nein.« – »Ich dachte, Sie wären mit ihm befreun-

det …« – »Er ist weggefahren.« – »Aber Sie werden ihm schreiben.« (Behauptung.) – »Ich weiß nicht.« (Verlegenheitspause.) – »Es tut mir sehr leid, dass ich mich damals nur wenig mit ihm unterhalten konnte!« (Ich denke verächtlich: er schmeichelt sich ein!) »Er hat mir sehr gefallen. Und haben Sie bemerkt, dass er vollkommen Konjonkows Paganini gleicht, unter dem er gesessen hat? Als hätte er als Modell gedient.« – Ich belebe mich: »Konjonkows Paganini habe ich mir nicht angeschaut: ich bin kurzsichtig, aber seltsam – schon im ersten Moment – 10 Minuten nachdem er mein Haus betreten hatte, sagte ich ihm, dass ich mir so Paganini vorstelle. – Das heißt, Konjonkow hat Paganini richtig erfasst.« – »Nun, wenn Sie ihm schreiben, schreiben Sie das Folgende. – Ich habe später über ihn nachgedacht. Sein Werk – und seine Vortragsweise – und seine ganze Erscheinung … Er ist ein *verkrampfter*, nervöser, überspannter Mensch. Ein Mensch mit schwerem Leben. Später, als ich über ihn nachdachte, fiel mir folgendes Beispiel ein: Wenn Stanislawskij einem jungen Schauspieler zusieht, sagt er ihm als Erstes: ›Leichter, leichter! So, entspannen Sie die Muskeln! Ganz locker.‹ – ›Ist das alles?‹ – ›Ja. Sie müssen spüren: die Spannung ist vorbei, jetzt herrscht Befreiung. Keine Angst: man bezahlt Sie nicht umsonst.‹ Das also sind meine Gedanken. Er traut der Leichtigkeit nicht. Er türmt absichtlich Schwierigkeiten vor sich auf. Er sucht nur Aufgaben, die seine Kräfte überfordern. Oh, er führt ein schweres Leben, umso mehr, als das aus seinem Innern kommt und von großem Ernst ist …«

»Sie sind nicht so …, d. h., Sie sind viel … aufmerksamer, als ich dachte.«

»Schade, dass Sie mich nicht früher mit ihm bekannt gemacht haben, ich hätte ihm Stanislawskij gezeigt. Das ist vor allen Dingen ein genialer Mensch.«

Ich bin dankbar, dass er gesagt hat, »ich hätte *ihm* gezeigt« und nicht »ich hätte *ihn* gezeigt« – heitere mich etwas auf und bitte ihn um Streichhölzer.

Er gibt mir viele.

»Aber Alja?!« Es ist schon 7 Uhr (um 12 ist sie weggegangen). Er verspricht mir, nachdem er zu Hause gegessen hat, noch einmal im Palast vorbeizuschauen (innerlich zucke ich vor Verachtung zusammen!). Dann geht er. Ich liege und denke nach.

Denke an Folgendes: Mein Gott, auch damals habe ich gelitten, habe mit dem Finger die Stelle bezeichnet, wo es weh tut, aber wie anders war jener Schmerz! Ein Luxus war das, ich hatte kein Recht dazu, dieser Schmerz aber ist echt, ist das, wovon man lebt, was einem *kein Recht gibt, nicht zu sterben* (wenn Alja nicht gefunden wird!). Alja – Serjosha.

Assja ist dazwischen – da ist echter *und* luxuriöser Schmerz. Lann ist nur Luxus, und der ganze Schmerz seinetwegen und um seinetwillen – Luxus, und jetzt straft mich Gott.

Lann – meine Sache hätte auch *seine* Sache werden können, aber es wurde nichts – es wird nichts – er braucht es nicht – das hat er schon – und selbst wenn er es nicht hätte – *er* (sein Schlag!) braucht das nicht. Die Beziehung entwickelte sich falsch, nahm erst gegen Schluss die richtige Wendung – renkte sich einen Tag vor seiner Abreise ein!

Ich begriff: keine Fürsorge!

Ist dir kalt – so friere, bist du hungrig – so besorg dir was, bist du krank – so stirb, ich habe nichts damit zu tun, entferne mich – galant! – ohne Bitterkeit!

Er braucht mehrere männliche Köpfe (Gehirne), von Zeit zu Zeit etwas Liebeähnliches (ein schrecklich grausames Spiel, um die Krallen gegen sich selbst abzuschleifen!). *Entweder* Männerfreundschaft (Kritik der reinen Vernunft – Pläne für Detektivbüros – und die Bereitschaft, wenn nötig, für den anderen zu sterben! Nur nicht ohne den anderen!) – oder »verachteten« weiblichen Liebreiz: Parfüms – Pelzmäntel – aber keinerlei Brustkorb!

Ich dachte nach ohne Bitterkeit: konzentriert und hartnäckig. Sollte es mir bestimmt sein, ihm noch einmal zu begegnen –

o wunderbare Begegnung! – ich würde ihm genau so viel und genau das geben, was er braucht. (D. h. aus meinen Händen – aus meiner Kasse – ein paar Groschen.) – Aber Alja?!!!

Um 9 Uhr erschien W⟨olken⟩stejn, Alja an der Hand, wichtigtuerisch und kühl. Im Bewusstsein seiner Großmut und meiner Gemeinheit. (Ich hatte Alja schon einen ganzen Monat grausam vertrieben!)
Brachte sie – grüßte – und ging.
Herrschaften, Sie sind keine Meister im Geben!
Schweigen. Hilflosigkeit angesichts des folgenden hoffnungslosen Dialogs.
»Alja, was soll das!«
»Marina!«
»Lass dieses Marina, das hat hier nichts zu suchen. Nun?«
»Marina!«
»Al-ja!!!«
»Nun, ich wollte einfach den Schmerz erfahren, den ein Kind ohne Mutter empfindet.«
»Wo warst du?«
»Ich bin den ganzen Tag unter einer Schneewehe gesessen – und habe einen Wolfshunger.«
»Hm ... Und hast du niemanden besucht?«
»Nie-man-den.«
»Bist du wirklich nirgends gewesen? Nicht bei den Skrjabins, nicht bei X., bei Z. und den Zigeunern?«
»Nein. Ich bin über Brachen gegangen und habe mich gegrämt.«
»Und wer war im Palast? Wer hat sich mit den Kindern von M⟨ilio⟩ti vergnügt? Wer hat beim Schachturnier zugesehen? Wer? Wer? Wer?«
»Marina, verzeihen Sie!«
Wütend setze ich sie auf einen Hocker mitten im Zimmer.
»So, die Hände auf die Knie! Und keinen Mucks! Und dass *ich*

leide, und dass *ich denke*, du seist unter ein Auto gekommen, und dass J⟨ewgenij⟩ L⟨wowitsch⟩ fortgefahren ist und ich doppelte Liebe brauche – daran hast du nicht gedacht?!!« Usw. usf.

Die Tür geht auf: M⟨ilio⟩ti.

»M⟨arina⟩ I⟨wanowna⟩, ich bin gekommen! Ich hatte Sehnsucht nach Ihnen! Darf ich?« (Eine Zeitlang sahen wir uns dreimal am Tag, jetzt einmal in drei Monaten. Dabei waren wir Nachbarn.)

»Es freut mich! Setzen Sie sich. Möchten Sie essen?«

»Gerne, was immer Sie auftischen.«

Alja, ⟨deutsch:⟩ *Fuß fassend*: »M⟨arina⟩! Auch er hat einen Wolfshunger.«

»Alja, mit dir rede ich nicht!« (Zu M⟨ilio⟩ti:) »Phantastisch! Zwei mit solchem Appetit im Haus – was will man noch mehr! Alja, mach Feuer!«

Und los ging's. Ich heize, spalte und säge Holz, sie sitzen und essen.

»Alja, wasch dich!«

Gegen 11 sind wir auf der Straße. Wohin? Wir gingen zu den A⟨ntokol⟩skijs. Dort aßen wir viel Schwarzbrot und zogen weiter. Auf den Arbatplatz – um nach der Zeit zu schauen – es war schon 12 – von dort zur Haustür der S⟨krja⟩bins (reinzugehen wagten wir nicht) – und von dort – der Tag war verjagt! – nach Hause.

Heute wird er mich wieder abholen: er ist ein unermüdlicher Fußgänger, wie ich, erheitert mich und ist mir absolut gleichgültig. Es geht bloß darum, am Abend nicht alleine herumzusitzen, wo ich mit Ihnen gesessen habe. – Wuschelkopf – fliegender Halbpelz – grandiose Unsinnigkeit der Ideen – Vergötterung des Unsinns als solchen: so haben wir zum Beispiel im letzten Jahr den ganzen Weg von der Pjatnizkaja bis zum Borissoglebskij pereulok über einen Schafbock gesprochen, – zuerst ist er klein, bäh! bäh!, dann ist er schon groß und führt uns (bei Mondschein, wie in der »Eselshaut«, meinem Lieblingsmärchen von Perrault! Eine Allee, dazwischen die Mondsichel und die Eselshaut im Wagen. Das Horn des Schafbocks – wie die Mondsichel), dann beginnt er, während er uns führt, sich zu uns umzudrehen und die Zähne zu fletschen!, dann bezähmen wir ihn und verspeisen eine gebratene Lende (die Geschichte von einem Schafbock mit *einer* Lende ist ein Märchen!) – usw. usf.

Das Resultat, nachdem jeder von uns heimgekehrt ist: ich möchte mich hinlegen – der Schafbock, möchte lesen – Schafwolle kitzelt mich, heize den Ofen – es riecht nach Verbranntem: er hat sich gekrümmt – usw.

Gestern, beim Gehen, haben wir uns erinnert und gelacht. (Anderes haben wir – aufrichtig! – vergessen.)

»Ja, aber unser Schafbock ist kein Schafbock! Das ist unsere Rechtfertigung!«, sagt er.

»Unsere Apotheose!«, korrigiere ich.

»Unser Schafbock ist nicht einfach ein Schafbock!«

»Ein geflügelter Schafbock!« Und plötzlich: »Von unserm Schafbock zum Pegasus – ist es nur ein Schritt!«

Verzeihen Sie diesen ganzen Unsinn!

Gestern dachte ich beim Gehen: Ich bin eine Närrin. Eine ausgesuchte Närrin. Schafbock – Herrenmantel – Locken. Was hat das mit Liebe zu tun? Wozu immer diese Gratisbeigabe? Galanterie? Nein, Dummheit. Als gäbe es keinen Ausweg.

Es gilt doch einzusehen, dass nicht jedes Verlangen des anderen lebenswichtig ist, dass auf diesem Gebiet – besonders auf diesem Gebiet – die Laune regiert.

Und ich, die ich die kleinste Schrulle des anderen für tödlichen Hunger halte, bin einfach eine Närrin.

Und selbst wenn der tödliche Hunger – der Hungernden – die ganze Welt umfassen sollte, die Haut – ist eine.

Und als ob man *ohne* mich nicht zurechtkäme!

Doch habe ich eine Rechtfertigung: ich bin unwiederbringlich. Nicht weil ich es so will, sondern weil etwas in mir NICHT zweimal KANN: – andere Augen, andere Stimme, und diese natürliche Schranke, die bei der ersten Begegnung nie fällt – weil sie nicht existiert! –, doch bei der zweiten unweigerlich auftaucht. Liebe. – Bekanntschaft.
Umgekehrte Reihenfolge.
Als hätte ich meiner weiblichen Natur (formal, aus Korrektheit!) Tribut gezollt, beruhige ich mich: die Schuld ist im Voraus abbezahlt, – und erst danach schaue ich: wem.
Ich studiere.
Ich staune.
Ich glaube nicht.
Und das ist so unschuldig, dass – ich schwöre! – keiner es bemerkt.

Von einer Sache habe ich Ihnen bislang noch nicht geschrieben und erzählt – dabei ist sie wichtig!
Vom riesigen künstlerischen Aufschwung, den ich der Begegnung mit Ihnen verdanke. Die Gedichte an Sie zählen nicht, sie sind nur das hilflose Gestammel eines von der Pracht geblendeten Kindes – die Worte stimmen nicht, – alles zusammen stimmt nicht (*ich* bin es, das schon, nur nicht für Sie – haben Sie mich verstanden?). Sie brauchen etwas ganz anderes – von neuem geboren zu werden. Immer diese meine treu-untreue, elementare lunatische Straße. (Auf der ich immer bis zum Ende gehe!)
Ich verspreche Ihnen nichts – denn Sie brauchen nichts! – erzähle Ihnen nur – wie in diesem ganzen Brief – denn Sie sind ein Ergründer und Kenner der Seelen!
Das, was von *Ihnen* auf mich herabkam (ich spreche, als wären Sie ein Berg!), ist etwas anderes und drückt sich anders aus als alles Vorangegangene.
Dank sei Ihnen! Künstlerisch!

Sie sind schon seit einem Tag zu Hause. Und ich schon seit drei Tagen nicht zu Hause. Wissen Sie, wo ich gestern war? Schicksal! In der Spaso-Bolwanowskij-Gasse!!!
Es gibt sie, mein Freund! Und tatsächlich auf der andern Seite des Moskwa-Flusses! Weit weg! Lang ist sie, krumm, ohne Gehsteige und Pflaster, ohne Häuser – nur Kirchen ringsum! Und überall ist es hell und warm! Keine Spur vom sowjetischen Moskau! Ein Relikt aus der Zeit Iwans des Schrecklichen!
Ich war mit der Skrjabina unterwegs, sie in ihrem Katzenpelz, mit nadeldünnen Absätzen, ich wie ein Tiger in Filzstiefeln, und immer wieder fiel sie hin.
Und *wie – tat – es – mir – leid!*
(Nicht um sie – natürlich!)

Übrigens: Sie müssen diesen Brief nicht auf einmal lesen – er ist ja stückchen- und fetzchenweise entstanden, Tag für Tag, fast Stunde um Stunde.
Lesen Sie ihn so!
Sonst bekomme ich ein schlechtes Gewissen, während Sie, kaum haben Sie einen Blick darauf geworfen, verzweifeln!

Heute bin ich – zufällig – auf die »Weiße Vogelschar« gestoßen.
Wie schade, dass ich vergessen habe, mich vor Ihrer Abreise dafür zu bedanken! Ich schlug das Buch auf: Ihre Schrift. Ich las. Sann nach. Sie werden sich wohl nicht mehr erinnern, was Sie geschrieben haben, auch ich las es wie zum ersten Mal.
Wie entsetzlich! mich die Vergänglichkeit begeistert!
Das an den Toten gerichtete Gedicht habe ich beendet. Ich wollte es in Ihrem Sinn in Frageform schreiben, doch wurde etwas in meinem Sinn daraus: eine Antwort. (*Das* ist meine Aufgabe auf Erden.)
Wenn ich den Brief abschicke, lege ich das Gedicht bei.

Meine Hauptbeschäftigung besteht jetzt darin: die Tage zu vertreiben.
Ein sinnloses Unterfangen, denn vielleicht erwartet mich noch Schlimmeres. Manchmal denke ich mit Schrecken, dass jemand in Moskau vielleicht schon von S⟨erjosha⟩ weiß, vielleicht sind es sogar viele, nur ich weiß – nichts.
Heute habe ich von ihm geträumt: lauter Begegnungen und Abschiede. Wir verabredeten uns, trafen uns, trennten uns. Und die ganze Zeit – im ganzen Traum – seine wunderbaren Augen – mit ihrem strahlenden Glanz.
(Eben fragte ich Alja: »Alja, was ist mit dem Ofen?« Und ihre ruhige Antwort: »Mit dem Ofen? Er holzscheitet!« Desgleichen sagt sie von einem Hund, der beim Laufen hinkt: er »dreibeint«, und von den siegesfrohen Bolschewiken: sie »lautstimmen« usw.)
Ich habe mir – zufällig, wie alles im Leben – einen »Halbschal« gekauft (ich liebe das Wort!), blauschwarz. Ich mag ihn, weil er so wärmt, – ins Grab nehm ich ihn mit!
(O mein Grab! Mein Grab! Wie die Gräber russischer Fürsten: mit Pferd, Frau, Diener, Panzerhemd! Und letzten Endes wie Peter vor dem Tod: GEBT ALLES HER!)
Ich habe ihn von einer alten Frau gekauft, die seit 18 Jahren (vielleicht ist sie 81!) in Moskau lebt und noch nie auf dem Smolensker Markt gewesen ist. »Ich mochte mich nie unnütz herumtreiben.« Voll Wonne hörte ich zu. Da ist mein Potebnja! Und beneidete sie: »mich unnütz herumtreiben«. Was habe ich in meinem Leben anderes getan?!

⟨Das Datum fehlt⟩, *Donnerstag*

Mein Freund! Schon beginne ich, mich von Ihnen zu entfremden, Sie zu vergessen. Schon sind Sie aus meinem Leben herausgetreten. Übermorgen – nein, morgen! – ist es eine Woche her, dass Sie weggefahren sind. Erinnern Sie sich, ich bat: bis Sams-

tag, aber Sie sind am Freitag weggefahren, trotzdem ist mir der Samstag im Gedächtnis geblieben.
Sie sind ein kluger Mensch und blicken senkrecht in die Seelen. Ich möchte, dass Sie verstehen: ich beginne mich zu entfremden, zu vergessen.
Um leben zu können, muss ich mich freuen. Solange Sie hier waren – selbst als ich so litt –, konnte ich mir sagen: morgen um 6 Uhr (gehe ich oder gehe ich nicht, egal, doch morgen um 6 Uhr – das ist eine Realität!).
Und jetzt? Es gibt kein Morgen, kein Übermorgen, kein In-einer-Woche, kein In-einem-Monat, ich denke nach und gerate ins Leere: vielleicht in einem Jahr, vielleicht auch nie.
Wozu da lieben – sich erinnern – sich quälen?
Und so hat mein nüchternes, vernünftiges, feuerfestes Asbestherz – im Wasser sinkt es nicht, im Feuer brennt es nicht! – begriffen, sich bezwungen und – losgelassen.
Von der Begegnung mit Ihnen ist mir nur eine große Unruhe geblieben: ich muss irgendwo hin, muss irgendwo hin – und da gehe ich also: den ganzen Tag bin ich in »dringenden Angelegenheiten« unterwegs (d. h. von Elendsquartier zu Elendsquartier, auf der Suche nach Tabak) – mit Alja, abends allein oder in Begleitung von jemand.
Das sind natürlich Sie, das ist die Erinnerung an Sie.
Irgendwo hin bedeutet zweifellos – weg von irgendwo. Wenn ich wüsste, dass da Sie sind – dass ich Ihnen unentbehrlich bin – oh! dann würde jede meiner Stunden und Träume zu Ihnen fliegen! – doch so, umsonst, ins Leere hinein – nein, mein Freund!
Viele Male passierte mir das: ich kann nicht *ohne*, aber dann ging es vorbei, und ich konnte *ohne*! Mein »ich kann nicht *ohne*« ist dann, wenn der andere nicht kann ohne.
Das ist nicht Kälte und Stolz, mein Freund, das ist Erfahrung, ist das, was mir das sowjetische Moskau in diesen drei Jahren beigebracht hat – und was ich schon in der Wiege wusste, im Voraus.

Lann. Das ist eine Abstraktion. Lann. Das hat es nie gegeben. Das ist das, was *weggehen konnte* und folglich auch nicht hätte kommen müssen.

Und außerdem: ein hoher Kragen, das Gesicht eines kranken Wolfs, eine weiche Stimme und ein strenger Blick.

Wenn ich einen Brief von Ihnen bekäme, würde ich vielleicht entschiedener glauben, dass es Sie gegeben hat, aber Sie werden wohl kaum schreiben, und ich werde diesen Brief wohl kaum abschicken.

Gestern sind Sie für eine Sekunde auferstanden, als ich vor Ihrem Eingang stand, klingelte und wartete.
      (Nicht beendet.
      Nicht abgeschickt.)

*

Moskau, 19. russischer Januar 1921

Lieber Jewgenij Lwowitsch!
Da Sie mich kennen, konnten Sie bestimmt nicht glauben, dass ich Ihnen einfach nicht schreibe – weil ich mich entfremdet und Sie vergessen habe.

Ich wollte Ihnen unentwegt schreiben, doch immer wartete ich auf etwas, meine Seele musste ihre Richtung ändern.

Aber wie schwer fällt die Trennung! Zwei ganze Wochen trieb ich mich mit Alja von morgens bis abends in der Stadt herum, wobei wir eifrig alle möglichen Dinge erledigten, ja sogar ausfindig machten! Manchmal, wenn wir schon völlig fertig waren, verschlug es uns zu den M⟨agerow⟩skijs, – so besucht man einen Friedhof, Ehrenwort!

(D. A. hatte es bestimmt nicht erwartet, erahnt! Er war in dieser Zeit nämlich gerade dabei, seine Braut zu überreden!)

Nun ja. – Zwei Wochen habe ich nichts geschrieben, kein Wort, was bei mir sehr selten vorkommt, denn das Lied geht über alles! – *habe mich mit Alja herumgetrieben und Sie gleichsam immer weiter und weiter vertrieben*, bis Sie schließlich ganz vertrieben waren – kein Lann mehr! –, dann aber begann ich – wie in Raserei! – von morgens bis abends! – Gedichte zu schreiben und anschließend »Auf dem roten Ross«.
Das war die endgültige Befreiung. Sie waren – endgültig – in den Wolken.

»Auf dem roten Ross« ist beendet. Das letzte Tiret gesetzt. – Soll ich es Ihnen schicken? – Wozu? – Das Ross existiert, also existiert auch Lann – für alle Zeiten – hoch oben! Ich wollte nicht arm zu Ihnen gehen – nur mit Gedichten. Ich wollte nicht (weiblicher und Zwetajewa'scher Stolz – immer *post factum*) als frühere – Ihre! – zu Ihnen gehen, wo ich mich jetzt *so frei* fühle.
Das Leben musste sein Gravitationszentrum ändern.
Und nun, Genosse Lann (ironische und zärtliche Anrede!), stehe ich wieder vor Ihnen, wie am Tage, als Sie zum ersten Mal mein Haus betraten (ich weiß: ein Elendsquartier, – dem Pathos zuliebe!): fröhlich, frei, glücklich.
Ich.

*

DER BOLSCHEWIK

18. russischer Januar 1921

18 Jahre alt. – Kommunist. – Ohne Stiefel. – Hasst die Juden. – Trat in letzter Minute, als die Weißen auf Woronesh rückten, in die Partei ein. – Kam unlängst von der Krimfront zurück. – Ließ Offiziere frei, indem er sie nach ihrem Blick beurteilte.
Lebt jetzt bei einer muffigen – halbpriesterlichen, halbintelli-

genzlerischen k⟨onter⟩-r⟨evolutionären⟩ – Familie (Sippe!), hackt Holz, schleppt Wasser, verrückt 50 Pud schwere feuerfeste Kassenschränke, reinigt sonntags die Augiusställe (das nennt er »Sonntagsdienst«), hört sich von morgens bis abends das Gepolter und Schlangengezisch über die Sowjetmacht an, hört es und schlägt die Augen nieder (wunderbare Augen! eines dreijährigen Jungen, der noch nicht ganz erwacht ist), – und wenn er mit der Arbeit in seiner »Kommune« (alles seine Terminologie!) fertig ist, geht er in gleicher Sache zum Fürsten Schachowskoj – wo er sich dasselbe anhören muss –, zu den Skrjabins – wo er sich nichts anhören muss, dafür aber täglich Holz für 4 Öfen und einen Herd sägt und hackt, – zu den Sajzews usw. – bis spät in die Nacht, nicht gerechnet die Laufereien, um Bekannten und Bekannten von Bekannten aus schwierigen Situationen herauszuhelfen.

Er gilt als Dummkopf. – Ein Recke. – Die Wangen von himbeerfarbener Röte – alles Blut schießt hinein! –, das Haar unbändig gelockt – alles Blut wallt darin! – große schwarze Augen, glänzend wie Perlen, ⟨nicht fertig geschrieben⟩.

Breitschultrig, er passt – besser geht es nicht! – zu meiner »Zarenbraut«.

Ungewöhnlicher, rein 18-jähriger Ernst des ganzen Wesens. – Bücher liest er fünfmal, forscht in ihnen nach einem SINN, den der leichtsinnige Autor vergessen hat, *verehrt* die Kunst, für die Verse von Tjuttschew

>»Nein, meine Leidenschaft für dich
>
>Kann ich nicht verbergen, Mutter-Erde!«

würde er durchs Feuer oder ins Wasser gehen, seine *Lieblingslektüre* – für die Seele – sind Märchen und Bylinen. Er schwärmt für Weihnachten, Gottesdienste, Jahrmärkte, freut sich, dass es in Russland noch »gute, standhafte Popen« gibt (selber glaubt er nicht an Gott!).

Sich selbst hält er aufrichtig und betrübt für garstig, leidet an jeder fremden Kränkung, erlegt sich ständig neue Prüfungen auf –

alles ist zu leicht! schwieriger muss es sein! – er kennt keine Schwierigkeiten, nimmt alle Sünden der Sowjetmacht auf sich, jeden Tod, jede Zerstörung, jeden Misserfolg eines wildfremden Menschen, hilft *jedem*, dem er begegnet, – besitzt gar nichts, hat alles verschenkt oder sich nehmen lassen!, trägt ein Leinenhemd mit abgerissenem Kragen, liebt von allen Sachen nur seinen Soldatenmantel – in ihm schläft er, an den Füßen hat er Gamaschen und Leinenschuhe ohne Sohlen – »ich laufe so schnell, dass ich es nicht merke« –, das Wort »Genosse« spricht er mit Ehrfurcht aus, am wichtigsten aber ist seine kindliche, hilflose, wehmütig-leidenschaftliche Liebe zu seiner verstorbenen Mutter.
Unsere Begegnung. – Ich bin mit T⟨atjana⟩ F⟨jodorowna⟩ bei Freunden von ihr. Herein kommt ein hochgewachsener Rotarmist. Himbeerfarbenes Feuer auf den Wangen. Er stellt sich vor und – ohne Umschweife:
»Ich bin Kommunist und Bolschewik. Darf ich mir Ihre Gedichte anhören?«
»Lieben Sie Gedichte? Dann gern.« – »Ich habe Ihre Gedichte über Moskau gelesen. Da habe ich Sie gleich liebgewonnen. Ich wollte Sie schon lange kennenlernen, aber hier hieß es, Sie würden mir nicht einmal die Hand geben.« – »?« – »Weil ich Kommunist bin.« – »Oh, ich bin ein wohlerzogener Mensch. Außerdem (unschuldig), ein K⟨ommunist⟩ ist doch auch ein Mensch.« – Pause. – »Und von welchen Gedichten über Moskau sprechen Sie?« – »Von denen im Frühlingssalon der Dichter, – die Kreml-Kuppeln, Seite an Seite.« – Ich: »Hm ...« – Pause. – »Und was lieben Sie daran?« – »Moskau.«
Er: »Wie soll ich Sie anreden? Hier nennen Sie alle Marina ...« – Einer: »Wenn man jemanden kaum kennt, spricht man ihn mit Vor- und Vatersnamen an.«
Ich, aufwallend, heftig: »Der Vatersname ist Selbstschutz, eine Schranke gegen Familiarität. – Nennen Sie mich so, wie es Ihnen am bequemsten und angenehmsten ist ...«

Er: »Marina ist so ein schöner – echter – Name, da braucht es keinen Vatersnamen ...«
Er begleitete mich. Wir trennten uns – loben Sie mich, Lann – vor meinem Haus. Am folgenden Tag las ich ihm bei den S⟨krja⟩bins meine »Zarenbraut« vor. Er lauschte, wobei er sich am Ofen räkelte wie ein Bär. Dann begleitete er mich. – »Mir tut der Zarewitsch leid, warum hat er die ganze Zeit geschlafen?« – »Und die Stiefmutter?« – »Nein, die Stiefmutter ist eine böse Frau.«
Vor dem Hauseingang – loben Sie mich, Lann! – trennten wir uns.
Am folgenden Tag (die 3. Begegnung – immer unter Menschen!) las ich ihm bei mir das Ende der »Zarenbraut« vor. Er lauschte, nach Aljas Worten, wie ein 3-jähriger Junge, der etwas glaubt, weil es DIE KINDERFRAU SELBER GESEHEN HAT. Diesmal – loben Sie mich nicht, Lann! – trennten wir uns wieder vor dem Hauseingang, nur gegen 8 Uhr morgens.
Die Nacht verlief so: Ich lese – wir sprechen über die »Zarenbraut« – sprechen über *ihn*, lange. Meine unendliche Behutsamkeit, Vorsicht, ihn nicht zu kränken, nicht zu verletzen: völliges Verschweigen der Bekümmernisse dieser Jahre – sein Entsetzen über meine Wohnung – meine Fröhlichkeit als Reaktion – sein Wunsch, Holz zu spalten – meine Ablehnung als Reaktion – sein Vorschlag, mich auf die Krim zu schaffen – meine Begeisterung als Reaktion.
Seine Erzählung vom Krimfeldzug – wie er die Offiziere freiließ (ohne etwas von mir, von S⟨erjosh⟩a zu wissen!) – wie er die Frauen verteidigte – eine offenherzige, verlegene und begeisterte Erzählung! – sein bester Freund fiel an der Weißen Front. – Gegen zwei, erschöpft von dem ununterbrochenen Redefluss, lege ich mich hin. – Fünf Minuten später schlafe ich. Als ich die Augen öffne, ist es dunkel. – Jemand berührt mich sacht an der Schulter: »M⟨arina⟩ I⟨wanowna⟩! Ich gehe jetzt.« – »B⟨oris⟩!« – »Schlafen Sie, schlafen Sie!« Ich, schlaftrunken: »B⟨oris⟩, haben

Sie eine Braut?« – »Ich hatte eine, aber ich habe sie durch eigene Schuld verloren.« Er erzählt. Eine Ballerina, hübsch, »sehr weiblich – sehr gebildet – sehr tief ... und wissen Sie – sooo weitherzig!« – Ich höre zu und beiße mir im Dunkeln auf die Lippen. Ich weiß es im Voraus. Und natürlich habe ich recht: die Ballerina hat neben ihrem Mann noch einen Mann und noch einen (all das berichtet er in einem ehrfurchtsvollen Ton), aber sie braucht B⟨oris⟩, weil er sie nicht quält. Er dient ihr 2 Jahre (von 16 bis 18!) und erkennt endlich, dass sie von ihm nur – nun ... »gewisse materielle Gefälligkeiten« braucht. Sie trennen sich.

Dann der Leidensweg: aus dem Jungen ist ein bildschöner Mann und K⟨ommuni⟩st geworden – finden Sie einen zweiten solchen Liebhaber!

Im Waggon – an der Front – hier im Dienst – überall dasselbe: alle wollen nur küssen! Und in dieser Zeit stirbt die Mutter.

Lann! Ich hörte zu und mein Herz schlug wie wild vor Begeisterung und Rührung. Er aber, der nichts bemerkte und begriff, die eisernen Fäuste in die eisernen Locken gekrallt, sagte leise und tonlos: »Aber ich bin stolz, Marinotschka, ich habe niemanden geliebt.«

Wir rauchen. – Er geniert sich, fremde Zigaretten zu rauchen.
»Oh, warten Sie, bald verkaufe ich den Pelzmantel ...«
»Dann schenken Sie mir hundert Zigaretten dritter Sorte?«
»Ihnen – dritter Sorte?«

Seine Augen flammen trotz der völligen Dunkelheit so auf, dass ich die Helle bis ins Hirn hinein spüre.

»Warum nicht? Hier ist alles dritter Sorte – außer mir selbst!«

Vier Uhr, es geht auf fünf. Ich bin offenbar wieder eingeschlafen. – Eine schüchterne Stimme: »M⟨arina⟩ I⟨wanowna⟩, Sie haben so angenehme Haare, so leichte!« – »Ja?« – Pause und Gelächter, aber was für eins! – »Um Gottes willen, leiser, Sie wecken Alja! – Warum lachen Sie so?« – »Ich bin ein Idiot!« – »Nein, Sie sind ein wunderbarer Mensch! Aber was ist los?« – »Ich kann es nicht sagen, M⟨arina⟩ I⟨wanowna⟩, es ist zu dumm!« – Ich, unschuldig: »Ich weiß, Sie wollen sicher essen und genieren sich. Bitte – hier sind Streichhölzer – auf dem Tisch liegt Brot, das Salz steht auf dem Boden neben dem Ofen, – es gibt Kartoffeln.« Und, schon in Fahrt: »Bitte!« Er, ernst: »Das ist es nicht.« Ich, blitzartig: »Ah! Dann weiß ich! Nur, das ist hoffnungslos, bei uns ist alles eingefroren. Sie müssen einen kleinen Gang machen, ich kann nichts dafür – so ist nun mal das sowjetische Moskau, mein Freund!«

Er: »Soll ich gehen?« Ich: »Wenn Sie müssen.« Er: »Ich muss nicht, vielleicht müssen Sie?« Ich, beleidigt: »Ich muss nie.« Er: »Wie?« Ich: »Ich habe keinerlei Bedürfnisse, in Bezug auf niemand – nie.« – Pause. – Er: »M⟨arina⟩ I⟨wanowna⟩, verzeihen Sie, ich habe Sie nicht ganz verstanden.« – »Ich habe gar nichts verstanden.« – »Wovon sprechen Sie?« – »Davon, dass Sie irgendwo hin*müssen* – nun, auf ein bestimmtes Örtchen – und nicht wissen, wo sich dieses befindet – und lachen!«

Er, ernst: »Nein, M⟨arina⟩ I⟨wanowna⟩, ich muss nicht, ich habe nicht deswegen gelacht.« – »Warum also?« – »Soll ich es sagen?« – »Unverzüglich!« – »Nun – kurzum (erneutes Lachen) – ich bin ein Idiot, aber ich hatte plötzlich waaahnsinnig Lust, Ihren Kopf zu streicheln.« Ich, ernst: »Das ist überhaupt nicht dumm, das ist ganz natürlich, streicheln Sie, bitte!«

Lann! Wenn ein Bär eine Libelle streichelte – es könnte nicht zärtlicher sein. – Ich liege, ohne mich zu rühren.

Er streichelt lange. Schließlich sage ich: »Und jetzt gegen den Strich – von unten nach oben – nein, vom Nacken herauf – das liebe ich sehr!« – »So?« – »Nein, ein bisschen tiefer – so – wunderbar!« – Wir unterhalten uns fast laut. – Er streichelt, ich erzähle von meinem Verhältnis zur Welt, die ich in zwei Klassen einteile: Leib und Geist.

Ich erzähle lange, denn er streichelt – lange.

Fünf Uhr, es geht auf sechs.

Ich: »B⟨oris⟩, Sie frieren sicher, wenn Sie wollen – setzen Sie sich zu mir.« – »Das wird unbequem für Sie sein.« – »Nein, nein, Sie tun mir leid, setzen Sie sich. Nur nehmen Sie sich zuerst von den Kartoffeln.« – »M⟨arina⟩ I⟨wanowna⟩, ich habe überhaupt keinen Hunger.« – »Dann kommen Sie.« – M⟨arina⟩ I⟨wanowna⟩, ich möchte mich sehr gern neben Sie setzen, Sie sind so sympathisch, so gut, aber ich fürchte, dass ich Sie beenge.« – »Nein, gar nicht.«

Er setzt sich auf den äußersten Rand. Ich rücke – GALANT – zur Seite, drücke mich an die Wand. – Schweigen.

»M⟨arina⟩ I⟨wanowna⟩, Sie haben so klare Augen – wie Kristall – und so fröhliche obendrein! Ihr ganzes Äußeres gefällt mir sehr.«

Ich, kindlich: »Und jetzt singen Sie mir ein Schlaflied« – und, Feuer fangend: »Wissen Sie, welches? Abend war's – die Sterne blinkten – auf dem Hofe klirrte Frost ... Kennen Sie es? Aus der Kinderfibel ...« (O Lann, Lann!)

»Ich kenne es nicht.« – »Nun, dann eben ein anderes, zur Not die Internationale – aber mit einem andern Text – oder, wissen Sie was, B⟨oris⟩, küssen Sie mich auf die Augen! Auf dieses hier!« Ich strecke mich zu ihm hinüber. – Er, freudig und laut: »Darf ich?« – Er küsst, als würde er trinken, sehr sanft. – »Und jetzt aufs andere!« – Er küsst. »Und jetzt aufs dritte!« – Er lacht. – Ich lache.

So, Schritt für Schritt, wie in *Goethes* Ballade: ⟨deutsch:⟩ »*Halb zog sie ihn, halb sank er hin ...*«

Er küsst ganz zart, er umarmt, dass die Knochen krachen.

Ich: »B⟨oris⟩, verpflichtet mich das zu nichts?« – »Was?« – »Dass Sie mich küssen.« – »M⟨arina⟩ I⟨wanowna⟩. Was glauben Sie nur!!! Und mich?« – »Das heißt?« – »M⟨arina⟩ I⟨wanowna⟩, Sie sind nicht wie andere Frauen.« Ich, unschuldig: »Ja?« – »M⟨arina⟩ I⟨wanowna⟩, ich mag das alles ja nicht.« – Ich, pathetisch: »Und ich, B⟨oris⟩, ich hasse es!« – »Das ist nicht das Richtige – man ist so traurig danach.« – Pause.

»B⟨oris⟩! Wenn Sie 10 Jahre alt wären ...« – »Nun?« – »Würde ich zu Ihnen sagen: B⟨oris⟩, Sie haben es unbequem und beneiden mich sicher, dass ich liege. Aber Sie sind 16?« Er: »Schon 18!« – »Ja, 18! Da haben wir's.« – »Was meinen Sie damit?« – »Verstehen Sie nicht?« Er, verzweifelt: »M⟨arina⟩ I⟨wanowna⟩, ich bin ein wirklicher Idiot!« – »Also Folgendes: wären Sie ein Junge – ein Kind –, würde ich Sie einfach zu mir unter die Decke nehmen – und wir würden beieinanderliegen und uns vergnügen – unschuldig!« – »M⟨arina⟩ I⟨wanowna⟩, was glauben Sie, wie sehr ich das möchte!« – »Aber Sie sind – erwachsen!« – »M⟨arina⟩ I⟨wanowna⟩, ich bin nur dem Wuchs nach groß, ich gebe Ihnen mein Partei-Ehrenwort ...« – »Das glaube ich Ihnen, nur ... Verstehen Sie, B⟨oris⟩, Sie sind mir lieb und teuer, ich möchte Sie nicht verlieren, und wer weiß, ich bin mir fast sicher, dass ich Ihnen danach viel weniger nah sein werde, und Sie mir auch. Und noch etwas, B⟨oris⟩, ich muss wegfahren, alles ist so kompliziert ...«
Er, mit einem Mal wie ein ganz erwachsener Mensch – von tief innen: »M⟨arina⟩ I⟨wanowna⟩, ich bin sehr gefasst.«
(Gefasst – herabgesetzt – M⟨agerow⟩skijs Kabinett – Lann! ...)
Ich strecke die Hände aus.

Lann, wenn Sie sich noch ein bisschen an mich erinnern, freuen Sie sich für mich! Der wievielte Abend schon – und der Jüngling ist standhaft – die Knochen knirschen – die Lippen sind zart – wir sind vergnügt, schwatzen Unsinn (Scherze versteht er überhaupt nicht) – reden über Russland – und alles so, wie es sein muss: für ihn und für mich.
Manchmal, wenn ich vor Zärtlichkeit müde werde:
»B⟨oris⟩, wollen wir nicht?«
»Nein, M⟨arina⟩ I⟨wanowna⟩! Marinotschka! Wir sollten nicht! Ich achte die Frauen so sehr – und insbesondere Sie – Sie sind eine qualifizierte Frau – ich habe Sie fest, fest liebgewonnen – Sie erinnern mich an mein Mamachen – und – vor allem – Sie

fahren bald weg. Sie haben ein so schweres Leben, und ich möchte, dass Sie mich in GUTER Erinnerung behalten!«

*

22. russischer Januar 1921

Nachts schreiben wir zusammen die »Zarenbraut« ab. Ich nicke ein – erwache – murmle schlaftrunken irgendetwas – sinke erneut in Schlaf. Er lässt mich nicht zu mir kommen: fröhlich sein – abschweifen – in Begeisterung geraten.
»Marinotschka! Ich bin da, um zu arbeiten – das Gewissen gibt mir ohnehin keine Ruhe – alles geht so langsam! – vergnügen werden Sie sich mit einem anderen!«
Lann! Er ist 18! Und ich 10 Jahre älter! Endlich erwachsen – und ein *anderer* schaut mir in die Augen!
Eines weiß ich: so hat mich – seit 10 Jahren! – keiner geliebt. – Ich vergleiche nicht – das ist lächerlich! – stellen Sie uns nebeneinander – lachen Sie! – aber es ist dasselbe Gefühl von Unschuld – fast von Kindheit! – von Vertrauen und Ruhe in einer fremden Seele.
Mich, Lann, können offenbar nur Jungen lieben, die ihre Mutter wahnsinnig geliebt haben und in der Welt verloren sind – das ist mein Kennzeichen.

Lann! Mir ist *sehr* schwer zumute. – Ein so tiefes Schweigen. – Assja schreibt in ihren beiden Briefen, sie wisse nichts über ihn, sie habe ihn ein Jahr lang nicht gesehen. Die letzten Briefe waren an Max, zu Anfang des Herbstes.
Diesen liebe ich nicht – lächerlich! – nein, ich liebe ihn sehr – einfach und zärtlich, dankbar für seine Jugend – seine Uneigennützigkeit – seine Reinheit.
Dafür, dass »Genosse« für ihn genauso klingt wie Zar für S⟨erjosha⟩, dafür, dass er ungeachtet seines »himbeerfarbenen Bluts«

(seinetwegen!) umkommen wird. – So einer versteckt sich nicht.

»Und niemand soll mich bedauern!« – fast schamlos.

Lannuschka (mit weichem L!) – Sie gleichgültiger Gesprächspartner meiner Seele, kluger und verrückter Lann! Haben Sie Mitleid mir mir und meinem wirren Leben!

Ich schreibe den »Jegoruschka« – leidenschaftlich! Und irgendwo in der Ferne ist der Usurpator – und – ganz in den Wolken – Jeanne d'Arc.

Ich *lebe* durch dies – nein, nicht durch das Schreiben, durch diesen Regenbogen in die Zukunft!

Lann, das ist mein erster Brief an Sie, ich warte auf Ihren ersten.

Leben Sie wohl, mein Traumgesicht – meine Vision – Lann!

MZ.

*

Moskau, 2. Februar 1921, Mariä Lichtmess

Lann! Lann! – mein lieber Lann!

[…] Sie sorgloses und selbstverliebtes Geschöpf! Sie schreiben mir: schreiben Sie!« »Schreiben Sie«, weil Ihnen langweilig ist: an der Arbeitsstelle ist es kalt, zu Hause sind alle philosophischen Bücher ausgelesen, das Weißmehl in Form von Plätzchen aufgebraucht, – also: »Marina, schreiben Sie!« Für mich aber bedeutet »schreiben Sie« dasselbe wie »lieben Sie«, denn lieben, ohne zu schreiben, das schaffe ich, doch schreiben ohne Liebelei …

Kurzum, ich war von Ihrem Brief gerührt …

Das »Rote Ross« ist abgeschrieben – es ist schön, liegt da und wartet auf eine Gelegenheit. Da niemand (außer Alja) es versteht und mag, ahne ich, wie es von Ihnen aufgenommen werden wird. Ich liebe es leidenschaftlich.

Jetzt liebe und schreibe ich »Jegoruschka«, die Kindheit habe ich abgeschlossen, mit mütterlichem Stolz notiert: »schon ist das achte Jährchen um!« – Ich weiß nicht, so schreibt man nicht, aber ich bin so begeistert, wenn ich schreibe, fühle mich so ein – und wenn ich ende, tut es so weh, mich zu trennen, – ach Lann, was soll das Drucken und Vorlesen auf der Estrade? Das ist ein Gottesgeschenk, wie ein Kind. Und meine Rolle ist dabei ebenso unerheblich wie im Falle von Alja.

Die »Zauberbraut« ist abgeschrieben. Bald wird sie auf einer Remington getippt, wenn es gelingt, sie zu vervielfältigen, schicke ich sie Ihnen. Das ist mein erstes richtiges Reckenkind (ein Mädchen!). Und blitzartig der Gedanke: Ein Sohn – und der letzte – Erstgeborene!

Ich bin versessen auf einen Sohn. Alja und ich sehnen uns beide danach. – Jegoruschka. – Ach, wie dankbar bin ich Gott, dass ich Gedichte schreiben kann, – wie viele Söhne müsste ich gebären, um meine ganze Liebe auszuleben!

Wollen Sie hören, was Boris zu mir gesagt hat?
»Marina, Sie sind doch – Moskau … (Pause) … das fremdenfreundliche!«
(Aus meinen Versen: Moskau! Was für ein riesiges
                    Fremdenfreundliches Haus! …)

Lann, beglückwünschen Sie mich! Der Jüngling tritt aus der Partei aus. – Ohne Druck – bewusst – menschlich – oh, wie gut ich seine Seele kenne! – die Juden *in Schutz nehmend* (er hasst sie!) – *nonchalant* das Dekret über die Ausfuhr nationaler Kulturgüter ins Ausland rechtfertigend – Schritt für Schritt – Tropfen um Tropfen – mit unablässiger Willensanstrengung – ohne auch nur einen Muskel zu verziehen! – spielend – spieler*isch*!!! – und heute: seine rebellische Stirn, der gesenkte Blick, die tonlose Stimme: »M⟨arina⟩!, ich trete aus …«

Ich, am Ofen, ohne den Blick zu heben: »B⟨oris⟩, überlegen Sie sich's gut: austreten – ist leicht, zurückkehren – schwierig. Quantitativ verlieren Sie viel: die Liebe von Milliarden ...«
Jetzt ist später Abend. Ich warte auf ihn. – Wollen Sie Einzelheiten? Einmal war ich abends sehr müde, legte mich auf den Diwan. Er saß am Schreibtisch, schrieb ab. Hastig deckte ich mich irgendwie mit dem Tigermantel zu und schlief sofort ein.
Und plötzlich – Hände, liebevolle bärenhafte Fürsorge: zuerst eine Decke, dann der Tigermantel, dann der Militärmantel, alles akkurat (er war das Leben im Schützengraben gewohnt!) – hier zupft er, dort stopft er.
Und ich, blitzartig: Er liebt mich!
Keiner, keiner, keiner außer S⟨erjosha⟩ hat mich von sich aus zugedeckt, – in 10 Jahren keiner! Immer habe *ich* alle zugedeckt.
Und dieser – nach 3 Jahren Front, Meetings, bürgerlicher, allgemeiner und tierischer Gewalt – tat es von allein, niemand hat es ihm beigebracht ...

Mir wird von ihm warm ums Herz, Lann, mir ist es wohl mit ihm, ich liebe ihn im Guten – in Gegenseitigkeit – dankbar und voll Ergötzen, – das ist das echte Russland – die Rus' – er ist ein Bauernsohn.
Ach, wenn die Armee so aussähe: das Kommando – Serjosha, die unteren Ränge – Boris!
Unlängst war er auf einer Parteikonferenz – im Dorf Tuschina (dem usurpatorischen).
»Dort, Marinuschka, ist auch die Erde – laut!«
Er ist ungebildet. Unlängst fragte er in meiner Gegenwart Igumnow, der Chopin spielte: »Ist das Ihre Komposition?« (Mit einem ländlichen Akzent.)
Jener, zuerst verwundert: »Eigene Kompositionen hab ich nicht, – Gott sei mir gnädig!«, dann, nachdem er ihn genau gemustert hatte: »Ach, Sie Recke!«

Lann, bei uns in Moskau sind Federspringer aufgetaucht: Menschen auf Sprungfedern. Sie machen riesige Sprünge, über die Köpfe der Passanten hinweg. – In weißem Gewand. Die Hände mit Schwefel eingerieben. – Sie springen in meinem Viertel: Hundeplätzchen, Borissoglebskij, Moltschanowka. Unlängst haben sie am B⟨orissogleb⟩skij jemanden komplett ausgeraubt. – An der Ecke des Hundeplätzchens haben wir einen Teufel gesehen. Er saß auf einem Prellstein. Eine Frau, die vorüberging, fragte: »Was ist los mit dir, Weihnachten und Dreikönige sind längst vorbei, und du bist noch immer unterwegs?« Er erwiderte nichts, ließ sie gehen. Doch kaum war sie weg, ein Klageschrei. Sie sieht sich um: der Teufel plündert eine Dame aus. Nahm ihr den Pelzmantel weg.
26 Federspringer sind schon verhaftet. – Das gilt als sicher. – Im Volk heißen sie »Zupfinstrumentspieler«. – »Sie wachsen, wachsen die Saiten hoch – bis zum Himmel – und stürzen vom Himmel – wie ein Habicht – auf die Passanten herab.«
Gut? – Erzählen Sie es A⟨lexandra⟩ W⟨ladimirowna⟩.

Wissen Sie, Lann, wie ich es sehe?
Ich bin im Norden, Assja im Süden, Sie in der Mitte, mit ausgebreiteten Armen. – Ich schwöre bei Gott, dass es nicht absichtlich ein Kruzifix geworden ist!
Heute ist mir sehr fröhlich zumute: wegen Jegoruschka – Ihrem Brief – und weil B⟨oris⟩ kommt.
Alja liebt ihn auf zärtlichste Weise, – wie ein Seraph einen Bären, zum Beispiel. Der Seraph hat Flügel, doch der Bär ist stärker.
So hat sie keinen meiner Freunde geliebt. – Sie ist nicht eifersüchtig (auf Sie war sie wahnsinnig eifersüchtig!) – sie geht ihm entgegen, frohlockt: »Borjuschka!« Daraus folgere ich, dass ich ihn nicht besonders, er mich aber sehr – liebt.
    (Nicht beendet.
    Nicht abgeschickt.)

*

Moskau, 9. russischer Februar 1921

Lannuschka!
Endlich erhalten Sie meine Briefe: es gab gleich zwei Gelegenheiten. – Lann, kennen Sie dieses Wort von Andrej Belyj:
»Die Begeisterung hat das Weltall überstiegen!«
So nämlich lebe ich. – Erstes Kennzeichen: zugeschnürte Kehle. – Ständig diese zugeschnürte Kehle.
Ich bin *außer mir*, habe mich verloren, so weit das Auge – der Geist – der Atem reicht – ich.
Deshalb kann man mich nicht lieben, muss mich nicht lieben (das habe ich schon lange aufgegeben!), wer *mich* liebt – liebt nur einen Teil von mir, einen unendlich kleinen Teil! Nur wer alles liebt, liebt – *mich*! Wer *mich* liebt – beraubt mich (MEINER SELBST!).
So ist das, mein Sohn!
Das sage ich nicht zu Ihnen, Sie waren klüger als ich (aus Galanterie zu meinem weiblichen Wesen bin ich – manchmal – dumm!) – Sie waren klüger als ich, Sie haben nicht einmal bemerkt, was ich für Augen habe, Sie haben mich enthusiastisch gequält.
Schöpferische Unbarmherzigkeit, – Grausamkeit!
Ich erinnere mich dankbar an Sie.

Lann, egal ist mir: Jugend. Ich empfinde Abscheu vor dem Vergänglichen. Lann, egal ist mir: Ruhm. Ich ziele auf Höheres. Lann, egal ist mir: Liebe. Ich verdiene Besseres.
Meine Arme sind ausgebreitet. Die letzte Wand zwischen mir und der Welt ist durchbrochen. Lann, mich gibt es nicht mehr! – ICH BIN. –

Mein begeistertes Kind, wie leicht ist mir jetzt mit Ihnen! Und wie bin ich – trotz allem – froh über die vergangene Mühsal.
Nur eines verstehe ich nicht: was hat Sie, den Nüchternen,

Scharfsichtigen, SEHENDEN! damals zu meiner bewussten Blindheit hingezogen?
Doch nicht männlicher Dünkel! Denn Sie verdienen, besonders wenn es um mich geht!, Besseres!
Lann!

Lann, ich kann ohne Sie leben! Lann, ich lebe wunderbar – wunderwirkend! – ohne Sie.
Hören Sie, was Boris über mich gesagt hat:
»Marina, Sie erschaffen Helden!« (ohne Pathos, beiläufig, wie etwas vollkommen Selbstverständliches).
Auf dem Papier oder leibhaftig – mir ist es egal – ich lebe, umgeben von jenen, die mich umgeben müssen.
So können Sie sich, Lann, nie mehr zurücknehmen.

B⟨oris⟩ und ich sehen uns jeden Tag.
Jähe Frage: »M⟨arina⟩! Wir gehen zugrunde. Soll ich aus der Partei austreten?«
»Wenn ich mich nicht irre, sind Sie beigetreten, als die Weißen drei West von Woronesh entfernt waren?«
»Ja.«
»Weil alle die Parteiausweise zerrissen?«
»Ja.«
»Glauben Sie?«
»An nichts, außer an unseren Untergang. – M⟨arina⟩, sagen Sie ein Wort – und ich fahre schon morgen ins Gouvernement T⟨ambow⟩. Aber wir gehen zugrunde, Marina!«
»Boris, ich mag es, dass die Bäume gerade wachsen. Wachsen Sie in den Himmel. Es gibt nur einen: für die Roten ebenso wie für die Weißen.«

Lann, verurteilen Sie mich.
Aber ich sag Ihnen, Lann, wie ich es Serjosha sagen würde: ICH KONNTE nicht anders. – Es ist nicht meine Sache, einen Solda-

ten zum Verrat anzustiften – in der STUNDE DES UNTERGANGS.

Ich schreibe den Jegoruschka. In ihm ist das Wesen von B⟨oris⟩ beschlossen: DIE UNSCHULD DES RECKENTUMS. Der Kampf mit dem dunklen Blut. Bei mir gibt es Wölfe, Schlangen, prophetische Vögel, Höhlen, Wolken, Herden, – das ganze CHAOS der vorzeitlichen Rus'! Gebe Gott mir die Kraft, das Werk zu vollenden, – es würgt mich!

Mit B⟨oris⟩ fühle ich mich wohl. Er ist zärtlich, als Älterer und als Jüngerer. – Und ich fühle mich mit ihm ANSTÄNDIG. Wir lachen wenig zusammen, das rührt mich. »B⟨oris⟩, Sie verstehen keine Scherze!« – »Ich möchte sie nicht verstehen!« Bald bringt er einen seiner Kollegen vorbei – einen sehr russischen und großgewachsenen. Er bringt ihn aus offenkundiger Liebe, das wissen wir beide und schweigen. – Dieser beraubt mich nicht eines Fünkchens Freude!
Alja vergöttert ihn: im Vergleich zu ihm ist sie tausend Jahre alt. Wenn Sie sie zusammen sehen würden! Die gütige und müde Neigung ihres Kopfes, der verlorene Blick – und sein Himbeerblut – schön nebeneinander!
Und noch ein Wort von Boris zu mir:
»Ich möchte nicht, dass Sergej uns – dort – allzu sehr verflucht!«
(Er sprach über die Notwendigkeit, mein äußeres Leben in Ordnung zu bringen.)
Und mitten in der Nacht höre ich durch den Schlaf:
»Ich habe zwei Dinge auf Erden: die Revolution – und Marina.«
(S⟨erjosha⟩ hat: Russland – und Marina! Wörtlich so.) – »Und mein letztes Wort wird natürlich Marina sein!«
Ich schreibe bei den Sajzews. Alja lernt hier. Im Haus herrscht heillose Kälte.

Lannuschka, ich schicke Ihnen den Band »Grauer Morgen«, vielleicht besitzen Sie ihn noch nicht? Bald erscheint ein Band mit Autographen, dort gibt es neue Gedichte von mir, mit »Jat'« und hartem Zeichen! Wenn es so weit ist, schick ich ihn.

*

BRIEF AN B⟨ORIS⟩

Moskau, 15. russischer Februar 1921, Dienstag

– Tag der Abreise –
Borjuschka! Mein lieber Sohn!
Sie kommen zurück! Sie kommen zurück, weil ich ohne Sie *nicht sein will*, weil bald März ist – Frühling – Moskau – weil ich mit niemand anderem in den Neskutschnij-Park will, – nur Sie, ich und Alja – weil es im N⟨eskutschnij⟩-Park eine Allee gibt, von dort sieht man, wie eine Sonne, die Kuppel der Erlöserkathedrale, weil ich Jegoruschka brauche – und niemand sonst!
B⟨oris⟩ – Russischer Recke! Mein ewiger Moskauer Segen sei mit Ihnen! Sie sind der erste Recke in meinem fremdenfreundlichen Haus.
Ich liebe Sie.
Dreißig Begegnungen – fast dreißig Nächte! Nie werde ich sie vergessen: die Abende, Nächte, Morgen, – den schlaftrunkenen Wachzustand und die schlaflosen Träume – alles ist Traum! –, wir sind uns nicht am 1. russischen Januar 1921 begegnet, sondern einfach am 1. Tag der Rus', als *alle* so waren wie Sie und ich!
B⟨oris⟩, wir sind ein Geschlecht, wir sind unausrottbar, es gibt noch solche wie wir: irgendwo in der sibirischen Taiga einen zweiten Boris, irgendwo am Kaspischen Meer – eine zweite M⟨arina⟩.

Und alle X und Y, alle Itzaks und Lejbs – mit Peies oder in spitz zulaufenden Hüten mit Sternen – werden uns, die Rus', nicht bezwingen: B⟨oris⟩ und M⟨arina⟩!
Meine Sonne!
Ich küsse Ihre Hand, die meiner so gleicht. Ich fürchte weder Splitter noch Schwielen – bemerke sie einfach nicht! Wenn meine Hand nur die Feder halten kann, wenn meine Hand nur eine Hand wie die Ihre halten kann!

Langsam wird es Abend. – Bald kommen Sie. – Bald naht die Abreise.
Die Räder setzen sich in Bewegung. Sie werden lächeln. Und ich werde Ihr Lächeln erwidern. Ich werde nicht weinen. Ich bin Abschiede gewohnt. – Alles, was ich besitze, ist bei mir! Und ich bin – bei Ihnen!

Lieber Freund, vergessen Sie unsere absurden Einfälle, meine schlechten Träume, Ihre Antworten darauf.
All das ist Unsinn. – Ich bin nicht Ihnen treu, sondern mir selbst, – das ist wahrhaftiger. Und bin ich mir selbst treu, bin ich Ihnen treu, – denn es geht nicht um Sie, nicht um mich, sondern um den Geist, B⟨oris⟩! Um unsern reckenhaften Odem!

Nie werde ich vergessen: den dunklen Boulevard, meine Erzählung über Jegorij – die Bank – die schlafende Alja – die offenen Schöße des Pelzmantels. (Wo ist er?! Gott beschütze ihn, wie seinen Besitzer!)
Danke, mein Sohn, für das Stück Seife – damals –, für das Stück Brot – damals, für Ihre Liebe – allezeit!
Und für das Papier, Borjuschka, und für die Hefte, und dass Sie sie zusammengenäht haben, und dass Sie die »Zarenbraut« abgeschrieben haben, und dass Sie mich geweckt und *nicht* geweckt haben!
Danke für die knirschenden Schritte vor der Tür, für das all-

abendliche: »Darf ich?« – für mein freudiges: »Kommen Sie herein!«
Ich bin erwärmt und erhitzt von Ihren Liebkosungen!
Und danke für die Nacht vom 17. auf den 18. Februar, denn da hörte ich Worte, wie ich sie – vor Ihnen – nur ein einziges Mal auf Erden gehört hatte.
Sie haben – wie mit einem Hammer – aus meinem eisernen Herzen Funken geschlagen!

Auf Wiedersehen, mein getauftes Wölfchen! Breit schlage ich das orthodoxe Kreuz über Ihnen und das meiner magischen Hexerei. Erinnern Sie sich meiner! Wenn der Zug losfährt, werde ich lächeln – *ich kenne* mich! – und auch Sie werden lächeln – *ich kenne* Sie! – So also: Lächeln auf Lächeln – und ein letztes Mal – Lippen auf Lippen!
Und alle Worte zu einem einzigen vereinend: Danke, Boris!
      Marina

*

Moskau, 27. russ. Februar 1921

Mein Serjoshenka!
Wenn Sie am Leben sind – bin ich gerettet.
Am 18. Januar waren es drei Jahre seit unserer Trennung. Am 5. Mai werden es zehn Jahre sein seit unserer Begegnung.
Zehn Jahre.
Alja ist schon acht, Serjoshenka!
Es ist schrecklich, Ihnen zu schreiben, ich lebe schon lange in einer dumpfen, starren Angst, wage nicht zu hoffen, dass Sie am Leben sind – während ich mit Stirn, Händen und Brust das andere abwehre. Ich habe nicht das Recht. So sind meine Gedanken an Sie.
Um das Schicksal und Gott weiß ich nicht, weiß nicht, was sie

von mir brauchen, was sie sich ausgedacht haben, darum weiß ich nicht, was ich über Sie denken soll. Ich weiß, dass ich selbst ein Schicksal habe. Das ist schrecklich.

Wenn Gott von mir Gehorsam verlangt, – ich bin bereit, Demut – ich bin bereit – vor allen und jedem! – doch würde er mir Sie nehmen, würde er mein Leben nehmen ⟨nicht fertiggeschrieben⟩.

Gott fremdes Leid – Tod – Qualen zu verzeihen, – zu einer solchen Gemeinheit und unerhörten Willkür gebe ich mich nicht her. Der andere leidet – und *ich* soll verzeihen! Wenn du mich besiegen willst, dann triff *mich* – in die Brust!

Es fällt mir schwer, Ihnen zu schreiben.

Der Alltag – das sind Lappalien! Ich muss eines wissen: dass Sie am Leben sind.

Und sind Sie am Leben, will ich über nichts reden: berühre mit der Stirn den Schnee!

Es fällt mir schwer, Ihnen zu schreiben, aber ich tue es, weil 1/1 000 000 Hoffnung besteht: und wenn doch?! Es gibt Wunder! – So gab es den 5. Mai 1911 – einen sonnigen Tag –, als ich Sie zum ersten Mal erblickte, auf einer Bank am Meer. Sie saßen neben Lilja, in einem weißen Hemd. Als ich Sie sah, erstarrte ich: Wie kann man nur so schön sein?! Wenn man so jemanden ansieht, schämt man sich, auf Erden zu wandeln!

Genau das ging mir durch den Kopf, ich erinnere mich.

Serjoshenka, ob ich morgen sterbe oder bis 70 lebe – egal! – ich weiß, was ich schon damals wusste, in der ersten Minute:

Für immer. Kein anderer. – Ich habe so viele Menschen gesehen, habe in so vielen Schicksalen geweilt, – es gibt auf Erden keinen zweiten wie Sie, das ist für mich schicksalhaft.

Und ich will auch keinen anderen, andere flößen mir Ekel und Kälte ein, nur meine leicht erregbare, spielerische Oberfläche freut sich über die Menschen: ihre Stimmen, Augen, Worte. Alles rührt, aber nichts durchdringt mich, ich bin von aller Welt getrennt – durch Sie.

Ich KANN einfach NIEMANDEN lieben!

Wenn Sie am Leben sind, so wird der, der Ihnen diesen Brief zukommen zu lassen versucht, über meinen Alltag berichten. Ich kann es nicht. Es ist mir nicht danach zumute, auch geht es nicht darum.
Wenn Sie am Leben sind, so ist das ein so *schreckliches* Wunder, dass kein Wort dafür ausreicht, – es braucht etwas anderes.
Aber damit Sie nicht eine traurige Nachricht aus gleichgültigem Munde erfahren: im letzten Jahr, an Mariä Lichtmess, Serjoshenka, ist Irina gestorben. Beide Kinder waren krank, Alja *konnte* ich retten, Irina – nicht.
S⟨erjoshenka⟩, wenn Sie am Leben sind, werden wir uns wiedersehen, wir werden einen Sohn haben. Machen Sie es wie ich: denken Sie *nicht* zurück.
Nicht zu Ihrem oder zu meinem Trost sage ich Ihnen die einfache Wahrheit: I⟨rina⟩ war ein sehr seltsames, vielleicht ganz und gar hoffnungsloses Kind, – sie wiegte sich die ganze Zeit, sprach fast nicht, – vielleicht war es Rachitis, vielleicht Degeneration – ich weiß es nicht.
Natürlich, wäre die Revolution nicht gewesen –
Aber – wäre die Revolution nicht gewesen –

Halten Sie meine Beziehung nicht für herzlos. Es ist einfach die Bemühung, zu leben. Ich bin erstarrt, versuche zu erstarren. Doch das Schlimmste sind – die Träume. Wenn ich sie im Traum vor mir sehe – den lockigen Kopf und das schäbige lange Kleid – o Serjoshenka, dann gibt es keinen Trost, außer dem Tod.
Doch plötzlich der Gedanke: und wenn S⟨erjosha⟩ lebt?
Und wie mit einem Flügelschlag: in die Höhe!
Sie und Alja – und noch Assja – sind alles, was ich habe.
Wenn Sie am Leben sind, werden Sie bald meine Gedichte lesen und durch sie vieles verstehen. O Gott, zu wissen, dass Sie dieses Buch lesen – was würde ich dafür geben! Mein Leben? Aber das

ist eine solche Lappalie. Sogar aufs Rad geflochten würden wir lachen!

Dieses Buch ist für mich heilig, es ist das, wodurch ich in diesen Jahren gelebt, geatmet und Halt gefunden habe. – Das ist NICHT EIN BUCH.

Über Irinas Tod will ich Ihnen nicht detailliert schreiben. Es war ein SCHRECKLICHER Winter. Dass Alja überlebt hat – ist ein Wunder. Ich habe sie dem Tod *entrissen*, dabei war ich völlig wehrlos!

Trauern Sie nicht um Irina, Sie haben sie gar nicht gekannt, stellen Sie sich vor, Sie hätten das nur geträumt, werfen Sie mir nicht Herzlosigkeit vor, ich möchte, dass Sie nicht leiden – ich nehme alles auf mich!

Wir werden einen Sohn haben, ich weiß, dass es so kommen wird, – einen wunderbaren, heldenhaften Sohn, denn wir beide sind Helden. Oh, wie erwachsen ich nun bin, Serjoshenka, wie sehr Ihrer würdig!

Alja ist 8. Nicht sehr groß, schmalschultrig, mager. Ganz Sie – nur hell. Sie gleicht einem Knaben. – Psychè. – Ach, wie vertraut anmutet, was von Ihnen kommt!

In vielem würden Sie sie besser, *genauer* verstehen als ich. Eine Mischung von Lord F⟨auntleroy⟩ und dem kleinen Dombey – sieht Gleb ähnlich – Verträumtheit des Erben und seines einzigen Sohnes. Sie ist sanft bis zur Willenlosigkeit – wogegen ich hartnäckig und erfolglos ankämpfe – die Menschen liebt sie wenig, denn sie sieht scharf, schärfer als ich! Und da es wenig wahrhafte Menschen gibt, liebt sie wenig. Dafür liebt sie inbrünstig die Natur, Gedichte, Tiere, Helden, alles Unschuldige und Ewige. – Sie erstaunt alle, ist selber aber gleichgültig gegenüber der Meinung anderer. – Allzu sehr loben kann man sie nicht! – Sie schreibt seltsame und herrliche Gedichte. – An Sie erinnert sie sich mit Liebe und Leidenschaft, an all Ihre Ge-

wohnheiten und Neigungen, und wie Sie ihr das Buch über Däumelinchen vorlasen und unbemerkt von mir rauchten, wie Sie sie auf der Schaukel schaukelten und dabei riefen: Stuurm! – und wie Sie mit B⟨oris⟩ ein rosa Dessert aßen und mit G⟨olze⟩w den Kamin heizten, und wie Sie den Christbaum anzündeten – sie erinnert sich an alles.
Serjoshenka! Ihretwillen *müssen* Sie am Leben sein!
Ich schreibe Ihnen mitten in der Nacht, nach einem schweren Arbeitstag, den ganzen Tag habe ich das Buch abgeschrieben – für Sie, Serjoshenka! Es ist ein einziger Brief an Sie! Seit 3 Tagen habe ich den Rücken nicht gestreckt. – Das Letzte, was ich über Sie weiß, stammt von Assja: Anfang Mai habe es Briefe an M⟨ax⟩ gegeben. Danach – Dunkel ...
Nun –
Serjoshenka! Wenn Sie am Leben sind, werde ich um jeden Preis weiterleben, doch wenn es Sie nicht mehr gibt, dann wäre es besser, ich wäre nie geboren worden!
Ich schreibe nicht: ich küsse, gehöre ganz Ihnen – so dass ich keine Augen, Lippen und Hände mehr habe – nichts, außer meinem Atem und Herzschlag.

Marina

*

MÄRZ 1921

Der Körper der Frau ist eine Herberge, die manchmal zur Wiege wird.
(Schwangerschaft.)
Wenn die Seele schutzlos ist, d. h. nicht angespannt, ergießt sich in sie sofort der ganze fremde Idiotismus – nicht nur der *jetzt*zeitliche, auch der *vor*zeitliche!
Die Menschen schmücken sich nicht nur mit fremdem Verstand, sondern auch mit fremder Dummheit.

FRAGMENT DES NOTIZBUCHS 9
1922

19. Mai 1922, Berlin
Ich verwende nicht das hohlste aller Wörter, aber was geschieht –
ist enorm. Alles auf einmal: schöpferische Blüte (Explosion!),
Größe DER ZEIT, Bruch mit Russland, Vorahnung von Bevorstehendem, und das Leben als Synthese alles Genannten, als ein einziger Name.
Was ich will? (Aktiv) – nichts.
Was ich brauche? Alles.
Das heißt: 1000 und eine Nacht voller Geschichten, eine neue Welt. Keine Besitzergreifung, – ich bin ergriffen.
Das Persönliche bleibt *AUSSEN VOR*, denn ich lebe alles in allem *außerhalb*.
Ich – ergriffen, unverletzlich, umgestoßen – falle nicht. Weil DAS NICHT MENSCHLICHE mir Kraft gibt.
Schlag in die Brust. – Freude? – Nein.

Ich bin ruhig. Ich weiß, dass mein Lebens*weg* – vorbeizieht. Ich bin wunderbar ruhig: die Füße gehen ⟨nicht⟩ von allein und *es* – mein Inneres! – hat recht.
Und auch die Hände strecken sich nicht aus, weil man dieses mit Händen nicht greifen kann.
Aber dieses begleitet mich, das Genommene (mir Gegebene?), weil ich es mehr als alle brauche, gemäß dem wunderbaren Gesetz der Gerechtigkeit.
Ich weiß, dass ⟨nicht fertig geschrieben⟩.

Begegnung liegt für mich – an allen Fronten – im Menschlichen, im Schöpferischen, *im Innern*.

Alles, worüber ich spreche, *gilt mir*, ich nehme einfach den Schlag entgegen. Oder: der *gegen die Welt* gerichtete Schlag traf meine Brust.[1] Und um diesen Schlag *entgegenzunehmen*, d. h., im Taumeln das Gleichgewicht zu behalten (nicht aus Stolz, sondern damit der Schlag nicht ins Leere trifft, damit die *Welt* [die Festung] sich nicht als Leere erweist) und damit die Hände nicht ins Leere greifen, muss man zur Welt werden, d. h. UNPERSÖNLICH.

Das ist kein Rezitativ, sondern ein Rechenschaftsbericht. Ich möchte Genauigkeit, d. h. MÖGLICHST WENIG sagen.
Ich möchte ein Gerüst: AUSSERHALB des Vergänglichen: Persönlichen.
(Ist nicht die Emotion [das Persönliche] ein Gewand – ein Kleid – Fleisch auf dem Skelett des Universums? Und früher dachte ich: das Herz! Doch das Herz VERSCHWINDET!)

---

[1] Anders: ich erlitt den Schlag, der *gegen die Welt* gerichtet war. – Komm klar damit! (Anm. MZ)

NOTIZBUCH 10
1923

1923
TSCHECHIEN

Wenn ich eine Stadt verlasse, habe ich den Eindruck, dass sie endet, aufhört zu sein. So erging es mir zum Beispiel mit F⟨reibur⟩g, wo ich als kleines Mädchen war. Jemand erzählt: 1912, als ich durch F⟨reibur⟩g fuhr … Mein erster Gedanke: Wie das? (D.h., sollte F⟨reibur⟩g wirklich weiterhin *existieren*?) Das ist nicht Eigendünkel, ich weiß, dass ich im Leben der Städte und Menschen – niemand bin. Das ist nicht: *ohne mich*?! Sondern: *von sich aus*?! D.h., existiert die Stadt wirklich (wird existieren, hat existiert), wenn ich sie nicht sehe, habe nicht ich sie ausgedacht?
Wenn ich einen Menschen verlasse, habe ich den Eindruck, dass er endet, aufhört zu sein. So zum Beispiel Z. Jemand erzählt: 1918, als ich Z. traf. Mein erster Gedanke: Wie das? (D.h., sollte Z. wirklich weiterhin existieren …) Das ist nicht Eigendünkel, ich weiß, dass ich im Leben der Menschen – niemand bin … usw.
Ergänzende Bemerkung: lies »endet, aufhört zu sein« nicht als »verschwindet spurlos«, sondern als »erstarrt«. Am selben Ort, mit selber Geste … Wie in einem Stereoskop.

*

Da war nichts. Aus dem Nichts wurde es (durch mich) hervorgezaubert. Solange ich es mit den Augen hielt – lebte (wuchs) es. Seit ich es verlassen habe – steht es still (die Stadt, der Mensch),

so wie ich es in der letzten Sekunde wahrgenommen habe. Es verharrt, es setzt sich nicht fort.
Ich wiederhole, das ist nicht Eigendünkel, das ist tiefe, unschuldige Verwunderung.
Mich interessiert immer die Gesetzmäßigkeit, nie – ich.

*

Wenn man oft verreist, kann man ganz Europa entvölkern (entstädtern!)!

*

Mit 14 Jahren war ich überzeugt, dass Moskaus Straßenlaternen mit meinen Augen angezündet werden.

*

In unserm »Narkomkaz« (statt »Narkomnaz!) gibt es eine Hauskapelle – die von Sollogub, natürlich. Neben meinem rosa Saal. Unlängst habe ich mich mit dem »weißen Neger« hineingestohlen. Dunkelheit, Flimmern, Kellergeruch. Wir standen auf der Empore. Der »weiße Neger« bekreuzigte sich, ich dachte vor allem an meine Ahnen. (Geistererscheinungen!) In der Kirche mag ich nur beten, wenn gesungen wird.
Liebe – und Gott. Wie sehr sich das bei Frauen vermischt. (Die Liebe eines Jungen natürlich: Briefchen, Küsse und weiterer Unsinn.) Ich schiele auf meinen weißen Neger: sie betet, mit unschuldigem Blick. Mit demselben unschuldigen Blick, mit denselben betenden Lippen …
Wäre ich religiös und würde ich die Männer lieben, so herrschte in mir immer Streit. Ein Kampf wie zwischen Kettenhunden.

Und beim Hinausgehen entrang sich mir der tiefste aller Seufzer: Armer Gott!

*

Die Ahnen existieren nur, um in Erscheinung zu treten. Genauer: erst wenn sie in Erscheinung treten, sind sie Ahnen.
Ich liebe nur fremde Ahnen, eigene habe ich nicht (weiß nichts von ihnen!), hätte ich welche, würde ich mich bekreuzigen.
Die Ahnen sind außerhalb von mir, wie »Adelsnester«. Reinste Fiktion, für die ich jederzeit zu sterben bereit wäre.
Ich preise Gott, dass er mich von Geburt auf von jedem Besitz befreit und dadurch (1919!) auch von der Schande befreit hat, ihn zu verteidigen und zu beweinen.
Wie viel reiner, fröhlicher, inspirierter ist es, Fremdes zu verteidigen! Das Blut spritzt wie ein uneigennütziger Strahl!

*

Irgendwo auf der Pol⟨janka⟩ hab ich ein Haus. – Ehrenwort! – Das ist das Erste, was ich S⟨erjosha⟩ gesagt habe, als die Rev⟨olution⟩ begann: Gott sei Dank! Jetzt, wo es das Haus nicht mehr gibt, muss ich keine Steuern zahlen! (Erträge einsammeln – kommt aufs Gleiche hinaus.)
Der Schrecken des Hauses bestand in ⟨durchgestrichen⟩.
Mir dieses Haus wegzunehmen, gehört zu den großzügigsten Geschenken der Revolution – an mich.

*

Übrigens war ich seit März 1917 nicht mehr dort. Ich meide die ganze Umgebung. Stiller Schreck: und wenn es doch noch *steht*? (Heimliche Hoffnung, dass es abgerissen wurde!)
Ich hasse Orte, wo ich einst gelebt habe ⟨nicht fertig geschrieben⟩.

*

Nicht nur Umarmungen verbinden. Und wenn ich sie mir (Ihnen!) verweigere, dann nur, um besser, tiefer und stärker – auf andere Art! – zu umarmen. Ich habe Sie ja nicht gefragt, ob Sie eine Geliebte haben. Was geht mich das an! So wie auch Sie nicht eifersüchtig auf meinen *Heine, Hoffmansthal* ⟨sic!⟩ ⟨über der Zeile: *Platen*⟩ waren …
»Platonische Liebe«? Die grausamste von allen!

*

Der Frühling bringt den Schlaf. – Schlafen wir ein!
Getrennt zwar, – trotzdem zusammen
Vereinzelt ist der Schlaf
Vielleicht sehen wir uns im Traum
Und doch
Wem soll ich meinen großen Gram
Berichten: dass ich mit dir nicht schlafen darf

*

Ein vernünftiger Tod ist nützlich. Das fremde Leben zum eigenen machen. Vom Tod freikaufen.
Aber »vom Glockenturm springen« – ist definitiv unnütz.
Dort: ein Tod *für*, hier – im Namen von.
Sich vom Glockenturm hinabstürzen ist dasselbe wie auf dem Scheiterhaufen verbrennen: Gott wird dadurch nicht kommen.
Sterben, wenn der andere dies nicht braucht.
Sterben im Namen (der Liebe) ist dasselbe wie auf dem Scheiterhaufen verbrennen: Gott wird dadurch nicht kommen. Dieses Fehlen einer äußeren Notwendigkeit ⟨nicht fertig geschrieben⟩.
Die Stärke der Liebe ist bestimmt durch die Sinnlosigkeit, Fruchtlosigkeit des Opfers, so wie der Wert des Opfers – durch ihre Sinnlosigkeit und Fruchtlosigkeit.
Opfer an sich.

*

Das wirklich reine Opfer sucht keinen Vorwand (Feuer – Holz). Savonarolas Scheiterhaufen brennt nicht durch Holz, sondern durch Savonarolas leidenschaftliches Verlangen, das kein Wasser löschen kann.
Savonarola verbrannte an sich selbst.

*

Die Vernünftigkeit des Todes ist bestimmt durch 1) seine Notwendigkeit (Unerlässlichkeit, Erwünschtheit, Kunde) für die Person, für die wir sterben. Und 2) seinen moralischen Einfluss, seine Beispielhaftigkeit für andere, durch seine Kunde und Bekanntmachung.
Die Vernünftigkeit eines Todes wird durch *andere* bestimmt. (Es sei ihnen verziehen!)
Folgendes Beispiel: umkommen, indem man das Leben des Zaren rettet (von der physischen Rettung bis zum Trost, den man ihm in der letzten Sekunde vor der Hinrichtung spendet, bis zum Trost des *Abwesenden*: ich wurde in Tob⟨olsk⟩ erschossen, aber dort, in den Verliesen der Moskauer Tscheka, ist in diesem Moment ein anderer *für mich* gestorben ⟨über der Zeile: stirbt ein anderer in diesem Moment⟩.
Umkommen, indem man das Leben des Zaren rettet (für!) – und umkommen in der Sekunde nach seiner Erschießung, allein, im eigenen Zimmer, ohne Notiz – im Namen von. Letzterer Tod hat keine Notwendigkeit für den Zaren und kann nicht als Vorbild für andere dienen, – er ist sinnlos.
Weder dem Zaren noch den Menschen kann dies (als Beispiel) dienen. Ein sinnloser Tod, ohne jeden Gewinn, immer ⟨nicht fertig geschrieben⟩.
Die Stärke der Liebe ⟨nicht fertig geschrieben⟩.
Der Tod »im Namen von« ist als solcher ohne Gewinn.

*

Jeder Tod »für Gott« – ist sinnlos: bei Gott wird er nie ankommen.

*

Die Stärke der Liebe ist bestimmt durch ihre Unmöglichkeit, sich zu gedulden.
Ich bin überzeugt, dass es in meinen Gedichten viele Übereinstimmungen gibt.
Tjuttschew und ich mit 17.

*

[…] Ich esse Brot und lästere – ja. Nur der Eigennutz ist dankbar. Nur der Eigennutz misst das Wesen ⟨über der Zeile: das Ganze⟩ nach dem Teil, der ihm gegeben wurde. Nur die Selbstsucht, die kindliche Blindheit, die in die eigene Hand *schaut*, behauptet: Er gab mir Zucker, er ist gut. Der Zucker – ist gut, ja.
Aber bin ich denn so schlecht, wenn ich eine fremde unsterbliche Seele daran messen werde, ob man mir gegeben hat oder nicht? Bekommt eine so natürliche Geste wie das *Geben* eine so riesige Bedeutung wegen des Pronomens *mir*? Ich weiß ja, wie gegeben wird: blindlings! Und ertrage ich es denn, dass man mir für Brot dankt? (Bei Gedichten ertrage ich es nicht!) Nun ⟨nicht fertig geschrieben⟩.
Brot – bin das etwa ich?! Gedichte (eine gesanghafte Gabe) – bin das etwa ich?!
Ich bin allein unter weitem Himmel. Geht weg und dankt.

*

Ich möchte nicht schlecht von den Leuten denken. Wenn ich Brot gebe, gebe ich es dem Hungrigen, d. h. einem Magen, der für den Menschen uncharakteristisch ist. Die unsterbliche Seele hat hier nichts verloren. Ich kann jedem Beliebigen etwas geben, und nicht ich gebe: sondern eine Beliebige. Das Brot gibt sich selbst.
Und ich möchte nicht glauben, dass ein Beliebiger, der meinem Magen Brot gibt, deshalb etwas von meiner Seele fordert, indem er mich durch Dankbarkeit bindet.

*

Aber nicht der Magen gibt: die Seele! Nein, die Hand. Diese *Gaben* sind nicht persönlich: es ist beschämend, einen Magen dem anderen vorzuziehen, und wenn doch, so den hungrigeren. Der hungrigere ist, für heute, *meiner*. *Ich* bin dafür nicht verantwortlich. Wenn ich könnte ⟨nicht zu Ende geschrieben⟩.

*

Seelen sind dankbar. Doch Seelen sind ausschließlich für Seelen dankbar. Danke, dass es dich gibt.
Alles Übrige – von mir zum anderen und vom anderen zu mir – ist eine Beleidigung.

*

Geben ist nicht unser Guthaben! Nicht unsere Persönlichkeit! Nicht ein Zeichen! Nicht eine Wahl! So wie das Leben nicht die Abwesenheit des Todes ist, so ist die Persönlichkeit des Menschen nicht die Abwesenheit von Grausamkeit. Grausamkeit ist – nicht zu geben. Geben ist – Korrektheit.

*

Brot – ist Selbstzweck. Die Geste – ist Selbstzweck. *Ohne Konsequenzen.*

*

Das Geld wandert durch viele Hände, die Gedichte wandern durch viele Seelen (bis ich sie geschrieben habe!) – was ist also von mir?

*

Brot. Geste. Geben. Nehmen. Das wird es *dort* nicht geben. Weil alles, was aus Geben und Nehmen entsteht – Lüge ist. Das Brot selbst ist – Lüge. So seien wir denn demütig ⟨nicht fertig geschrieben⟩.
Nichts, was auf Brot gebaut ist, wird bestehen bleiben. Der aufgegangene Teig unserer Brotgefühle wird bei der kalten Temperatur der Unsterblichkeit unweigerlich zusammenfallen. So werden wir ihn gar nicht anmachen.

*

Nehmen ist beschämend, nein – geben ist beschämend. (Erinnern Sie sich, wie Sie dem Doktor zahlen müssen!) Und wenn wir uns nicht schämen, dem Bettler zu geben, so beweist das nur, dass wir die Haut eines Nashorns haben.
Geben bedeutet ⟨nicht fertig geschrieben⟩.
Nein, der Doktor schämt sich nicht (er ist oft reicher als wir!), aber der Bettler schämt sich.
Geben bedeutet: mehr besitzen als der andere, stets die Möglichkeit haben, ihn zu kaufen.
Zum Glück werden mit der Scham des Gebens nur Bettler belohnt (die Feinfühligkeit ihrer Gabe!). Die Reichen beschränken sich auf die Scham der Arztvisite.

*

KORRESPONDENZ MIT S.JA. EFRON
WÄHREND EINES VORTRAGS VON R. STEINER
Z. – aus der Hand von Zwetajewa, E. – aus der Hand von
Efron

⟨Z.⟩: 1) Wie in der Kirche! 2) Er stellt die Naturwissenschaften bloß. 3) Bald gehen wir. 4) Er ist *seit 1919* überhaupt nicht gealtert.
⟨E.⟩ Der Löwe ist platt, weil er annimmt, dass dieser ⟨deutsch:⟩ *Ersatz* eines Löwen ihn mit seinen ständigen ⟨deutsch:⟩ *Großartig* bloßstellt.
⟨Z.⟩ Halte durch. Ich füttere ihn mit Rührei. Der arme Utape! *Du* bist der richtige ⟨Zeichnung eines Löwenkopfes⟩. Wenn St⟨einer⟩ nicht spürt, dass *ich* (Psychè!!!) im Saal bin, ist er kein Hellseher.
⟨E.⟩ Bulletin über den Zustand des Löwen: Er hat sich beruhigt. Hat drei Löwen an der Wand entdeckt. Und seine Beziehung zum Pseudo-Löwen definiert: »Böse Macht!«
⟨Z.⟩ Der Löwe tut mir leid. Dieser gleicht einem *Vorleser-Deklamator*.
⟨E.⟩ Für mich – in einer unbekannten Fremdsprache.
⟨Z.⟩ 1) Er wendet sich ausschließlich an die Damen. 2) Schlichte, elementare Propaganda der Anthroposophie. 3) Gibt es eine Pause?
⟨E.⟩ Ich warte selber darauf. Vielleicht nicht? Vielleicht dauert es bis zum Morgen? Und dann?! Löwe.

*

GEDANKEN

Jeder hat im Leben sein Ereignis, das sich wiederholt. Das nennt man »Schicksal«.
(Das, was wir unfreiwillig und unabänderlich, mit unserm blo-

ßen Erscheinen auf der Schwelle – hervorrufen. Folgen, die aus der gängigen Ursache hervorgehen: aus uns.)

*

Nicht Frühling auf dem Dorf, – Dorf im Frühling. (Denn der Frühling ist eine Naturkraft und kann sich im Dorf nicht niederlassen …)
»Russische Birkchen«, »russischer Wacholderstrauch« … Lüge. Selbsttäuschung. Wäre nicht die Rede davon, könnte man sie nicht unterscheiden.
Der Frühling – ist eine Naturkraft, und ich brauche von ihm nichts, außer ihm selbst. In Russland liebte ich den Frühling, doch nicht den Frühling in Russland!

*

Folglich ist es egal: Tschechien oder Russland? Überall, wo es Bäume und Himmel gibt – ist Frühling.
Nun, und in Afrika? Nein, in Afrika – wird Afrika sein, nicht Frühling. Dort stellt für mich, die Zugereiste, der *Baobab* den Baum in den Schatten. Man muss zwischen *Baobabs* geboren sein.

*

Für mich sind allzu *ausgeprägte* Städte und Länder gefährlich. Sie lenken ab. Naturkräfte sind nicht detailliert.

*

Wenn ich in den Wald gehe, gehe ich in meine Kindheit: in Wissen und Unschuld.

*

Wäre ich ein Mann, würde ich unbedingt lieben: eine verheiratete Frau, eine unverheiratete Frau: eine unnütze Frau.

*

Das *Vor*urteil, das der Urteilsfähigkeit vorangeht, das mit der Muttermilch eingesogen wurde: ist es nicht ein verwandelter Instinkt?
So habe ich von klein auf und besonders zur Zeit des großen Hungers in Moskau nie in die Auslagen von Lebensmittelgeschäften geschaut. Man denkt noch, ich wolle etwas! Man denkt noch, ich könne es mir nicht leisten! Offensichtlich zu wollen und nicht zu können – abscheulich!
Und nun erfahre ich 1923 in Prag von einem ehemaligen Gardisten: mein einverleibtes Vorurteil sei ein Paragraph des Gardereglements: Schau nie in Auslagen, vor allem nicht von Feinkostläden.
Ich wurde nicht in der Garde geschult, – auch nicht ein Vorfahre von mir. Der Verfasser des Reglements aber ist einfach ein armseliger Wichtigtuer.

*

Auch Belesenheit macht einsam, »man verkehrt in hohen Kreisen«.

*

Insel *Pathmos* – bin ich nicht auf dir geboren?

*

Erotik, das gleicht Mund und Schlund.

*

Körper! Hier liebe ich ihn – in Bäumen. Birken! Euridykes!

*

Intonation: Stimmliche Idee.

*

Stütze. Ferne Stütze. Damit mein Gedanke *nach Hause* geht.

*

Die Ehefrau ist – eine Grenze, eine ⟨verschlossene⟩ Sackgasse durch das Kind.

*

Zu dritt gelingt es nicht. Schon zu zweit schaffe ich es schlecht. / Auch im »Zu-weit-Sein« bin ich schwach. 2 ist bereits weniger als (mit sich) allein (in *welchem* der andere drin ist!) / 2 ist nebeneinander, allein bedeutet Unmittelbarkeit. Nein, ich lasse mich nicht verleiten und verleite nicht: zu dritt gelingt es nicht. Was gelingen kann: zwei zu zweit (ich mit Ihnen, ich mit ihr). Warum ziehen Sie mich hinein? Ich pflege mich abzugrenzen. Weisen Sie mir keinen Platz zu.

*

Ich lebe von Ideen.
An mir gehen die Menschen spurlos vorbei, woraus folgt: sie sind – Wellen, und ich der Stein fremder Tode.

*

Eine Begegnung muss ein Bogen sein. Nicht etwas Widerständiges, an dem man sich die Stirn wundstößt, sondern ein Regenbogen, damit man sich *wirklich* begegnen kann.

*

Meine Gedichte, wie meine Kleider, sind schön im dunklen Zimmer. Bei hellem Tageslicht: nichts als Flecken und Löcher (Brandlöcher).

*

Das Meer widerspiegelt den Grund (sich selbst, sein Inneres).
Der Grund – ist einer.
Der Fluss widerspiegelt den Himmel (außerhalb).
Der Fluss kann kein Antlitz haben, nur Strömung und Stimme.
Sein Antlitz sind die Himmel über ihm / jene Himmel, unter denen er dahinfließt.
In gewissem Sinn bin auch ich *antlitzlos*. Das Meer schließt seinen *Grund* mit ein.

*

Mit silberner Schöpfkelle aus dem bodenlosen Meer schöpfen – das ist die Ach⟨matowa⟩.

*

Gott (Magnet) vergaß, gewisse Menschen mit Stahl auszustatten.

*

In meiner Kindheit haben mich die Kinder brutal gehasst. Ich habe den Kindern nicht verziehen.

*

Meine Gedichte sind immer jünger als ich, sie holen mich nie ein. Ich schreibe mich rückwärts, nicht vorwärts.

*

Meine schreckliche Angst vor Kränkungen.

*

Mich gibt es nicht: kränken Sie diese Leerstelle! Für Kränkungen trage ich keine Verantwortung.

*

Vorort, d. h. der Beginn jeder Grenzenlosigkeit: der Ferne, des Leids, des Lieds.

*

APRIL (Ende, 29.)

Es heißt, die beste Zeit für Liebe sei Mitternacht. Das stimmt nicht: das ist die Stunde der Gespenster.
Oder: die Morgendämmerung. Das stimmt nicht: man hört die Fabriksirenen und Dampfpfeifen der Bahnhöfe, die Sehnsucht des erwachenden Tages.
Es gibt *keine* beste Zeit für Liebe, und wenn doch, dann ist es am ehesten der Mittag, die Blindheit, wenn die Seele abwesend ist. Wenn die sinnliche Liebe nicht Genuss ⟨über der Zeile: Wonne⟩

und Vergnügen enthielte, würde ich sie wohl mögen. Wenn sie völlig bitter wäre.

*

In den andern hineinstürzen. Ja, aber nicht zum Jubel! Nicht zum Vergnügen. Wie ins Wasser.

*

Eine Tat ist nicht eine Beziehung, eine Beziehung ist nicht eine Bewertung, eine Bewertung ist nicht das Wesen.
Das Wesen ist – eine Idee ⟨über der Zeile: (Intonation)⟩, hörbar nur fürs Ohr.

*

Ziehen Sie Ihre Ringe aus! Entfernen Sie Ihr Stirnhaar! Überlasse ich die Ringe – verlangen sie meine Finger, überlasse ich mein Stirnhaar – verlangen sie die Stirn.
Ich – als Ganzes – gefalle nicht, die Leute fallen über meine »irdischen Zeichen« her. Was abstößt, ist das Skelett, nicht die Haut darum herum, die Rippe, nicht der Riemen darum herum, die Stirn, nicht die Haare darüber, die Hand, nicht der Ring darauf. Was abstößt, ist meine freche Fähigkeit, mich über den Gürtel, das ins Stirn fallende Haar, den Ring zu freuen, *ohne* mich in ihrem Blick zu spiegeln, meine völlige Gleichgültigkeit gegenüber dieser Abscheu, was abstößt, bin ich.
Darum – entferne ich nichts.
Es kommt die Stunde, da fällt alles ab und in sich zusammen: der Ring und der Finger und die Rippe und der Gürtel und das Stirnhaar – außer der Stirn. Die Stirn überdauert. Und mit dieser, mit dieser Stirn werde ich mich zeigen, mit dieser Stirn mich rechtfertigen.

*

Ich bin jenes Lied, aus dem man keine Worte herausnehmen, jenes Garn, aus dem man keine Fäden herausziehen kann. Gefalle ich nicht – so gebt mir nicht zu trinken, gebt mir keine Kleider.

Aber versucht nicht, etwas zu korrigieren, denn es handelt sich nicht um menschliche, sondern um göttliche Arbeit: Es kommt die Stunde, da werde ich selbst (d. h. auf anderes Geheiß!) entflechten, entrollen, entlassen: das Lied gebe ich den Winden, mein Garn – den Nestern. Das wird die Stunde meines Todes sein, meiner Geburt in ein anderes Leben.

Doch vorläufig ist alles verbunden, verflochten, verhakt – kommt mir nicht nahe, denn das heißt, dass ich noch lebe.

*

Meine Gedichte – meine relative Bekanntheit – schützen mich vor vielen gutnachbarschaftlichen Unverschämtheiten. Dank sei ihnen!

Würde ich meine Gedichte nicht drucken, sondern nur schreiben, müsste ich mir mit eigenen Ohren anhören, was ich jetzt mit den Augen lese: »Originalitätssucht ... um Aufmerksamkeit auf sich zu ziehen ...«

Ich würde von der menschlichen Grobheit *ertauben*. Erblinden wäre nicht so schlimm, – ich bin ohnehin schon blind! Außerdem schätze ich im Leben vor allen Dingen das Gehör.

*

Krieg. Nicht A⟨lexander⟩ Blok kämpft gegen *R. M. Rilke*, sondern eine Maschine gegen eine andere. Was soll hier *Hass* auf Deutschland. Ich hasse die Maschine, die maschinelle Kraft.

»Was haben Sie zur Zeit des Kriegs gegen Deutschland empfunden?«

»Unendliche Trauer und unendliche Genugtuung, dass die Deut-

schen – auch Menschen sind, d. h. Bestien (›Deutsche Bestialitäten‹).«
»Nun, und der Sieg?«
»Den Sieg habe ich naturgemäß Russland gewünscht.«
»Warum?«
»Atavismus. Schändlich.«
⟨Frage und Antwort sind durchgestrichen.⟩
»Warum?«
»Den Sieg habe ich denen gewünscht, die im gegebenen Kampf Verlierer waren.«

*

Asien zum Beispiel ist der Herd der Pest. Doch das Ziel der Pest ist es, die ganze Welt zum Herd zu machen! Die Pest selbst sagt sich von Asien los. Die Pest strebt nach Westen, wie die M⟨asern⟩ nach Osten streben: das Böse will keine Heimat! Das Böse will ⟨nicht fertig geschrieben⟩. Das deutsche Gas blieb nicht in Deutschland, das Böse sitzt nicht fest! Das Böse gibt die Qualität (die Heimat) für die Quantität auf, der Geist braucht das Gute, das Böse – die Menge!

*

Wenden wir uns dem Bösen zu: Das Böse in den Grenzen des Planeten ist unpersönlich. Seine Gehilfen (die Krupps, die Lenins) sind nur Handlanger, Mittler. Krupp ist eine Fabrik, Lenin ein Dekret usw. Kein Name, kein Gesicht. Ihr Name ist ein Kollektivum, niemand denkt an ihre Väter oder Söhne. Lenin ist *außerhalb* der R⟨evolution⟩ inexistent, völlig uninteressant. Seine Existenz ist bedingt durch die Zahl der für ihn abgegebenen Stimmen, durch die Zahl der Menschen, die seine Lehre annahmen, durch die Zahl der Hände, die ihm applaudierten usw.

Lenin – ohne Arena – ist niemand.
(Rätselhafte Übereinstimmung zwischen öffentlichen Personen und Schauspielern. Offensichtlich sind auch Schauspieler Handlanger des Bösen.)
Aber wichtiger: Lenin existiert auch für sich selbst nicht, er sagt als Erster: *mich* gibt es nicht. Ich bin die Stimme ⟨über der Zeile: das Sprachrohr⟩ der Massen. Und er und jeder Parteigenosse: »Wenn nicht Lenin – dann ein anderer ...«
(Über Goethe würde man das nicht sagen!)
Doch in der Grenzenlosigkeit des Alls – ist das Böse *persönlich*.
»Das *irdische* Böse.« (Andere Spielarten kenne ich nicht.)

*

GEDANKEN: (Ende April)

Das Wunder ist in der physischen Welt begrenzt, denn die physische Welt selbst ist begrenzt, doch das (grenzenlose) Wunder kann nicht begrenzt sein, folglich: entweder vollzieht sich das Wunder nicht in der physischen Welt, oder in der physischen Welt vollziehen sich keine Wunder.

*

Kann eine Wesenheit (Apoll, Dionysos, Luzifer etc.) sich ausschließlich im Eros verbergen?
Nein, im Eros verbergen und verlieren sich die Wesenheiten.
Vielleicht ist Eros unter diesem Blickwinkel der mächtigste der Götter.

*

»Der Dichter in der Liebe.« Nein, sei Dichter in der Müllgrube, ja.

*

NOTIZBUCH 11
1923

Als ich zurückkam, lag ich wie tot auf dem Boden.
Ihnen gegenüber bin ich nicht schuldig (ich kannte Sie nicht), schuldig bin ich gegenüber der Liebe; ich war bereit zu beten, mein Glaube war Verzweiflung. Herr, wirke ein Wunder, lass mich an Dich (an die Liebe) glauben. Denn wenn Gott – eins ist, so ist auch die Liebe eins, denn wenn Gott existiert, existiert auch die Liebe. Und dann dachte ich: Tod. Das war eine riesige Erleichterung, die einzig mögliche in dieser Stunde. Tod und Brücke. In dieser Stunde.

*

Was bis jetzt mit mir vorging, war Impressionismus (entschuldigen Sie das hässliche Wort!), einzelne Pinselstriche und Pünktchen, verstreut.

*

Ich denke mit Wonne an den Tod. Mein Lieber, ich wünschte mir:

> So, am Schluss dieser Schule
> Sage ich leise auf dem Lager des Schweigens:
> Wer ein heiteres Leben lebt
> Ist bei weitem nicht immer heiter.

Halten Sie mich fester, lassen Sie mich nicht los, überlassen Sie mich nicht dem Leben, geben Sie mich ihm nicht zurück. Stoßen Sie mich lieber in den Tod. Es geht nicht darum, Gedichte zu schreiben.

*

Erzählen kann ich es nur, wenn vor mir genügend Zeit ist, um *zu vergessen*, d. h. die Zukunft einer ganzen Nacht oder eines ganzen Lebens.
(Ich habe doch nichts Verbrecherisches erzählt?)
Erzählen kann ich es nur, wenn ich überzeugt bin, dass der andere weiß, wie sehr ich ihn liebe.
Nach Ihnen – niemand: lieber den Tod.
Sie sind der Einzige, der mich um mein ganzes Selbst bat, der sagte: die Liebe existiert. So tritt Gott in das Leben der Frau.

*

Glauben Sie an mich.

*

Wären Sie mit mir, würden Sie sehen, dass ich mich verändert habe. Meine Krankheit ist nur bedingt durch Ihre Abwesenheit in meinem konkreten Leben. Sobald Sie weggehen – bin ich wie ein Gespenst.
Und doch war ich *NICHT* leichtsinnig.

*

Ich kam halbtot nach Hause. Weder G. noch Minos noch der Ap⟨ostel⟩ Paulus halfen. Nachdem ich die Ellbogen auf den Tisch stützte, dann auf dem Boden lag, ohne Fragen zu stellen, ohne die (eigenen) Antworten zu verstehen, nur eines wissend: sterben! – nahm ich schließlich bei meinem Heilmittel Zuflucht: der Natur. Ich ging hinaus auf die Straße – und war sofort auf den warmen Flügeln des Winds, im Lichtstrom der Straßenlampen. Die Füße trugen mich von selbst, meinen Körper spürte ich nicht. (R⟨odsewitsch⟩, ich begriff: ich bin von *Dämonen* besessen!) Das war wie Nichtsein, die erste Sekunde der Seele nach dem Tod.

Diese Erzählung. Was war daran so Schlimmes? Dass ich beim Erzählen mir selbst in die Augen blickte, dass ich beim Aufrühren vergangenen *Staubs* ihn als etwas Gegenwärtiges erkannte – das war eine Konfrontation mit mir selbst. Und was empfand ich dabei? Abscheu.
Mit jedem meiner Worte wuchs die Wand zwischen uns. Ihr Ergötzen *daran* war mir ein Messer ins Herz, Sie wurden zum Verbündeten meiner Worte, d. h. zu meinem Feind, oder fast.
Jedes Lächeln von Ihnen sagte: »Geschieht dir ganz recht! Unterscheide endlich das Wertvolle vom Wertlosen.« Das klang wie ein momentanes Bekenntnis, als wäre alles *gestern* geschehen. Heute holte mich meine Vergangenheit ein, meine sündige, traurige ⟨fehlendes Wort⟩ Vergangenheit, und sie entfernte mich von Ihnen, entriss mich Ihnen und machte meine Liebe zu Ihnen (ein Heiligtum!) zu einer Episode. Sie hörten mir zu, ohne mir zu glauben, und konnte denn ich, die ich erzählte, mir selber glauben?
Das war VERZWEIFLUNG.
Überhaupt habe ich seit unserer Begegnung aufgehört, mich wertzuschätzen. Ich beneide jeden Entgegenkommenden, jedes einfache Gemüt, sehe mich als Spielball irgendwelcher blinden Mächte (Dämonen!), stelle mich selber vor Gericht, und mein Gericht ist strenger als das Ihre, ich liebe mich *selbst* nicht, schone mich nicht.
Sie – sind mein Gewissen, das *direkt* zu mir spricht.
Die Unversöhnlichkeit Ihrer Liebe schreckt mich (entzückt mich). Kein Ring, keine Widmung, – kein Andenken, das hat

mich heute geradezu geschmerzt. Entweder alles – oder nichts. Das ist keine Phrase, das ist Ihr Wesen.
In solcher Weigerung ist Stolz, das Bewusstsein, alles zu dürfen, denn man schenkt mir ja von *Meinem*.
Dafür – und für die herbstlichen Blätter im Park – und für das Schweigen auf der Straße – Dank.

*

R⟨odsewitsch⟩, ich verrate Ihnen ein Geheimnis, aber lachen Sie nicht: ich bin ein *Element⟨ar⟩geist*, ein urwüchsiges Geschöpf: Salamander oder Undine, noch habe ich keine Seele, die Seele (so steht es in allen Märchen) wird diesen Geschöpfen durch die Liebe zuteil.

*

Heute habe ich in Ihrem Morgenrock geschlafen. Seit damals habe ich ihn nicht angehabt, aber heute fühlte ich mich so einsam und verzweifelt, dass ich ihn anzog, als einen Teil von Ihnen.
Das Ende der Geschichte habe ich Ihnen offenbar ungenau erzählt. Ich habe es einfach vergessen (verwechselt). Zum ersten Mal kam er unmittelbar von ihr zu mir, nachdem er sich von ihr losgerissen hatte und mich zufällig bei Gästen traf, von mir ging er dann unmittelbar zu ihr, nachdem er sich von mir losgerissen hatte und sie zufällig auf der Straße traf, vielleicht hatte er Mitleid, vielleicht fühlte er sich einfach hingezogen.
Danach – sein Brief und Geständnis und mein Verzeihen (meine Verfehlung!). Und nach dieser Reparatur ⟨über der Zeile: des Risses⟩ die Worte: »Wissen Sie, warum er zu Ihnen zurückgekehrt ist? Weil er sie an jenem Morgen ins Krankenhaus brachte. Wann ist er nach langer Unterbrechung zu Ihnen gekommen?« – Ich (mutmaßend): »Am 16.« – »Nun, am 16. um 4 Uhr hat er sie ins Krankenhaus gebracht, und am Abend war er bei Ihnen. Sei-

ne Begründung: ›Ich kann nicht ohne eine Frau.‹ Die andere starb allein, sehnte sich nach ihm, rief nach ihm, vermachte ihm alles, was ihr blieb: ihre wunderbaren schwarzen Haare.«

Viel später, nachdem wir uns schon lange getrennt hatten, fragte ich ihn einmal: »Warum sind Sie nicht ein einziges Mal zu ihr gegangen?«, und er antwortete: »Einmal war ich bei ihr, sie schlief, hatte so knochige, knochige Hände, Hühnerknöchelchen ⟨über der Zeile: alle Adern zu sehen⟩ – ich hielt es nicht aus.« Und seufzte.

Während unserer *ganzen* Beziehung habe ich nichts von ihr gehört, nur selten, wenn ich lachend fragte: »Wessen Nachfolgerin bin ich eigentlich?«, antwortete er mit dem liebenswürdigsten Lächeln: »Ach, Gesindel ... Sie hatten keine Vorgängerin ... Alles außer Ihnen ist Gesindel.«

Ich habe mich von ihm nicht meinetwegen, sondern ihretwegen getrennt – oh, nicht aus Furcht, er könnte mit mir gleich verfahren wie mit ihr: vielleicht verdiente ich es ja!, sondern wegen ihrer einsamen Todesstunde, wegen ihrer Haare, die er wie ein Barbar als Trophäe mitnahm, wegen ihrer Augen, die ich ihm nie verzeihen konnte.

*

Habe ich darüber nachgedacht, was Sie mir antun, indem Sie mir die große irdische Liebe beibringen? Nun, und wenn die Lehre gelingt? Wenn ich wirklich alles überwinde und alles hergebe?

Die Liebe ist ein Scheiterhaufen, auf den man seine Schätze wirft, sagte mir der erste Mensch, den ich mit fast kindlicher Liebe liebte, der mir aber den ganzen Kummer nichtkindlicher Liebe bescherte, ein Mensch mit hohen Idealen, ein später Hellene, der lebte ⟨nicht fertig geschrieben⟩.

Heute (13 Jahre später) erinnere ich mich an ihn. Lehren Sie mich nicht dasselbe?

Doch woher kommt Ihre Kenntnis, haben Sie nicht ein besseres Leben geführt als ich? Und warum haben Sie so viele Vorwürfe gegen mich, ich aber – nur Liebe?
Vielleicht ist die Frau wirklich nicht im Recht, dem andern eine Herberge anzubieten statt ihre Seele.
Aber bei mir gab es auch anderes: mein hochgemutes (fast platonisches) Leben mit Freunden – mein *freudiges* Leben. Hier war meine Seele zu Hause, hier ⟨nicht fertig geschrieben⟩.

Nun – ich sehe für eine Sekunde davon ab, dass ich Frau bin – das gewöhnliche Leben eines Dichters: oben (Freunde) und unten (Neigungen), mit dem Unterschied, dass ich in dieses Unten immer mein Oben eingebracht habe, aus den Neigungen wurden Leidenschaften, daher die Tragödie.
Wenn ich wie Sie nur spielen und nicht mit meinem ganzen Selbst dafür einstehen würde, wäre ich *reiner* und glücklicher.
Meine Seele hat mich immer behindert, es gibt eine Ikone »Erlöser – allwaches Auge« – genau so wacht das Auge des höchsten Gewissens – über mich.

*

Und noch etwas, R⟨odsewitsch⟩, *unglückliche* Beziehungen: schwache Menschen. Ich wollte *immer* lieben, träumte immer davon, leidenschaftlich zu gehorchen, mich anzuvertrauen, meinen eigenen Willen (Eigenwillen) aufzugeben, in zuverlässigen und sanften Händen zu sein. Aber Sie waren zu *schwach*, um mich zu halten – darum bin ich fortgegangen. Sie haben mich nicht liebevoll geliebt – darum bin ich fortgegangen.
Als Dichter brauche ich niemanden (über dem Dichter ist das Genie, und das ist kein Märchen!), als Frau aber, d.h. als unruhiges Wesen, brauche ich Klarheit, und als elementares Wesen – einen Willen, der mir gilt – der Besten. Sie wollten nicht an mir arbeiten.

Sie sind kein »Impressionist«, obwohl viele Sie für einen solchen halten, sind nicht ein Mann des Moments, Sie könnten, wenn Sie mich *lang* genug lieben, fertig werden mit mir.

*

»*Tout comprendre c'est tout pardonner*« – ja, ich habe im Leben allzu viel verstanden. Jene meine »Verfehlung« (das Verzeihen des Treuebruchs). Der Mann erzählt mir, was er hätte verschweigen können (sein *guter Wille!*). Der Mann fühlt sich aus *Mitleid* (so sagt er) zur Verlassenen hingezogen, aus Mitleid: Zärtlichkeit, – sollte ich das etwa nicht verstehen? Und habe ich in meinem Leben nicht *aus Mitleid* gehandelt ⟨nicht fertig geschrieben⟩.
Und schließlich: ist dieser faktische Treuebruch nicht eine Bagatelle und wäre es nicht kleinlich, jemanden wegen einer solchen Bagatelle zu verstoßen? Hieße das nicht, eine Beziehung von der Höhe der Freundschaft ganz auf die horizontale Ebene der Nähe zu verlagern?
Doch du bist nicht zur Frau gegangen in ihrer Todesstunde, du hast zwei Jahre mit ihr verbracht und sie nach bestem Vermögen geliebt, dann aber nichts außer ihrem »Hühnerhals« gesehen – das kann ich nicht verstehen und folglich auch nicht verzeihen.
Und noch etwas: du hast ihre Existenz vor mir verheimlicht, hast mich gezwungen, die Tote gewissermaßen zusammenzukehren, mich, die ich wegen fremden Leids so leide, so zittere!
Am wenigsten kränkte mich, dass er zu mir kam, »weil er ohne eine Frau nicht kann«, ich empfand dies weniger als Beleidigung denn als Geschmacklosigkeit: »Man kann Besseres finden!« ⟨über der Zeile: Zu mir – nach allem Vorgefallenen?⟩

*

Das alles erzähle ich Ihnen, damit Sie sehen, dass ich trotz meiner Sündenfälle mein menschliches Antlitz nicht verloren habe und sogar auf dem Grund des Brunnens – ich selbst geblieben bin.
Und damit Sie, lieber Freund, auch wissen:

>   Wer ein heiteres Leben lebt –
>   Ist bei weitem nicht immer heiter.

In mir ist eine doppelte Durchlässigkeit (Schutzlosigkeit) – des Dichters und der Frau, für jede fremde Ausgelassenheit habe ich hundertfach bezahlt.

*

Darum rettete ich mich ins Heft, in die Freundschaft, in die Zurückgezogenheit, in die Natur, in den grünen Fliederstrauch im Garten des Rum⟨janzew⟩-Museums (falls Sie sich daran erinnern).
Reinheit fand ich nur in der Einsamkeit. Das waren zwei Leben, die sich abwechselten, ein unruhiges und schwieriges sowie ein zurückgezogenes und inspiriertes. Mein ganzes letztes Jahr verging so. Als ich Ihnen begegnete, begegnete ich wie nie zuvor in meinem Leben einer Liebes-Macht, nicht einer Liebes-Ohnmacht.
Ihre Sache ist es, dies zu vollenden oder, vor der Schwierigkeit zurückschreckend, mich fallenzulassen. Aber auch dann kann ich sagen, dass es dies in meinem Leben *gegeben* hat, dass das Wunder – existiert und dass niemand mir diese wenigen Tage mit Ihnen, die mir die ganze Liebe bescherten, wird nehmen können.

M.

»Das gelingt Ihnen nebenbei.« Nein, nichts gelingt nebenbei, weder Ihnen – mit mir, noch mir – mit Ihnen. Denn auch ich habe eine Mission in Ihrem Leben, über die ich mich später einmal äußern werde.

Heute aber gehört der ganze Abend – mir, und morgen sind es ein paar Abendstunden. Wie schade. Die irdischen Stunden des Tages sollten wie die Stunde der Seele nicht nur Zärtlichkeit mit sich bringen, sondern auch Sicherheit.
Ich werde an Sie denken.

Und – danke für alles.

Ich habe für Sie ein Geschenk – fast sicher – nur ist es nicht ein Geschenk, regen Sie sich nicht gleich auf, es ist ein Teil meiner selbst.

*

NOVEMBER

Liebe und Brom
Sind an der Arbeit

Die Zeitpartikel erbeben
Die Viertel- und halben Stunden

Das Herz leergefegt wie vom Besen –
Straße um 6 Uhr früh

Gott liebt solche
Der Gott der Ruinen
Zugwind

Der Zugwind der Welt / erstarb

Nichts ist übrig geblieben – alles rein
Das Pfeifen des Zugwinds der Welt
NB! Die Müllmänner

Schreckliche Träume: Ankunft ⟨in ein⟩ fröhliches Haus
Leere Datscha

Die Schwäre des Gewissens und die Wunde der Leidenschaft

Liebe und Brom
Arbeiten getrennt

Das Brom verleitet zum Schlaf,
Die Liebe verleitet zum Tod.

*

NB! 10. November 1923. Mich erfreuen nur: der Schlaf, die Wärme, das Essen, meine Seele gibt es nicht mehr, es gibt nur Luftleere, Atemnot, zeitweise noch etwas Stechendes: *lebendigen* Schmerz. Ich bin in totem Wasser ertrunken.
Mich schreckt das Herz (das Organ), das sein eigenes Leben lebt und mir alles genau zuflüstert.
Und mörderisch ängstigt mich die Einsamkeit, wenn ich auch nur eine ½ Stunde allein bin. Ich spüre das Gewicht jeder einzelnen Minute. Gedanken habe ich fast keine, es gibt nur dieses *Eine*, das nicht enden will. Und eine riesige Apathie, es fällt mir *furchtbar* schwer, um Streichhölzer in den Laden zu gehen, Angstgefühl.
Widerwillen gegen Gedichte und Bücher, ich *glaube* nicht daran.

Klammere mich an Kleinigkeiten, will die eigene Stimme hören, etwas sagen. Klammere mich mit dem *ganzen* Wesen an ein *Nichts*, beobachte die Umgebung mit geschärfter Aufmerksamkeit.

*

Ich warte vergeblich auf Ihren Expressbrief. Wir müssen uns sehen, und möglichst bald. Wenn Sie gekränkt sind, weil ich am Dienstag, statt Sie zu treffen, zu Sl⟨onims⟩ Vortrag über Achm⟨atowa⟩ gegangen bin, so haben Sie nichts verstanden: ich wollte mich einfach nicht so abgequält und halbwahnsinnig wie in den letzten Tagen vor Ihnen zeigen, sondern mir lieber anhören, wie eine andere Frau geliebt und gelitten hat (und wenigstens für einen Augenblick meinen eigenen Schmerz im fremden auflösen!).

Nun hören Sie zu. Das Gespräch, um das ich Sie bitte, könnte unser letztes sein (das hängt von Ihnen ab). Sollte es das letzte werden, dann bitte ich um dieses letzte. Ich könnte Ihnen auch alles schreiben, aber ich möchte Ihr Gesicht sehen und Ihre Stimme hören.

Heute Nacht hatte ich schreckliche Träume. Ich komme an Ihrer Station an, gehe jenen Pfad entlang, lange, lange, biege ins Dorf ein, finde das Haus, aber es ist nicht Ihr Haus, sondern eine Art Vergnügungsstätte mit Garten. Ich trete ein. Von weitem erblicke ich Sie, umgeben von einer Menge fröhlicher Menschen, in der Hand halten Sie entweder Blumen oder einen Pokal, etwas schreiend Freudiges, und ich möchte zu Ihnen und kann nicht vordringen, die Menschen lassen es nicht zu, Sie wollen es nicht, – Gelächter, Chorgesang, jemand ermuntert mich: »Es ist immer so«, ich strebe nach vorn, schaffe es nicht und wache, in kaltem Schweiß gebadet, auf.

Wegen dieses schrecklichen Traums und des *ganzen* schrecklichen Traums, den mein gegenwärtiges Leben darstellt: quälen

Sie mich nicht, mein Junge, erinnern Sie sich, dass ich Ihnen gesagt habe, Sie hätten mich nie gekänkt, und dass Sie noch beim letzten Mal gesagt haben: »Ich verlasse Sie nie«, – kränken Sie mich nicht *nochmals*, verlassen Sie mich nicht, ohne Abschied genommen zu haben, in Ihrem Schweigen spüre ich Hass, hassen Sie mich nicht.

Rodsewitsch, *alles* hängt von Ihnen ab. Ich bitte Sie nur um eines, erwidern Sie meine Bitte. Ich muss Ihnen *alles* sagen und wissen, dass Sie mir zuhören.

Legen Sie den Tag unseres Wiedersehens fest, einen *beliebigen* Tag und eine *beliebige* Stunde, nur bitte so, dass ich Ihren Expressbrief am Vortag erhalte, damit wir uns nicht verfehlen. Ich bin jetzt tot, es liegt in Ihrer Hand, mich zum Leben aufzuerwecken, aber ich werde auf nichts beharren, Sie kennen mich.

Und sollte es zum letzten Mal sein, muss ich Ihnen ein paar Worte AUF EWIG sagen, wie vor dem Tod. Verweigern Sie mir dies nicht.

M.

Sie dürfen nichts Schlechtes ⟨über der Zeile: Niedriges⟩ und Unwürdiges von mir denken. Ich bin vor Ihnen *völlig rein*.

Quälen Sie mich nicht! Schreiben Sie umgehend. Bis zu Ihrem Brief bin ich tot.

Gerade hat es geklopft: der Postbote. Ich erstarre. Zwei Briefe von Julija.

> Zu einem langen Lächeln formt
> Der Mund sich obwohl so blass
> Er lächelt zum Gelall
> Irgendwelcher künftiger Liebhaber

Das Herz brennt, mit Dir zu sprechen.

Heimliches Wiedersehen.

*

November
Ende November
Gedanken: Das Recht auf Leben – ist das Recht des Körpers. Wenn wir, nach dem Tod geliebter Menschen, weiterleben wollen, so nicht weil die Seele (die Geliebten) vergessen hätte, sondern weil der Körper sich erinnert (an das Leben, sich selbst). Man beginnt zu essen, dann zu lachen, dann zu gefallen (etwas Wirksames). Die Seele spielt keine Rolle, der Körper schläfert sie einfach ein, macht sie fühllos. – Übertönt sie. – Und hat auf seine Weise recht. Man rede nur nicht von *unserm* Recht auf Leben.

> O Hass, ich bitte dich, halt Wache
> Zwischen Steinen und Rubensleibern!
> Und schick mir unerhörte Schwere,
> Damit ich nicht aus bin auf eine zweite Erde!

*

Danke für den zauberhaften Morgen: die ganze Last fiel von mir ab, die ganze Freude auferstand. Ich habe Sie nicht nur nicht vergessen – ich habe heute dreimal von Ihnen geträumt: jedes Mal schlimmer als zuvor.
Erster Traum: eine Friedhofsmauer und ein großgewachsenes Mädchen, das Sie sucht. Schallende Stimme, die etwas in den Raum hinausschreit, irgendwelche ⟨ein Wort fehlt⟩ und Fristen. Das Kirchengewölbe widerhallt, gibt das Gefühl, dass die Stimme bis zu Ihnen dringt. (Sie sind nicht da.)
Zweiter Traum: Wir haben ein Treffen, spät. Ich sollte da sein, aber etwas lenkt mich ab. Und Ihre Worte, danach: »Ich dachte, das seien Sie, von weitem habe ich die Person für Sie gehalten. Die gleiche *scheinbare* Schlichtheit, und als ich genauer hinschaute (erkannte), war es schon zu spät.«

Dritter Traum: Sie sind bei mir (unsichtbar) elegant und zärtlich.

*

Phädra: über Schönheit und Leidenschaft. Ob Leidenschaft schön macht? Leidenschaftslosigkeit macht schön! (Immer das Umgekehrte.) Ja, aber ich habe statt Schönheit Leidenschaft.
Dies ist: zu Boden sinken!

*

Uns ist es gegeben, ein ganzes Stück Leben zusammen zu verbringen. Verbringen wir es möglichst besser, möglichst freundschaftlicher, dann werden wir die wunderbare Gegenwart nicht wegen einer fraglichen Zukunft verderben.
Dazu brauche ich Ihr und mein Vertrauen. Seien wir Verbündete. Das Verbündetsein vermag (trotz allem und allen!) die Eifersucht zu zerstören, sie ihres Stachels zu berauben. Das ist der Anfang der Menschlichkeit, für die Liebe unerlässlich.
»Nicht fürs ganze Leben?« – ja, aber *was* ist denn schon fürs ganze Leben?! Wo das Leben doch selber endet! Heben wir zusammen die Zeit auf, soll jede Stunde Ewigkeit sein.
Das ist mein großer Wunsch für Sie, im Guten. Seien Sie mir nicht böse, quälen Sie mich nicht.

*

Man sagte mir schon, Belyj käme hierher, – als stünde es in den Zeitungen.

*

Ich habe Milch gekauft, Quarkspeise, ein ½ Achtelpfund Butter,
brauche noch: Pilze, Kartoffeln, Tomaten, *Zucker*, zwei *Würste*, *Kaffee*.

*

1 Schachtel Sard⟨inen⟩ 15 Kr⟨onen⟩
¼ Kilo 10 Kr.
Walnüsse – ¼ Kilo 7 Kr.
(geschält)
⟨deutsch:⟩ *Pfefferk*⟨*uchen*⟩ für 12 Kr.
für 6 Kr. Schokolade.

*

FRAGMENT DES NOTIZBUCHS 12
1925

12. Februar 1925 – Bett –

Mit offenem Gesicht,
Mit dem man in den Verrat schaut.

*

Im Tod, wie im Heu,
Liegen und Freundschaft pflegen.

*

Wenn einer am Schluss eines Briefs mit »Ihr« unterschreibt, gehe ich davon aus, dass er meiner ist.
Solcherart ist meine Beziehung zum Wort.

*

Ein Querschläger aber ist, wenn man zu mir sagt: Ihr (dein), dann erinnere ich nur all die vorangegangenen (meine und seine) ähnlichen Fälle.

*

Wodurch ist der Körper besser als die Seele? Warum *ihn* für den Einzigen bewahren?

*

Selbstwert und Relativität der Familie, der Freunde usw.
Des Menschen außerhalb. Zusammen nicht mit mir, sondern mit sich selbst. Alles, was nicht er ist, nicht *seine* Erörterung – ist Lüge. Ich möchte nichts von außen. Bloßes Außerhalb, aber nicht von außen. Was wissen die Menschen schon zu erzählen, außer Fakten. Familie und Freunde sind auch so eine fakt⟨ische⟩ Erzählung. Ich ertrage kein Protokoll: zu viele Allgemeinheiten.
Es gibt Menschen, und es gibt Naturerscheinungen.

FRAGMENT DES NOTIZBUCHS 13
1932

Für das Notizbuch!
Ich bin kein Parasit, denn ich arbeite und möchte nichts als arbeiten: aber *eigene* Arbeit verrichten, nicht fremde. Mich zu zwingen, fremde Arbeit zu verrichten, ist sinnlos, denn ich bin unfähig zu allem, außer zu eigener Arbeit und zu Schwerarbeit (Lasten schleppen u. ä.). Würde sie sonst *so* verrichten, dass man mich feuert.
»Übersetzungen«? Übersetzen sollen die, die nichts Eigenes schreiben oder: man soll (meines Erachtens) *das* übersetzen, was man dem Eigenen vorzieht. *Rilke?* Einverstanden.
Hochmut? Ebenfalls einverstanden. Ist man arm und wird bespuckt, ist dieses Gefühl *heilig*. Wenn mich etwas über der Oberfläche *dieses Sumpfs* gehalten hat, dann der Hochmut. Und nur vor ihm verbeuge ich mich bis zur Erde.
Wie weiter? Ich weiß es nicht.
Keiner gleicht mir und ich gleiche keinem, darum ist es sinnlos, mir dies oder jenes zu raten.

*

Ein Rat an mich selbst: lernen zu schweigen (zu schlucken). *Mit Worten* richte ich alles zugrunde, zu Hause wie mit Fremden. Vielleicht wird mich das Leben, wenn ich schweige, *ertragen*.
Einsicht in die völlige Sinnlosigkeit, etwas auszusprechen, *sich selbst* auszusprechen: ganz und gar. Einsicht in die von vornherein offensichtliche Besiegtheit im Kampf, aus dem man, wie stark man auch immer war, nackt hervorgeht, der andere aber, trotz seiner Schwäche, mit dem Revolver, den er nicht selbst fabriziert hat.

Ich lebe mit Zeitungslesern, mit Zeitungsnacherzählern, und auf ihre *Nacherzählung von Nachdrucken* antworte ich mit einem AUTHENTISCHEN Manuskript.
Hochmut? Nur Scharfblick.

*

Wie weiter? Gibt es ein Schuldgefängnis? (Rechnungen für Gas, Strom, der Termin rückt näher.) Wenn es ein solches gäbe, wäre ich ruhig. Würde (achtbar) in 2 *Jahre* Einzelhaft einwilligen (die Kinder kommen zu »guten Leuten« [Schufte] – S⟨erjosha⟩ bringt sich durch) – NB! mit Hof, wo ich umhergehen kann, mit Zigaretten – im Laufe von zwei Jahren, so verpflichte ich mich, werde ich ein wunderbares Werk schreiben: über meine Kindheit (bis sieben – *Enfances*), das ich – meine Verpflichtung! – nicht *nicht* schreiben kann. Im Laufe von zwei Jahren – eines halben Jahres –, denn dort werden sie mich schreiben *lassen*. Und Gedichte (viele und was für welche)!

*

Wenn ich nach Russland fahre – wie soll ich mich von den Heften trennen?

*

Wenn Gott mir eine lange Nase und tränende Augen gegeben hätte ... Aber meine Nase ist hochnäsig – und weinen tu ich allein.

*

Es geht nicht um Paris, es geht nicht um die Emigration – dasselbe war in Moskau und zur Zeit der Revolution.

Mich braucht keiner: *mein* Feuer braucht keiner, weil man darauf keine Grütze kochen kann.

*

Clamart, 14. oder 15. Mai 1932. – Punkt. –

NOTIZBUCH 14
1932-1933

Dieses Notizbuch beginnt am 12. November 1932, an einem Samstag, an dem Tag, als Alja und Murr vergaßen, die Schlüssel herauszulegen und ein Gelähmter die Tür einschlug (Alja schlug sie ein, er kommandierte).

Clamart (Seine)
101, *Rue Condorcet*
1. Stock, Tür links

*

… Als hätte ich sie schon gesehen …
Als hätte ich sie schon gehört …
(Still!) – In welcher Welt?

*

Spießbürgertum: lauter Kleinigkeiten (Kleinteiliges).

*

Murr, gestern: »Alja, hast du wirklich mit deinen eigenen Augen Russland gesehen: Moskau: nun all das … was ich *nie* gesehen habe …?«

*

Er liest die »Toten Seelen« vor (ausdrucksvoll – spannend – mir fällt ein, was O. L. Kanzel über Murr gesagt hat [Saint-Laurent, Sommer, *die Formel*: Was für ein hinreißender Junge!]), er liest also die »Toten Seelen« vor: dem schlafenden Serjosha, der zeichnenden Alja, mir, die ich nähe, vor allem aber: sich selbst (das Menü Tschitschikows) – »⟨Wort fehlt⟩ mit Tontopf, Würstchen mit Mieze … mit Sauerkraut …«

*

»Murr, ich wiederhole: aus dir wird entweder ein Schriftsteller oder …«
»Ein Lügenschreiber!«

*

»Haben die Zahlen *nie* ein Ende?«
»Wie die Sterne.«

*

Gestern hat er zum ersten Mal im Leben – mit Begeisterung! – in einer richtigen Bubenrunde gespielt (im Hof des Hauses von A. I. Andr⟨ejewa⟩, während ich mir die Wohnung ansah).
»Dort war ein kleiner Junge – 10 oder 12, aber so *schwächlich*! *kränklich*! – er gab mir solche Ohrfeigen, solche Ohrfeigen!«
»Und du?« – »Ich auch. Mitja hielt ihn fest, ich schlug auf ihn ein: ich hab ihn verprügelt.«

*

Der übliche morgendliche Streit mit S⟨erjosha⟩. Beim Kaffee (20 Minuten später) Murr, auf S⟨erjosha⟩ schauend:
»Mama, haben Sie's bemerkt? Papa wird sich gleich versöhnen: die Luft ist rein …«

»Das ist aus meiner ›Lokomotive‹.«

*

Das höchste Lob (nicht ohne den Wunsch zu kränken):
»Das ist jetzt sehr modern.«

*

Schon seit einem Jahr vermag er von weitem, in völliger Dunkelheit alle Automobilmarken zu unterscheiden: Ford, Hotchkiss, Renault ⟨nicht fertig geschrieben⟩. Ständig will er die Straße überqueren, um (ein stehendes Prachtstück) zu berühren. Beim Überqueren wirft er immer verstohlene Blicke ⟨nicht fertig geschrieben⟩.

*

Jetzt denken alle an Länder und Klassen. Man sollte an den Menschen und seine Seele denken.
16. November 1932

*

Murr, am 17., im Zug.
Gespräch über die Spuren von Schnittwunden – wie lange usw. Ich zeige ihm meine Hand (mit der Spur von Andr⟨ejewas⟩ Gymnasiastinnenschnalle).
»Wie seltsam, dass das alles aus Russland kommt!«
»*Was* alles?«
»Schrammen und solche Dinge.«

*

La poésie est (pour commencer) un état d'âme, pour à non pas finir
un mode d'être, *infailliblement mis par écrit.*
*Entre »que je voudrai« (écrire) et »je ne pense pas ne pas« (idem) il y
a tout un gouffre du dilettante au martyr.*

*

Der grüne Rand des Tisches:
Spiele, die ich *gewinne*.

*

(Der erste Vers auf dem neuen grünen Tisch.)

*

Gespräch über Gogols »Heirat«. Ich erkläre das Wort *Heiratsvermittlerin*.
»Weißt du, Murr, wie man in alten Zeiten geheiratet hat?«
Murr, mir ins Wort fallend:
»Man hat sich geküsst, das war's.«

*

Dichter sind nicht erwählt, sondern erleuchtet (durch einen Gedankenblitz).
Si le poète est éclairé il ne l'est que par l'éclair de la vision intérieure.

*

Vous ayant trouvé je ne veux pens⟨er⟩ vous perdre.
Ne me croyez pas prompte en affect⟨ion⟩ quand je n'éprouve rie⟨n⟩
(pour la plupart) je ne dispose même d'un misérab⟨le⟩ sourire joli.

*

L'am⟨our⟩ ci-nommé physique est avant tout un état d'âme.

*

Sur la dune,
Sous la pleine lune,
La bourrée
En pleine marée ...

*

Le ciel roule, le ciel roule
Comme la mer sur un corps.

*

Diese reichen Leute sind unbarmherzig und widerlich. Wären sie so arm wie wir, hätten wir unsere Freude an ihnen.
19. Dezember
Die gefällten Kastanienbäume in der *Rue Fleury*.

*

Tous mes efforts dans la vie active sont les efforts d'un noyé qui ne sait pas nager.
– Aucune voile –

*

30. Dezember 1932
Bis heute weiß ich nicht genau, was diese Frachtfuhrleute – »tschumaki« – sind. In der Kindheit war das ein Zauberwort (schwarze Fremdlinge, etwas wie Teufel).
Gleichsam Schornsteinfeger der Steppe.

*

Als hätten die Russen 100 Leben, dass sie es so leichtfertig ⟨über der Zeile: bei jeder Gelegenheit⟩ hergeben.

*

Ich habe keinen Instinkt, mich durch Höflichkeit am Leben zu erhalten, nur den Instinkt, andere durch *Feinfühligkeit* am Leben zu erhalten.

*

Gespräch mit Murr. Über Reiche, Arme, über Menschen, die Autos herstellen, aber nicht mit ihnen fahren, und solche, die nichts tun und mit allem (und allen) herumfahren.
S⟨erjosha⟩: »Murr, wenn du Zar wärst, was würdest du mit den Reichen und Armen tun?«
Murr, blitzschnell: »Ich würde die Armen zu meinen Dienern machen. Und sie würden bei mir am Tisch essen. Aber sie würden natürlich nicht nur essen, sondern auch für mich arbeiten.«
»?«
»Für 100 Francs am Tag.«
»Phantastisch, dann würde ich für dich arbeiten.«
»Sie würden bei mir als SCHREIBER arbeiten.«

*

30. Dezember 1932
Die Lyrik braucht mehr Skelett als das Epos. Das Epos ist selbst Skelett. In der Lyrik muss die Seele (der Fluss) zum Skelett werden.
Darum steckt in Leichtigkeit ⟨*ljogkost'*⟩ leichter Knochen ⟨*ljog kost'*⟩.

*

Regenschlieren – sind nicht Lyrik.

*

Manchmal sollte man nicht allzu starke Worte ⟨über der Zeile: eigenwillige⟩ gebrauchen, denn sonst prägen *sie* sich ein, statt der zu beschreibenden Sache. D. h., die Kraft, die der Sache eignet und die Worte hervorruft, wird zum Attribut der Worte.
Eine schöne Frau sollte sich nicht allzu sorgfältig / passend zum Gesicht kleiden.
M⟨ajakowskij⟩ ist bei all seiner Dynamik statisch. D. h., die Bewegung erweist sich als Summe einzelner Positionen (Posen). Statuenhaftigkeit.
P⟨asterna⟩k aber verkörpert die Dynamik zweier auf den Tisch gesetzter Ellbogen, die die Stirn stützen – des Denkers.

*

»Inspiration ist die lebendigste Verfassung der Seele«, so Puschkins Formel.
Dasselbe gilt für die Liebe, d. h., die Liebe ist die lebendigste Verfassung, um einen Eindruck ⟨über der Zeile: eine Wahrnehmung⟩ von einem Menschen zu gewinnen.
Folglich ist der Dichter unsere Liebesvision eines Menschen, d. h., er übertrifft in dem Maße die gleichgültige Sicht, wie eine inspirierte Arbeit eine handwerkliche übertrifft.
Bei mir gibt es Überfälle im und aufs Leben (besonders *aufs* Leben, wie auf einen Feind, denn es ist – ein Feind), um etwas zu ergattern und zu verschlingen – wie etwa jenen Majakow⟨skij⟩ im Café Voltaire – und danach jahrelang davon zu zehren.
Mir darf man (wie einem jeden) nicht allzu viel geben.

*

Ich wäre sehr glücklich, wenn alle mir glichen, was nicht heißt, dass ich allen gleichen möchte. Es heißt vielmehr, dass ich *nicht* allen gleichen möchte.
Und nicht weil diese alle jedem gleichen würden und jeder allen, sondern weil jeder und alle niemandem gleichen, ein einziges: Nichts.
Antwort an B⟨oris⟩ P⟨asternak⟩.

*

Der ganze schöpferische Akt ist eine *Darstellung* des Objekts. Erfolg des Subjekts ist Darstellung des Objekts.

*

8. Januar
Umzug, wenn die Dinge mit dir ziehen – auf dir.

*

Im Zustand des Silbentrennungszeichens, du trennst dich von einer Straße, ziehst in die andere.

*

Wenn alle in Frankreich des Lesens und Schreibens kundig sind, ja *alle* in den kommunalen Schulen V. Hugo und Racine auswendig lernen, warum lesen sie dann später in den Zeitungen nichts außer Sport und Bridge. Eine Gleichheit der Möglichkeiten – war gegeben.
Weil es zwischen diesen allen und Hugo nichts Gemeinsames gibt, vielmehr die gleiche Kluft wie damals zwischen Hugo und der ungebildeten Menge seiner Zeitgenossen besteht.
Weil es nicht um äußere Bildung geht, sondern um innere – um Liebe, mit der man geboren wird oder *nicht*.

Und immer werden Dummköpfe Dummköpfe heiraten und Dummköpfe zeugen.
Auf dem Land herrscht das Volk, als kollektives Persönliches, in der Stadt – *alle*, als kollektives Unpersönliches.

*

Wodurch wird Gemeinheit erzeugt? Nur durch die Zivilisation, die sich von der *Erde* gelöst hat.

*

Als wir unsere Sachen hinüberbrachten, hat S⟨erjosha⟩ [Murr] wegen seines groben Benehmens an den Ohren gezogen. »Ziehen Sie nur, ziehen Sie, glauben Sie, das tut mir weh? Sie vergeuden nur unnötig die Kraft Ihrer Hände. Wenn Sie mal alt sind und Ihre Hände betrachten, werden Sie denken: wofür habe ich meine Hände vergeudet?«
(Alles mit Tinte, 9. Januar 1933.)

*

10 *Rue L⟨azar⟩ Carnot*
wir sind eingezogen
vendr⟨edi⟩ treize
12*bis* Januar 1933
Dämlich-dumm.
Murr über die Verse »Meine Begabung«.

*

Der Garten, den ich an seinem Aussehen erkannt habe –
An seinem grünen Gesicht.

*

Je n'ai jam⟨ais⟩ su au just⟨e⟩
Ce qu'ét⟨aient⟩ ces rel⟨ations⟩ avec les h⟨ommes⟩, si c'ét⟨aient⟩
Ce qu'on appel⟨le⟩ des liaisons – ou – –
Mais – ⟨ein Wort fehlt⟩
ou dormir en⟨semble⟩ c'était toujours de pleurer seule.

*

Murr – 30. Januar 1933
»Was hat er für eine scheuuußliche Frau!« Usw.
»Schauen wir, was du für eine Frau haben wirst.«
»Ich werde vielleicht überhaupt nicht heiraten. Ein kluger Mann kann ausgezeichnet ohne Frau auskommen. Wenn man heiratet und gleich drei Kinder bekommt, muss man drei Bananen beschaffen.«
Ich, nachdenklich: »Vielleicht drei Schafe.«
Murr: »Oder ich heirate und trenne mich sofort. Und werde mit meinem Sohn leben statt mit der Frau.«
Ich: »Aber nicht jede Frau gibt ihren Sohn her.«
Murr: »Wenn sie ihn hergibt, ist sie blöd. Denn ein Vater ist sowieso ein hoffnungsloser Fall.«
Ich: »Warum?«
Murr: »Er kann nicht einmal den Faden in die Nadel einfädeln.«

*

Miroir: vérité à rebours
Chiffre, pareil à l'écriture judaïque qui se lit de droite à gauche.

*

4. Februar
Avec des gens intell⟨igents⟩ montrer son jeu c'est gagner.

*Il est une conf⟨iance⟩ de l'intell⟨igence⟩ comme il y a une déf⟨iance⟩
de la bêtise.*
*D'ailleurs intelligence veut déj⟨ouer⟩ dire⟨cte⟩ confiance, et plus
même le fait accompli a⟨vec⟩ l'entente – jusqu'à concupiscence (mon
intell⟨ect⟩ avec)*

*

*La conf⟨iance⟩ de l'ange avec l'ange. Qui, hors R⟨ainer⟩ M⟨aria⟩
R⟨ilke⟩ et B⟨oris⟩ P⟨asternak⟩ y aurait à répondre? Prétendre?*

*

Murr – auf einem Spaziergang Richtung *Issy* – vorbei an einem
großen feuchten Garten und einem Friedhof – und zurück
durch die *Rue de Paris*:
»Mir gefällt die Festigkeit der Erde. Ich könnte nicht durch Weiches gehen.«
(*Meine* Physik!)

*

Man müsste ein Gesetz erlassen, dass alle, deren Mutter gestorben ist, selber sterben: vor Kummer vergehen.

*

Murr – 1.–2. März
Ich maskiere mich.

*

Mama, wozu führt ein Traum, wenn man sich darin verliebt?

*

Murrs Projekt eines Buches über die Kirche (mir ist es verboten).
Die Jungen begannen, sich mit Kerzen zu schlagen, und verursachten einen Brand. Der Priester kletterte aufs Dach, alle, die zusahen, aber kamen um.

*

»Mama, wenn ich eine schöne Frau sehe – das kommt selten vor –, werde ich verlegen. Ich hasse sie. Ich möchte sie schlagen.«
»Und wenn du einen schönen *Er* triffst?«
»Dann überhaupt nicht! Im Gegenteil, ich spüre Sympathie. Männer haben ganz andere Gesichter, kräftigere.«

*

Meine alte Devise:
> *Comme l'eau de la mer*
> *Mon goût doit être amer.*

*

Murr – 5. März 1933
zum ersten Mal im Theater.
Zur Kuppel hochschauend:
»Irgendeine Parade, obwohl die Figuren altertümlich sind.«
»Warum eine Parade?«
»Da sind so Rohre …«
»Das sind nicht Rohre, sondern Zypressen.«
»Nein, rosarote!«
Die Säulen eines Bauwerks mit Arkaden.

*

Spaziergang im Wald. Die »Waisen« schreien.
»Können sie denn so vergnügt sein, wo ihre Eltern gestorben sind?«
»Ach Murr, sie haben sie schon längst vergessen.«
»Erinnert sich *kein Einziger* an sie?«
(Nach einer Weile:)
»Ich wäre nicht so vergnügt, wenn meine Eltern gestorben wären.«
… Wie schrecklich sie herumschreien!
… Das sage ich aus Neid.

*

Wie sollen wir – über alle Räume des Todes und der Unsterblichkeit hinweg – dieses Leben nicht vergessen, wo wir uns schon nach 10 Jahren nicht mehr erinnern, ob auf der Mole ein Bestimmter gestanden hat, als das Schiff losfuhr.

*

Murr – in den ersten Apriltagen:
»Man muss sich endlich definitiv überzeugen, ob es Gott gibt oder nicht.«

*

Silence: absence dans la présence. La présence physique ne me dit rien, ne me donne rien, m'ôte tout, – toutes les certitudes et tous les dons de l'absence (totale).

*

8. April 1933
Murr zu Alja:

»Erinnere dich daran, was Christus gesagt hat: ›*Ehre* Vater und Mutter.‹ Du bist eine Judenhasserin: du magst Christus nicht!«

*

Beichte am Karsamstag, 15. April (⟨Murr ist⟩ 8 Jahre alt). Fortlaufende Geschichte.
»Nun, ich habe gesagt, dass ich Teufelsflüche gebrauche, dass ich teure Kleider mag. Der Priester fragte: Und sind deine Eltern arm? – Ja, sehr. – Du musst zufrieden mit dem sein, was Gott gegeben hat. – Ich bin zufrieden, aber ich möchte mehr. – Nun, das ist nicht schlimm. – Über die Teufelsflüche hat er gesagt, das sei abscheulich. Ich habe ihm noch gesagt, dass ich lüge, aber nicht immer. Aber dass ich nicht stehle. Ich habe von Ihnen doch nichts gestohlen?«
(Abends, als wir zur Frühmesse gehen:)
»Seltsam, dass man manchmal etwas vergessen kann! Seinen Familiennamen.
Da fragt mich der Priester: Wie ist dein Familienname … Und ich sage: Georgij – und noch Sergejewitsch – aber an meinen Familiennamen kann ich mich nicht erinnern. Der Priester aber fragt wieder: Nun, wie lautet er? Streng dich an. – Entschuldigen Sie, Batjuschka, ich kann mich nicht erinnern. – So hat der Priester ihn nicht erfahren. Er hat die ganze Zeit gekeucht.«

Nach der Frühmesse essen wir zum ersten Mal wieder Fleisch.
»Sie werden lachen … aber ich sage Ihnen etwas über den Priester. Als ich ihm sagte, dass ich Teufelsflüche gebrauche, sagte er: Du wirst doch nicht saubere Milch aus einem Nachttopf trinken.«
»Und hast du gelacht?« – »Was denken Sie nur!«

*

Il n'y a que 2 choses qui valent: les enf⟨ants⟩quand ils sont petits et les hommes quand ils sont aimants (humains).

*

23. April, Sonntag
Murr kommt am Morgen zu mir ins Bett, um »*Mickey chercheur d'Or*« zu erbetteln.
»Was hast du heute nacht geträumt, Murr?«
»Gleich. Ich muss nachdenken. (Kurze Pause.) Dass ich eine Frau umgebracht habe, die gegen Sie war. Dann habe ich sie in die Grube gelegt.«
»Wie hast du sie denn umgebracht?«
»Mit Stecknadeln (d. h. dem einzigen tödlichen Instrument, das in seiner Reichweite ist). ... Nicht in die Grube, sondern in diese Rinne da, neben dem Trottoir.«

(Ich glaube, dass er das alles zusammengelogen hat, um mir Vergnügen zu bereiten und leichter in den Besitz von »Mickey« zu gelangen.)

*

27. April 1933
Am 8. April, am Samstag vor Palmsonntag, fast am Palmsonntag, starb um 11 Uhr 50 Minuten mein einziger Bruder Andrej (Iwanowitsch Zwetajew) an Tuberkulose. Gerade kam ein Brief von Assja. Ich schreibe ihn hier ab.
⟨Keine Abschrift des Briefes.⟩

*

La patience est av⟨ant⟩ tout une force active. (L'endurance.) Quelle dépense de volonté pour endurer.
Subir est agir.
Il n'y a pas d'autre agir que subir – pleinement et dignement.

*

Ce n'est pas l'âme qui quitte le corps, c'est le corps qui quitte l'âme, fausse amitié, abandonne la partie, passe à l'ennem⟨ie⟩. (30 avril)

*

1 mai 1933
Les Russes sont grands en largeur, c'est leur ⟨russisch:⟩ Umfang *qui fait leur grandeur, circonférence?*
Les All⟨emands⟩ en profondeur et en hauteur (les All⟨emends⟩ d'aujourd'hui en force*)*
– Les Français – en petitesse.
– Toute grandeur est exclusive.
En France plus qu'ailleurs. Pascal n'est exceptionnel ni en Russie ni en All⟨emagne⟩, il l'est absolument en France. Plus qu'une exception: une impossibilité ⟨über der Zeile: *impensabilité*⟩*, un miracle* ⟨über der Zeile: *un contre-sens*⟩*.*

*

Qu'ai-je fait pour que personne, personne ne m'ait aimée comme on aime dans la plus misérable petite chanson? (Où me menez-vous? Je n'en sais rien du tout.)
Plutôt: qu'ai je ne pas fait?

*

Après avoir aimé on ne veut rien d'autre – pour longtemps.
Après avoir aimé – il faut aimer encore
Il faut aimer sans cesse – après avoir aimé.

*

Mal de dents. Expériemce.
Quand on a mal aux dents on ne veut qu'une seule chose: que ça cesse. Détachement complet de tous et de tout. De là – à mourir un bien petit pas. Même détachement en plus grand, en plus final.
Car enfin – ou bien on laisse une femme tranquille – la laisse être âme, ou bien on l'aime.

*

Donc, tout ceci: soleil, travail proches, – donc, tout ceci ne vaut rien par soi, seulement par moi, l'état de ma dent (ou de mes poumons, etc.).
J'ouvre un livre – non, je n'ai aucune envie de savoir ce que tu penses, de voir ce que tu vois.
J'ouvre la fenêtre – même chose.
Tout ceci est pour les autres, ceux qui restent.
(NB! Tous partent avant, ce qui est de moi – je partirai bien avant.)
L'unique chose qui reste c'est le désir de faire plaisir, comme moi hier, courant chercher la balle de Mour (Uni-Prix) et la montre de S. (jamais prête) – c'est le devoir (puisqu'on ne désire rien) de faire plaisir.
Je suis sûre qu'avant de mourir j'aurai encore une pensée – et même plusieurs – tout-à-fait désintéressée (on ne ressent plus le plaisir qu'on donne) pour chacun des miens et p⟨eut⟩-être pour quelques autres. Sans rien éprouver personnellement qu'encore un peu plus d'éloignement pour ceux qui ont encore envie de quelque chose.

Les vers (la musique, la pensée) ne peuvent aider que dans une mort violente, anti-naturelle, comme un verdict de mort ou une inondation / un vaisseau qui sombre (et encore!).
*Une mort où on est en pleines forces d'âme et de corps, une mort-*vie.
(Ceux qui moururent en lisant, en disant *Bloc.)*
Mais une mort au lit, une mort qui fait mal – ni musique, ni vers, ni enfants – rien n'y tient.
Rien ne va plus.
Alors à quoi ça sert tout ce qu'on fait, ⟨ein Wort fehlt⟩, *peine et personnellement: tout mon travail de plus de vingt ans, de toute ma vie?*
À amuser les bien-portant⟨s⟩ qui s'en passent.

*

Je rôde autour de ma tâche comme un voleu⟨r⟩ autour d'une maison riche et bien gardée. Un vieux voleur, éternellement ingénu. Et finalement – ingénieux.

*

Première chose en revenant à la vie: faire son devoir, qui chez moi équivaut à ⟨russisch:⟩ Buchweizengrütze, *seconde – inscrire ce qui se précipite dans la tête.*
Puis on sourit au soleil.

*

On approche, on prend peur, on disparaît.
Entre approcher et prendre peur quelque chose se produit invariablement et irrémédiablement – quoi? Mes lettres? Je les envoie si rarement, si – jamais.
Mon grand sérieux? Mais je ris tant – par amabilité.
Mes exigences? Je n'exige absolument rien.
La peur de s'attacher trop? Ce n'est pas cela qui détache.

*L'ennui? Tant que je les vois il n'ont pas la tête d'ennuyés.
Disparition subite et totale. Lui – disparu. Moi – seule.
Et c'est invariabl⟨ement⟩ la même histoire.
On me laisse. Sans un mot, sans un adieu. On est venu – on ne vient plus. On a écrit – on n'écrit plus.
Et me voilà dans le grand silence, que je ne romps jamais, blessée à mort (ou à vif, ce qu'est la même chose) sans avoir jamais rien compris – ni comment ni pourquoi.*

*

*»Mais que t'ai-je donc fait???«
»Tu n'est pas comme les autres.«
»Mais c'est pour ça que ...«
»Oui, mais à la longue ...«
Jolie »longue«, variant⟨e⟩ entre trois jours et trois mois.*

*

*Une seule explication pour une dizaine de cas, une seule réponse à des dizaines d'énigmes.
Et je ne la saurai jamais.*

*

Ja, ja, ja, ganz Paris ist voller Frauen: Französinnen, Amerikanerinnen, Negerinnen, Däninnen usw., junger, hübscher, schöner, reicher, eleganter, fröhlicher, unterhaltsamer, bezaubernder Frauen. Und wie sollte da ich mit meinen grauen Haaren, meinen 4 Jahre alten Schuhen, meinem gerade geschnittenen Hemd (Oberhemd) für 10 Francs aus dem *Uni-Prix* davon träumen, wenigstens für eine Stunde einen jungen, gesunden, gutsituierten Mann zu fesseln, dazu noch einen *Bräutigam*, der überall gern gesehen und begehrt ist.

Aber:
weltweit gibt es zurzeit vielleicht drei Dichter – und einer davon – bin ich.

*

Wenn Sie in mir absichtlich den Dichter meiden (nicht meine Bücher lesen, mich nicht um Gedichte bitten, nicht zu meinen Lesungen kommen), so nur aus Feigheit: aus feiger Berechnung: um jederzeit mit mir brechen zu können, auf gröbste Art.
Doch so trennt man sich nicht einmal von einer Wäscherin, ich aber bin eine Frau aus besseren, ja »erlesenen« Kreisen.
Man muss seinen Kreis irgendwie erweitern und auffrischen . – Wie? – Durch Präsenz. – Wo? – Und wie soll man es anstellen, dass es *nicht langweilig* wird?

*

Aimer quelqu'un c'est avant tout et après tout en avoir mal.

*

Je recon⟨nais⟩ l'être que j'aimerai au mal que j'en ai avant que je l'aime – au malaise qu'il me cause; l'être qui sera mon ami – au bien-être.

*

Einen Roman oder eine Tragödie schreiben bedeutet, sich mit einer fremden Sache zu beschäftigen.

*

Das größte Opfer besteht darin, zu verbergen, dass es ein Opfer ist.

*

Alle Plätze sind – Abschiede.

*

Erschrecken vor Mänteln.

*

Ist es denn – egal in welchen Lebensumständen – *erlaubt*, seine Mutter *Drecksau* und *blöde Fotze* zu nennen?
Ich frage die Verflossenen und Zukünftigen. Die Töchter meiner Generation reden so.
(⟨das Datum fehlt⟩, Mai 1933).

*

Murr – am 18. Mai 1933 (dem 5. Mai alten Stils: vor zweiundzwanzig Jahren traf ich S⟨erjosha⟩ in Koktebel).
Die Schöpfungstage.
»Nun, Murr, was für einen Himmel hat Gott am ersten Tag erschaffen? Einen Himmel ...«
Murr unterbricht mich: »Ich weiß es. Ich will es selbst sagen. *Einen heiligen Raum.*«
»Und was ist die Erde? Ein Gefäß ...«
»Ein Gefäß für Licht.«

*

La seule femme non maternelle que j'ai aimé c'est Marie B⟨achkirt-zeff⟩ – *»non maternelle«: morte à 24 ans!*
Me marier et avoir des enfant⟨s⟩ mais chaque blanchisseuse peut en faire autant!
Cri orgueilleux d'une petite fille-génie, cri avant *la vie,* avant *l'amour, cri de l'amazone nordique que nous, Russes, étions toutes.*
J'ai connu une, qui, n'ayant pas voulu d'enf⟨ant⟩ à 22 ans, en pl⟨eine⟩ santé et beauté, et qui plus en⟨sui⟩te – ne supportait pas l'homme (conform⟨ation⟩ physique et morale) est morte à 30 ans, en pleine beauté et tuberculose, pour en avoir voulu un.
Ne jugeons pas avant ... avant la fin, le lit de mort, ⟨nicht zu Ende geschrieben⟩.

*

Für den Dichter gibt es nichts *Gleichgültiges*, immer nur *ja, nein, ich liebe, ich hasse.* Es gibt kein Dazwischen, keine Schranke. Und dies vor dem Hintergrund größter Zurückgezogenheit, ja Entfremdung von allem: vom eigenen Leben – den Händen und Füßen – in erster Linie.

*

Alte Frauen (NB! wohlhabende) flitzen durch die Welt: auf der Jagd nach der eigenen Jugend, nach sich selbst (der Unwiederbringlichen), und verfolgt vom Tod (dem unentrinnbaren).

*

Murr (Gewitter, Totenfeier für B.W. Swistunow am *Sentier des Bigots*, wir rennen durch Clamart – Haltestelle *Foire aux Lutins* – an der *A⟨venue⟩ de la Gare*, da stellt sich heraus, dass die Totenfeier in der Kirche ist, zwei weißhaarige Damen – eine von ihnen [die nicht weiß, wer ich bin]: Wie sehr er Ihnen gleicht!)

Auf dem Rückweg, in der *Rue Fleury*:
»Alle sagen, dass ich Ihnen gleiche. Ich finde – nicht besonders.«
»Äußerlich – *sehr*, innerlich – nicht in allem, aber ...«
»Wir gleichen uns, wenn wir uns *verteidigen*.«
»Überhaupt in vielem. Aber du bist ein kommunikativer Mensch, du magst Gesellschaft, Geselligkeit.«
»Was heißt schon Geselligkeit! Auch Sie mögen Menschen.«
»Aber nur einzeln.«
»Einen nach dem anderen – wie der Doktor.«
Abends, beim Abendessen in der Küche:
»Und den Katalog von Nelson werde ich mir über-übermorgen anschauen.«
»Warum nicht morgen?«
»Weil morgen die Beerdigung ist. Und übermorgen muss ich an ihn denken.«

*

»Interessant, was die Seele nach dem Tod denkt.«
»Ich sage dir *bescheiden* – sie denkt, dass sie sich sehr unwohl fühlt. Sie hat sich ja an den Körper gewöhnt, hat das *ganze Leben* zusammen mit ihm verbracht ...«
»Ja ... Aber ich finde, jede Seele ist – *heilig*. Nicht der Mensch bringt den Menschen zu Fall, sondern der Teufel. Wir sind doch alle Nachkommen Abrahams. Das heißt Adams.«
29. Mai 1933.
(Nicht vergessen, die Geschichte von »Lelja« und der hl. Cäcilia aufzuschreiben, so L. A. Gestern haben Alja und ich uns daran erinnert.)

*

⟨Folgende Passagen sind auf Deutsch geschrieben:⟩

Zuerst das Epigraphe (Heine – Wassermann)
Wenns nicht Heine geschrieben (geschrien) hätte, wäre es hier / klang es hier *anders. Denn Goethe ⟨hätte?⟩ über D⟨eutschland⟩ unmöglich dieselben Ged⟨ichte⟩ wie H⟨eine⟩.*
Drückend. Man erliegt schon dem Epigraphe ⟨.⟩
*Nicht Einer der in der Nacht liegt u⟨nd⟩ horcht Deutsch⟨land⟩ das in der N⟨acht⟩ liegt und nicht (nich*ts*) hört ⟨.⟩*
So geht das wunderbare Buch an*, ich hätte beinahe* auf *geschrieben: wie eine schwarze Sonne, die es ist.*
Lauter Bruch gestanden
I Teil – Menschenleistu⟨ng⟩, zweite eine Sozialism⟨us⟩ Großtat.
Doch – wie klein Ihr großer Etzel, wie ⟨zwei Worte unleserlich⟩ um seine lebende Eich⟨e⟩

Ihr Etzel musste mit einem Schuss enden, wirklich, auch physisch *stürzen. Warum haben Sie ihn lebendig bei einer* toten *Mutter begraben. Denn* tot *ist Ihre Sofia Anderg⟨ast⟩, – darum ist sie ja so jung, mit ihren* allen *Zähnen – tot vom Anfang als sie vom Kinde ging. Denken Sie an Anna Karenina.*
Entweder war sie keine Mutter (also ein Unweib) oder haben Sie zum Wesen Mutter keine direkte *Beziehung. Eine Mutter die immer fehlt (Kasp⟨ar⟩ Hauser).*
Warum heißt das Buch »Trägheit des Herzens«, wessen denn? Alles umgehenden? Warum nicht »Feigheit«, Taubheit. Jeder Titel soll klar sein, von selbst beim Leser entstehen.
Reclam Str. 42
Verlag S. Fischer
Leipzig

*

Gedanken über J. Wassermann.
Ihre Menschen sind übergroß. Übergroß ist urgroß: naturgroß*. Was wir normalgroß nennen ist ja nur der ausgeartete / das ausgeartete Auge, die ausgeartete Natur.*

Ein Übermensch (wie alle Ihrigen) ist ja nur der rechte Mensch sein.
Jetzt, nach den zwei Riesen Werken, rückwärts – zu »Faber«. Nein, im Faber sind Sie noch in das Normalgroß getrieben, noch beengt. Es klingt als hätte man Ihnen gesagt: da ist das Menschmaß, kein – heraus. Und – Sie fügen sich, doch es fügt sich nicht.
»Eugen Faber« klingt schon wie Etzel Andergast. (NB! und ganz unberechtigt, d. h. das gekränkte ⟨unleserlich⟩ Recht des Helden rächt sich an Ihrem Normal-Maß:)
– So sind doch keine Menschen!
– Doch.
– So sind doch Engel oder ...
– Also.
– Mit welchen Worten schildert er dann die Engel, falls ...
– Die Worte kommen mit und aus den Engeln.
– Sie sind doch keine Deut⟨sche⟩.
– Glauben Sie wirklich dass es einen deutschen Mensch, *russischen* Mensch *etc. gibt? Russen, Juden, Deutsche – ja, aber der Begriff* Mensch *verscheucht den Russen etc. Ebenso wenig wie deutsche russische jüdische Engel. ⟨Zwei Worte unleserlich.⟩*
Deutsche russische etc. Hunde – ja. Rassen – ja. Charakter – ja. Menschen – nicht.
Mensch sein ist göttlich sein.

*

Vielleicht war ich auch darum so glücklich in Tschechien, weil ich die Sprache nicht verstand, nicht verstand, was man mir sagte, und selbst nichts sagen konnte. Das war noch bezaubernder ...
(5. Juni 1933)

*

Im Museum Skrjabins (Nikolo-Pesk⟨owskij⟩ per⟨eulok⟩, Moskau) liegt unter einer mir unbekannten Registrationsnummer ein Büchlein, das keinerlei Beziehung zu Skrjabin aufweist, nämlich: das einen Monat umfassende Tagebuch meiner Liebe zu Soundso, das ich T⟨atjana⟩ F⟨jodorowna⟩ Skrjabina zum Lesen gegeben hatte und das ich nach ihrem Tod aus bestimmten Gründen, aus Feingefühl, nicht wieder an mich nahm.
So hat man mich lebendig ins Museum befördert!

*

Notiz vom 15. Juni 1933
Gedichte kann ich nur in Zyklen geben, d. h. zur gleichzeitigen Veröffentlichung, nicht einzeln.

*

Ich bitte um Beibehaltung des Entstehungs*datums*.

*

Bei hellem Sonnenlicht fühle ich mich genauso stark geschützt wie in dunkler Nacht. Mehr als alles hasse ich das erzwungene *Tête à tête* mit Menschen in Waggons oder in der Straßenbahn, wenn die Notwendigkeit, dem anderen in die Augen zu schauen, noch gesteigert wird durch die Notwendigkeit, dies vor aller Augen zu tun!

*

21. Juni 1933
Als Antwort auf meine Bitte, nicht auf meinem Bett zu sitzen, sondern einen Stuhl oder einen *Sessel* zu holen, geht Alja zu S⟨erjosha⟩, wo sie sich – bei heftigem Wind – fast nackt mit dem Strickzeug ans Fenster setzt.

Und auf meine Bitte, das Fenster zu schließen, weil es kalt sei, erwidert sie hochmütig und gedehnt:
»Wie blöööd.«
Hat es sich gelohnt, mein Leben für sie zu vergeuden? Sie mit 18 zur Welt zu bringen, ihr meine ganze Jugend hinzugeben und während der Revolutionszeit meine letzten Kräfte???

*

23. Juni 1933
Im Alter ist einem so viel genommen, dass man gar nicht mehr *geloben* kann, dies oder jenes nie zu tun.
Ein leeres *Nie*.

*

Auf den Gesichtern prägt sich das Alter in Jahrzehnten ein. Ein 50-jähriges, 60-jähriges, 70-jähriges Gesicht – du irrst dich nicht, bis hin zum 100-jährigen *Nichtgesicht* (Clara Zetkin im Sarg).

*

Alter: nie – nichts.

*

Ein Mozart'scher Triller entspricht einem Triller in meinem Körper, einem ebenso feinen und reinen Triller eines Muskels.

*

Ich, beim Hören von Mozart:
Ein Werfen mit Perlen …

(Klar erkennend:) Mozart hat sein Leben lang Perlen vor die Säue geworfen – und die erste bin ich (denn ich verstehe nicht, verstehe nicht genug).

*

26. Juni 1933
»... Verstehst du, unsere *ganze* Erde, rundum, jeder Flecken Erde und die höchsten Berge waren einst Meer.«
»Wie, in der Glaubenslehre hat Gott doch zuerst ...«
»Pass auf! Das sind nicht unsere Tage – von morgens bis abends –, die Wochentage: Montag, Dienstag, Mittwoch usw. Jeder Schöpfungstag dauerte (unsicher) viele tausend Jahre (in Gedanken: vielleicht Millionen?, obwohl das Murr, der nichts von Arithmetik, von Zahlen und Ziffern versteht, egal ist!)«
Murr, zustimmend: »Wirklich?«
Ich, beflügelt (NB! durch ein eben gewonnenes, in meinem Leben so seltenes *genaues* Wissen):
»Ja, am Anfang hat er alles Meerische geschaffen (in Gedanken: »?«, nun ja, wenn überall Meer war ...) und verschiedene Walrosse ...«
Murr fährt fort: »Alle möglichen Robben ...«
»Und erst später, verstehst du, seeehr viel später, Elefanten, Löwen, alle Vierbeiner ...«
»Und die Katzen, waren die sofort da?«

*

»Mama, warum mögen Sie keine dummen Leute?«
»Weil es langweilig mit ihnen ist.«
»Dafür aber lustig!«

*

Abends spät, genauer bei Einbruch der Dunkelheit (26. Juni, es dämmert erst um 9 Uhr), nach einem beruhigenden zweistündigen Spaziergang mit Murr. Es ging um Geographie (ich lehre sie wohl zum ersten Mal, auf jeden Fall ist alles erstaunlich, bis hin zur Tatsache, dass *nur* das Kaspische Meer ein geschlossenes ist, ich dachte, alle Meere seien Binnenmeere und baute darauf auf, obwohl – zu meinem Trost – alles Wasser auf der Erdkugel geschlossen ist!), und Murrs Geographie (das Baltische Meer mit dem Bottnischen Meerbusen), mein »*Napoléon, captif à St. Hélène*« (alte, erfundene Memoiren von *Hudson Lowe* in der »*Bibliothèque pour jeunes filles*«) war ein Spiel mit Murrs kleinem roten Ball. Abends spät also, nach einem improvisierten Abendessen (wie im sowjetischen Moskau – aus allem, was da war, gleich, ob es zusammenpasste) summte ich die Zeilen von Puschkin:
»Ich liebte Sie, noch kann es Liebe geben ...
(Seit der Kindheit vergöttere ich das in der ⟨deutsch:⟩ *Herzensgrube*!)
... Und – gebe Gott – ein andrer liebt Sie so ...«
Und Murr: »War dieser andere – d'Anthès?«

*

28. Juni 1933 (ich schreibe weiter an »Dichter mit Geschichte ...«).
Die ganze Wahrheit, in all ihrer Kraft, kann man nur teilweise, einmalig, unwiederbringlich und unwiederholbar geben. Kann eine Sache nur von einer Seite beleuchten, von allen Seiten geht nicht, denn sie von allen Seiten beleuchten, wäre – eine Lüge.
Viele Male – und jedes Mal von einer anderen Seite und jedes Mal unwiederbringlich. Vielmals und unwiederbringlich. Die Summe all dieser einmaligen Ansichten ergibt die *ganze* Wahrheit, vollumfänglich. Ihre Kraft äußert sich ⟨über der Zeile: wird gegeben⟩ in jeder Ansicht.
Ich bin für die Kraft, immer, in allem. Ob ich jemals P⟨asterna⟩k

(oder R⟨ilke⟩ oder mich selbst) ausschöpfe, kümmert mich nicht. Außerdem bedeutet, einen Gegenstand auszuschöpfen, in erster Linie sich selbst auszuschöpfen, seine schöpfenden Fähigkeiten: seinen schöpfenden Muskel. Solange der Muskel sich zusammenzieht – werde ich *nehmen*, wird es etwas zu nehmen geben. (NB! Und der Eimer im leeren Brunnen??) Die Verbindungen (vielleicht auch Berechnungen) der Elemente sind unerschöpflich. Das Genie des Dichters – ist das Genie der Assoziationen.
(Das des Denkers – ist das der *Dissoziationen*.
»Nicht dies, *sondern* ...«
Aber möge es nie zur *dissection* kommen.
NB! Es wird *nicht* dazu kommen, dafür steht das Genie des Dichters!)

*

Vom 3. auf den 4. Juni 1933 Morgentraum über *Mme de Noailles*. Offenbar vermacht sie alle ihre Bücher einer Bibliothek, aber es gibt einen Herrn als Mitbesitzer. »Nun, was soll's! Von Zeit zu Zeit nehme ich *anderthalb Gläser* Bücher – das reicht mir!«

*

Ich sehe sie mehrmals, in Sachen Bücher, immer in der Tür (ihres Einfamilienhauses).
Stets ist eine alte, hässliche Dame bei ihr, auf die ich – im Scherz – eifersüchtig bin.
Sie ist: winzig, mit zerzaustem Haar und riesigen Augen. Ganz wirklich.

*

Um 5 Uhr morgens stehe ich am Fenster, das auf eine schmale, helle, laute Straße geht. Die Häuser sind ohne Abstände und

scheinen einen Kopfputz zu tragen: große Aushängeschilder von Handwerkern, bunt, golden. Hammerschläge, Räderquietschen, Karren, Schuhleisten, Schuhsohlen. Völlig klar: eine mittelalterliche Straße.
Und meine eigene Stimme:
Vous qui avez eu pl⟨us⟩ de voix qu'aucune autre ⟨,⟩ aussi loin que Vous soyez – je l'entendrai. Etes-Vous encore – là où Vous êtes, Comtesse de Noailles, je Vous conjure de par trois fois – répondez-moi!
Und in deutlich singendem Tonfall:
Dans votre souvenir je resterai géante.

*

Ich kenne keinen Menschen, der von Geburt auf schüchterner gewesen wäre als ich.
Aber meine *Kühnheit* erwies sich als stärker als meine Schüchternheit.
Kühnheit: Entrüstung, Begeisterung, manchmal einfach *Vernunft*, immer – Herz.
So gelangen mir, die ich die »einfachsten« und »leichtesten« Dinge nicht zustandebrachte, die kompliziertesten und schwierigsten.

*

In mir sind Dinge (Kräfte), die unbedingt und unausweichlich nach Ausdruck und Realisierung verlangen.
Die Schüchternheit war Teil von *mir*, meine Kühnheit jedoch nur Kühnheit ⟨unter der Zeile: Blindheit, Klarsicht⟩ der KRÄFTE.

*

So wie in anderen und aus anderen – Instinkte sprechen, so aus mir – Seelenregungen. Instinkte der Seele.
Gott gab mir nur darum ein solches Selbstbewusstsein, eine solche Selbstakzeptanz, weil er wusste, dass man mich (ALS SOLCHE) nicht erkennt und nicht anerkennt.

*

9. Juli 1933
Wie habe ich jeweils eine Liebe beendet? Indem ich mich immer *endgültig* von der *Nichtigkeit* des anderen überzeugt habe (vom *Vorhandensein des Endes in ihm* und von der Unausweichlichkeit, mit ihm Schluss zu machen).
Aber es stimmt, dass ich manchmal lange, gewaltsam lange gebraucht habe, um mich zu überzeugen.

*

Was ist Liebe? Ich schreibe nach einem Traum: über Afrika, das Wort »Rakete« und Tanja, der ich etwas über die Sawadskaja erzählen sollte und mit der ich eine kleine Schifffahrt in die Umgebung plane. (Ein hübscher, geschminkter Engländer in Havelock, ähnlich dem Porträt von *Lawrence*.)
Was ist Liebe? Ein magischer Kreis, aus dem du nicht herauskommst, wenn du das Kennwort nicht kennst (und nicht hineinkommst, wenn du es nicht kennst). Wenn der Kreis einfach ist, von dir auf dem Sand gezeichnet, entworfen, trittst du einfach hinaus. Dieses »einfach« ist auch das Kennwort.
Verzauberung – Entzauberung.

*

Murr beim Hören von Rachmaninow und Chopin.
»Schlechte Musik. Pi – pi – pi. Und ohne Gesang. So was könnte auch ich komponieren.«

»Dann probier's ...«
»Sie wurden unterrichtet, in Musik unterrichtet, und doch hat nichts dabei herausgeschaut – nur ein Schriftsteller, der nicht gedruckt wird.«
7. August 1933

*

Alle Leidenschaften sind sozial, d.h. setzen ein Objekt voraus. Adam konnte für Eva keine Leidenschaft empfinden, es sei denn, er hätte Gott als zweiten Adam aufgefasst.

*

Begeisterung. (Ich bin *nicht* sozial.)

*

Heimweh. Auch zu Hause ist es gut und überhaupt, doch das Heimweh ...
Nein, das ist *tiefer* als Heimweh.
⟨Ein Angriff⟩ auf mich?
Und der Schmerz ist wie ein fallender Stern.

*

19. August 1933
Meiner Ansicht nach ist das nicht seriös. Ein Mensch *stirbt* und so weiter – und hinterlässt plötzlich Geld. Meiner Ansicht nach müsste man es zusammen mit ihm begraben.
Oder irgendwo im Haus verstecken, dann kommt es zu einer polizeilichen Untersuchung und einem Abenteuerroman.

Murr:
Da geht der Zarewitsch und trifft zwei Späher, nein, zwei Näherinnen.

*

Manchmal unterhalten sich Urgroßvater und Urenkel über eine direkte Linie, ohne die Zwischeninstanz (Zwischenstation) der Eltern.
Von Großvater A. D. Mejn habe ich die Pedanterie und den (aufgeklärten) Despotismus.
Von M. L. Bernazkaja die polnische Nase und Rebellion.
Von meiner Mutter M. A. Zwetajewa all dies, noch verstärkt, + »bäuerliche Vorlieben« von der Amme.
Von meinem Vater I. W. Zwetajew den Ochsencharakter (punkto Arbeit und – toi, toi, toi! – Gesundheit) und den extremen Demokratismus des *Körpers*.

Und von mir selbst – ? –

*

Murr – am 4./17. September bei den Rodsewitschs (ein altes Haus mit großem Garten – Bank, Gartenpforte, ovale Fenster).
»Es gibt noch eine bleiche Rasse: Menschen, denen es speiübel ist.«
(Skandal mit R⟨odsewitsch⟩, der ihm die Hand kaputtgeschlagen hat. I-di-ot.)
Wenn ich Murr verteidige, wäre ich fähig, ein Verbrechen zu begehen. Ob er im Recht ist oder nicht – niemand darf ihm etwas antun. Ich kann sein Gekränktsein nicht ertragen, mag seine Tränen nicht sehen. Ob er es je kapiert??
Ich hasse es, wenn man Kinder neckt und ihnen Blödsinn erzählt. R⟨odsewi⟩tsch brachte ihm bei, mit spitzem Glas Lariks

Auge zu durchbohren und die Schnur durchzuschneiden, auf der er schaukelte – Idiot. Da verdient er vollauf Murrs Grobheiten. Und verdient, nachdem er Murr ein »kleines Mädchen« geschimpft hatte, weil dieser mir seine blutige Hand gezeigt hat (»ich möchte nicht eine Blutvergiftung bekommen«), auch vollauf meinen jetzigen Zorn. Und dann wollen diese Leute »eine neue Welt aufbauen«, wo sie nicht einmal imstande sind, mit einem so wunderbaren Kind wie Murr zu sprechen, sich zu verständigen und richtig umzugehen.

*

Morgen wird Alja 20 (genauer: kommt ins 21. Lebensjahr). Die Bilanz?
Ich weiß es nicht. Großer Gedankenstrich. »Sie ist sehr intelligent.« Ich weiß nicht. Es ist schwierig, mit mir anders als »sehr intelligent« aufzuwachsen. Ihr Hauptcharakteristikum ist *Harmonie*, d. h. das Fehlen eines dominanten Charakterzugs, der andere ausschließt. So wie sie waren vielleicht die Musen. Oder die Grazien.

*

Auf dem Boulevard Montparnasse drängte sich ein Mann auf, er ging auf Aljas Seite. Ich versuche ihn abzuhängen, er gibt nicht auf, ich wende mich an einen andern Mann, doch dieser schlägt sich *natürlich* auf die Seite des »Beleidigers«. – »*Que s'est-il passé?*« – »*Ce mons⟨eigneur⟩ nous suivait …*« – »*D'abord je ne vous suivais pas, vous, parce que vous êtes* affreuse! *Je suivais l'autre …*«
Das ist die ganze Anerkennung seitens von Paris – für die Jahre meines Hierseins 1925-1933.
Affreuse. Ich denke nicht darüber nach, denn ich weiß, dass ich bei Bedarf … Doch da es keinen *Bedarf* gibt, d. h. ich mir nicht

die Haare färbe, mich nicht schminke, die Baskenmütze nicht abnehme usw. und von meinem ursprünglichen Teint schon lange nichts mehr übrig ist – ich bin weiß wie Kreide –, habe ich auch gar nicht angenommen, dass er *mir* folgt, aber da wir zusammen gingen und er sich aufdrängte, habe ich »*nous*« gesagt.
Ehrlich: hat er das aufrichtig gemeint oder wollte er mich verletzen? Ich denke, er war erzürnt, hat übertrieben, dennoch ist es die Wahrheit. Für ihn jedenfalls bin ich, wenn nicht *affreuse*, so doch uninteressant, womit ich völlig einverstanden bin.
Trotzdem tut es weh, so *en plein*, vor aller Augen.
Und die Folgerung – es ist Zeit wofür? Irgendwie ist Zeit. Zeit, mit etwas in *meinem Bewusstsein* Schluss zu machen (denn nur dort existiere ich?).

26. September 1933

*

Wenn ich auf meine Wörterbücher und Hefte blicke, möchte ich noch hundert und mehr Jahre auf Erden weilen.
Amen.
(Clamart, Ende Oktober 1933, Ende von Murrs erstem Schulmonat.)
MZ

*

Der Dichter ist – Sinngeber.
Der Held eines Poems – sinnlos.

*

Im Neid (Nobelpreis an Iwan Bunin 1933) ist ein Moment von Mitgefühl: ich versetze mich an seine Stelle und merke, zweitens, dass ich an meiner bleibe.

*

14. November
Meine Augen sind gleichsam von Schimmel überzogen, wie bei Hunden.

*

27. November – nach Bunins Ehrung.
Ich verstehe nicht, wie man Kleines lieben kann, wenn es Großes gibt (Wera – Galina K⟨usnezowa⟩ – und überhaupt *alles*).
[...]

*

Ich gefalle
Den Menschen nicht – –
Nicht-Gefallen.

*

NOTIZBUCH 15
1939

Dampfer »Marija Uljanowa« – 16. Juni 1939, 10 Uhr 15 Minuten abends (gerade haben wir die Uhr eine Stunde vorgestellt und ist die Sonne untergegangen – der Himmel ist noch ganz himbeerrot).
Als ich den Fuß auf die Laufplanke setzte, wurde mir klar bewusst: das letzte Fußbreit französischer Erde.

*

Die Spanier haben (trotz der ganzen Bagage und mir und Murr) noch vor Abfahrt des Schiffes getanzt. Einem begegnete ich im Musiksalon, wo zeitweilig unsere Sachen lagen, wie er beim Aufschneiden meines *Exupéry – Terre des Hommes –* (mit einem Bleistift!) das Kapitel *Hommes* beschädigte. Ich nahm ihm das Buch weg. – »Passen Sie auf! Die Spanier sind leicht gekränkt!« – »Auch ich bin leicht gekränkt.«
Das Schiff fuhr um 7 Uhr 15 Minuten ab. Der einzige russische Passagier außer uns, ein älterer, grauhaariger, gesunder Mann, rief aus: »Jetzt kann uns keine Macht mehr aufhalten.« Alle hoben die Fäuste.

*

Das war am 12. Juni 1939, an einem Montag, um 7 Uhr 15 Minuten. Das Letzte, was ich getan habe: ich kaufte *Terre des Hommes* (durch ein Wunder! hatte es gesehen, obwohl die Verkäuferin behauptete, sie hätten es nicht) und schrieb vier Postkarten.

*

Am 13. und 14. war Seegang (nicht sehr stark), ich legte mich sofort hin und blieb zwei Tage und Nächte liegen, ohne aufzustehen; man brachte mir zu essen, ich las und schlief viel, Medizin habe ich nur einmal genommen – am 14., 0,5 g. Aber auch vorher war mir nicht übel, so dass ich nicht weiß, ob vom Medikament oder vom Liegen. Murr, der den ganzen ersten Tag herumlief und am Bug herumschwankte, war am zweiten Tag seekrank, konnte nicht essen, ich gab ihm ein Medikament. Alle Spanierinnen wurden seekrank – und die Hälfte der Spanier. Sie würden trotzdem essen (sagte die erfahrene *serveuse*): essen und sich übergeben – und dann tanzen – und sich wieder übergeben.

*

Sobald wir die Nordsee hinter uns haben, wird es leichter sein.

*

Am 15., gestern, von Morgen an völlige Ruhe, der Motor klopft wie das eigene Herz. Die Ereignisse des Tages: etwa um 3 Uhr – links Schweden, rechts Dänemark. Schweden – rote Dächer, alles neu, einladend, spielzeughaft. Es begann mit einem Berg, dem scharfen Profil eines zum Meer abfallenden Berges, danach wurde es flach, viele kleine Städtchen oder Dörfer.
Dänemark – mein erster Eindruck: *undurchdringlich*. Gräulicher Märchenwald, *aus dem* alte Dächer herausragen. Eine riesige Windmühle. Kirchen. Dänemark – ist ein Zeichen der Gleichheit – ein Märchen Andersens, alles ist innen, alles verborgen (»verborgen – nicht vergessen«) … Der Wald wuchs – und Häuser tauchten auf … Dann erschien Dänemark ein zweites Mal, Kopenhagen (oder vielleicht verwechsle ich etwas) – zauberhaft, direkt am Wasser, mit Schloss-Festung-Kirche, grünem Dach wie in Tschechien, mit jenem besonderen Grün der Jahre. Wir haben es von allen Seiten umfahren – es ist überall schön,

auf jeder Seite noch schöner. Türme. Eine (mir) unbekannte Architektur – und unvergesslich. (NB! Jedenfalls *bis* Kopenhagen.) Ich stand und schaute und sandte *von Herzen* einen Gruß an Andersen – der in denselben Gewässern geschwommen war. – Auf der schwedischen Seite eine Vielzahl von Segelbooten: rote, grüne, alte – *nicht* für den schnellen Transport. Und es gab ein zierliches, spielzeughaftes kleines Schiff, das ständig kreuzte und mal Selma Lagerlöf, mal Andersen grüßte. Doch *Dänemark* hat mich tief ergriffen. Ich schaute, bis es verschwand: ging nicht weg, bis es verschwand.

Am Abend (jeden Abend) Tänze und Lieder, Murr ist entzückt, ich gehe nicht hin, will ihn nicht stören und bin, glaube ich, lieber allein. Die spanischen Frauen haben niedrige Stirnen und sehr laute Stimmen. Die Kinder (aber auch die Frauen und Männer) gleichen Zigeunern.

*

Jetzt um 3 Uhr nur schwarzer Wald und – nach längerem – meinte ich eine Herde zu sehen, die aus dem Meer (!) trank – natürlich waren das Häuser oder irgendwelche Gebäude, ich hoffte schon: Norwegen! (Von Geographie verstehe ich nichts.) Es stellte sich heraus: »die Insel Gotland« – ⟨deutsch:⟩ *Gott-Land, das Land Gott* (Rilke). Gotland wirkte furchtbar arm. Eine Stadt war nicht zu sehen. Etwas gab es übrigens doch, auf der rechten Seite: eine Handvoll Häuser.

Ich möchte in Gotland zur Welt kommen und ein Buch schreiben: Gotland.

*

Jetzt, zwischen 5 und 6 Uhr, höre ich – wie gestern um dieselbe Zeit – deutlich, lange, eingehend, vielfältig – Glockengeläut. Auf verschiedenste Weise. *Sehr* lange. *Heine* – ⟨deutsch:⟩ *Nordsee* – hat nicht auch er Glockengeläut gehört?

Interessant, um dieselbe Zeit, zwei Tage hintereinander. Ich *bemerkte* es, als ich es schon lange hörte. Erst dann begann ich, zuzuhören.

*

Gestern, am 15., ein zauberhafter Sonnenuntergang, mit einer riesigen Wolke – wie ein Berg. Der Schaum der Wellen war himbeerfarben, und am Himmel, einem grünlichen See, waren goldene Schriftzeichen, lange versuchte ich zu entziffern, was geschrieben stand. Denn geschrieben waren sie – *für mich*. Ich grämte mich sehr, dass Murr dies nicht sah. Murr kam herbeigerannt, sagte: »Ja, sehr gut (sehr schön)« – und rannte wieder weg. Jetzt, am 16., habe ich wieder die Sonne verfolgt, sie ging am *klaren* Himmel unter, das Meer verschluckte sie, und eine solche Flammenschrift gab es nicht mehr, offensichtlich war es die *Wolke* gewesen, die die Farbenpracht erzeugt hatte.

Das Baltische Meer (wenn es denn dieses ist) hat eine wunderbare blaue Farbe: blau-grau, nicht blau-grün wie das Mittelmeer, so wie die Oka im Herbst, mir gefällt es wahnsinnig, ich kann den schwedischen Doktor Axel (erinnere mich nicht genau) überhaupt nicht verstehen, dass er *für immer* nach Capri zog. Den Süden zu lieben, ist etwas billig, alles was dem Nordländer erlaubt ist, ist vom Süden zu träumen. Sonst begeht er niederträchtigen Verrat.

(Ach, ich habe verstanden! Dänemark ist eine *Silberweide*, ganz bestimmt: etwas Zottiges, Weiches, Graues, wie *Rauch*, und aus dem Rauch ragen spitze Dächer und Flügel von Windmühlen hervor.)

Noch eine Beobachtung: der Horizont verdeckt keine einzige Erhebung: alles – jeder hohe Baum, jeder Kirchturm – zählt. Das Hohe muss sich – sofern es einen Horizont gibt – nicht verstecken. So werden auch wir (die Zurückgedrängten und Erdrückten) eines Tages entdeckt: wiederaufgerichtet.

Mehr noch: der Horizont offenbart jede Erhebung. Das ist eine *genaue* Beobachtung.

*

Ich ging auf die Kommandobrücke, blieb stehen und – es mag lächerlich klingen! aber es ist *nicht* lächerlich – fühlte mich *physisch* wie Napoleon auf dem Weg nach St. Helena. Die gleiche Brücke: Bretter. Nur waren es damals Segelschiffe, und die Fahrt war schlimmer.
Napoleon.
St. Helena.

*

… Es gab viele Träume, ihr Thema – die Unwiederbringlichkeit. Ich eile, um irgendetwas Letztes zu holen, nehme es mit. An einen Traum erinnere ich mich: es ging um die Platte von Maurice Chevalier (meine Lieblingsplatte), »*Donnez-moi la main, Mamzelle … Donnez-moi la main*«, um die unsägliche Zärtlichkeit einer *Kanaille*, wie sie (einst!) auch mich im Griff hielt – und das Schiff war schon weit: viele Werst entfernt. Da sage ich zu Murr: In der Schaluppe wird es schaukeln, gehen wir lieber zu Fuß (*übers Meer*), wobei ich mir bewusst bin, dass das unbequem ist, nur ziehe ich es dem Schaukeln vor (lieber traue ich den Füßen als dem Boot).

*

Jetzt, am 17., *Kälte*. Jetzt, am 17., sagt eine neue (ich habe sie noch nie gesehen) *serveuse* zu mir: »Was haben Sie für einen großen Sohn! Er ist riesig! Wie ein Urmensch«, und ganz ernsthaft, nicht als Kompliment, vielmehr als Feststellung. Von Murr aber keine Spur! Für eine Sekunde taucht er auf, doch kaum in der

Kajüte, rennt er schon wieder weg. Gut, dass er mich schon jetzt, *sofort* darauf hinweist, wie meine Zukunft aussehen wird ...

Das Schiff – hat es nachgedacht?

Überführung der Seelen.

Die ganze Zeit denke ich an M⟨argarita⟩ N⟨ikolajewna⟩, nur an sie, wie sehr wünschte ich, sie wäre hier, mit ihrer Ruhe, ihrem Wohlwollen und Verständnis. Ich fahre völlig allein. Mit meiner Seele. Das sind immer zwei: mein Kopf und ich, meine Gedanken und ich, Frage und Antwort, der innere Gesprächspartner. Und – das Herz und ich (physisch). Und – das Heft (dieses arme, zerrissene) – und ich.

In den *Nouvelles Littéraires* habe ich etwas Großartiges über Dantes Paradies gelesen. Ich aber dachte, dort herrschte Langeweile. Ich bin glücklich, dass ich eine Dante-Ausgabe habe – eine alte Prosaübersetzung *avec texte en regard*. Werde das Paradies lesen.

Heute morgen wurden die Uhren umgestellt – um eine Stunde, am Abend dann nochmals um eine Stunde.

Im Laderaum:	*Hier*
1. Ein großer Korb	Ein großer Koffer
2. Ein kleiner Korb	1 schwarzer
3. Eine Truhe	1 schwarzer
4. Ein Sack	1 gelber
5. Ein Sack	1 Körbchen
6. T.S.F.	Grammophon
	Schallplatten
Im Laderaum 6	In der Kajüte 7

*

Die Baskenmütze und das Waschzeug einpacken, ein Tüchlein hervornehmen, Murr das Feuerzeug geben.

*

18. morgens, Sonntag
Gestern habe ich auf dem Deck den Worten der Spanier und des Kapitäns zugehört – die Karte ist mit Kreide auf eine Tafel gezeichnet: *Leningrad – Mosca*, ich aber hörte aus irgendeinem Grund: *Kattegat, Kattegat* ... Danach tanzten die Spanier, nur einer, schon umgezogen, zierte sich ... Am besten war ein kleines Mädchen, es tanzte für sich allein und setzte sich dann mit Schwung.
Es erklang das Lied der Volksfront, darin verstand ich: *Alemania – Italia*. Wehmut zeigten sie keine, aber Freude und sogar Ausgelassenheit. Sie trugen grüne Anzüge, einer Lackschuhe. Und amüsierten sich sehr. Ich musste an die Tschechen denken.

*

Wir nähern uns. Nach dem Frühstück haben wir Kronstadt passiert. Ein riesiges, dunkles Gebäude mit Kuppel, die Kuppel ganz von Bäumen umgeben. Das Meer ist belebt: Kriegsschiffe, Dampfer, kleine Schiffe mit Passagieren, Motorboote.
Offenbar nähern wir uns der Hauptstadt. Es heißt, noch 30 Kilom⟨eter⟩. Die Newa werden wir nicht sehen, nur einen Kanal. Ob ein Löwe da sein wird?! Bald kommt der Zoll. Alles ist bereit.

*

19. morgens, Montag
9 Uhr früh – es scheint, wir sind bald in Moskau.
Ein Nussstrauch.
Der Zoll dauerte ewig. Sie durchwühlten das *ganze* Gepäck, von oben bis unten, fassten jede Kleinigkeit an, die wie ein Korkenzieher im Korken steckte. 13 Gepäckstücke, darunter 1 sehr großer Korb, 2 riesige Säcke, 1 Korb mit Büchern – vollgepackt.

Murrs Zeichnungen hatten großen Erfolg. Man nahm sie, ohne zu fragen, ohne eine einzige Erklärung mit. (Gut, dass meine Manuskripte nicht das gleiche Gefallen fanden!) Zu meinen Manuskripten stellten sie keine Fragen, nichts. Sie stellten Fragen zu *Mme Lafarge*, *Mme Curie* und zur exilierten *P. Buck*. Der Hauptzöllner war widerlich: kalt, humorlos, die andern – gutmütig. Ich scherzte und beeilte mich wahnsinnig: die Sachen passten *nicht* mehr hinein, der Zug wartete. Es half mir ein niedriger Beamter und noch einer, der sagte, der letzte (große, schwarze) Koffer sei schon kontrolliert worden: das stimmte nicht – und *alle* wussten es. Aber der Zug konnte nicht länger warten – und wartete dann doch, in 4 Kilometer Entfernung, bis abends um halb zwölf – gegen hartes Gold (*tas d'or, durs*), was die Spanier erbitterte. Murr fuhr mit den Spaniern im Autocar zur Besichtigung Leningrads, ich saß den ganzen Tag im Waggon, bewachte die »Habseligkeiten« und las, bis zur Benommenheit, *Castoret* ⟨sic!⟩ – *Dix ans sous terre* (unterirdische Grotten, Mündung der Garonne usw.).

Die Spanier – Murrs Kameraden – sind reizend: zärtlich, gut erzogen und ohne jeden Fanatismus! Als wir Leningrad verließen und auf die rauchgeschwärzten Gebäude sahen, meinten sie: »Bei uns in Andalusien sind die Fabriken weiß, sie werden zweimal im Jahr gekalkt.« Einer möchte auf dem Feld (»*la* terre«) arbeiten. Sie sprechen ausgezeichnet Französisch, fast ohne Akzent, und sprechen auch das Russische ausgezeichnet aus, mit ungewöhnlichem Gehör. Sie wollten die ganze Nacht nicht schlafen, sondern durchs Fenster schauen. Einer von ihnen bedauerte, dass er die russische *serveuse* zum Abschied nicht geküsst hatte – aber sie war mit einem Matrosen. Ein anderer begann zu lachen, da sagte der erste: »*Embrasser – ce n'est pas un crime.*«

Schade, dass wir sie aus den Augen verlieren. Beim Anblick eines Moorteichs äußerte einer kunstsinnig: »*Qu'elle est belle, cette eau! Elle est presque bleue!*«

Abends las ich *Wang*, ein talentloses Buch über China.
Als ich am Morgen erwachte, dachte ich: die Jahre sind gezählt (bald die Monate …).

>Lebt wohl, ihr Felder!
>Leb wohl, du Morgenrot!
>
>Leb wohl, *meine* Welt!
>Leb wohl, du Erdenrund!

Es wird schade sein. Nicht nur um mich. Sondern weil niemand dies alles so geliebt hat – wie ich.

*

BILDTEIL

1 • »An Alja habe ich vom ersten Moment an geglaubt, sogar vor ihrer Geburt, nach Alja habe ich mich (närrisch!) gesehnt.« Marina Zwetajewa und ihre Tochter Ariadna, genannt Alja, verband eine symbiotische Beziehung. Hier auf einer Aufnahme aus dem Jahr 1916.

2 · »Serjosha, für den ich das alles tue, – ist irreal, in einem Nebel, wie jener Tag der Abreise, wie der Waggon, in den ich mich setzen möchte.« Marina Zwetajewa und ihr Mann Sergej Efron, der seit 1917 aufseiten der Weißen Armee kämpfte, sehen sich erst 1922 im Exil wieder.

3 • »Meinen Kindern wünsche ich nicht eine andere Seele, sondern ein anderes Leben, und wenn das unmöglich ist – mein unglückseliges Glück.« Ariadna, genannt Alja, und ihre jüngere Schwester Irina 1919 in Moskau. Irina starb ein Jahr darauf in einem Kinderheim.

4 · »Oh, meine Freundinnen beim Schlangestehen – ihr eleganten Kleinbürgerinnen und schmutzigen Weiber!« Die Wirren des Bürgerkriegsmoskau, geprägt von Hunger, Armut, Gewalt, zwingen auch die Dichterin Zwetajewa in einen täglich neuen Kampf ums Überleben.

5 • »Ich lebe mit Alja und Irina (Alja ist 6, Irina 2 Jahre und 7 Monate alt) am Borissoglebskij pereulok, gegenüber von zwei Bäumen, in einem Zimmer im Dachstock – früher das von Serjosha. Mehl habe ich keins, Brot habe ich keins, nur unter dem Schreibtisch 12 Pfund Kartoffeln.« In der Nummer 6 lebte Marina Zwetajewa bis zu ihrer Emigration 1922.

6 · »Gestern las ich im ›Palast der Künste‹ (Powarskaja, 52, Haus Sollogubs, – meine letzte – erste! – Arbeitsstelle) die ›Fortuna‹.« Zwetajewa arbeitete hier von November 1918 bis April 1919, im selben Gebäude war auch die Informationsabteilung des Volkskommissariats für Nationalitätenfragen untergebracht.

7 · »Stachowitsch – Sonetschka Holliday – Wolodetschka – Sawadskij – das ist alles Frühling, frühlingshaft …« Das Jahr 1919 war geprägt von intensiven Freundschaften am Theater, darunter mit Sonja Holliday, Wolodja Alexejew und dem hier abgebildeten Schauspieler und Regisseur Jurij Sawadskij. Undatierte Aufnahme.

8 • »Den ganzen Tag habe ich gelitten (leide noch immer!). Eines muss ich (neben vielem anderen!) begreifen: besser als zu Hause fühle ich mich nur mit N. N.« Der Maler Nikolaj Nikolajewitsch Wyscheslawzew (1890-1952), den Zwetajewa im April 1920 im »Palast der Künste« kennenlernte, hier auf einer Aufnahme aus dem Jahr 1918.

9 • »N. N.! Es kommt die Stunde, da werden Sie alle Worte vergessen und ich alle erinnern.« Porträt Marina Zwetajewas von N. N. Wyscheslawzew, 1921.

10 • »Es ist wohl noch früh: die Sonne steht tief. (Ich lebe ohne Uhr.) Milioti im grauen Morgenrock und Gott weiß womit noch.« Wassilij Milioti (1875-1943), Maler, Mitglied der Künstlervereinigung »Blaue Rose«. Marina Zwetajewa besuchte ihn oft in seinem Atelier im »Palast der Künste«. Hier zwischen Georgij Tschulkow (links) und Genrich Tasteven (rechts), um 1910.

11 · »Wjatscheslaw Iwanow – das Byzanz des Denkens«. Mit dem symbolistischen Dichter Iwanow (1866-1949) verband Zwetajewa eine enge Freundschaft. Später trennten sich ihre Wege: Iwanow verschlug es nach Rom, Zwetajewa nach Prag und Paris.

12 • Auch mit dem Dichter Konstantin Balmont (1867-1942) war Maria Zwetajewa eng befreundet. Hier als Zweiter von rechts mit Freunden und seiner Tochter Mirra (1907-1970, ganz links), dem »Kind der Sonne, strahlend und aufrecht, wie ein junger Kentaur«, auf einer undatierten Aufnahme.

13 • »Lann. Das ist eine Abstraktion. Lann. Das hat es nie gegeben. Das ist das, was *weggehen konnte* und folglich auch nicht hätte kommen müssen.« Marina Zwetajewa widmete dem exzentrischen Dichter Jewgenij Lann lange Briefe, die sie nicht abschickte. Hier auf einer Aufnahme aus den 1920er Jahren.

14 • »Oh, Blok, der im Morgentau hinter dem Pflug phantasiert! Wie rührend – und wie unglaubwürdig!« Alexander Alexandrowitsch Blok (1880-1921) war ein bedeutender symbolistischer Dichter. Ihm widmete Zwetajewa ihren Verszyklus »Gedichte an Blok« (1916). Aufnahme aus dem Jahr 1919.

15 • »Rodsewitsch, *alles* hängt von Ihnen ab. Ich bitte Sie nur um eines, erwidern Sie meine Bitte. Ich muss Ihnen *alles* sagen und wissen, dass Sie mir zuhören.« Mit Konstantin Rodsewitsch (1895-1988, im Bild erste Reihe rechts sitzend), einem Studienfreund ihres Mannes, verband Zwetajewa 1923 eine stürmische Affäre. Bei Prag 1923.

16 · »Murr, gestern: ›Alja, hast du wirklich mit deinen eigenen Augen Russland gesehen: Moskau: nun all das ... was ich *nie* gesehen habe ...?‹« Der Sohn Marina Zwetajewas, Georgij Efron, genannt Murr, wurde im Februar 1925 im Prager Exil geboren, im November desselben Jahres übersiedelte die Familie nach Paris. Hier mit Zwetajewa, ca. 1928.

17 • »Herr, lass mich vor Serjosha und Alja sterben.« Dieser inständige Wunsch Marina Zwetajewas ist auf tragische Weise in Erfüllung gegangen. Am 31. August 1941 erhängte sich Marina Zwetajewa in Jelabuga, Sergej Efron wurde am 16. Oktober 1941 in der Lubjanka erschossen, Ariadna (Alja) Efron erlitt 1975 einen Herztod. Hier auf einer Fotografie aus den 1930er Jahren.

18 • »Aber das Wichtigste sind die Notizbücher, das ist meine Leidenschaft, denn in ihnen ist am meisten Leben« – für Marina Zwetajewa waren ihre Notizbücher Begleiter in allen Lebenslagen, Stützen und »Ohrenzeugen« (Rakusa).

19 • Das erste überlieferte Tagebuch stammt aus dem Jahr 1913, da war Marina Zwetajewa 21 Jahre alt. Bis 1939 füllte sie zahlreiche weitere Notizbücher und Hefte, die häufig von ihr selbst zusammengenäht waren. 15 Notizbücher sind erhalten geblieben und werden im Russischen Staatlichen Archiv für Literatur und Kunst in Moskau aufbewahrt.

20 • Auf Deutsch notiert Marina Zwetajewa hier: »Ihr Etzel musste mit einem Schuss enden, wirklich, auch *physisch* stürzen. Warum haben Sie ihn lebendig bei einer *toten* Mutter begraben. Denn *tot* ist Ihre Sofia Anderg⟨ast⟩, – darum ist sie ja so jung, mit ihren *allen* Zähnen – tot vom Anfang als sie vom Kinde ging. Denken Sie an Anna Karenina.« (Siehe S. 483 in diesem Band)

ANHANG

Ilma Rakusa:
»Aber das Wichtigste sind die Notizbücher, das ist meine Leidenschaft, denn in ihnen ist am meisten Leben« – Marina Zwetajewas faszinierende Tagebuchwelten

> »... und von den Dichtern will man
> *de l'inédit.*«
> Marina Zwetajewa an Rainer Maria Rilke[1]

Für Marina Zwetajewa waren ihre Notizbücher Lebensbegleiter, Stützen und »Ohrenzeugen« in schwierigen Zeiten. Was immer sie umtrieb, vertraute sie ihnen an, wann immer sie konnte, beugte sie sich über sie. Schon als Kind und Jugendliche begann sie zu notieren. Ihr erstes überliefertes Tagebuch stammt von 1913, da war sie 21 Jahre alt. Bis 1939 füllte sie zahlreiche weitere Notizbücher, die sie teils von Verwandten und Freunden geschenkt bekommen hatte oder selber aus linierten Heften zusammennähte, da sie kleinere Formate bevorzugte. Die fünfzehn erhaltenen Notizbücher werden im Russischen Staatlichen Archiv für Literatur und Kunst (RGALI) in Moskau aufbewahrt.

Welch große Bedeutung Zwetajewa ihren Notizbüchern beimaß, geht aus einer Aufzeichnung im Bürgerkriegsjahr 1919 hervor: Von »allen seelischen Dingen« bange sie am meisten um die Hefte ihrer Tochter Alja und um die eigenen Notizbücher, denn die Gedichte seien im Vergleich dazu nur eine »unvollständige Beichte«, »sie sind weniger genau, weniger – ich«.[2] Im Mai 1920 gestand sie dem Schriftsteller Wjatscheslaw Iwanow, der sie überreden wollte, einen Roman zu schreiben, ihre Leiden-

---

1 Brief an Rainer Maria Rilke vom 6. Juli 1926. In: Rainer Maria Rilke und Marina Zwetajewa. Ein Gespräch in Briefen. Hrsg. von Konstantin M. Asadowski. Frankfurt am Main: Insel Verlag 1992, S. 79.
2 In diesem Band S. 218.

schaft gelte den Notizbüchern. In diesen sei sie eine Stenographin des Alltags und der eigenen Gedanken, »in ihnen ist am meisten Leben«.[3] Später, in der Einsamkeit des Pariser Exils, wird ihr das Heft zur Rettung und zum Zufluchtsort. Wobei sie sich, im Hinblick auf eine mögliche Rückkehr nach Russland, besorgt fragt: »Wie soll ich mich von den Heften trennen?«[4] Im Oktober 1933 notiert sie: »Wenn ich auf meine Wörterbücher und Hefte blicke, möchte ich noch hundert und mehr Jahre auf Erden weilen. Amen.«[5] Tragischerweise kam es anders: Knapp acht Jahre später nahm sie sich im tatarischen Jelabuga das Leben.

Zwetajewas Notizbücher sind ein ebenso faszinierendes wie erschütterndes Zeugnis eines Lebens, das von schwierigsten Umständen (Revolution, Bürgerkrieg, Exil, Remigration) und von inneren Widersprüchen geprägt war. Sie sind Zeitchronik und Seelenprotokoll, Alltagsschilderung und Selbstreflexion. Sie enthalten suggestive Momentaufnahmen aus dem Bürgerkriegsmoskau 1918-1920, bittere Berichte über Einsamkeit und Liebesqual, daneben Briefentwürfe an den verschollen geglaubten Mann und an Freunde und immer wieder Auszüge aus den Heften der Tochter Alja und später Zitate aus Gesprächen mit ihrem Sohn Murr. Auch die sprachliche Palette ist somit vielfältig: zwischen Narration und Dialog, Aphorismus und Brief. Immer scheint Zwetajewa um den treffenden Ausdruck bemüht, immer erkennt man ihre Handschrift, die Prägnanz und Eigensinn vereint. Der Devise »Ich sehe alles auf meine Art« entspricht ein lakonischer, zum Apodiktischen tendierender Stil, kraftvoll und durch eine eigenwillige Interpunktion verstärkt. Zwetajewa löst ein, was sie poetologisch fordert: Gemeinplätze um jeden Preis zu mei-

---

3 Ebd., S. 327.
4 Ebd., S. 458.
5 Ebd., S. 495.

den. Nicht umsonst hat sie Teile ihrer Notizbücher – leicht überarbeitet – in den 1920er Jahren in verschiedenen russischsprachigen Exilzeitschriften veröffentlicht, ja sogar eine Buchpublikation unter dem Titel »Irdische Zeichen« geplant. Die Notizbücher waren ihr mehr als flüchtige Notate oder Materialsammlungen.

Allerdings gibt es Passagen, wo der Alltag in seiner Rohheit ins Notizbuch schwappt. Im Revolutionsjahr 1917 schreibt Zwetajewa in Feodossija auf der Krim: »Mein Leben ist wie dieses Notizbuch: Träume und Gedichtfragmente *versinken* unter Listen, wo Schulden, Kerosin, Speck vermerkt sind. Ich gehe wirklich zugrunde, meine Seele geht zugrunde.«[6]
Thematisch kreisen die Notizbücher um Zwetajewas Erleben, Fühlen und Denken, um aktuelle Ereignisse, die oft zu allgemeineren Reflexionen Anlass geben. Der erste Eintrag im ersten Notizbuch, datiert vom 30. September 1913, beginnt so: »Eifersucht – mit diesem fremden und wunderbaren Wort beginne ich dieses Heft.« Ausgelöst wird das Gefühl dadurch, dass die einjährige Tochter Ariadna (Alja) nicht »Mama«, sondern »Lilja« ruft, was den Stolz der Mutter kränkt. Doch Zwetajewa belässt es nicht bei der bloßen Feststellung, sondern analysiert ihr Empfinden. Dabei kommt sie zu dem Schluss, dass sie bislang nur auf Bücher eifersüchtig war, nicht aber auf Menschen. Eifersucht als Novum. Monate später der selbstbewusste Satz: »Ich kenne keine Frau, die dichterisch begabter wäre als ich. – Eigentlich müsste ich sagen – keinen Menschen. (…) An meine Gedichte glaube ich unerschütterlich – so wie an Alja.«[7]
Doch läuft es schon bald auf einen Konflikt zwischen Leben und Kunst, Dichtung und Alltag hinaus, der Zwetajewa nie mehr loslassen wird. Nach der Revolution steht sie, mit zwei Kindern

---

6 Ebd., S. 42.
7 Ebd., S. 8.

(Alja und Irina) an der Hand, in Moskau, ihr Mann Sergej Efron schließt sich der Weißen Armee an, sie wird ihn erst 1922 in der Emigration wiedersehen. »Dichter und Frau – allein, allein, allein – wie eine Eiche – wie ein Wolf – wie Gott – inmitten von allerlei Pest im Moskau des Jahres 1919.«[8]
Mit einer Eindringlichkeit sondergleichen schildert Zwetajewa den Alltag in ihrer Dachwohnung am Borissoglebskij pereulok 6, schildert Hunger und Kälte, das Anstehen nach Mehl, Brot, Kartoffeln, Brennholz, die Sorge um die Kinder. Sie tut es ohne Weinerlichkeit und Selbstmitleid, doch mit einem Detailrealismus, der schaudern macht. Nicht von Stift oder Feder ist die Rede, sondern von Beil und Säge, mit denen Möbel zum Verfeuern zerhackt werden. Zwetajewa schreibt, wenn überhaupt, zwischendurch oder wenn die Kinder schlafen, selber gönnt sie sich nicht mehr als fünf Stunden Ruhe. Schon im Morgengrauen setzt sich der Überlebenskampf fort. Dennoch bringt sie es nicht über sich, eine Stelle anzunehmen. Nur wenige Wochen arbeitet sie im Volkskommissariat für Nationalitätenfragen, archiviert Zeitungsmeldungen. Dann gibt sie es auf, nicht ohne die dortige Atmosphäre mit Ironie und Witz einzufangen.
Trotz ihrer Kurzsichtigkeit ist Zwetajewa, die nie eine Brille tragen wollte, eine glänzende Beobachterin. Sie schaut zu – und sie hört zu. Überall schnappt sie Sätze auf oder verwickelt sich in Gespräche. Auf Märkten, beim Schlangestehen, in Kommissionsgeschäften, im »Palast der Künste«, wo es eine Kinderbetreuung und kostenloses Essen für Alja gibt. Die Zeiten sind extrem. Nicht nur dominiert von Hunger, Armut und Krankheit, sondern auch von Gewalt. Zwetajewa wird vor der eigenen Haustür ausgeraubt, der Räuber später öffentlich gehenkt. So ist das wirre Bürgerkriegsmoskau, dem Zwetajewa nur eines zugutehält: nicht spießig zu sein.
Denn Spießertum ist ihr ein Gräuel. Die Revolution lehnt sie ab,

---

8 Ebd., S. 216.

mit dem Bolschewismus sympathisiert sie, eine Anhängerin des »Aristokratismus«, mitnichten. Dennoch zeigt sie sich mit ironischem Understatement dankbar für das, was er ihr gegeben hat: »Die Freiheit der Kleidung (einer Maskerade rund um die Uhr), des Wortes (nichts zu verlieren!), des Todes wann immer (man muss nur auf einen Platz gehen und schreien: *Vive le Roi!*), des Nächtigens unter freiem Himmel, – das heroische Abenteuer der Bettelarmut.«[9] Zum Thema der »Rechtfertigung des Bösen« möchte sie sogar einen Aufsatz schreiben und diesen »auf offener Bühne vorlesen«. Sie scheut keine Konfrontation und keine Häresie, immer zu Provokationen bereit, die auch das eigene Selbstverständnis betreffen.

Die Notizbücher der Jahre 1918-1920 gehören zu den umfangreichsten und intensivsten, indem sie einige der turbulentesten Jahre russischer Geschichte im Brennspiegel von Zwetajewas Alltag zeigen und darüber hinaus persönliche Dramen offenlegen. Nicht genug damit, dass Zwetajewa keine Nachricht von ihrem verschollenen Mann hat und das Leben ihr Äußerstes abfordert, im Februar 1920 stirbt ihre jüngere Tochter Irina im Kinderheim – an Unterernährung. Sie hatte beide Kinder, auf Anraten einer befreundeten Ärztin, in ein Kinderheim außerhalb von Moskau gebracht, weil sie dort angeblich besser ernährt würden. Doch das erwies sich als Illusion. Alja erkrankte an Malaria und konnte mit knapper Not gerettet werden, Irina aber verhungerte. Nicht nur Zwetajewas Schilderungen ihrer verzweifelten Besuche im Kinderheim (bei Tiefschnee und eisigen Temperaturen) erzeugen Gänsehaut, mehr noch die Mischung aus Schmerz und Schuld, die der Tod der Jüngeren in ihr hervorrief. Sie habe dieses »Zufallskind« nie wirklich geliebt, habe es nie verstanden. »Sie war für mich ein Wesen *ohne Zukunft*.«[10] Und mit jäher An-

---

9 Ebd., S. 137.
10 Ebd., S. 253.

rede: »Du seltsam-unverständliches (...) Wesen, allen fremd, niemandem zugetan – mit so herrlichen Augen! – in einem so fürchterlichen rosa Kleid! In welchem Kleid hat man sie beerdigt? – Auch ihr Pelzmäntelchen ist dort geblieben.«[11]
Mit der hochbegabten Alja fühlte sich Zwetajewa symbiotisch verbunden (»Alja und ich sind – eins«[12]), mehrere Notizbücher sind angefüllt mit Bemerkungen über die Tochter beziehungsweise mit Gedichten und Notizen von Alja selbst, die ihr eigenes Heft führte. Was die Siebenjährige in einem Brief über ihre Mutter schrieb, hat – bei aller schwärmerischen Verehrung – die Qualitäten eines literarischen Porträts: »Marina! Sie gleicht einem heiligen Märtyrer. Ihre Haare locken sich wie bei einem Erzengel. Sie geht, als wäre sie eine fliegende Schneeflocke! Sie redet, als würde sie singen, wie ein prächtiger Vogel. Sie singt – wie nicht einmal Gott singen kann (...). Sie betet, wie nur Engel zu Gott beten. Und redet wie keiner sonst. Sehr gewandt. Ohne zu wissen, um *welchen* Gegenstand es sich handelt, beschreibt sie ihn schon. Sie ist wahnsinnig mutig, mutiger als jeder Ritter. Sie schreibt Gedichte. Sie weiß alles im Voraus. Schwierigkeiten meistert sie mit leichtem Lächeln. Sie ist sehr zäh. Bereit, in Haft zu gehen. Mit einem einzigen Blick kann sie einen Verrückten besänftigen. (...) Sie kann eine Woche lang nicht essen. Sie liebt die Musik. Spielt sogar Klavier. Kann wunderbar erzählen. Großartiges Gedächtnis. Sie schreibt Stücke und Bücher. Sie hält jede Qual aus und stemmt jedes Gewicht. Sie kann an Pest erkranken – und stirbt nicht. (...)«[13]
Zwetajewa charakterisiert Alja als nachgiebig und »*fluid*«, völlig spontan und ohne Posen, als großzügig, mit ausgeprägtem Sinn für Schönheit und mit großer Liebe zur Natur. Ein »Lieblingskind«, »gespiegelt im blanken Parkett eines vornehmen Hau-

---

11 Ebd., S. 254.
12 Ebd., S. 259.
13 Ebd., S. 207, 208.

ses«.[14] Sie selbst sei mit sieben ganz anders gewesen: unspontan, widerspenstig, hartnäckig, erbittert starrsinnig, jungenhaft und »pferdehaft«. »Ich war lauter Ecken und Spitzen.«[15]
Man muss sich Zwetajewa als sowohl leidenschaftliche als auch ungewöhnlich freizügige Mutter vorstellen. An Kinder hat sie hohe Erwartungen, von »Kindereien« hält sie nichts. Zugleich ist sie sich bewusst, dass Mutterschaft auf dem Gebiet der Geschlechtlichkeit für sie einen Zwiespalt darstellt. Es ist nicht der einzige Zwiespalt, der ihr zu schaffen macht, aber ein wichtiger. Und gerät sie in den Sog einer Liebesaffäre, tritt die Mutterliebe mitunter in den Hintergrund.
Kurze Zeit nach Irinas tragischem Tod bahnt sich ein anderes Drama an: Zwetajewa verliebt sich in den Künstler Nikolaj Wyscheslawzew, der ihre heftige Zuneigung nicht erwidern mag. Hungrig nach Zärtlichkeit, verzehrt sich Zwetajewa vor Kummer, fällt in eine Depression, die sogar Selbstmordgedanken in ihr auslöst. Ihre sprichwörtliche Vitalität weicht Niedergeschlagenheit, sie meidet Treffen mit Freunden, vernachlässigt Alja, vergräbt sich ins Heft, in Gedichte und Bücher. Die Arbeit als Ausweg, das Spartanertum als Fundament. Und die ewige Frage: »Warum liebt mich niemand?«[16]
Über die Liebe sinniert Zwetajewa in ihren Notizbüchern unentwegt, als wäre sie das zentrale Thema ihrer Existenz und ein Rätsel, das trotz akribischer Analyse nie zu lösen ist.»Wenn ich einen andern liebe, verachte (verliere) ich mich selbst, wenn ich von einem andern geliebt werde, verachte (verliere) ich ihn. – Dann schon lieber – lieben! (Wahrscheinlich habe ich keine Ahnung, was Liebe ist, so wie ich keine Ahnung habe, was der andere ist.)«[17]
Diese Äußerung gehört zu den luzidesten, die Zwetajewa der

14 Ebd., S. 372.
15 Ebd.
16 Ebd., S. 314.
17 Ebd., S. 344, 345.

Liebe gewidmet hat. Sie deutet an, dass es ihr letzten Endes stets um die Liebe zur Liebe gegangen ist, nicht um die zu einem konkreten Gegenüber. Darum ihre maßlosen Projektionen, darum die Zurückweisungen durch den überforderten Andern. Ein Muster, das sie vielfach durchspielen wird: vor allem in ihren epistolarischen Romanen mit Boris Pasternak und Rainer Maria Rilke, mit Alexander Bachrach, Anatolij Stejger u. a. Was jedoch die Reflexion über Liebe betrifft, so hat sie sie ihren Heften anvertraut, in verblüffend prägnanten Formulierungen. So sind die Notizbücher denn eine wahre Fundgrube an Liebesaphorismen.

Doch zurück zur Realität des Jahres 1920. Im November begegnet Zwetajewa dem Dichter Jewgenij Lann, der für einige Tage aus Charkow angereist ist, um ihr Nachrichten von ihrer Schwester Anastassija zu bringen. Der exzentrische, dandyhafte, selbstverliebte Lann, den Alja (nicht ohne kindliche Eifersucht) als »Märtyrer und Peiniger« charakterisiert, weckt in Zwetajewa erneut Liebessehnsüchte. Allerdings ist die Zeit des Besuchs zu kurz, um Nähe herstellen zu können. Und so verlegt Zwetajewa ihre geballte Emotionalität in lange Briefe, die sie an Lann adressiert, ohne sie jeweils zu beenden und abzuschicken. Im Notizbuch sind sie erhalten – als Dokumente schonungsloser Selbstentblößung. Um Lann wissen zu lassen, wie sehr sie an ihm gelitten hat, notiert Zwetajewa: »Und so hat mein nüchternes, vernünftiges, feuerfestes Asbestherz – im Wasser sinkt es nicht, im Feuer brennt es nicht! – begriffen, sich bezwungen – und losgelassen.«[18] Dann folgt die stolze Feststellung, es gehe »ohne«, »ich kann nicht *ohne*« gelte nur dann, »wenn der andere nicht kann ohne«. Doch belässt es Zwetajewa nicht bei dieser heldischen Geste. Im Januar 1921 weiht sie Lann in eine neue, ganz ungewöhnliche Liebschaft ein: zum achtzehnjährigen Bolschewiken Boris Bessarabow. Der kräftige, rotbackige, gutmütige junge Mann verehrt

18 Ebd., S. 395.

nicht nur ihre Gedichte, er hilft ihr in praktischen Dingen, schreibt zusammen mit ihr in nächtelanger Arbeit das Versmärchen »Die Zarenbraut« ab und erweist ihr zärtliche Fürsorge. Ein Bär mit Zauberhänden, ein Kommunist der integersten Art. Marina ist glücklich, Alja – völlig neidlos – ist es auch. Pikant aber bleibt, dass Zwetajewa ihre rührende Geschichte in allen Details einem Dritten schildert: Lann. Braucht sie einen Zeugen, als Beweis, dass es dieses unschuldige Wunder wirklich gegeben hat? Auch Boris wird sie verlassen, Mitte Februar 1921 wird er eingezogen, und Zwetajewa macht den »russischen Recken« zum Vorbild für ihr Poem »Jegoruschka« (das sie aber nie vollendet). Ihr Abschiedsbrief an Boris ist von überschwänglicher Zärtlichkeit: »Ich bin erwärmt und erhitzt von Ihren Liebkosungen! (...) Sie haben – wie mit einem Hammer – aus meinem eisernen Herzen Funken geschlagen!«[19] Zugleich imaginiert Zwetajewa sich und Boris als ein unausrottbares Geschlecht im Zeichen der alten »Rus'«, das von keinen »X und Y«, von keinen »Itzaks und Lejbs« bezwungen werden kann.

Solch volkstümlicher Nationalismus – mit einer Spitze gegen das kosmopolitische Judentum – mag erstaunen, gehört aber in den Kontext von Zwetajewas romantisierender Beschäftigung mit Märchenstoffen. Für das Judentum hegte sie, als Tochter einer ausgesprochen philosemitischen Mutter, Sympathien; mit der Außenseiterrolle der Juden identifizierte sie sich in ihrem vielzitierten Vers (aus dem »Poem vom Ende«, 1924): »In dieser christlichsten aller Welten / Sind die Dichter – Juden.« Trotzdem finden sich in den Notizbüchern da und dort unwirsche antijüdische Klischees: »Den Juden kann ich nicht verzeihen, dass sie sich überall *drängen*.«[20] Psychologisch aufschlussreich ist das Bekenntnis: »Mit den Menschen bin ich von einer affenartigen Gewandtheit (nur in die entgegengesetzte Richtung,

---

19 Ebd., S. 415.
20 Ebd., S. 186.

ich wiederhole die Bewegung *umgekehrt*. Beispiel: in Gegenwart von Judenfreunden hasse ich die Juden, in Gegenwart von Judenhassern vergöttere ich sie – und immer aufrichtig – bis zu Tränen! Liebe durch Abstoßung.)«[21]

Zwetajewa lässt sich nie und nirgends auf einen Nenner bringen. Gerade ihre Notizbücher belegen die Widersprüchlichkeit ihres Charakters und ihrer Äußerungen. Ob es um Liebe geht, um Frausein, um Religion oder Russland. Sie mochte Frauen, hatte auch mehrere Liebschaften (zum Beispiel mit der Dichterin Sofja Parnok) und vermerkt in den Heften, wie sehr Frauen von ihr angezogen seien. Doch wenn sie über ihre Lektüre von Karolina Pawlowa spricht – »der Kopf trübt sich, das Herz schlägt im Hals, der Atem stockt« –, resümiert sie: »Ein Pathos der Ausweglosigkeit!«[22] Sich selbst bezeichnet sie als »Wesen«, nicht als »eine Frau«. Weibliche Attribute, schicke Kleidung, Schminke und Lippenstift, lehnt sie kategorisch ab. Sie beharrt auf ihrer »*fröhlichen austerité*« und den »strengen Zügen eines mittelalterlichen Novizen«. Dazu notiert sie: »Ich vergöttere Männer – und bin überhaupt nicht eine Feministin! Aber ich vergöttere sie mit dem Herzen – dem Einzigen, was weiblich ist an mir!«[23]
Nicht von ungefähr verehrt sie Jeanne d'Arc, die tapfere Jungfrau von Orléans, die mannhaft ihrer Mission folgt und auf dem Scheiterhaufen endet. »Literatur? – Nein! – Was bin ich für ein ›Literat‹, wo ich alle Bücher der Welt – die fremden und die eigenen – für ein einziges Flämmchen von Johannas Scheiterhaufen hergeben würde! Nicht Literatur, sondern Selbstverbrennung.«[24]
Zwetajewas Maximalismus kennt keine Grenzen, ihre Leidenschaft trägt – auch wenn sie mitunter phönixhaft wirkt – den

---

21 Ebd., S. 278, 279.
22 Ebd., S. 257.
23 Ebd., S. 136.
24 Ebd., S. 273.

Keim der Selbstvernichtung in sich. Ob in Form der Selbstauflösung im andern oder in der trotzig-verzweifelten Absage an eine Welt, die sich feindlich oder gleichgültig gibt. »*Mich* braucht keiner: *mein* Feuer braucht keiner, weil man darauf keine Grütze kochen kann.«[25] Dies schreibt sie 1932 in Clamart bei Paris, betont aber: »dasselbe war in Moskau und zur Zeit der Revolution.« Und so erstaunt es auch nicht, dass das Motiv des Selbstmords schon früh anklingt, um zu einem ständigen Begleiter zu werden. Am 14. März 1919 heißt es: »Ich werde natürlich Selbstmord begehen, denn mein ganzes Liebesverlangen ist – Todesverlangen. Das ist viel komplizierter als ›ich will‹ oder ›ich will nicht‹.«[26] Im selben Jahr: »Der Tod ist nur für den Körper schrecklich. Die Seele denkt ihn nicht. Darum ist – beim Selbstmord – der Körper der einzige Held.«[27] Wenig später, als Zwetajewa der Tochter klagt, alles sei so traurig und es wäre wohl besser, sich aufzuhängen, kontert diese: »Sich aufhängen – zum Leben!«[28] Die Mutter aber bleibt bei ihrer Meinung und notiert visionär: »… mit Trauer denke ich daran, dass ich unvermeidlich durch die Schlinge sterben werde.« Am 31. August 1941 hat sich diese böse Vorahnung bewahrheitet.

Der dunklen Grundierung von Zwetajewas Wesen steht jedoch – zumindest bis zu den späten Jahren des Exils und der Rückkehr in die Sowjetunion – eine sprühende, ansteckende Lebensfreude entgegen, ein kraftvolles Kontra, das sich nicht kleinkriegen lässt. Zwetajewa ist großzügig, enthusiastisch im Geben, kämpferisch, selbstbewusst. »Kühnheit: Entrüstung, Begeisterung, manchmal einfach *Vernunft*, immer – Herz.«[29] Die Aufschrift auf ihrem künftigen Grabkreuz soll lauten: »Sie lacht

25 Ebd., S. 459.
26 Ebd., S. 78.
27 Ebd., S. 96.
28 Ebd., S. 99.
29 Ebd., S. 490.

nicht mehr.«[30] Das klingt ein wenig nach schwarzem Humor, doch hat Zwetajewa immer ihre Fähigkeit hervorgehoben, nach außen Vitalität, nicht Tristesse zu verbreiten. »Wenn Gott mir eine lange Nase und tränende Augen gegeben hätte ... Aber meine Nase ist hochnäsig – und weinen tu ich allein.«[31]
Im Labor ihrer Notizbücher analysiert sich Zwetajewa mit Akkuratesse, evoziert die Eigenheiten der Siebenjährigen wie die Seelenabgründe der Dreißigjährigen, die – früh ergraut – am meisten daran leidet, nicht als die erkannt und gebraucht zu werden, die sie wirklich ist. Gemeint sind der Mensch *und* die Dichterin, deren Unzertrennlichkeit für Zwetajewa feststeht.
Liebe und Poesie könnten die Rettung sein. Doch fühlt sich Zwetajewa nur selten verstanden und angenommen, ganz besonders in der Emigration.
Im turbulenten Jahr 1919 gab es trotz allem Freundschaften: mit den Schauspielern Sonja Holliday und Wolodja Alexejew, mit Pawel Antokolskij, Jurij Sawadskij und den Dichtern Konstantin Balmont und Wjatscheslaw Iwanow. Zwetajewa verkehrt in Theaterkreisen, schreibt selber Theaterstücke (u. a. »Der Schneesturm«, »Fortuna« und »Phoenix« über den alten Casanova auf Schloss Dux). Für den Ansturm der Gedichte reichen zwei Hände oft nicht aus: »Die Verse kommen in einem solchen Übermaß, dass ich gar nicht weiß – was schreiben, was verwerfen. (...) Es fehlt nicht an Zeit, – *es fehlt an Händen!*«[32] Aber das Echo ist gering. Die Theaterstücke werden nicht aufgeführt (und erst Jahre später gedruckt), die Gedichtbände, die Zwetajewa dem Staatsverlag vorlegt, erscheinen nicht. Und selbst geachtete Kollegen wie Alexander Blok, dem Zwetajewa Gedichte übergeben lässt, reagieren nicht. Bei Zwetajewas Debüt, 1910, war das anders: Maximilian Woloschin engagierte sich begeistert

---

30 Ebd., S. 214.
31 Ebd., S. 458.
32 Ebd., S. 196.

für die junge Dichterin und lud sie in seine Künstlerkolonie auf der Krim ein. Und auch Boris Pasternak zeigte sich 1922 tief beeindruckt von ihrem Gedichtband »Trennung«. Reaktionen auf Augenhöhe kamen vor, dennoch war es Zwetajewa, die Kollegen wie Anna Achmatowa, Alexander Blok oder Ossip Mandelstam Gedichtzyklen widmete und Pasternaks Band »Lichtregen« in einem Essay profund besprach. Zuwendung, Hingabe gehörten zu ihrem Naturell. Ein Bezogensein auf andere, das den subjektiven Blick freilich nicht ausschloss.

In ihrer Subjektivität gehen die Notizbücher bis zum Äußersten, gerade das macht sie interessant. Gleichzeitig gelingt es Zwetajewa, eigene Erfahrungen und Erkenntnisse in Formeln von aphoristischer Prägnanz zu bannen, die nicht selten paradox anmuten: »Logik ist für mich leidenschaftlicher als Enthusiasmus: Isolde im Harnisch von Jeanne d'Arc.«[33] Oder: »Mir kann man alles Mögliche beibringen: ich bin nachgiebig. Außerdem: ich sehe trotzdem alles auf meine Art.«[34] Über die Liebe: »Die einzige Liebe, vor der einem hinterher nicht übel wird, ist die Liebe *jenseits* des Geschlechts, die Liebe zum andern in seinem Namen. Alles andere: Täuschung, Dunst.«[35] »In der Liebe ist der im Recht, der schuldiger ist.«[36] Im Ringen mit sich selbst und den chaotischen Umständen versucht Zwetajewa Klarheit zu gewinnen: durch Zuspitzung, Übertreibung, Provokation. Ihre Apodiktik, der ein Hang zum Absoluten innewohnt, scheint indes nur darauf zu warten, widerlegt zu werden. Was nur beweist, wie prekär subjektive Wahrheiten sind, auch wenn sie messerscharf formuliert werden. Dennoch gilt: »Der einzige Sieg über das Chaos – ist die Formel.«[37]

33 Ebd., S. 151.
34 Ebd., S. 163.
35 Ebd., S. 225.
36 Ebd., S. 316.
37 Ebd., S. 36.

Aufschlussreich sind Zwetajewas Äußerungen über Gott, die Religion, die Natur. Gott führt sie oft im Mund[38], als wäre er ein Dialogpartner. »Der Mensch ist für Gott die einzige Möglichkeit – *zu sein*.«[39] »Als Gott mich erschuf, sprach er: Ich habe dich so erschaffen, dass du dir unweigerlich den Hals brechen wirst. Gib acht!«[40] »Schicksal: das, was Gott geplant hat. Leben: das, was Menschen (mit uns) gemacht haben.«[41] »Eines kann ich sagen: Gott (das Leben) habe ich *bis zur letzten Möglichkeit* geliebt.«[42] Gott bezeichnet Zwetajewa als ihren »Hausherrn«, sie betet zu ihm, sie bekreuzigt sich vor jeder Kirche und besucht mit Alja Gottesdienste, besonders zu Ostern. Idiosynkrasien gegen den orthodoxen Klerus, wie sie in ihrem autobiographischen Prosatext »Der Teufel« (1935) zum Ausdruck kamen, finden sich in den Notizbüchern nicht. Gott ist das Gegenüber, das Zwetajewa in Not und Verzweiflung anruft, von ihm erwartet sie Wunder. Und während sie Fahnen aller Couleur verachtet, ist ihr das Kreuzzeichen heilig. Glaube, Aberglaube, fromme Häresie? Die metaphysische Suche einer »frondeuse«? Wie nebenbei notiert sie über Jesu Lieblingsjünger: »Johannes – vollendetes Jüngertum. Und was, wenn Johannes eine Frau war?«[43]

Zur Natur verhält sich Zwetajewa zwiespältig. Zu viel Ländlichkeit setzt ihr zu. Ihr Ideal: »Viel Mensch und wenig Natur – *nicht* umgekehrt. Bäume gefallen mir im Verein mit Stein. Bäu-

---

38 In dem von Ol'ga Revzina herausgegebenen Zwetajewa-Wörterbuch gehört »Gott« mit rund 1200 Einträgen zu den häufigsten Vokabeln im Werk von MZ. Dominanter sind »ich« und »du« mit rund 2700 Einträgen. Siehe Véronique Lossky: »Marina Tsvetaeva: la recherche de l'absolu«. In: Marina Tsvetaeva: Les Carnets. Publiés sous la direction de Luba Jurgenson. Paris: Editions des Syrtes 2008, S. 1046.
39 In diesem Band S. 35.
40 Ebd., S. 38.
41 Ebd., S. 45.
42 Ebd., S. 227.
43 Ebd., S. 174.

me + Bäume + Bäume – das ist *un peu trop*.«[44] Den eigentlichen Grund für ihren Naturüberdruss verrät sie in einem Eintrag vom Mai 1920: »Ich brauche eine Beziehung, einen lebendigen Kontakt, während die Natur – man mag sie noch so sehr lieben – nicht antwortet. Ihr ist es völlig gleich, ob ich das bin oder ein beliebiges Weibsbild. Man kann sie nicht umfangen! Und es gibt nichts Entsetzlicheres als das Verwüstetsein nach einem ganzen Tag im Freien. Unmöglich, sich zu sammeln. Und jederlei Schönheit – tut weh!«[45] Vergleicht Zwetajewa die Natur mit der Kunst, fällt ihr Urteil allerdings etwas milder aus. Die gepflügte Erde sei ihr lieber als Laokoon, »doch brauche ich im Grunde beide nicht«. Durch die Natur fühlt sie sich gekränkt, da diese ohne sie auskommt. »Ich aber möchte und will, dass man mich liebt! Darum sind mir die beiden Pappeln vor meinem Hauseingang lieber als große Wälder, – ob sie wollten oder nicht, haben sie sich in den letzten 6 Jahren an mich gewöhnt, haben bemerkt, wer sie so oft in der Morgendämmerung vor dem Hauseingang betrachtet hat.«[46] Die versuchte Anthropomorphisierung der Natur schafft Vertrautheit und Geborgenheit, während die Natur in ihrer Überfülle erdrückt. »Mit der Natur kann ich nicht verschmelzen; da ich *sie* nicht finde, verliere ich mich, gehe in ihrer Weite zugrunde, ster-be.«[47] Der Widerspruch artikuliert sich so: hier die Hauspappeln, dort der romantisierende Gestus, der »Sonne, Himmel und Bäume« umfasst; hier das deutsche Schwarzwald-Dorf, dort das Pathos weiter Landschaften. Aber da gibt es noch ein Drittes: die »Überwindung« der Natur, das heißt »gefährliche Pässe (…), Felsen, Berge, 30 Werst lange Wanderungen, – Aktivität!« Je größer die Herausforderungen, desto besser: »Nur dann lebe ich.«[48] Für das

---

44 Ebd., S. 155.
45 Ebd., S. 296.
46 Ebd., S. 318.
47 Ebd.
48 Ebd., S. 320.

Kontemplieren der »olympischen Natur« weiß sich Zwetajewa zu durchlässig. Gleichgültigkeit und Schönheit schmerzen, wie in der Musik, wie in der Liebe.

Wenn sich Zwetajewa Selbstschutz verordnet, dann durch Regeln und »Spartanertum«. »Tagsüber – das Handwerk, abends – das Gespräch, nachts – die Nacht, das nächtliche Element – ich.«[49] Und bitte nichts, was vom Weg abbringt, was verzaubert und verführt. Das sollte sich als schwierig erweisen, weil Zwetajewas Liebessehnsucht (vielleicht einem Mangel an Liebe durch die früh verstorbene Mutter geschuldet) rationalen Überlegungen wenig zugänglich war. Pascals Diktum »Das Herz hat Gründe, die der Verstand nicht kennt«[50] traf auch auf Zwetajewa zu. Immerhin durchschaute sie ihre Gefühle rasch, analysierte sie nach allen Regeln der Kunst und übte sich in eiserner Disziplin, was ihr Schreiben betraf. Das Heft, die Gedichte rangierten ganz oben. Sie waren Handwerk und Zeugnis, zugleich aber auch ein Stückchen Transzendenz, das heißt Überleben, Auferstehung.
Vom Schreiben ist viel die Rede, poetologische Reflexionen hat Zwetajewa oft von den Notizbüchern in Essays übertragen. Doch eine vergleichbare Rolle spielen die Lektüren: die Tagebücher der jung verstorbenen Marija Baschkirzewa (Marie Bashkirtseff), »Corinne« von Madame de Staël und Selma Lagerlöfs »Gösta Berling«, Romane von George Sand, Victor Hugo und Charles Dickens, »Goethes Briefwechsel mit einem Kinde« von Bettina von Arnim, Märchen von E. T. A. Hoffmann, Hauff und Andersen, Texte von Heine, Jean Paul, Rilke, Jakob Wassermann und »der ganze *Hoffmansthal* ⟨sic!⟩«, Gedichte von Mme de Noailles und Anna Achmatowa, die Journale der Brüder Goncourt und die Memoiren von Casanova. Und vieles mehr. Die Bücher sind

---

49 Ebd., S. 321.
50 Blaise Pascal, Pensée 477: »Le cœur a des raisons, que la raison ne connaît point.« In: ders.: Œuvres complètes, Paris: Gallimard 1954, S. 1221.

Gesprächspartner, Lehrmeister, Tröster in schwieriger Zeit – und Inspirationsquelle. Ein Leben ohne Bücher wäre für Zwetajewa, die schon früh in die zauberhafte Welt der Literatur hineinwuchs, unvorstellbar gewesen. Dass sie während der Bürgerkriegszeit aus Not Bücher verkaufen musste, um überleben zu können, war ein bitterer Schlag. Doch sorgte sie immer dafür, von Literatur umgeben zu sein. Noch bevor sie sich im Juni 1939 in Le Havre mit Sohn Georgij (Murr) einschiffte, um in die Sowjetunion zurückzukehren, kaufte sie sich Saint-Exupérys »Terre des hommes«. Im Gepäck hatte sie u. a. Werke von Mme Lafarge, Marie Curie und Pearl S. Buck. Unterwegs las sie Aufsätze über Dante und Augenzeugenberichte des französischen Höhlenforschers Norbert Casteret. Auch ein Buch über China verkürzte die Reise.

Zwetajewas Interessen sind vielfältig, erstrecken sich auf Belletristik wie auf Geschichte und die Naturwissenschaften. Bei den deutschen Romantikern ist sie ebenso zu Hause wie im französischen 18. Jahrhundert; Napoleon und dessen Sohn sind ihr eine Herzensangelegenheit. Über solche schwärmerischen Präferenzen mag man sich wundern. Fest steht, dass Zwetajewa Edmond de Rostands »Aiglon« mit Sarah Bernhardt ungeheuer beeindruckend fand.

Pathos darf sein, von Romanen lässt sich Zwetajewa emotional mitreißen. Doch verliert sie dabei nie den analytischen Blick. Madame de Staëls Roman »Corinne« über eine unglückliche Künstlerliebe geht ihr während ihrer Affäre mit Wyscheslawzew nahe, zugleich erkennt und benennt sie de Staëls spezifische Qualitäten: »*Mme de Staël* ist vor allem eine Beobachterin und Denkerin, darin gleicht sie meinen Notizbüchern. In ihr ist meine Tapferkeit verkörpert.«[51] Affinität allein aber macht für Zwetajewa nicht die Anziehungskraft bestimmter Autoren aus. Ihr Geschmack lässt mehr zu, ihr Urteil basiert auf verschiedenen

---

51 In diesem Band S. 317.

Kriterien. Über Goethe, Heine und Rilke lässt sie nichts kommen, den »Titanen« Victor Hugo bewundert sie, und zwar weit mehr als Lew Tolstoj. Tschechow aber kann sie nicht ausstehen. Warum dem so ist, wird in dem rapportierten Gespräch mit Wjatscheslaw Iwanow leider nicht gesagt.[52] Zum Thema Belesenheit äußert Zwetajewa im Prager Exil lakonisch: »Auch Belesenheit macht einsam, ›man verkehrt in hohen Kreisen‹.«[53] Solche Einsamkeit aber nahm sie bewusst in Kauf, sie war schlicht alternativlos.

Von Kompromissen verstand Zwetajewa nichts, es widerstrebte ihr zutiefst, aus Bequemlichkeit eigene Positionen zu verraten, den Weg des geringsten Widerstands zu wählen. Hier spielte die Erziehung mit, die ihr vor allem von Seiten der Mutter zuteilwurde. Auf mehreren, dichten Seiten porträtiert Zwetajewa die strenge Pianistin Marija Mejn: eine Bonapartistin und unbestechliche Wahrheitssucherin, die Alexej Tolstojs »Gegen den Strom« zu ihrer Lebensdevise machte. »Bücherkult, ans Bizarre grenzende Kultiviertheit (…). Und diese äußere Bescheidenheit: in der Kleidung, in den Gewohnheiten – 10 Jahre lang trug sie das gleiche Kleid, und sie ging immer zu Fuß … (…) Und Ironie fast bis zum Grab. (…) Und noch diese Sätze: ›Leid tut es mir nur um die Musik und die Sonne.‹ (O Gott! Bin das nicht

---

[52] Da es keine weiteren Äußerungen Zwetajewas zu Tschechow gibt, kann man nur mutmaßen, dass sie seine Werke als banal, resignativ und unpoetisch empfand. Diese Meinung teilte auch ihre Dichterkollegin Anna Achmatowa: »Tschechow und Lyrik schließen einander aus. Ich glaube niemandem, der behauptet, er mag sowohl Tschechow als auch Lyrik. In jeder beliebigen seiner Arbeiten gibt es mit Lyrik nicht zu vereinbarende ›Kolonialwaren‹, Ladenschwüle. Seine Helden sind langweilig, vulgär, provinziell.« Zitiert in: Anatoli Naiman: Erzählungen über Anna Achmatowa. Aus dem Russischen von Irina Reetz. Frankfurt am Main: S. Fischer 1992, S. 60.
[53] In diesem Band S. 432.

ich?!)«[54] Tatsächlich sind die Parallelen frappant, auch was die Ironie betrifft. (Dass Zwetajewa gelegentlich sogar witzig sein konnte, belegt in den Notizbüchern ihre amüsante Korrespondenz mit ihrem Mann während eines offenbar sterbenslangweiligen Vortrags von Rudolf Steiner in Prag.) Am Erbe der Mutter trug Zwetajewa zeitlebens schwer, obwohl sie ihr auch viel Wertvolles verdankte. Nie zu verschmerzen war ihr früher Tod, der die beiden Töchter – Marina mit vierzehn, Assja mit zwölf – in eine ungeborgene Freiheit entließ.

Wenn Zwetajewa in einem Eintrag des Jahres 1919 über die »Universalität des Buchstabens M.« nachdenkt, so weil er sich auf »Mutter« und »Mama« bezieht: »Mutter – Meer – Menschheit – Märchen – Macht – Massensterben – Monarchie – Maria – Mantel – Musik – Mond – Moskau! – usw. Einfach, weil der erste Buchstabe, der einem Kind über die Lippen kommt, der erste, den es ausspricht, ›Mama!‹ ist.«[55]

Die Liste, die in der Übersetzung stellenweise modifiziert wiedergegeben werden musste, ist aber auch jenseits des Mutter-Begriffs interessant, indem sie etwa »Massensterben«, »Monarchie« und »Moskau« zusammenführt. Zwetajewas subjektive Sicht kommt auch hier zum Ausdruck. Ebenso ihre Vorliebe für lautmalerische Sprachspiele.

Die Sprache ist in den Notizbüchern ein zentraler Akteur. Sie kennt keine Nachlässigkeiten, nur in den späten Jahren macht sich eine Tendenz zum Stenogrammhaften bemerkbar, mit Abkürzungen und offenen Enden. Auch wechselt Zwetajewa öfter ins Französische, schreibt ganze Passagen in der Sprache ihres Exils. Deutsche Ausdrücke tauchen in allen Notizbüchern auf, ob als Zitate oder als Wörter, die sich im Russischen eingenistet haben (wie »Wunderkind«). Durch die fremdsprachlichen »In-

---

54 Ebd., S. 220, 221.
55 Ebd., S. 187, 188.

tarsien« setzt Zwetajewa Akzente, lenkt die Aufmerksamkeit auf die Spracharbeit. Diese steht für sie immer im Vordergrund, ungeachtet des Genres. Gedichte, Briefe, Tagebucheinträge zeigen die gleiche Sprachintensität, geprägt von Knappheit, Musikalität, Rhythmusgefühl und einem Hang zum Paradoxen, während in dialogischen Szenen Lebendigkeit und Dramatik vorherrschen. Und nicht zuletzt die Überfülle an Satzzeichen (Tirets, Ausrufezeichen, Doppelpunkte usw.) verdeutlicht die Leidenschaft von Zwetajewas sprachlichem Gestus, der nicht einmal in Aphorismen zur Ruhe kommt. Weil ein Gedanke den andern jagt, ein Wort nach dem nächsten ruft. Soll etwas gekappt werden, dann messerscharf, aufgrund einer oft schmerzlichen Willensentscheidung.

Was die Notizbücher aber zweifellos einzigartig macht, ist ihr Laborcharakter. Die Existenz, wie sie sich Zwetajewa in unzähligen Facetten darbot, wird als reflektierte und notierte zum Experiment. Im Zentrum steht das Selbst der Autorin, die sich schonungslos entlarvt: äußerlich wie innerlich, in ihren Beziehungen zu Menschen wie zur Natur, zu Gott und zu Büchern. Und die dabei immer wieder die Frage stellt, wo die Grenzen dieses Selbst verlaufen, ob das Ich bestimmend ist oder die Umstände, ob Pflicht und Moral den Ausschlag geben oder der eigene Antrieb.[56] Wer den verschlungenen Wegen von Zwetajewas Tage-

---

[56] Differenzierte Bemerkungen zu »Ich« und »Selbst« hat Zwetajewa in einem Brief an Pjotr Suwtschinskij (15. März 1926) gemacht: »Ich als solches bin in dem *Meinigen*. (…) Darum packe ich den Menschen in das Meinige, nie in mich, – von mir selbst halte ich ihn fern: ein Haus, in dem ich mich nie aufhalte. Mir selbst gegenüber bin ich in Eile – wie beim Waschen, Ankleiden, Essen, vielleicht bin ich als solches nur: ein paar Gesten, die entweder erzwungen sind (Alltag) oder zufällig (eine Laune des Moments). Wenn *ich* spreche, *ich* entscheide, *ich* handle, ist es immer falsch. *Ich* ist, wenn ich mich langweile (äußerst selten). *Ich* ist, was ich mit Vergnügen verwerfen, abwerfen werde, wenn ich sterbe. *Ich* ist, wenn mich das MEINIGE verwirft. *Ich* ist, was mich

büchern folgt, wird Zeuge eines selten radikalen Selbsterforschungsprozesses, erlebt aber auch eine luzide Beobachterin ihrer Umgebung und eine illusionslose Interpretin von Liebe, Macht und Tod. Patina haben die Notizbücher nicht angesetzt, ihre Frische und Unmittelbarkeit berühren, ja erschüttern. Das gelegentliche Pathos aber gehört zu Zwetajewas Charakter und Leben, das zwischen Extremen und Tragödien zerrieben wurde.

Es war kein Leichtes, eine konsistente Auswahl aus den fünfzehn erhaltenen Notizbüchern zu treffen, von denen drei nur in Fragmenten vorhanden sind. Dass es sich bei diesem Material bloß um einen Teil eines bedeutend umfangreicheren Konvoluts handeln muss, gilt bei Zwetajewa-Kennern als ausgemacht. Aber auch die mehreren hundert Seiten, die uns vorliegen, dürfen als Glücksfall gewertet werden. Angesichts von Zwetajewas turbulentem Leben hätte es anders kommen können.
Dennoch waren Kürzungen und Akzentsetzungen unausweichlich. Seitenlange Umzugslisten, detaillierte Aufzeichnungen über den Spracherwerb der Tochter Alja, später ausführliche Zitate aus Aljas Heften wurden nicht aufgenommen, ebenso wenig das Notizbuch 4, das praktisch nur aus Briefen und Erzählungen der fünfjährigen Tochter besteht. Verzichtet wurde auch auf einige Texte, die Zwetajewa in den zwanziger Jahren veröffentlicht hat und die in Band 1 der Werkausgabe abgedruckt sind, – so sollten Doppelungen vermieden werden. Anderes wurde beibehalten, um die Unterschiede zwischen der Erstfassung und der überarbeiteten Druckfassung aufzuzeigen. Aus solchen Differen-

---

immer verwirft. ›Ich‹ ist alles, was zu sein man mich zwingt. (…) ›Ich‹ ist EINFACH DER KÖRPER … et tout ce qui s'en suit: Hunger, Kälte, Müdigkeit, Langeweile, Leere, Gähnen, Schnupfen, Haushalt, zufällige Küsse und Ähnliches. Alles NICHTVERWANDELTE.« Zitiert in: Anna Saakjanc: Marina Cvetaeva. Žizn' i tvorčestvo. Moskva: Ellis Lak 1997, S. 438.

zen erschließt sich Zwetajewas Arbeitsweise. Das betrifft auch Briefe, deren Entwürfe in den Notizbüchern zu finden sind. Weggelassen wurden Aufzeichnungen, die sich, da kontextlos, nicht erschließen, oder andere, die nur über ausführliche Kommentare zu verstehen wären. Auch abgebrochene oder unvollständige Notate blieben oft unberücksichtigt. Wichtig war es, Intensität und Tonus der Notizbücher wiederzugeben und den Hauptlinien von Zwetajewas innerer und äußerer Biographie zu folgen. Dabei stand immer die Frage im Raum, wie Zwetajewa selbst ihre Aufzeichnungen gewichtet hätte. Abgesehen von den Einträgen, die sie zu Lebzeiten veröffentlichte, hat sie das eine und andere in den 1930er Jahren in sogenannte Schreibhefte übertragen, aus Angst, ihre Notizbücher könnten verloren gehen, und im Hinblick auf eine mögliche Verwendung bestimmter Passagen. Eine Auswahl aus diesen unveröffentlichten »kompilativen« Schreibheften, die auch Gedicht- und Briefentwürfe enthalten, ist in der Übersetzung von Felix Philipp Ingold 2017 erschienen.[57] Bis auf geringfügige Überschneidungen differieren die Notizbücher und Schreibhefte jedoch markant: Erstere sind viel umfangreicher, folgen einer strengen Chronologie und bezeugen durchweg ihren Tagebuchcharakter. Nur die Notizbücher bieten grosso modo ein lebensgeschichtliches Narrativ und beleuchten verschiedene biographische Details, die zuvor unbekannt waren. Ihre intime Dimension fasziniert dabei ebenso wie die Tatsache des »*inédit*«.

57 Bereits 2011 erschien in französischer Übersetzung ein »Sammelheft« aus den Jahren 1932/1933, das MZ nicht in die Sowjetunion mitnahm, sondern Mark Slonim anvertraute, von dem es in die Hände des Genfer Slawisten Georges Nivat gelangte. Das »Sammelheft« enthält Briefe, Entwürfe zu verschiedenen Essays und das Vorwort zu MZs Übersetzung ihrer Verserzählung »Mólodez« (Ein kleiner Held) ins Französische (Le Gars). Siehe Marina Tsvetaeva: Le cahier rouge. Traduit du russe et annoté par Caroline Béranger et Véronique Lossky. Avant-propos Georges Nivat. Préface Véronique Lossky. Postface Caroline Béranger. Paris: Éditions des Syrtes 2011.

Ohne Übertreibung lässt sich sagen, dass Zwetajewa zu den bedeutendsten Diaristen ihrer Zeit gehörte, gerade wegen ihres Eigensinns und ihrer unverwechselbaren Sprache. Romane hat sie nicht verfasst, aber ihre Notizbücher kultiviert, nach dem Motto: Leben ist Schreiben. Dies war ihr ureigenstes Bekenntnis, ihre ultimative Formel. Erst als das Schreiben vom Leben erstickt wurde, gab sie auch das Leben auf. Folgerichtig, im schrecklichen Kriegsjahr 1941.

Anmerkungen

Notizbuch 1

Das Notizbuch erhielt MZ von der älteren Schwester ihres Mannes, Jelisaweta Jakowlewna Efron (1885-1976), mit einer Widmung zum Geburtstag (1913). Die ersten Aufzeichnungen machte sie in Jalta, die weiteren in Feodossija, wo sie mit Mann und Tochter den Winter 1913-1914 verbrachte, sowie in Koktebel, im Sommer 1914. Zahlreiche Aufzeichnungen kreisen um die 1912 geborene Tochter Ariadna, genannt Alja, um deren Spracherwerb und Verhalten. Sie wurden für die deutsche Ausgabe gekürzt.

7 *Lilja* • Jelisaweta Jakowlewna Efron (1885-1976), die ältere Schwester von MZs Ehemann Sergej Jakowlewitsch Efron (1893-1941), Theaterpädagogin, Sprechlehrerin.
Alja • Rufname von MZs erster Tochter, Ariadna Sergejewna Efron (1912-1975).
8 *»Eugen Onegin«* • Versroman von Alexander Sergejewitsch Puschkin (1799-1837), erschienen 1825-1833.
»Verstand schafft Leiden« • Verskomödie von Alexander Sergejewitsch Gribojedow (1795-1829), entstanden 1824.
Ellis • Mit dem Dichter, Altphilologen, Übersetzer und Kritiker Ellis (eigentlich Lew Lwowitsch Kobylinskij, 1874-1947) war MZ in jungen Jahren befreundet. Sie widmete ihm das Poem »Der Magier« (1914), seinen Heiratsantrag lehnte sie ab.
Haus am Trjochprudnyj • Am Trjochprudnyj pereulok Nr. 8 in Moskau verbrachte MZ ihre Kindheit und Jugend. Neben dem Haus stand eine Pappel, auf die MZ im vorliegenden Kontext, aber auch in ihrer späteren autobiographischen Prosa mehrfach zu sprechen kommt.
Assja • Rufname von MZs Schwester Anastassija Iwanowna Zwetajewa (1894-1993), die Erzählungen und Lebenserinnerungen schrieb.
Marina Mniszek • (1588-1614) Tochter eines polnischen Magnaten, Gattin von Grigorij Otrepjew, dem »falschen Dimitrij« (1601 ermordet).

Charlotte Corday • Charlotte de Corday d'Armont (1768-1793), französische Landadlige und Republikanerin, die den Jakobinerführer Jean-Paul Marat aus Protest gegen den Blutterror 1793 im Bad erstach. Kurz danach wurde sie guillotiniert. MZ bewahrte eine Karte mit den faksimilierten Zeilen auf, die Corday vor ihrer Hinrichtung an ihren Vater adressierte.

9 *S⟨erjosha⟩* • Rufname von MZs Mann, Sergej Jakowlewitsch Efron.

Pra • abgeleitet von »pramater« (Urmutter), scherzhafte Anrede von Maximilian Woloschins Mutter, Jelena Ottobaldowna Woloschina (1850-1923).

Max • Maximilian Alexandrowitsch Woloschin (1877-1932), Dichter und Maler, in dessen Haus in Koktebel auf der Krim MZ häufig zu Gast war, hier lernte sie auch ihren Mann Sergej Efron kennen. Siehe den Erinnerungsessay »Lebendes über einen Lebenden« in Bd. 2 der Werkausgabe.

Mme de Noailles • Anna-Elisabeth Comtesse de Noailles (1876-1933), französische Lyrikerin und Romanautorin rumänischer Herkunft. MZ übersetzte 1916 ihren Roman »Die neue Hoffnung« (La nouvelle espérance, 1903).

11 *Datscha in Tarussa* • Hier verbrachte MZ mit ihrer Schwester und ihren Eltern die Sommer ihrer Kindheit. Siehe dazu die autobiographischen Erzählungen »Mutter und die Musik«, »Der Teufel«, »Die Geißlerinnen« in Bd. 1 der Werkausgabe.

14 *In der Lokalzeitung »Südliches Land«* • Hier scheint sich MZ zu irren. Die Zeitung »Südliches Land« (Jushnyj kraj) erschien in Charkow, womöglich handelte es sich um das Lokalblatt »Stimme von Feodossija« (Golos Feodossii), doch konnte auch dies nicht verifiziert werden.

Claudius • Der römische Kaiser Claudius (10 v. Chr. – 54 n. Chr.) galt als charakterschwach, weshalb er unter den Einfluss starker Frauen geriet. Er war viermal verheiratet, in dritter Ehe mit Messalina, die zum Inbegriff eines ausschweifenden Lebens wurde, zuletzt mit Agrippina, der Mutter Neros. Obwohl er Nero adoptierte, wurde er von Agrippina vergiftet.

Notizbuch 2

Dieses Notizbuch im Taschenformat bekam MZ von ihrer Schwester Anastassija, mit der Widmung: »Der lieben Marina von Assja. Herbst 1913, Moskau, Gute Reise! – zum wievielten Mal! Traurig, dass ich dich nicht zum Zug begleitet und ganz allein habe fahren lassen, doch in Gedanken bin ich neben den Wagen ›hergerannt‹ und habe mit dem Taschentuch gewinkt.«
Die Aufzeichnungen entstanden 1914-1916 in Feodossija, Koktebel, Moskau, wieder in Koktebel und 1915-1916 ausschließlich in Moskau. Sie beinhalten zahlreiche Einkaufs- und Ausgabenlisten, ferner Listen von Kleidern und Gegenständen, die sortiert und eingepackt werden müssen. Darauf wurde in vorliegender Ausgabe verzichtet, ebenso auf viele frühkindliche Äußerungen Aljas, die MZ ausgiebig zitiert.

17 *Wjalzewa singt* • Es geht um die Sängerin Anastassija Dmitrijewna Wjalzewa (1871-1913), die alte russische Romanzen sang, u. a. die Romanze von A. Wilinskij »Erinnere dich, erinnere dich«.
18 *Ossip Emiljewitsch* • Mit dem Dichter Ossip Emiljewitsch Mandelstam (1891-1938), den sie 1915 in Koktebel kennengelernt hatte, verband MZ 1916 eine enge Freundschaft. Mandelstam kam mehrmals aus Petersburg nach Moskau, um seine bewunderte Kollegin zu besuchen, und widmete ihr Gedichte. MZ »schenkte« ihm ihren Gedichtzyklus »Verse über Moskau«. Später entstanden der Essay »Meine Antwort an Ossip Mandelstam« sowie der Erinnerungstext »Geschichte einer Widmung«, der Mandelstams kurzen Besuch in Alexandrow vergegenwärtigt, wo MZ den Sommer 1916 bei ihrer Schwester Anastassija verbrachte (siehe Bd. 2 der Werkausgabe).
»Ich wollte dich aus Liebe – beißen« • Dieser Eintrag sowie die folgenden geben Aljas Worte bzw. Erzählungen wieder.
19 *Liebe zu Mironow* • Nikolaj Nikolajewitsch Mironow (1893-1951), ein enger Freund von MZ und ihrer Schwester Anastassija.

Notizbuch 3

Dieses Notizbuch war ein Geschenk von Sergej Efron, mit der Widmung: »Meiner lieben Freundin Marinotschka in Zärtlichkeit, S. 31. August 1915 Moskau«. Etwa die Hälfte der darin enthaltenen Aufzeichnungen veröffentlichte MZ später in »Oktober im Waggon«, »Über Liebe«, »Auszüge aus dem Buch ›Irdische Zeichen‹«, wobei sie etliche Änderungen vornahm. Es ist aufschlussreich, die hier wiedergegebene ursprüngliche Fassung mit der Druckfassung zu vergleichen (siehe Bd. 1 der Werkausgabe).

21 *Im Erziehungsheim* • Das in einem Moskauer Stadtpalais aus dem 18. Jahrhundert untergebrachte Erziehungsheim (Adresse: Soljanka 12) konnte rund 8000 Kinder beherbergen, größtenteils Findelkinder sowie Kinder aus armen Verhältnissen. Hier kam am 13. April 1917 MZs zweite Tochter, Irina, zur Welt.
22 *Häftling Wilde* • Der anglo-irische Schriftsteller Oscar Wilde (1854-1900) wurde Opfer eines Strafprozesses und wegen angeblicher »sexueller Perversität« zu zwei Jahren Zuchthausstrafe verurteilt, was zu seinem gesellschaftlichen und finanziellen Ruin führte.
Robbie • Es handelt sich um den englischen Literaturkritiker Robert Baldwin Ross (1869-1918), einen Freund von Oscar Wilde und dessen Testamentsvollstrecker.
Aus einem Brief • Unklar, um welchen Adressaten es sich handelt.
23 *Sarah* • die von MZ bewunderte französische Schauspielerin Sarah Bernhardt (1844-1923). MZ erlebte sie in einer Aufführung von Rostands »L'Aiglon« im Sommer 1909 in Paris, sodann auf ihrer Hochzeitsreise im März 1912.
Marguerite Gautier • Heldin des Romans und Dramas »Die Kameliendame« (1848, 1852) von Alexandre Dumas Fils (1824-1895).
25 *Casanova* • Giacomo Casanova (1725-1798), italienischer Lebemann, bekannt geworden durch seine »Memoiren«. MZ hat ihn zum Helden ihrer Versdramen »Abenteuer« (1918-1919) und »Casanovas Ende« (1919) – 1924 unter dem Titel »Phoenix« erschienen – gemacht.
Béranger • Pierre Jean de Béranger (1780-1857), französischer Lyriker, populärer Liederdichter, der Napoleon verherrlichte. – Aus welchem Lied die zitierten Verse stammen, konnte nicht eruiert werden.

26 *Bettina* • Bettina von Arnim (geborene Brentano, 1785-1859) hat vier bedeutende Briefwechsel herausgegeben: mit Goethe (1835), mit ihrer Jugendfreundin Karoline von Günderode (1840), mit dem Bruder Clemens Brentano (1844) und mit dem »jungen Freund« Philipp Nathusius (1848). Dieser Briefwechsel erschien unter dem Titel »Ilius Pamphilius und die Ambrosia«. – MZ äußerte sich häufig zu Bettina von Arnim, besonders ausführlich in ihrem Essay »Einige Briefe von Rainer Maria Rilke« (siehe Bd. 2 der Werkausgabe).
Achmatowa • Anna Andrejewna Achmatowa (eigentlich Gorenko, 1889-1966), neben MZ die bedeutendste russische Dichterin des 20. Jahrhunderts. MZ verehrte Achmatowa, widmete ihr 1916 den Zyklus »Gedichte an Achmatowa« und wechselte mit ihr Briefe, doch persönlich lernten sich die beiden Dichterinnen erst nach MZs Remigration, im Juni 1941 in Moskau kennen. Bei diesem Treffen zeigte sich ihr unterschiedliches Temperament, was Achmatowa in einem Erinnerungstext festhielt.
Achmatowa, die keine einzige abstrakt-gesellschaftliche Zeile geschrieben hat • Tatsächlich stimmt das in Bezug auf Achmatowas Frühwerk, von dem hier die Rede ist. Doch Achmatowas Spätwerk, namentlich das »Poem ohne Held« und der Verszyklus »Requiem«, thematisiert die Tragik von Stalinismus und Krieg und eröffnet Perspektiven weit über Privates hinaus.
Beschreibung eines Federhuts • Anspielung auf die erste Zeile des Gedichts »Promenade« (1913) aus dem Band »Abend«: »Die Feder streifte die Decke vom Wagen. / Ich sah ihm schüchtern ins Angesicht. / Und fühlte schneller das Herz mir schlagen / und wusste nicht, woran es bricht ...«

27 *das Büchlein von Achmatowa* • Wahrscheinlich ist damit der zweite Gedichtband von Achmatowa, »Rosenkranz« (1914), gemeint.
Brjussow • Walerij Jakowlewitsch Brjussow (1873-1924), Dichter, Prosaiker, Literaturkritiker, Übersetzer, einer der Hauptvertreter des russischen Symbolismus. 1913-1914 erschienen die ersten Bände seiner Gesammelten Werke. Zu MZs kritischem Verhältnis zu Brjussow siehe ihren Essay »Ein Held der Arbeit« (1925), in Bd. 2 der Werkausgabe.
William Locke • William John Locke (1863-1930), englischer Schriftsteller, der mit seinen Romanen und Erzählungen in Russland zwischen 1910 und 1920 große Popularität genoss.

Sogar die Worte gleichen sich • Russisch heißt Bräutigam »zhenych« und Hahn »petuch«, beide Worte sind zweisilbig und enden auf »ch«.

28 *Steiner* • Rudolf Steiner (1861-1925), Begründer der Anthroposophie. MZ äußerte sich auch in späteren Jahren wiederholt kritisch über ihn. Vgl. das ironische Résumé, das sie in ihrer Aufzeichnung vom Mai 1923 über einen Vortrag von Steiner in Prag gibt (»Korrespondenz mit S. Ja. Efron während eines Vortrags von R. Steiner«).

Die Hauptpflicht • Diesen Satz verwendete MZ später zu Beginn ihres Essays »Der Dichter über die Kritik« (1926), siehe Bd. 2 der Werkausgabe.

29 *Irina* • Irina Sergejewna Efron (1917-1920), MZs zweite Tochter, die 1920 im Kinderheim verhungerte.

Eine Erinnerung an Syrakus • Die Hochzeitsreise führte MZ und Sergej Efron 1912 u. a. nach Sizilien, wo sie in Syrakus das Grab des deutschen Dichters August von Platen (1796-1835) besuchten.

31 *B⟨aschkir⟩zewa* • Marija Konstantinowna Baschkirzewa (Marie Bashkirtseff, 1860-1884), Malerin und Musikerin, Autorin eines französisch verfassten »Tagebuchs«. MZ begeisterte sich in ihrer Jugend für sie und widmete ihrem »strahlenden Andenken« ihren ersten Gedichtband, »Abendalbum« (1910). Dass sie Baschkirzewa hier als Dandy im Baudelaire'schen Sinne bezeichnet, entbehrt nicht eines leicht kritischen Untertons, wobei MZ im Folgenden offenlässt, ob Baschkirzewas Selbstliebe eine »Gottesgabe« oder ein »göttlicher Fluch« war.

37 *Balmont* • Mit dem Dichter und Übersetzer Konstantin Dmitrijewitsch Balmont (1867-1942) war MZ eng befreundet. Die Freundschaft dauerte auch an, als sie beide als Emigranten in Paris lebten. MZ widmete Balmont ein Gedicht und zwei Essays, u. a. »Ein Wort über Balmont« (1936), siehe Bd. 2 der Werkausgabe.

40 *Seit zweieinhalb Tagen und Nächten* • Diese und die folgenden Passagen hat MZ in überarbeiteter und erweiterter Form unter dem Titel »Oktober im Waggon« in der Zeitschrift »Wolja Rossii« (Prag 1927) veröffentlicht. Siehe Bd. 1 der Werkausgabe.

42 *S. G⟨ol⟩zew* • Sergej Iwanowitsch Golzew (1896-1918), Kollege von Sergej Efron in der Ersten Peterhofer Fähnrichsschule und sein Re-

gimentskamerad in der Freiwilligenarmee, er fiel am 13. April 1918 bei Jekaterinograd.

Notizbuch 5

Dieses Notizbuch bekam MZ vom Dichter Pawel Antokolskij (1896-1978), mit der Widmung: »Für Marina Zwetajewa zum Tag des Sturzes der Zaristischen Macht in Russland, März 1919, Pawel Antokolskij.«
Einen Teil der hier notierten Aufzeichnungen veröffentlichte MZ später (mit Änderungen) in »Über Liebe«, »Freie Fahrt«, »Meine Arbeitsstellen«, »Der Tod Stachowitschs«, »Auszüge aus dem Buch ›Irdische Zeichen‹«, »Aus dem Tagebuch« (1924, 1925). Siehe Bd. 1 der Werkausgabe.

49 *»Herz Anne« von Bromlej* • Erzählung der Schriftstellerin und Schauspielerin Nadeshda Nikolajewna Bromlej (1884-1966), erstmals 1915 in den »Sewernye Sapiski« erschienen.
53 *in Lausanne* • Die Zeit von Frühling 1903 bis Sommer 1904 verbrachte MZ mit ihrer Schwester Assja im Pensionat der Schwestern Lacaze am Boulevard de Grancy 3 in Lausanne (Ouchy). Dieser und weitere Auslandsaufenthalte, u. a. in Freiburg i. Br., waren der Tuberkuloseerkrankung der Mutter geschuldet.
Brief • Wer der Adressat dieses Briefes ist, lässt sich nicht zuverlässig sagen. Auch die Herausgeber und Kommentatoren der russischen Gesamtausgabe verzichten auf Mutmaßungen.
55 *Dieu ⟨et⟩ mon droit* • Gott und mein Recht. Der Wahlspruch des britischen Monarchen seit der Herrschaft von Heinrich VI. (1422-1461), der auch König von Frankreich war, bedeutet: Der König hat sich nur vor Gott zu verantworten, aber vor keiner anderen irdischen Macht.
59 *Der Brjansker Bahnhof* • heute der Kiewer Bahnhof in Moskau.
62 *die Kirche des »Großen Engelsrates«* • So hieß die Erlöserkapelle auf dem Roten Platz, rechts vom Erlösertor des Kremls. Sie wurde 1802 erbaut und 1925 abgerissen.
64 *das biblische Wort* • Anspielung auf Genesis 3,19, wobei MZ von »erwerben«, nicht »verzehren« spricht.

»*Das Fräulein trägt einen Bernstein*« • Ungeschliffener Bernstein wurde nur von Bauersfrauen getragen. In späteren Jahren – und bis zu ihrem Tod – trug MZ eine Bernsteinkette, wie auf verschiedenen Fotografien zu sehen ist. Auch erwähnte sie diesen Lieblingsschmuck in mehreren Briefen.

65 *Samoskworetschje* • Altes Moskauer Kaufmannsviertel, auf der dem Kreml gegenüberliegenden Seite des Moskwa-Flusses.

66 *Stenka Rasin* • MZ gibt einem wagemutigen und kampferprobten Offizier den Namen des legendären Donkosakenführers Stenka Rasin (um 1630-1671).

70 »*Von einem einzigen Streichholz*« • Paraphrase des russischen Sprichwortes »Von einer einzigen Kerze fängt ganz Moskau zu brennen an«.

Was fein gesponnen, das reißt leicht • Sprichwort und zugleich Titel einer Komödie von Iwan Sergejewitsch Turgenjew (1818-1883) aus dem Jahr 1847.

71 *Bei Heine* • In den »Aphorismen und Fragmenten« (1827-1856) von Heinrich Heine (1797-1856) im Passus »Zur ›Himmelfahrt‹« lautet die Stelle: »Ich will prophezeien, ihr werdet einmal im Winter eine Revolution erleben – die wird schrecklicher sein. Wenn das Blut im Schnee rinnt – – –«

Powarskaja, Haus Sollogubs • In der Powarskaja-Straße 52, unweit vom Borissoglebskij pereulok 6, wo MZ wohnte, war im Palais des Schriftstellers Graf Wladimir Alexandrowitsch Sollogub (1813-1882) die Informationsabteilung des Volkskommissariats für Nationalitätenfragen untergebracht. MZ arbeitete hier von November 1918 bis April 1919. Im selben Gebäude, »Palast der Künste« genannt, befanden sich auch Künstlerateliers und Vortragssäle für Lesungen. MZ vertraute Alja oft befreundeten Künstlern an und bezog für sie in der Mensa Essensrationen.

72 »*Deduschka, Babuschka ruft Sie!*« • Großväterchen, Großmütterchen ruft Sie!

76 *die Frauen bei Maeterlinck* • MZ denkt vermutlich an die Heldinnen der Stücke »Schwester Béatrice« (1901) und »Monna Vanna« (1902) des belgischen Dramatikers Maurice Maeterlinck (1862-1949).

die hl. Cäcilien • Die hl. Cäcilia, frühchristliche Märtyrerin und seit dem Mittelalter Patronin der Kirchenmusik, wurde häufig von Malern dargestellt, u. a. von Raffael.

die Frau von W. Iwanow • Gemeint ist hier Wera Konstantinowna Schwarsalon (1890-1920), die Stieftochter des Schriftstellers Wjatscheslaw Iwanowitsch Iwanow (1866-1949), die dieser nach dem Tod seiner zweiten Frau, Lidija Dmitrijewna Sinowjewa-Annibal (1866-1907), heiratete.

78 *Stachowitsch* • Alexej Alexandrowitsch Stachowitsch (1856-1919), ehemals Gutsbesitzer, war seit 1906 zunächst Förderer, ab 1910 dann Schauspieler am Moskauer Künstlertheater, in dessen Schüler-Studios er auch szenische Bewegung unterrichtete. MZ war 1918-1919 dem Zweiten Studio durch Freundschaft verbunden und las dort auch ihre Werke, u. a. das Versdrama »Schneesturm«. Als Stachowitsch sich am 26. Februar 1926 erhängte, schrieb MZ einen vierteiligen Gedichtzyklus zu seinem Gedenken. Über sein Begräbnis und die Trauerfeier im Künstlertheater notierte sie mehrere Seiten in ihrem Notizbuch, die sie später ergänzte und in den »Poslednie nowosti« (Paris 1926) veröffentlichte. (Siehe Bd. 1 der Werkausgabe.) Hier wurde auf die Wiedergabe verzichtet, um allzu viele Doppelungen zu vermeiden.

80 *Wolkonskij* • Fürst Sergej Michajlowitsch Wolkonskij (1860-1937), Theaterintendant und -pädagoge, Schriftsteller. MZ lernte ihn persönlich erst 1921 kennen. Sie half ihm, sein dreibändiges Memoirenwerk »Leben und Sein« abzuschreiben, und widmete ihm den Gedichtzyklus »Der Schüler«. Wie auch aus mehreren Briefen hervorgeht, mochte MZ den Grandseigneur Wolkonskij als Verkörperung des alten Russland und war stolz darauf, dem an Frauen desinteressierten Fürsten beigebracht zu haben, »die Liebe zu lieben«.

85 *Sawadskij* • Jurij Alexandrowitsch Sawadskij (1894-1977), Schauspieler und Regisseur. MZ widmete ihm den Gedichtzyklus »Der Komödiant« (1918/1919).

Wolodja Alexejew • Wladimir (Wolodja) Wassiljewitsch Alexejew (1892-1919), Studio-Schüler am Moskauer Künstlertheater. MZ machte ihn später zum Protagonisten des 2. Teils der »Erzählung von Sonetschka« (1937), siehe Bd. 1 der Werkausgabe.

89 *Enkelin eines Priesters* • MZs Großvater väterlicherseits Wladimir Wassiljewitsch Zwetajew (1820-1884) war Priester im Dorf Talizy bei Schuja (Gouvernement Wladimir). Zur Religion, vor allem zur Orthodoxie, hatte MZ ein zwiespältiges Verhältnis. Erstaunlich

offen äußerte sie sich dazu in der Erzählung »Der Teufel« (1935), siehe Bd. 1 der Werkausgabe.

90 *K.W. K⟨andaur⟩ow* • Konstantin Wassiljewitsch Kandaurow (1865-1930), Künstler, Freund von Maximilian Woloschin.

91 *Jeder Tag hat seine Plage* • Die Schlusszeilen von Philines Lied aus Goethes »Wilhelm Meisters Lehrjahre« (erschienen 1795/1796) lauten: »Jeder Tag hat seine Plage, / Und die Nacht hat ihre Lust.« Ob MZ aus »Lust« absichtlich »Last« gemacht hat, ist insofern unklar, als sie mit Goethes Versen eigentlich jemanden trösten wollte. Doch das schwierige Jahr 1919 und das Adverb »plötzlich« sprechen für »Last«, die wortspielerische Umkehrung von »Lust«.

94 *Peine, amour et temps perdu* • Leid, Liebe und verlorene Zeit.

95 *Es war eine echte Versuchung* • Am 31. August 1941 ist MZ dieser Versuchung erlegen und hat sich in Jelabuga, wohin sie mit ihrem Sohn aus Moskau evakuiert worden war, erhängt. Krieg, Armut, die Verhaftung von Mann und Tochter stürzten sie in eine Verzweiflung, aus der sie keinen Ausweg mehr sah.
»lâcheté« • Feigheit, Gemeinheit, Niederträchtigkeit.
»Je suis lâche avec toi, – je t'en veux...« • Ich bin gemein zu dir – ich bin dir böse. Diese Liebe aber ist unentschuldbar.

98 *Sonetschka Holliday* • Sofja (Sonja, Sonetschka) Jewgenjewna Holliday (1896-1934), Schauspielerin im Zweiten Studio des Künstlertheaters, 1919 eng mit MZ befreundet. Diese widmete ihr den Gedichtzyklus »Verse für Sonetschka« und die »Erzählung von Sonetschka« (1937).
M⟨tschedel⟩low • Wachtang Lewanowitsch Mtschedelow (eigentlich Mtschedlischwili, 1884-1924) war seit 1905 Regisseur am Künstlertheater und 1916 einer der Initiatoren des Zweiten Studios.

99 *K⟨oltscha⟩k* • Alexander Wassiljewitsch Koltschak (1873-1920), Admiral, befehligte 1916-1917 die Schwarzmeerflotte; errichtete 1918 in Sibirien eine antibolschewistische Front und beherrschte als »Reichsverweser des Russländischen Reiches« zeitweise das gesamte fernöstliche Russland. 1920 von einem revolutionären Kriegskomitee hingerichtet.

100 *»Die Quadrillen der Literatur«* • Als »Quadrille der Literatur« wird ein »Literaturfest« in Fjodor Dostojewskijs Roman »Die bösen Geister« (erschienen 1871/1872) bezeichnet.

Notizbuch 6

Dieses Notizbuch erwarb MZ in einem Geschäft für Lehrmittel (»Haus Borgest« bei den Nikitskie Worota). Sie beschrieb es zur Gänze, mit roter, schwarzer und brauner Tinte. Ein Teil der hier versammelten Notizen ging später in überarbeiteter Form in ihre Texte »Meine Arbeitsstellen«, »Dachbodennotizen«, »Über Dankbarkeit«, »Über Deutschland«, »Auszüge aus dem Buch ›Irdische Zeichen‹« ein. Aufzeichnungen über Sonja Holliday verwendete MZ 1937 für ihre »Erzählung von Sonetschka«. Sie wurden hier größtenteils weggelassen, um Doppelungen zu vermeiden.

102 *mit »e« drucken* • Bis zur Oktoberrevolution, die eine Orthographie-Reform mit sich brachte, schrieb MZ ihren Nachnamen mit einem »jat'«, einem Buchstaben, der in der Aussprache mit dem »e« zusammenfiel. Auch danach hielt sie oft an der alten Rechtschreibung fest, obwohl diese als konterrevolutionär galt.
104 *Steklow und Kershenzew* • Jurij Michajlowitsch Steklow (eigentlich Nachamkis, 1873-1941) war Staats- und Parteifunktionär und von 1917 bis 1925 Redakteur der »Iswestija«. Seine Werke »Die Internationale 1864-1914« (1918), »Karl Marx. Sein Leben und Werk« (1918) u. a. sollten zur Popularisierung des Marxismus in den ersten Jahren der Sowjetmacht beitragen. – Platon Michajlowitsch Kershenzew (eigentlich Lebedew, 1881-1940) war Staats- und Parteifunktionär und seit 1918 stellvertretender Redakteur der »Iswestija«.
Serow • Georgij Walentinowitsch Serow (1894-1929), Sohn des Malers Walentin Serow, Schauspieler, spielte im I. Studio des Moskauer Künstlertheaters, emigrierte 1922. In der »Erzählung von Sonetschka« wird er Jura S. genannt.
105 *Konjonkows Stenka Rasin* • Gemeint ist das Monumentaldenkmal »Stenka Rasin und seine Freischar« des Bildhauers Sergej Timofejewitsch Konjonkow (1874-1971), am 1. Mai 1919 mit einer vom Lobnoje Mesto aus gehaltenen Rede Lenins auf dem Roten Platz eingeweiht, wo es aber nur kurze Zeit stand.
106 *Katenka* • Unklar, woher diese Verse stammen.
107 *Flößer* • Eine Reminiszenz an MZs Kindheit in der Kleinstadt Tarussa am Fluss Oka. Hier verbrachte sie mit ihren Eltern, ihrer

Schwester Assja und der Gouvernante die Sommer- und Herbstmonate.

Marmor holen für das Museum • MZs Vater, der Kunsthistoriker Iwan Zwetajew, war der Initiator und Gründungsdirektor des Museums der Schönen Künste, benannt nach Alexander III. (heute Puschkin-Museum). 1902 fuhr er mit seiner Frau in den Ural, um Marmor für die Fassade des Museums zu beschaffen. Dieses wurde 1912 eröffnet. Siehe MZs Erinnerungsprosa »Das Museum Alexanders III.« (1933) in Bd. 1 der Werkausgabe.

Sperlingsberge • Die Worobjówy gory sind eine Erhebung im Nordosten von Moskau, die sich am Ufer des Moskwa-Flusses entlangzieht; beliebt als Ausflugsziel.

110 *in Kunzewo* • In Kunzewo unweit von Moskau weilte MZ mit Alja öfter bei ihrer Freundin Lidija Alexandrowna Tamburer (1870-1931), einer Zahnärztin.

113 *N(ilen)der* • Wladimir Ottonowitsch Nilender (1883-1965), Altphilologe, Übersetzer. Von MZs leidvoller Liebe zu ihm handeln mehrere Gedichte ihres ersten Lyrikbandes, »Abendalbum« (1910).

Proletkult • 1917 entstandene proletarische Kulturorganisation, der in den Anfängen auch zahlreiche Vertreter der »alten Garde« angehörten.

114 *Rasins Traum (in meinen Gedichten)* • Gemeint ist der Gedichtzyklus »Stenka Rasin« (1917), in dessen 3. Gedicht (Der Traum Rasins) es heißt: »Ich komme zu dir, mein Freundchen, / das andere Schühchen zu holen.«

bei Lamotte-Fouqué und Shukowskij • Vom deutschen Schriftsteller Friedrich de La Motte Fouqué (1777-1843) stammt die 1811 erschienene Erzählung »Undine«, die Wassilij Andrejewitsch Shukowskij (1783-1852) in Versform nachgedichtet hat.

Lauzun • Der französische General Armand-Louis de Gontaut, Herzog von Lauzun (1747-1793), kämpfte 1792-1793 als Anhänger der Revolution am Rhein. Im folgenden Jahr erhielt er den Oberbefehl über eine Armee, die sich bei La Rochelle gegen die beginnenden Unruhen in der Vendée sammelte. Trotz einiger militärischer Erfolge wurde er abgesetzt und, als er sein Kommando ganz niederlegen wollte, des Hochverrats bezichtigt und am 31. Dezember 1893 hingerichtet. MZ machte Lauzun zum Helden ihres Versdramas »Fortuna« (1919).

»*Der Abenteurer und die Sängerin*« • Drama von Hugo von Hofmannsthal (1874-1929), 1899 uraufgeführt. Anregung zum Stück waren die »Memoiren« Casanovas (1725-1798).

Casanova • MZ selbst ließ sich von Casanovas »Memoiren« zu ihren Versdramen »Abenteuer« (1918-1919) und »Casanovas Ende« (1919), 1924 unter dem Titel »Phoenix« erschienen, anregen.

116 *Leo* • Diesen Plan hat MZ nie verwirklicht.

Ninon • Vielleicht sollte es sich um ein Stück über Ninon de Lenclos (1616-1706), eine für ihre Schönheit und Bildung bekannte Persönlichkeit des damaligen Frankreich, handeln, doch hat MZ diesen Plan nie realisiert.

»*La mouche« (Heine)* • Es geht um Heinrich Heines letzte Liebe, die deutsch-französische Schriftstellerin Elise Krinitz (1825-1896), der er nach der Fliege in ihrem Briefsiegel den Kosenamen »Mouche« (Fliege) gab. – Auch dieses Vorhaben hat MZ nicht verwirklicht.

Don Juan und Carmen • Die Idee wurde nie realisiert. Doch hat MZ 1917 die Verszyklen »Don Juan« (1-7) und »Carmen« (1-2) geschrieben.

118 *Sergij von Radonesh* • Bekannter russischer Heiliger. MZ denkt hier vermutlich an Bilder des Malers Michail Wassiljewitsch Nesterow (1862-1942), der zwei Zyklen über den heiligen Sergij malte. Erinnert sei an das Bild »Die Vision des Knaben Warfolomej« (1889).

dem »silbergewobenen Hemdchen« • Aus MZs Gedicht »An Alja« (5. Juli 1919).

119 *Die blinde Mathilde* • Diese Kindheitserinnerung hat MZ in leicht veränderter Form in ihrem Text »Über Deutschland« wiedergegeben, der 1925 in Berlin erschien. Siehe Bd. 1 der Werkausgabe.

120 *und eine Vielzahl bezaubernder Gedichte über die Liebe* • Dazu gehört zum Beispiel der Zyklus »Der Komödiant« (1918-1919), gewidmet dem Fürsten Wolkonskij.

122 *Tanja* • Tatjana Fjodorowna Skrjabina (geb. Schlözer, 1883-1922), Witwe des Komponisten Alexander Skrjabin, mit der MZ eine »ganz auf Arbeit und Gespräch gegründete« Freundschaft unterhielt, »männlich, unberührt von der Zärtlichkeit irdischer Zeichen«, wie es im Brief an Boris Pasternak vom 29. Juni 1922 heißt.

Rukawischnikow • Iwan Sergejewitsch Rukawischnikow (1877-1930), Dichter und Prosaiker, der erste Direktor des 1919 eingeweihten »Palastes der Künste«.

Iwerskaja • Die Kapelle der wundertätigen Ikone der »Iberischen Muttergottes« befand sich zwischen den Bögen des Woskressenskij-Tores, das auf den Roten Platz führte.

123 *Ermitage* • Im Park »Ermitage« gastierten in den Sommermonaten verschiedene Theatertruppen.

Rumjanzew-Museum • In dem nach dem Grafen Nikolaj Petrowitsch Rumjanzew (1754-1826) benannten Museum arbeitete Iwan Zwetajew seit 1882, zuerst als Kustos der Abteilung für Schöne Künste und Klassische Altertümer, von 1901 bis 1910 als Direktor. 1925 wurde das Museum aufgelöst, seine Bestände auf andere Museen verteilt.

124 *Manon Lescaut* • Heldin des Romans »Histoire du chevalier des Grieux et de Manon Lescaut« von Antoine-François Prévost d'Exiles (1697-1763), erschienen 1731.

125 *Fürst de Ligne* • Charles-Joseph Prince de Ligne (1735-1814), General, später Feldmarschall, Diplomat, einer der letzten Vertreter des Ancien Régime, verfasste auf Französisch Essays, Memoiren und Schriften zur Militärstrategie, verkehrte mit Voltaire, Rousseau, Katharina I., Friedrich dem Großen u. a. – MZ benutzte als Quelle wahrscheinlich das Buch von Victor du Bled: »Le Prince de Ligne et ses contemporains« (Paris 1890).

Dux • Schloss in Böhmen, das einem Verwandten des Fürsten de Ligne, Graf Waldstein, gehörte. Hier verbrachte Casanova die letzten 13 Jahre seines Lebens (1784-1798) als Bibliothekar. In seinen »Mélanges historiques et littéraires« hielt Fürst de Ligne seine Begegnungen mit Casanova auf Schloss Dux fest. MZ ließ ihr Versdrama »Casanovas Ende« bzw. »Phoenix« auf Schloss Dux spielen, scheint die Memoiren des Fürsten aber nicht gelesen zu haben.

faire le beau … • sich schön zu machen – zu Pferd – hinter der Karosse des Kaisers in den Straßen von Wien.

»une femme laide qui tient des discours politiques« • eine hässliche Frau, die politische Reden hält.

en souliers de soir • in Abendschuhen.

126 *Marie-Antoinette* • Die Tochter von Kaiserin Maria Theresia, Marie Antoinette (1755-1793), war seit 1770 mit dem späteren König Ludwig XVI. verheiratet. Nach dem Ausbruch der Französischen Revolution versuchte sie durch Verhandlungen die Monarchie zu retten; sie wurde 1792 inhaftiert und 1793 hingerichtet.

»Celle-ci je l'épouserai« • Diese werde ich heiraten.
»Par reconnaissance« • Aus Dankbarkeit.
Charles • Ein Bekannter des mit MZ befreundeten Ehepaars Nikodim und Tatjana Pluzer-Sarna.

128 *Pestalozzi* • Der schweizerische Pädagoge und Sozialreformer Johann Heinrich Pestalozzi (1746-1827) wollte gesellschaftliche Veränderungen durch Erziehung erreichen.
Kokóschnik • Das Wort bezeichnet normalerweise den Kopfputz verheirateter Frauen, wie er vor allem im Norden Russlands verbreitet war.
Herzen • Alexander Iwanowitsch Herzen (1812-1870), verfasste Novellen und einen Roman, vor allem aber philosophische und sozialpolitische Schriften sowie Memoiren; verließ Russland 1847, gab in London 1852-1865 den Almanach »Poljarnaja swesda« (Polarstern) heraus und begründete 1857 die Zeitschrift »Kolokol« (Die Glocke). War u. a. befreundet mit Marx, Garibaldi.
Samoskworetschje • Siehe oben Anm. zu S. 65.

130 *Der Panzer Jeannes* • Gemeint ist die von MZ verehrte Jeanne d'Arc (geb. zwischen 1410 und 1412, gest. 1431), Jungfrau von Orléans und französische Nationalheldin, die in Männerkleidung das französische Heer zu Siegen über die Engländer führte, 1430 in Gefangenschaft geriet und 1431 wegen Ketzerei in Rouen auf dem Scheiterhaufen verbrannt wurde.
im K⟨inematograf⟩en Jeanne d'Arc • Es handelt sich allem Anschein nach um den amerikanischen Stummfilm »Joan the Woman« (1916) von Cecil B. DeMille (1881-1959). Joan wurde von der Opernsängerin Geraldine Farrar gespielt.

131 *Eric Trent* • Im Film ein britischer Soldat an der französischen Front im Ersten Weltkrieg. Als er in einem Dorf ein altes Schwert entdeckt, erscheint ihm Johanna von Orléans, und er wird ins Frankreich des 15. Jahrhunderts versetzt. Dort wird er Zeuge, wie Johanna festgenommen, verhört und schließlich auf dem Scheiterhaufen verbrannt wird. Nach ihrem Tod kehrt er in die Gegenwart zurück und meldet sich für einen gefährlichen Einsatz, der ihn das Leben kostet. In der Agonie erscheint ihm wieder die heilige Johanna. – Trents Rolle wurde von Wallace Reid (1891-1923) gespielt.
bei Gogol • Gemeint ist das Denkmal des Schriftstellers Nikolaj Wassiljewitsch Gogol (1809-1852). Von 1909 bis 1952 stand es am

Pretschistenskij-Boulevard, danach wurde es in den Hof des Sterbehauses von Gogol (Nikitskij-Boulevard 7) transferiert.
132 *Nikodim* • Nikodim Pluzer-Sarna (1887-1972), ein Bekannter von MZ und Charles.
133 *in meinem sargähnlichen Zimmer in der Pariser Rue Bonaparte* • Im Sommer 1909, mit 16 Jahren, fuhr MZ allein nach Paris, mietete sich ein Zimmer in der Rue Bonaparte und belegte in der »Alliance Française« einen Französischkurs für Ausländer. In Paris sah sie eine Aufführung von Rostands »L'Aiglon«, mit Sarah Bernhardt in der Titelrolle. Unter diesem Eindruck entstanden Gedichte über Napoleon, den Herzog von Reichstadt und Sarah Bernhardt u. a.
Th. Gautier • Théophile Gautier (1811-1872), französischer Lyriker, Erzähler, Kunst- und Dramenkritiker, befreundet mit Flaubert, Baudelaire, den Brüdern Goncourt. Wo sich die Stelle über Edmond de Goncourt findet, konnte nicht eruiert werden.
136 *fröhlichen austerité* • fröhlichen Strenge.
137 *Vive le Roi!* • Es lebe der König!
138 *Nosdrew* • Figur in Nikolaj Gogols Roman »Die toten Seelen« (1. Teil 1842).
139 *Lockes »Zufälle«* • Gemeint ist der Roman »The Morals of Sir Marcus Ordeyne« (1905) von William John Locke (1863-1930).
Frauen haben entrailles • Frauen haben Herz.
140 *Natascha Rostowa* • Heldin von Lew Tolstojs Roman »Krieg und Frieden« (1868-1869).
Nastassja Filippowna • Eine der Hauptfiguren in Fjodor Dostojewskijs Roman »Der Idiot« (1868-1869), wird als Prostituierte vom Kaufmann Rogoshin ermordet.
141 *frondeuse* • aufrührerisch.
essentiellement • wesensmäßig.
Der Revolut⟨ionär⟩ Saint-Simon • Claude-Henri de Rouvroy, Comte de Saint-Simon (1760-1825), Verfasser sozialutopischer Schriften, Großneffe (nicht Enkel, wie MZ schreibt) von Louis de Rouvroy, Duc de Saint-Simon (1675-1755), der durch seine 1694 bis 1752 entstandenen »Mémoires« bekannt wurde.
142 *donner de l'Altesse* • Würdentitel zu verleihen.
abrutissant • geisttötend.
147 *état de grâce* • Zustand der Gnade.
148 *Les Femmes – les Nobles – et les Prêtres* • Die Frauen – die Adligen –

und die Priester. Die Formel hat MZ wohl von Victor Hugo entlehnt, vgl. seine Ode »Vendée« (1890) und den Roman »Quatrevingt-treize« (Dreiundneunzig, 1874).

149 *P⟨etja⟩ E⟨fron⟩* • Pjotr (Petja) Jakowlewitsch Efron (1884-1914), Schauspieler, der älteste Bruder von Sergej Efron.

152 *Ich möchte einen Apfel zeichnen* • Am 6. (19.) August feiert die orthodoxe Kirche das Fest der Verklärung des Herrn, im Volksmund »Erlöser des Apfels« genannt. Vgl. auch MZs Gedicht »August, Astern« (1917).

das stricte nécessaire des Herzens • das strikt Notwendige des Herzens.

153 *Es heißt, man habe neue Handschriften von Puschkin gefunden* • MZs Bericht ist sehr ungenau. Vermutlich handelte es sich um Materialien zu Puschkins »Geschichte Peters des Großen«.

155 *un peu trop* • ein bisschen zu viel.

Ich erinnere mich an die Goncourts • Im Tagebuch der Brüder Goncourt gibt es Stellen, die ihre Liebe zum städtischen Leben zum Ausdruck bringen, z. B. die Notiz vom 1. Juli 1856.

jeu de mots • Wortspiel. Im Russischen lautet es »wetotschku« – »westotschku«.

156 *den Schwarzwald geliebt* • Dazu siehe »Über Deutschland« (1919), in Bd. 1 der Werkausgabe.

Gösta Berling • Der Pfarrer Gösta Berling ist die Hauptfigur des gleichnamigen Romans der Schwedin Selma Lagerlöf (1858-1940), erschienen 1891.

Wenn man mein Stück »Casanovas Ende« aufführen wird • Zu Lebzeiten MZs wurde es nie aufgeführt. Unter dem Titel »Phoenix« kam es 1990 auf Deutsch in der Schaubühne Berlin zur Aufführung. Die Regie führte Klaus Michael Grüber, den alten Casanova auf Schloss Dux spielte Bernhard Minetti.

158 *das Wort »preux«* • tapfer, wacker.

Haus der F⟨eldstei⟩ns • In diesem Haus am Starokonjuschennyj pereulok 25 wohnte MZ mit ihrem Mann und dessen Schwestern im Juli 1914.

»dégâts« • Verwüstungen.

Stepka Rastrepka • Held des Kinderbuchs »Stepka Rastrepka. Die Abenteuer eines unverbesserlichen Schelms«.

159 *dass ich verrückt werden könnte* • Sehr viel später, in einem Brief

vom 28. August 1935 an Wera Nikolajewna Bunina, griff MZ diesen Gedanken konkret auf: »Es gibt eine Übermüdung des *Gehirns*, Wera. Und mir kann so etwas blühen. (Wenn Sie meine Entwürfe *sähen*, würden Sie mich nicht der Hypochondrie verdächtigen. Ich bin nur sehr bewusst und kenne meine Schwachstelle.) Deshalb muss ich mich beeilen. Solange noch ich über mein Gehirn verfüge, und nicht das Gehirn über mich, nicht *Jenes* über mein Gehirn. Als ich über Schumanns Ende las, habe ich *alles* erkannt. Nur dass bei ihm alles lauter und grausamer war: denn die *Musik* ist echter Klang. Doch bitte niemandem ein Wort. *Vorläufig* jedenfalls komme ich noch zurecht.« (Marina Zwetajewa: Im Feuer geschrieben. Ein Leben in Briefen. Herausgegeben und aus dem Russischen übersetzt von Ilma Rakusa. Frankfurt am Main: Suhrkamp 1992, S. 416)

162 *Liga für die Rettung der Kinder* • Die Organisation beschaffte Lebensmittel, die sie an Schulen, Kindergärten und Kinderkrippen verteilte. Der Sitz der Organisation in Moskau war an der Mjasnizkaja 20, in der Gesellschaft »Kooperation«.

163 *Aretino* • Pietro Aretino (1492-1556), italienischer Schriftsteller, bekannt geworden durch seine »Gespräche« (Ragionamenti), eine zweiteilige Dialogsammlung, erschienen 1533 bis 1536. Aretino lässt Kurtisanen aus ihrem Leben erzählen und eine Mutter ihre Tochter in der Kunst dieses Berufs unterrichten.

164 *Etre vaut mieux qu'avoir* • Sein ist besser als Haben.

166 *die Aufzeichnungen von L. de Conte über Jeanne d'Arc* • Gemeint ist der Roman »Personal Recollections of Joan of Arc« von Mark Twain (1835-1910), erschienen 1895. Twain gibt die Erinnerungen aus als die des Pagen und Sekretärs von Jeanne d'Arc, Louis de Conte, »frei übersetzt aus altertümlichem Französisch in modernes Englisch« von Jean François Alden.

170 *Mirra* • Mirra Konstantinowna Balmont (1907-1970), die Tochter des Dichters Konstantin Balmont aus dessen dritter Ehe mit Jelena Konstantinowna Zwetkowskaja (1880-1943).
Simferopol • Stadt auf der Krim.

172 *Kusnezkij* • Gemeint ist die bekannte Moskauer Einkaufsstraße Kusnezkij Most.
Fabergé • Russische Juwelierfirma Karl Fabergé. Das Moskauer Geschäft befand sich am Kusnezkij Most 4 (heute 10).

173 *einen Roman – oder ein Theaterstück – betitelt »Großmutter«* • MZ hat das Projekt nie verwirklicht, doch schrieb sie im Juli 1919 den kurzen Gedichtzyklus »Großmutter« (Babuschka).
objet de première – fatale – extrême – nécessité • ein Objekt von erstrangiger – schicksalhafter – extremer – Notwendigkeit.

174 *gros lot* • Hauptgewinn, Haupttreffer.
Gräfin Rostoptschina • Jewdokija Petrowna Rostoptschina (1811-1858), Lyrikerin, Prosaistin, Dramatikerin, Übersetzerin, unterhielt Kontakte zu Puschkin, Lermontow, Gogol u. a., führte eine Zeitlang in St. Petersburg einen Salon.
Rosanow • Wassilij Wassiljewitsch Rosanow (1856-1919), Schriftsteller, Philosoph, MZ korrespondierte 1914 mit ihm. Seine Abhandlung »Menschen des Mondlichts« (Ljudi lunnogo sweta) erschien 1911.

178 *me font une auréole de responsabilité* • verleihen mir eine Aureole der Verantwortung.

179 *Watteau* • Antoine Watteau (1684-1721), französischer Maler, der sich auf feinste Farbnuancen verstand.

181 *die Geschichte der Familie Micawber* • Tragikomische Figuren in Charles Dickens' Roman »Die Lebensgeschichte, Abenteuer, Erfahrungen und Beobachtungen David Copperfields des Jüngeren« (1849/1850).
Boucher • François Boucher (1703-1770), französischer Maler.

184 *Il ne m'a manqué…* • In meinem Leben fehlte mir zum Lieben nur ein siebzigjähriger Goethe oder ein Napoleon auf St. Helena.

185 *zauberhafte Reise eines Jungen auf einer Wildgans* • Es handelt sich um den Roman »Wunderbare Reise des kleinen Nils Holgersson mit den Wildgänsen« (1906/1907) von Selma Lagerlöf (1858-1940).

186 *wo früher Below war* • Auf dem Arbat 33 befand sich früher das Feinkostgeschäft Below.

187 *dérogation* • Abweichung.
»Gil Blas« • »Die Geschichte des Gil Blas von Santillana«, pikaresker Roman von Alain-René Lesage (1668-1747), erschienen in Fortsetzungen 1715, 1724 und 1735.
Die Universalität des Buchstabens M. • Die Beispiele, die MZ anführt, mussten im Deutschen teilweise abgeändert werden, stimmen im Wesentlichen aber überein. Keine Entsprechung gab es für »Frieden« (mir), »Welt« (mir), »Blitz« (molnija), »Schneesturm« (metel').

188 »*à présent que je suis vieux et pauvre*« • jetzt, da ich alt und arm bin.
189 *Zwei Jahre* • Das ganze Gedicht ist nicht überliefert.

Notizbuch 7

190 *Boris* • Boris Sergejewitsch Truchatschow (1893-1920), der erste Mann von MZs Schwester Anastassija (Assja) Zwetajewa.
Hildesheimer Silberfund • Iwan Zwetajew war von Juni bis Ende September 1911 beruflich in Deutschland und Brüssel. Vom »Hildesheimer Silberfund«, einem römischen Gefäß, hatte er für das Rumjanzew-Museum eine Galvanokopie bestellt und darüber einen Vortrag gehalten.
191 *Ich schreibe auf meinem Dachboden* • Die folgenden Passagen hat MZ – mit Veränderungen – in ihren »Dachbodennotizen« 1924 in Berlin veröffentlicht. Siehe Bd. 1 der Werkausgabe.
die Frau des Schusters Granskij • Jefrossinja Michajlowna Granskaja (1884-1942), die Frau des Schusters Grigorij Petrowitsch Granskij, war eine Nachbarin von MZ.
192 *dem herrschsüchtigen Mann* • Es handelt sich um den Advokaten Michail Jurjewitsch Goldman (1880-1939).
die Schauspielerin Swjaginzewa • Wera Klawdijewna Swjaginzewa (1894-1972), Schauspielerin, später Lyrikerin und Übersetzerin; verheiratet mit dem Ökonomen Alexander Sergejewitsch Jerofejew (1887-1949). MZ korrespondierte mit ihr (und ihrem Mann) in den Jahren 1918 bis 1920.
nach Assjas »Rauch« • Gemeint ist Anastassija Zwetajewas zweites Buch, »Rauch, Rauch und Rauch« (1916).
Frau Z⟨etl⟩in • Marija Samojlowna Zetlina (geborene Tumarkina, 1882-1976), verheiratet mit dem Dichter und Kritiker Michail Ossipowitsch Zetlin (1882-1945), führte in Moskau einen literarischen Salon. Das Ehepaar emigrierte 1919 nach Paris.
193 *Vous voyez ça d'ici* • Sie können sich das vorstellen.
194 *zum ehemaligen »Generalow«* • Das Feinkostgeschäft der Generalows befand sich an der Twerskaja 38.
ascensions • Besteigungen.
199 *Aljas Abreise ins Heim* • In einem Heft mit Gedichtentwürfen notierte MZ unter dem Gedicht »Hoch ist mein Fensterchen« das ge-

naue Datum, an dem sie Alja und Irina ins Kinderheim brachte: 14. November 1919.

L⟨idija⟩ A⟨lexandrowna⟩ • Lidija Alexandrowna Tamburer, siehe Anm. zu S. 110.

200 *The lily of the valley* • In der Textvorlage heißt es »The lys of volley«, was fehlerhaft erscheint, da Französisch und Englisch vermischt werden. Ich habe mich für »The lily of the valley« entschieden, das englische Wort für »Maiglöckchen«. Alternativ käme »Le lys dans la vallée« (Die Lilie im Tal) in Frage, ein Romantitel von Balzac.

die Stuart • Wohl eine Anspielung auf Maria Stuart.

201 *die »Russischen Frauen«* • Berühmtes Poem von Nikolaj Alexejewitsch Nekrassow (1821-1878) über die Frauen der aufständischen Dekabristen, die ihren Männern in die Verbannung nach Sibirien folgten; erschienen 1872/1873.

203 *Wolodja* • Wladimir Awwakumowitsch Pawluschkow (1883-1920), der zweite Mann von Lidija Alexandrowna Tamburer, Arzt, von 1919 bis 1920 Chefarzt des Spitals von Kunzewo.

204 *Da kam mir ein anderer Bahnsteig in den Sinn* • Im Sommer 1911 begleitete MZ Sergej Efron zu einer Kur mit Kumys (Stutenmilch) nach Baschkirien. Sie verbrachten dort einen ganzen Monat, von Mitte Juli bis Mitte August.

205 *Bube* • Gemeint ist MZs Theaterstück »Karobube« (Tscherwonyj walet, 1918).

206 *Die Verse eines Trinkers* • Wahrscheinlich das Gedicht von Béranger »Wie rot ist das Äpfelchen«.

208 *Hurra! Hurra! Hurra! Wir gehen auf den Feind los!* • Wahrscheinlich eine Variante der Hymne der Nikolajew'schen Kavallerie-Schule.

212 *Chlystentum des Gouv⟨ernements⟩ Kaluga* • MZ spielt auf die russische Sekte der Chlysten (Geißler) an, im 17. Jahrhundert von Danila Filippow gegründet. In Tarussa (im Gouvernement Kaluga), wo sie als Kind die Sommermonate verbrachte, lernte MZ Frauen dieser Sekte kennen. Davon berichtete sie in ihrer Erzählung »Die Geißlerinnen« (1934). Siehe Bd. 1 der Werkausgabe.

»Wahrheit und Dichtung« • Die Selbstbiographie Goethes heißt »Aus meinem Leben. Dichtung und Wahrheit«. Der vierte Teil wurde 1833 posthum von Eckermann herausgegeben.

213 *Bettina* • MZ identifizierte sich immer wieder mit Bettina von Arnim (geborene Brentano, 1785-1859), deren Briefroman »Goethes Briefwechsel mit einem Kinde« (1835) sie liebte. Der Briefroman enthält die Korrespondenz, die Bettina mit Goethe und dessen Mutter führte, und zeugt von ihrer Verehrung für den Dichterfürsten. – Auf Bettina von Arnim kam MZ mehrfach in ihrem Essay »Einige Briefe von Rainer Maria Rilke« (1929) zu sprechen. Siehe Bd. 2 der Werkausgabe.

216 *statt Casanova den Trojanischen Krieg wählen* • Nach ihren Casanova-Stücken »Abenteuer« und »Casanovas Ende« bzw. »Phoenix« hat MZ zwei Tragödien geschrieben: »Ariadna« (1924) und »Phädra« (1927). Auch hier identifizierte sie sich mit den Heldinnen.
mon instinct – c'est l'Âme! • Mein Instinkt – ist die Seele!

217 *par pure politesse* • aus reiner Höflichkeit.

218 *Meine Mutter* • Marija Alexandrowna Zwetajewa (geborene Mejn, 1868-1906), Pianistin, die zweite Frau von Iwan Wladimirowitsch Zwetajew, dessen zwei Kinder aus erster Ehe, Walerija und Andrej, sie mit aufzog.

219 *Nervi* • Im Winter 1902/1903 verbrachte die ganze Familie wegen der Tuberkulose der Mutter einige Wochen in Nervi bei Genua, in einer »Pension russe«. Erinnerungen an diese Zeit hat MZ in »Mein Puschkin« (1937) festgehalten. Siehe Bd. 1 der Werkausgabe.

220 *A. Tolstojs »Gegen den Strom«* • Gedicht von Alexej Konstantinowitsch Tolstoj (1817-1875) aus dem Jahre 1867.
im Kreis Sergej Alex(androwitschs) • Sergej Alexandrowitsch (1857-1905), Großfürst, Sohn von Alexander II., Moskauer Generalgouverneur (1891-1905), 1905 von einem Sozialrevolutionär ermordet. MZs Großvater, Alexander Danilowitsch Mejn (1837-1899), war eine Zeitlang Kanzleichef des Generalgouverneurs.

222 *Spiridonowa* • Marija Alexandrowna Spiridonowa (1884-1941), Sozialrevolutionärin, 1906 wegen eines Mordes zu lebenslänglicher Haft verurteilt, 1918 die ideelle Anführerin des Aufstands der linken Sozialrevolutionäre.
Schmidt • Pjotr Petrowitsch Schmidt (1867-1906), Leutnant der Schwarzmeerflotte, Anführer des Matrosenaufstands 1905 in Sewastopol, 1906 erschossen.
Schischko • Leonid Emanuilowitsch Schischko (1852-1910), Anhänger der revolutionären Narodniki, Publizist, Historiker, 1878

zu neun Jahren Straflager und anschließender Verbannung verurteilt, floh 1890 ins Ausland. 1902 schloss er sich der sozialrevolutionären Partei an und wurde Mitarbeiter der Zeitung »Revolutionäres Russland«. Verfasser des dreibändigen Werkes »Episoden aus der russischen Geschichte« (1917-1918).

Walerija • Walerija Iwanowna Zwetajewa (1883-1966), MZs Halbschwester.

Andrej • Andrej Iwanowitsch Zwetajew (1890-1933), MZs Halbbruder.

223 *die Frau des Kreisarztes* • Es handelt sich um eine Cousine von Iwan Zwetajew, Jelena Alexandrowna Dobrotworskaja (1857-1939?), deren Mann, Iwan Sinowjewitsch Dobrotworskij (1857-1919?), Kreisarzt in Tarussa war.

224 *»Undine«* • Gemeint ist die Märchenerzählung »Undine« (1811) von Friedrich de la Motte Fouqué (1777-1843).

226 *Ich will nicht essen* • Dieses Gedicht MZs wurde nie veröffentlicht.

227 *Allzu viel Schnee* • Diese Zeilen finden sich im unvollendeten Gedicht »In dunklen Waggons«, datiert »Kunzewo, November 1919«.

228 *»Der Kranich und der Fuchs«* • Fabel von Aesop, die Lew Tolstoj in seiner »Fibel« vereinfacht nacherzählt hat.

Balmonts Erzählung • Diese Episode hat Konstantin Balmont in seinen Essayband »Wo ist mein Haus« (Prag 1924) aufgenommen.

234 *Ziegenratschlag* • Russisch »Koslowskij sowet«. Möglicherweise eine politische Anspielung: 1919 gab es in der Stadt Koslow einen revolutionären Kriegsrat. Die kleine Irina konnte das freilich nicht verstehen, brachte »koslowskij« am ehesten mit dem Wort »kosjol« (Ziegenbock) in Verbindung und imitierte die Laute, wobei sie die Wörter als Gegenstände begriff.

235 *Pawluschkow* • Wladimir (Wolodja) Awwakumowitsch Pawluschkow, s.o. Anm. zu S. 203.

236 *La mort dans le cœur* • Den Tod im Herzen.

243 *un cœur de fer dans un corps de cristal* • ein Herz aus Eisen in einem Körper aus Kristall.

un cœur de cristal dans un corps de fer • ein Herz aus Kristall in einem Körper aus Eisen.

245 *George Sand* • Die französische Schriftstellerin George Sand (eigentlich Amandine-Lucie-Aurore Dupin, 1804-1876) unterhielt

Freundschaften mit Chopin, Liszt, Berlioz, Balzac u. a., setzte sich in ihren Werken für die Selbstbestimmung der Frau ein.
246 *commerce intellectuel* • intellektueller Handel.
248 *ex-ci-devant* • Verflossener.
M⟨ilio⟩ti • Wassilij Dmitrijewitsch Milioti (1875-1943), Maler, Mitglied der Künstlervereinigung »Blaue Rose«. MZ besuchte ihn oft in seinem Atelier im »Palast der Künste«.
D⟨schalalow⟩a • Gemeint ist die Frau von Wassilij Miliotis Bruder Jurij Dmitrijewitsch Milioti, Marina Iwanowna Milioti (1900-1971), Schauspielerin; sie verfasste in den 1950er Jahren Memoiren.
249 *Edvarda* • Heldin des Romans »Pan« (1894) von Knut Hamsun (1859-1952).
Nina W. • Wahrscheinlich Nina Kornelijewna Winogradowa, eine Bekannte MZs aus Tarussa, die Schwester des Schriftstellers Anatolij Kornelijewitsch Winogradow (1888-1946). Siehe »Der Bräutigam«, in Bd. 1 der Werkausgabe.
Waretschka I⟨satschi⟩k • MZs Kindheitsfreundin in Tarussa.
250 *Gerda findet ihren Kay* • Figuren aus Hans Christian Andersens Märchen »Die Schneekönigin«.
Walja • Walentina Iossifowna Selinskaja (um 1894-1928), eine enge Freundin von MZs Schwester Anastassija (Assja).
Andrjuscha • Andrej Borissowitsch Truchatschow, Anastassijas Sohn.
Herr, lass mich vor Serjosha und Alja sterben • MZs Wunsch ist auf tragische Weise in Erfüllung gegangen. Am 31. August 1941 erhängte sich MZ in Jelabuga, Sergej Efron wurde am 16. Oktober 1941 in der Lubjanka erschossen, Ariadna (Alja) Efron erlitt 1975 einen Herztod.
252 *des yeux perdus* • verlorene Augen.
253 *Irinas Tod* • Irina Efron starb (wahrscheinlich an Unterernährung) am 2. Februar 1920 im Kinderheim in Kunzewo, noch nicht drei Jahre alt. Vgl. MZs Brief an Wera Klawdijewna Swjaginzewa und Alexander Sergejewitsch Jerofejew vom 7./20. Februar 1920. In: Marina Zwetajewa: Im Feuer geschrieben. Ein Leben in Briefen, a. a. O., S. 56-59.
255 *Karolina Pawlowa* • Karolina Karlowna Pawlowa (geborene Jaenisch, 1807-1893), russische Lyrikerin, Übersetzerin russischer Dichter ins Deutsche und Französische.

»Pauvre jeune homme! Que je suis heureuse de ne l'avoir pas connu.« • Armer junger Mann! Wie froh bin ich, ihn nicht gekannt zu haben. – Der bei Karolina Pawlowa zitierte Satz stammt von der Gräfin Stroganow, die Pawlowa als Kind kennengelernt hatte. Er bezog sich auf den jungen Grafen Stroganow, den einzigen Sohn ihres Sohnes.
»Pauvre enfant! Que je suis heureuse de ne l'avoir pas aimé!« • Armes Kind! Wie froh bin ich, es nicht geliebt zu haben!
257 *Ich lese die Gedichte K. Pawlowas an die Gräfin Rostoptschina* • Es handelt sich um folgendes Gedicht: »Zeitgenossen sind wir, Gräfin, / Und beide Moskaus Töchter; / Geplagt von Leid erinnern Sie / Bestimmt die jungen Jahre! [...]« (1847)
259 *Andrej* • Andrej Iwanowitsch Zwetajew, siehe Anm. zu S. 222.
260 *schenkte er seiner Frau* • Es handelt sich um Pawel Antokolskijs erste Frau, die Schauspielerin Natalija Nikolajewna Stscheglowa.
T. Tschurilin • Tichon Wassiljewitsch Tschurilin (1892-1944), Dichter, seit 1916 mit MZ befreundet. Diese widmete ihm mehrere Gedichte in »Werstpfähle I« (1922).
Kolja Mironow • Nikolaj Nikolajewitsch Mironow (1893-1951), ein enger Freund von MZ, siehe Anm. zu S. 19.
262 *Saks und Lilja* • Bernard Genrichowitsch Saks (1886-1937), ein Bekannter von Sergej Efrons Schwestern Jelisaweta (Lilja) und Wera.
Zetlins • Das Ehepaar Marija Samojlowna Zetlina und Michail Ossipowitsch Zetlin, siehe Anm. zu S. 192.
Beute aus Archangelsk • Anspielung auf die Kämpfe der Entente-Mächte in Murmansk und Archangelsk. Im Herbst 1919 landeten in Murmansk britische Truppen, danach britische, französische und andere Truppen in Archangelsk. Im Februar und März 1920 liquidierte die 6. Rote Armee diese Front.

Notizbuch 8

Selbsthergestelltes Notizbuch, mit Aufzeichnungen aus dem Zeitraum April 1920 bis März 1921. Die darin enthaltenen Briefe an Jewgenij Lann erschienen 1981 in: Marina Cvetaeva: Studien und Materialien (Wiener Slawistischer Almanach, Bd. 3).

264 *Lespinasse* • Die französische Schriftstellerin Julie de Lespinasse (1732-1776) wurde vor allem berühmt für ihre schwärmerisch-leidenschaftlichen Liebesbriefe.

Fortsetzung • Den folgenden Dialog führt MZ mit dem Künstler Nikolaj Nikolajewitsch Wyscheslawzew (1890-1952), den sie im April 1920 im »Palast der Künste« kennenlernte. Es kam zu einer einseitigen Beziehung, denn Wyscheslawzew – im Folgenden meist N. N. genannt – war unfähig, MZs heftige Gefühle zu erwidern. Große Teile dieses Notizbuchs handeln von MZs Frustration und zunehmender Verbitterung. Indes widmete sie Wyscheslawzew einen umfangreichen Gedichtzyklus. Besonders bekannt wurde das Gedicht »Einen schuf er aus Stein, den andern aus Lehm« (23. Mai 1920).

eine neue Zeile von Puschkin • Es handelt sich um den Entwurf zum Gedicht »An eine Fremde« (1822): »Erinnern werd ich mich, geliebter Freund, / In einsam-dunkler Nacht / An deinen unlöschbaren Kuss / Und deiner Augen Leidenschaft.«

267 *Gegen eure Küsse* • Aus MZs Gedicht »Es kommt ein Tag, man sagt ein Trauertag« (Nastanet den'), aus dem Zyklus »Verse über Moskau« (1916).

269 *L⟨idija⟩ P⟨etrowna⟩* • Lidija Petrowna Milioti (1884?-1960?), die Frau von Wassilij Dmitrijewitsch Milioti.

lui pèse moins • weniger auf ihm lastet.

270 *Lys rouge* • »Le Lys rouge« (Die rote Lilie, 1894), Roman von Anatole France (eigentlich Jacques-Anatole Thibault, 1844-1924).

Roshdestwenka • Straße in Moskau zwischen dem Lubjanka-Platz und dem Roshdestwenskij-Boulevard.

271 *Neskutschnyj-Garten* • alter Park am Ufer des Moskwa-Flusses.

273 *délicatesse de cœur* • Feinheit des Herzens.

275 *Iwan Bunin* • Iwan Alexandrowitsch Bunin (1870-1953) emigrierte nach der Revolution nach Paris und erhielt 1933 den Literaturnobelpreis. MZ korrespondierte in den 1930er Jahren mit seiner Frau Wera Nikolajewna Bunina-Muromzewa.

276 *Kirke* • Zauberin aus Homers »Odyssee«. Sie verzaubert die Gefährten des Odysseus in Schweine und behält Odysseus ein Jahr lang bei sich auf der Insel Aia.

Blok • Alexander Alexandrowitsch Blok (1880-1921), bedeutender symbolistischer Dichter, dem MZ ihren Verszyklus »Gedichte an

Blok« (1916) widmete und den sie am 9. Mai 1920 anlässlich seiner Lesung im großen Saal des Polytechnischen Museums traf, wobei sie ihm ihren Brief nicht selber übergab, sondern übergeben ließ. Zu dieser Zeit war Blok bereits schwerkrank. – Zu einer zweiten Begegnung kam es am 14. Mai im »Palast der Künste«. Hier war es offenbar Alja, die Blok ein Kuvert mit Gedichten ihrer Mutter übergab. Siehe Anna Saakjanc: Marina Cvetaeva. Žizn' i tvorčestvo (Marina Zwetajewa. Leben und Werk). Moskva: Ellis Lak 1997, S. 206.

280 *... So streichelt man Katzen oder Vögel ...* • Aus Anna Achmatowas Gedicht »Abends« (1913).

281 *Zeit, dass die Offiziere für Peter aufstehen* • Diese Verszeile konnte im Werk von Pawel Antokolskij nicht gefunden wurden.

282 *encanailler en compagnie* • mich gemein machen zusammen mit andern.
angeliser en compagnie • mich zum Engel machen zusammen mit andern. Das Verb »angeliser« existiert im Französischen nicht, MZ hat es erfunden.

283 *N⟨ilende⟩r* • Wladimir Ottonowitsch Nilender (1883-1965), ein Freund des Dichters und Altphilologen Ellis (siehe Anm. zu S. 8). Die Liebesgedichte im »Abendalbum« sind Nilender gewidmet, obwohl MZ die Beziehung zu ihm als »unmöglich« erlebte und darunter – viel mehr als ihre Schwester Assja – litt. – Anfang 1920 erkrankte Nilender an Flecktyphus, nicht an Krätze, wie MZ schreibt. Auch ist unklar, warum sie ihn als Dieb bezeichnet. In seiner Funktion als Bibliothekar hatte er sich nichts zuschulden kommen lassen.
L⟨idija⟩ P⟨etrowna⟩ • Lidija Petrowna Milioti, die Frau des Künstlers Wassilij Dmitrijewitsch Milioti, siehe Anm. zu S. 248.

285 *Sonja P⟨arnok⟩* • Mit der Dichterin Sofja (Sonja) Jakowlewna Parnok (1885-1933) unterhielt MZ 1914/1915 ein leidenschaftlich-schmerzliches Liebesverhältnis, das sich im Verszyklus »Die Freundin« niederschlug.

286 *die auf der Remington abgetippten Gedichte* • Im Mai 1920 bereitete MZ zwei Gedichtbände für den Staatsverlag vor: »Jugendgedichte« (1913-1915) und »Werstpfähle« (1916).
Kussikow • Alexander Borissowitsch (Sandro) Kussikow (eigentlich Kussikjan, 1896-1977), Lyriker, Mitglied der Gruppe der Imaginisten.

»Adrienne Lecouvreur« • Theaterstück von Eugène Scribe (1791-1861) und Ernest-Wilfried Legouvé (1807-1903), der berühmten französischen Schauspielerin Adrienne Lecouvreur (1692-1730) gewidmet, 1849 entstanden. In der Hauptrolle brillierte Eleonore Duse, in der Inszenierung des Moskauer Kammertheaters von 1919 war es Alissa Koonen.

290 *Kachelspruch* • Möglicherweise handelt es sich um eine der alten, mit allegorischen Darstellungen und Sinnsprüchen versehenen Ofenkacheln, wie sie im Hause Sollogubs zu finden waren. Dies legen Ariadna Efrons 1989 publizierte Erinnerungen nahe.

291 *das Porträt* • Das Porträt Aljas hat sich nicht erhalten.

292 *Brand* • Held des gleichnamigen Stückes (1866) von Henrik Ibsen (1828-1906). Der strengen Grundsätzen verpflichtete Pfarrer Brand muss am Ende erkennen, dass seine Strenge und Unerbittlichkeit nur Leid verursachten und die Gründung einer neuen Gemeinde zum Scheitern verurteilt war. Ein einsamer Tod durch eine Lawine besiegelt sein verfehltes Leben. – Als sein Sohn im Sterben liegt, zwingt er seine Frau, dessen Sachen einer Bettlerin zu schenken. Auf diese Szene nimmt MZ Bezug.

Achromowitsch • Wahrscheinlich handelt es sich um Witold Franzewitsch Achramowitsch (1882-1930), früher Korrektor und Sekretär beim Verlag »Musaget«, in dieser Zeit Mitarbeiter in einem Kino.

293 *Chudolejew* • Iwan Nikolajewitsch Chudolejew (1869-1932), Schauspieler, von 1893 bis 1918 am »Malyj Teatr«, danach am »Gosudarstwennyj Pokasatelnyj Teatr«.

Petipa • Marius Petipa (1818-1910), französischer Tänzer und Choreograph, Begründer des klassischen russischen Balletts.

»Brief an Jussupow« • Wahrscheinlich meint MZ Puschkins Gedicht »An einen Würdenträger« (1830).

einige Gedichte von Byron • Es dürfte sich vor allem um das Gedicht »Euthanasia« (1812) gehandelt haben, das I. I. Golz-Miller ins Russische übersetzt hatte.

294 *»faire le beau«* • sich von seiner besten Seite zeigen. MZ verwendet den Ausdruck ironisch, da er sich normalerweise auf Hunde bezieht, in der Bedeutung »Männchen machen«.

Sh. W⟨ige⟩lew • Shenja (Jewgenij) Wigelew, war 1919 bis 1920 Schauspieler am Moskauer Kammertheater.

295 *den ganzen Abend habe ich Gedichte geschrieben* • In MZs Heften mit Gedichtentwürfen lässt sich auf Grund des Datums (erste Hälfte Mai 1920) herausfinden, um welche Gedichte es sich handelt, z.B. »Es retten weder Stanzen noch Gestirne«, »Nicht so schändlich und nicht so einfach«, »Einen schuf er aus Stein, den andern aus Lehm«, »Tod einer Tänzerin«, »Ich tanze nicht – das ist nicht meine Schuld«, »Mit den Augen einer verzauberten Hexe«, »Die eine Hälfte des Fensters ging auf«. Alle Gedichte waren Nikolaj Wyscheslawzew gewidmet.
das Stück »Der Schüler« • Das Manuskript hat sich nicht erhalten.
Oh, Blok • MZ denkt an die Schlusszeilen des Gedichts »Der Mai ist grausam mit seinen weißen Nächten!« (1908): »Würdiger ist es hinterm schweren Pflug / Im frischen Morgentau zu gehen!«
296 *Je suis faite pour les plaisirs ...* • Ich bin geschaffen für die Vergnügen einer ehrlichen Gesellschaft, für die Freundschaft einiger ausgesuchter Freunde und für die einzigartige und wunderbare Liebe eines Mannes von schönem Gesicht und hochherziger Gesinnung.
»Corinne« • Der Roman »Corinna oder Italien« (Corinne ou l'Italie, 1807) von Madame (Anne Louise Germaine) de Staël (1766-1817) gehörte zu MZs Lieblingsbüchern. Die italienische Dichterin Corinna liebt einen Engländer aus konservativem Milieu. Als sie sich entschließt, ihr Künstlerleben gegen eine bürgerliche Existenz in England einzutauschen, heiratet der Mann ihre Halbschwester Lucile. Wenige Jahre später stirbt Corinna aus Trauer und Resignation.
G. Sand • MZ bewunderte George Sand (siehe Anm. zu S. 245) und deren Romane.
297 *»Vergessen! Nur Vergessen!...«* • Ungenaues Zitat aus dem Gedicht »Was suchen wir auf strahlenden Bällen« (1893) von Marija Alexandrowna (Mirra) Lochwizkaja (1869-1905). Hier heißt es: »Vergessen, nur Vergessen, // Suchen wir in unsern Träumen!«
299 *»les écrits s'envolent ...«* • Das Geschriebene verfliegt – die Worte – bleiben!
les défauts de ses qualités • die Mängel seiner Vorzüge.
les qualités de mes défauts • die Vorzüge meiner Mängel.
wie Brambilla • 1919 inszenierte Alexander Tairow im Moskauer

Kammertheater »Prinzessin Brambilla. Ein Capriccio nach E.T.A. Hoffmann«.

302 *Sie hatten keine Mutter* • Tatsächlich kannte Wyscheslawzew seine Mutter nicht, er wuchs bei der alleinstehenden Schwester seines Vaters und in der kinderreichen Familie seines Onkels auf.
coûte que coûte • koste es, was es wolle.

die belastende Übersetzung von Musset • MZ bekam vom Zweiten Studio des Moskauer Künstlertheaters den Auftrag, Alfred de Mussets Komödie »Mit der Liebe scherzt man nicht« (On ne badine pas avec l'amour, 1834) zu übersetzen. Sie hat den Auftrag nie ausgeführt.

308 *Mirra* • Mirra Balmont, siehe Anm. zu S. 170.

Wjatsches⟨law⟩ Iwanow • Mit dem symbolistischen Dichter Wjatscheslaw Iwanowitsch Iwanow (1866-1949) verband MZ in dieser Zeit eine enge Freundschaft. Sie nennt ihn konsequent beim Vornamen. Später trennten sich ihre Wege: Iwanow verschlug es nach Rom, MZ nach Prag und Paris.

Balmonts Jubiläum • In der Zeitschriftenpublikation (»Auf eigenen Wegen«, Prag 1925) war dieser Eintrag auf den 14. Mai (alten Stils) 1920 datiert.

Sologub • Fjodor Sologub (eigentlich Fjodor Kusmitsch Teternikow, 1863-1927), bekannter symbolistischer Schriftsteller, Verfasser von Gedichten, Märchen, Fabeln, Novellen und Romanen (z.B. »Der kleine Dämon«, 1907).

Iname • Es handelt sich um die japanische Dichterin Iname Yamagata. Balmont widmete ihr in seinem Zyklus »Namen« das Gedicht »Iname«. Nikolaj Wyscheslawzew fertigte ein Porträt von ihr an.

309 *Magister Tinte* • Figur aus E.T.A. Hoffmanns Erzählung »Das fremde Kind«, erschienen im zweiten Band der Sammlung »Die Serapions-Brüder«, 1819.

Man muss Sonne sein, nicht wie die Sonne • »Seien wir wie die Sonne« heißt ein 1903 erschienener Gedichtband von Konstantin Balmont.

311 *Tjuttschew* • Fjodor Iwanowitsch Tjuttschew (1803-1873), bedeutender spätromantischer Dichter, Übersetzer von Goethe, Schiller und Heine ins Russische, Diplomat.

Kussewizkij • Sergej Alexandrowitsch Kussewizkij (1874-1951), Dirigent, virtuoser Kontrabassist.

Mejtschik • Mark Naumowitsch Mejtschik (1880-1950), Pianist.
Ejges • Konstantin Romanowitsch Ejges (1875-1950), Komponist, Pianist, Musikpädagoge.
P. Dobert • Polina Shilbertowna Dobert (1879-1968), Sängerin, von 1919 bis 1922 Professorin am Moskauer Konservatorium.
Warja Butjagina • Warwara Alexandrowna Butjagina (1891-?), Dichterin, 1919 Mitbegründerin des Zirkels »Literarische Villa«.
Agnessa Rubintschik • Agnessa Dawidowna Rubintschik (1895-?), Künstlerin, Rezitatorin.

312 ›*nur ein starker Hund*‹ • Aus Balmonts Gedicht »Meine Tiere«, aus der Sammlung »Nur Liebe« (1903).
den Bruder von Wolodetschka • Wladimir (Wolodja) Alexejew (siehe Anm. zu S. 85) hatte drei Brüder; wahrscheinlich dachte MZ an den ältesten, Sergej, der nach einer schweren Verletzung demobilisiert worden war.

314 *Gott sei Dank bin ich nicht eine Jüdin!* • Im metaphorischen Sinne hat sich MZ immer als »Jüdin«, d. h. als anders und randständig, empfunden. Vgl. den Satz im »Poem vom Ende« (1924): »In dieser christlichsten aller Welten / Sind die Dichter – Juden.« Im Tagebucheintrag macht sie klar, dass sie in ihrer schwierigen Lebenssituation noch mehr Ausgrenzung nicht ertragen hätte.

317 *le temps presse* • unter Zeitdruck.
Laokoon • Gemeint ist die berühmte spätantike Skulpturengruppe, die den trojanischen Priester Apollons, Laokoon, mit seinen Söhnen zeigt, wie sie von Schlangen gewürgt werden. Gottfried Ephraim Lessing hat darüber 1766 eine wichtige kunsttheoretische Schrift verfasst.
tout ce qui plane • alles, was schwebt.
tout se qui grouille • alles, was wimmelt.

318 »*auf der zärtlichen Erde*« • Zitat aus MZs Gedicht »Wie viele sind in diesen Abgrund gestürzt« (1913).
»*auf die sanfte Erde*« • Zitat aus MZs Gedicht »Für Wjatscheslaw Iwanow« (1920).
nördliche Semiramis • So wurde Katharina die Große bezeichnet. Die »andere Semiramis« ist die legendäre assyrische Königin, der die »hängenden Gärten« zugeschrieben werden.

320 *lâcheté* • Feigheit.
Mauvais pas • Schwer passierbare Stellen.

jener junge Spartaner mit dem Füchslein • Wahrscheinlich Anspielung auf eine antike Skulptur.
321 *par excès de sensibilité* • aus Übermaß an Empfindsamkeit.
régle monastique • monastische Regel.
322 *»Aus meinen großen Leiden«* • Ungenaues Zitat aus Heinrich Heines Gedicht »Lyrisches Intermezzo« (aus der Sammlung »Buch der Lieder«, 1827). Bei Heine heißen die Anfangszeilen des Gedichts: »Aus meinen großen Schmerzen / Mach' ich die kleinen Lieder …«
328 *Mais c'est tout comme moi alors!* • Aber das ist genau wie bei mir!
Stepan Trofimowitsch • Gemeint ist Stepan Trofimowitsch Werchowenskij, Figur aus Fjodor Dostojewskijs Roman »Die bösen Geister« (Besy), erschienen 1871/1872.
Sie wollte ein zweiter Nietzsche werden… • In ihrem Buch »Hoheitliche Gedanken« (1914) notierte Anastassija Zwetajewa, sie trage sich mit der kühnen Idee, den fünften Teil des »Zarathustra« zu schreiben.
›*Tragische Tierschau*‹ • Das 1907 erschienene Buch von Lidija Sinowjewa-Annibal (siehe Anm. zu S. 76) enthielt Erzählungen über ihre Kindheit und Jugend.
329 ›*Kindheit und Knabenalter*‹ • Die ersten beiden Teile von Lew Tolstojs autobiographischer Trilogie, erschienen 1852 und 1854.
330 *Die Lust zum Fabulieren* • In Goethes »Zahmen Xenien« heißt es: »Vom Vater hab ich die Statur, / Des Lebens ernstes Führen, / Vom Mütterchen die Frohnatur / Und Lust zu fabulieren.«
331 *Andrej Belyj* • Dem symbolistischen Dichter Andrej Belyj (eigentlich Boris Nikolajewitsch Bugajew, 1880-1934) kam MZ vor allem während ihres Aufenthalts in Berlin, 1922, nahe. Siehe ihren Erinnerungsessay »Ein gefangener Geist« (1934) in Bd. 2 der Werkausgabe.
Petersburg • »Petersburg« heißt auch Belyjs grandios-exzentrischer Roman von 1913-1914, der literarische Techniken der Avantgarde vorwegnimmt.
333 *Vous en parlez à votre aise, ami…* • Sie können gut reden, mein Freund. Aber ich, die ich von der Schöpfung nur Momente des Nichtseins erbeten habe.
»Tu me feras encore bien mal quelque jour« • Du wirst mir eines Tages noch sehr weh tun.
335 *ébahie* • fassungslos.

337 *Natascha A⟨ntokol⟩skaja* • die Frau von Pawel Antokolskij.
poignant • schmerzlich. Die Rede ist von Sergej Efron.
339 *»Eva«* • Offenbar handelt es sich um die Skizze zu einem Stück. Mehr davon ist nicht erhalten.
343 *à vol d'oiseau* • im Vogelflug.
344 *Ihr Sohn* • Gemeint ist Dmitrij Wjatscheslawowitsch Iwanow, der 1912 geborene Sohn von Wjatscheslaw Iwanow und Wera Schwarsalon. Siehe Anm. zu S. 76.
345 *Sergejs Lukrez* • Vermutlich eine Ausgabe des Werks »De rerum natura« des römischen Philosophen und Dichters Lukrez (Titus Lucretius Carus, 99/96 v. Chr. – 10.10.55), die Sergej Efron gehört hatte.
346 *Jelena* • Jelena Konstantinowna Zwetkowskaja (1880-1943), die Frau von Konstantin Balmont.
350 *Abgefallene Blätter* • Es stellt sich die Assoziation zu Wassilij Rosanows gleichnamiger Aphorismensammlung von 1913-1915 ein.
354 *Buddha* • Bei der von MZ erwähnten Lebensbeschreibung Buddhas dürfte es sich um die des buddhistischen Philosophen und Dichters Asvaghosa handeln, deren englische Fassung Konstantin Balmont 1913 ins Russische übersetzt hatte.
358 *der Vater war Page ... die Mutter – Fürstin Bernazkaja* • MZs Großeltern mütterlicherseits waren Alexander Danilowitsch Mejn (1836-1899) und Marija Lukinitschna Bernazkaja (1840-1868), wobei die Attribute »Page von Alexander II.« und »Fürstin« nicht als erwiesen gelten.
359 *Maja* • Marija Pawlowna (Maja) Kudaschewa (geb. Cuvillier, 1895-1985), Dichterin, heiratete 1934 den französischen Schriftsteller Romain Rolland, mit dem sie seit 1923 in Kontakt stand und dessen Werke sie ins Russische übersetzte. MZ schrieb ihr 1913 aus Jalta einen begeisterten Brief, nannte ihre Verse »höhere Musik« und sie selbst (auf Deutsch) ein »Sonntags-Kind«.
360 *femelle* • Weibchen.
363 *Voltaires Satz über Gott* • Im Original lautet er: »Si Dieu n'existait pas, il faudrait l'inventer.« (»Würde Gott nicht existieren, müsste man ihn erfinden.«)
Esmeralda • Die elfenhafte Zigeunerin Esmeralda ist Heldin von Victor Hugos Roman »Notre-Dame de Paris. 1482«, erschienen 1831.

364 *der kleine Däumling* • Märchen von Charles Perrault (1628-1703).

367 *Korobuschka* • Bekanntes russisches Lied, basierend auf dem Gedicht »Korobejniki« (Die Hausierer, 1861) von Nikolaj Alexejewitsch Nekrassow (1821-1878).

368 *Sandro* • Alexander Borissowitsch (Sandro) Kussikow (1896-1977), Dichter, Mitglied der Gruppe der Imaginisten, siehe Anm. zu S. 286.

369 *zwei Bücher* • Gemeint sind die »Jugendgedichte« (1913-1915) und »Werstpfähle« (1916), siehe Anm. zu S. 286.

Frau von Marjanow • Wahrscheinlich handelt es sich um Malwina Mironowna Marjanowa (1896-1972), damals verheiratet mit Dawid Ioannowitsch Marjanow, dem Leiter der literarisch-künstlerischen Abteilung des Kinokomitees. Sie organisierte bei sich zu Hause »literarische Donnerstage«.

T.F Skrjabina • Tatjana Fjodorowna Skrjabina (geborene Schlözer, 1883-1922), Pianistin, die zweite Frau des Komponisten Alexander Nikolajewitsch Skrjabin (1872-1915). Siehe Anm. zu S. 122.

Rosanow starb • Der Schriftsteller und Philosoph Wassilij Wassiljewitsch Rosanow (1856-1919) starb in Sergijew Possad in der Nähe von Moskau, in Gegenwart seiner Frau und seiner Töchter Tatjana und Nadeshda. Wie Tatjana später in ihren Erinnerungen berichtete, holte Nadeshda während Rosanows nächtlicher Agonie den Priester Alexander, am nächsten Morgen kamen auch Pawel Florenskij sowie die engsten Freunde. Sofja Olsufjewa brachte ein Tuch aus dem Reliquienschrein des hl. Sergij und legte es auf den Kopf des Sterbenden, dann las sie kniend Gebete. Rosanow soll lächelnd entschlafen sein.

371 *tant pis – tant mieux!* • Je schlimmer, desto besser!

373 *Mme de Sévigné* • Marie de Rabutin-Chantal, Marquise de Sévigné (1626-1696), französische Schriftstellerin, bekannt geworden durch ihre zahlreichen, vor allem an ihre Tochter gerichteten Briefe, die sich durch Zärtlichkeit und Empathie auszeichnen.

»J'ai mal à Votre poitrine« • Mich schmerzt Ihre Brust.

B. Sajzew • Mit dem Schriftsteller Boris Konstantinowitsch Sajzew (1881-1972) und seiner Frau Wera Alexandrowna war MZ in dieser Zeit eng befreundet. Als sie sich später alle in der Emigration in Paris wiederfanden, kühlte die Beziehung ab.

376 *Ça lui fait tant de plaisir – et à moi si peu de peine!* • Das bereitet ihm solches Vergnügen – und mir so wenig Mühe!

382 *Lann* • Jewgenij Lwowitsch Lann (eigentlich Losman, 1896-1958), Dichter, Kritiker, Übersetzer. Er besuchte MZ im Auftrag von Anastassija, die durch den Bürgerkrieg auf der Krim festgehalten wurde, um ihr Nachrichten von der Schwester zu überbringen. Wenig später kehrte er nach Charkow zurück. – Die stark emotionale Korrespondenz mit Lann lässt sich in den Notizbüchern verfolgen, auch wenn es sich dabei meist um Briefentwürfe handelt. Zu den Briefen siehe Marina Zwetajewa: Im Feuer geschrieben, a. a. O., S. 62-74, 78-96.

384 *D. A.* • Dmitrij Alexandrowitsch Magerowskij (1894-1939), Sozialrevolutionär, Professor für Staatsrecht.
Meschijewa • Warwara Wladimirowna Alexejewa-Meschijewa (1898-1973), Schauspielerin.
M⟨alinow⟩skaja • Wahrscheinlich handelt es sich um Jelena Konstantinowna Malinowskaja (1875-1942), die seit 1918 die Leitung der Staatlichen Theater in Moskau innehatte.
Stepun • Fjodor Awgustowitsch Stepun (1884-1965), Kulturphilosoph, Essayist, 1922 nach Deutschland ausgewiesen.
Lannes, wie Napoleons Marschall hieß • Es handelt sich um Jean Lannes (1769-1809), Marschall Frankreichs.

385 *wie ein Tigergespenst* • MZ trug einen gestreiften, an ein Tigerfell erinnernden Mantel.

386 *W⟨olken⟩stejn* • Wladimir Michajlowitsch Wolkenstejn (1883-1974), Dichter, Dramatiker, Kritiker.

387 *Konjonkows Paganini* • Der Bildhauer Sergej Timofejewitsch Konjonkow (1874-1971) fertigte drei Büsten von Paganini an: 1906, 1908 und 1916.
Stanislawskij • Konstantin Sergejewitsch Stanislawskij (1863-1938), Schauspieler, Regisseur, Theaterpädagoge, Gründer des Moskauer Künstlertheaters.

392 *Die Gedichte an Sie* • Es handelt sich um die Widmungsgedichte »Ich kenne diese samtene Vergänglichkeit«, »Lebwohl«, »Sprich niemandem von mir«, entstanden im November 1920, während Jewgenij Lanns Aufenthalt in Moskau.

393 *»Weiße Vogelschar«* • Gedichtband von Anna Achmatowa, erschienen 1917, den Lann MZ geschenkt hatte.

Das an den Toten gerichtete Gedicht • »Ist er dir nicht Mann? – Nein«, datiert von Ende November 1920.

394 *mein Potebnja* • Alexander Afanassjewitsch Potebnja (1835-1891), bekannter russischer Philologe und Slawist, für den sich Lann sehr interessierte.

397 *Auf dem roten Ross* • Dieses Poem hat MZ Jewgenij Lann gewidmet.

Der Bolschewik • Es handelt sich hier und im Folgenden um Boris Alexandrowitsch Bessarabow (1897-1970), der zum Vorbild für MZs unvollendet gebliebenes Poem »Jegoruschka« (1921-1928) wurde.

399 *im Frühlingssalon der Dichter* • 1918 erschienene Anthologie, in der mehrere Gedichte MZs abgedruckt waren, darunter auch der dreiteilige Zyklus »An Moskau« (1917).

400 *»Zarenbraut«* • 1918 entstandenes Versmärchen von MZ.

403 *Abend war's – die Sterne blinkten* • Anfangszeile des Gedichts »Waise« (1843) von Karl Alexandrowitsch Peterson (1811-1890).

Goethes Ballade • »Der Fischer« (1779).

405 *sie wisse nichts über ihn* • Gemeint ist Sergej Efron.

Max • Der Dichter und Maler Maximilian Alexandrowitsch Woloschin (1877-1932), in dessen Künstlerkolonie auf der Krim MZ Sergej Efron kennenlernte. Über ihren Freund und Mentor Max schrieb sie 1932 den großen Erinnerungsessay »Lebendes über einen Lebenden«, siehe Bd. 2 der Werkausgabe.

407 *Aus meinen Versen* • »Verse über Moskau« (1916).

408 *Igumnow* • Konstantin Nikolajewitsch Igumnow (1873-1948), Pianist, Professor am Moskauer Konservatorium.

409 *Federspringer* • Von den räuberischen Federspringern oder Spiralhopsern schrieb auch Wsewolod Iwanow (1895-1963) in seinem Anfang der 1930er Jahre entstandenen Roman »U«.

A⟨lexandra⟩ W⟨ladimirowna⟩ • Alexandra Wladimirowna Kriwzowa (1896-1958), Übersetzerin, die Frau von Jewgenij Lann.

410 *»Die Begeisterung hat das Weltall überstiegen!«* • Das Belyj-Zitat ließ sich nicht eruieren.

413 *den Band »Grauer Morgen«* • Gedichtband von Alexander Blok, erschienen 1920 in Petersburg.

neue Gedichte von mir • In dem 1921 erschienenen Sammelband mit Autographen befand sich MZs Gedicht »Ach, mein Pilz, mein kleiner Pilz, weißer Milchpilz …«

415 *Mein Serjoshenka!* • Diesen Brief MZs an ihren verschollen geglaubten Mann hat allem Anschein nach der Schriftsteller Ilja Ehrenburg (1891-1967), der im März 1921 nach Riga fuhr, mitgenommen. Im Juni 1921 gelang es Ehrenburg, Erkundigungen über Sergej Efrons Verbleib einzuholen, und am 14. Juli 1921 erhielt MZ einen Brief von ihrem Mann aus Prag.

418 *Eine Mischung von Lord F⟨auntleroy⟩ und dem kleinen Dombey* • Lord Fauntleroy ist eine Figur aus dem Roman »Der kleine Lord Fauntleroy« (1886) der britischen Autorin Frances Hodgson Burnett (1849-1924), der kleine Dombey aus Charles Dickens' Roman »Dombey und Sohn« (1848).

sieht Gleb ähnlich • Gemeint ist wohl der russisch-orthodoxe Heilige Gleb, Sohn von Fürst Wladimir, der Russland christianisiert hat. Gleb wurde im Zusammenhang mit der Erbfolge in jungen Jahren ermordet. Auf Ikonen ist er meist mit seinem Bruder Boris dargestellt.

419 *B⟨oris⟩* • Boris Sergejewitsch Truchatschow (1892-1919), der erste Mann von Anastassija Zwetajewa.

G⟨olze⟩w • Sergej Iwanowitsch Golzew (1896-1918), ein Regimentskamerad von Sergej Efron und Schauspielschüler des Wachtangow-Studios. Er fiel im Bürgerkrieg. Siehe Anm. zu S. 42.

Fragment des Notizbuchs 9

Von diesem Notizbuch hat sich nur ein mit Bleistift beschriebenes Blatt erhalten, datiert Berlin, 19. Mai 1922.
Am 15. Mai kam MZ mit ihrer Tochter in Berlin an und quartierte sich in der Pension Pragerdiele ein, wo Ilja Ehrenburg mit seiner Frau wohnte. An jenem Tag notierte Ehrenburg: »Jessenin kam mit der Duncan (die in Russland ›Dunka-Kommunistin‹ genannt wird) angeflogen. Er ist phantastisch. [...] Zwetajewa kam mit ihrem Töchterchen. Sie wohnen bei uns. Gedränge. Stimmenlärm. Erzählungen. Gedichte.« (W. Popow, B. Fresinskij: Ilja Ehrenburg. Chronik von Leben und Werk. Zitiert in: Marina Cvetaeva: Neizdannye zapisnye knižki v dvuch tomach, tom vtoroj 1919-1939. Moskva: Ellis Lak 2001, S. 493)
Am 19. Mai fand eine Sitzung des Berliner »Hauses der Künste« statt. In der Zeitungschronik von »Nakanune« war zu lesen: »An der Frei-

tagssitzung traten A.B. Kussikow und die kürzlich angekommene M.I. Zwetajewa auf. […] Das Publikum erwartete sehnlichst S.A. Jessenin und ging mit einem Gefühl leichter Enttäuschung auseinander.« (Ebd., S. 494)

Notizbuch 10

Dieses Notizbuch von 1923 enthält Entwürfe der Aufzeichnungen »Meine Arbeitsstellen«, »Über Dankbarkeit«, »Auszüge aus dem Buch ›Irdische Zeichen‹«, »Erzählung von Sonetschka«. Einen Teil der Aufzeichnungen hat MZ 1932 im ersten Heft ihrer »Svodnye tetradi« kopiert.

422 *Freiburg, wo ich als kleines Mädchen war* • Das Schuljahr 1904/1905 verbrachte MZ mit ihrer Schwester im Pensionat der Schwestern Brinck in Freiburg im Breisgau. Die tuberkulosekranke Mutter, der Kuren im Schwarzwald verordnet wurden, wohnte in einem Pensionat in der Nähe. Erinnerungen an diese Zeit verarbeitete MZ in Gedichten, in der Prosa »Über Deutschland« (1919) und in »Der Efeuturm« (1933), siehe Bd. 1 der Werkausgabe. Vgl. auch Elisabeth Cheauré, »Das ›russische‹ Freiburg. Menschen – Orte – Spuren«, Rombach: Freiburg i.Br. 2020, S. 96-121. Heute erinnert ein Marina-Zwetajewa-Weg im Freiburger Stadtteil Rieselfeld an MZs Aufenthalt in dieser Stadt.

Notizbuch 11

Einige der darin enthaltenen Aufzeichnungen hat MZ im zweiten Heft ihrer »Svodnye tetradi« kopiert.

423 *In unserm »Narkomkaz«* • Die folgende Passage hat MZ leicht verändert in ihre Prosa »Meine Arbeitsstellen« integriert.
426 *Savanarolas Scheiterhaufen* • Der Dominikanermönch und Bußprediger Girolamo Savonarola (1452-1498) war ein scharfer Kritiker weltlicher und kirchlicher Missstände. Wegen sogenannt häretischer Ansichten wurde er exkommuniziert, später verhaftet, gefoltert und gehenkt und schließlich verbrannt.

427 *Ich esse Brot und lästere* • Diese und die folgenden Passagen hat MZ verändert in ihre Prosa »Über Dankbarkeit« aufgenommen.
430 *Korrespondenz mit S. Ja. Efron während eines Vortrags von R. Steiner* • Am 30. April 1923 hörte sich MZ mit ihrem Mann im Gebäude der Prager Börse Rudolf Steiners Vortrag »Die Menschenentwicklung und Menschenerziehung im Lichte der Anthroposophie« an. Der ironisch-witzige Austausch von schriftlichen Kommentaren zwischen den Eheleuten, wobei Efron von sich als Löwen spricht, ist einzigartig und wirft ein kritisches Licht auf Steiner. – Zu Steiner und seinem Prager Auftritt äußerte sich MZ auch in ihren Schreibheften (Svodnye tetradi). Siehe Marina Zwetajewa: Unsre Zeit ist die Kürze. Unveröffentlichte Schreibhefte. Herausgegeben und aus dem Russischen und Französischen übersetzt von Felix Philipp Ingold. Suhrkamp: Berlin 2017, S. 95-96.
432 *Insel Pathmos* • Auf der griechischen Insel Patmos schrieb der Überlieferung nach der verbannte Johannes das Buch der Offenbarung. Vielleicht denkt MZ auch an Hölderlins Gedicht »Patmos«, in dem der vielzitierte Satz steht: »Wo aber Gefahr ist, wächst / Das Rettende auch.«
433 *Zu dritt gelingt es nicht* • Wahrscheinlich an Boris Pasternak adressiert, mit dem MZ in dieser Zeit korrespondierte. Auch Pasternak war verheiratet.
434 *Eine Begegnung muss ein Bogen sein* • In MZs Brief an Boris Pasternak vom 19. November 1922 heißt es: »Eine Begegnung muss wie ein Bogen sein: ein *Darüber*. Die Köpfe zurückgeworfen!« Siehe Marina Zwetajewa: Im Feuer geschrieben. Ein Leben in Briefen, a.a.O., S. 117.
437 *Krieg. Nicht Alexander Blok ...* • In »Über Deutschland« hat MZ den Gedanken so formuliert: »Mit dem Krieg ist es so: nicht Alexander Blok – gegen Rainer Maria Rilke, sondern Kugel gegen Kugel.« Siehe Bd. 1 der Werkausgabe, S. 201.
440 *Als ich zurückkam* • Dieser und die folgenden Einträge sind Briefskizzen, adressiert an Konstantin Boleslawowitsch Rodsewitsch (1895-1988), einen Studienkameraden von Sergej Efron, mit dem MZ in dieser Zeit eine leidenschaftliche Affäre hatte, die 1924 im »Poem vom Berg« und »Poem vom Ende« ihren künstlerischen Niederschlag fand.
441 *G.* • Gemeint ist Goethe.

443 *Das Ende der Geschichte* • Von wem diese Geschichte handelt, in die MZ als Geliebte involviert war, ist unklar.

444 *der erste Mensch, den ich mit fast kindlicher Liebe liebte* • Es handelt sich um den Dichter, Übersetzer und Altphilologen Wladimir Ottonowitsch Nilender (1883-1965), dem MZ mehrere Gedichte in ihrem ersten Lyrikband, »Abendalbum« (1910), widmete. Siehe Anm. zu S. 113.

446 *»Tout comprendre c'est tout pardonner«* • Alles verstehen heißt alles verzeihen.

448 *die Stunde der Seele* • »Die Stunde der Seele« betitelte MZ einen dreiteiligen Gedichtzyklus aus dem Jahre 1923.

450 *Sl⟨onims⟩ Vortrag über Achm⟨atowa⟩* • Wo und wann der in Prag lebende russische Schriftsteller, Kritiker und Redakteur der Zeitschrift »Wolja Rossii« Mark Lwowitsch Slonim (1894-1976) diesen Vortrag hielt, konnte nicht eruiert werden.

451 *Zwei Briefe von Julija* • Im November 1923 wohnte MZ beim Geschwisterpaar Julija Nikolajewna Rejtlinger (1898-1988), einer Künstlerin und Ikonenmalerin, und Jekaterina Nikolajewna Rejtlinger (1901-1989), die beide in Prag studierten.

452 *O Hass* • Ungenaues Zitat der letzten Strophe von Ilja Ehrenburgs Gedicht »Die Dämmerung fürcht ich nicht ...« aus dem Band »Verheerende Liebe« (1922).

453 *Belyj käme hierher* • Mit dem Dichter Andrej Belyj (eigentlich Boris Nikolajewitsch Bugajew, 1880-1934) freundete sich MZ 1922 in Berlin an, was in ihrem Erinnerungsessay »Der gefangene Geist« (1934) nachzulesen ist. Dort schreibt sie auch, Belyj habe ihr 1923 in einem Brief signalisiert, er wolle von Berlin nach Prag reisen. Zu dieser Reise ist es aber nicht gekommen.

Fragment des Notizbuchs 12

455 *12. Februar – Bett* • Am 1. Februar 1925 brachte MZ im Dorf Všenory ihren Sohn Georgij (Murr) Sergejewitsch Efron (1925-1944) zur Welt. Von ihrem familiären Alltag berichtete sie ausführlich in ihren Briefen an Boris Pasternak, Olga Tschernowa und Anna Tesková. Siehe Marina Zwetajewa: Im Feuer geschrieben. Ein Leben in Briefen, a. a. O., S. 208-254.

Fragment des Notizbuchs 13

457 *Rilke? Einverstanden* • Tatsächlich hat MZ 1929 sechs Briefe Rainer Maria Rilkes an den jungen Dichter Franz Xaver Kappus sowie einen Brief an eine unbekannte »Freundin« übersetzt. Ihre Einführung zu den übersetzten Texten veröffentlichte sie unter dem Titel »Einige Briefe von Rainer Maria Rilke«. Siehe Bd. 2 der Werkausgabe.

458 *Ich lebe mit Zeitungslesern, Zeitungsnacherzählern* • Ihre Verachtung für Zeitungsleser hat MZ 1935 in ihrem polemischen Gedicht »Zeitungsleser« zum Ausdruck gebracht.

Notizbuch 14

Dieses Notizbuch enthält Entwürfe zu den Essays »Epos und Lyrik des zeitgenössischen Russland« (1933) und »Dichter mit Geschichte und Dichter ohne Geschichte« (1934) sowie Entwurfsfragmente zur »Erzählung von Sonetschka« auf Französisch. – Viele Aufzeichnungen ließen sich nur schwer entziffern, da MZ häufig Abkürzungen verwendet, die wegen fehlender Kontexte nicht eindeutig entschlüsselt werden können.

461 *»Die Toten Seelen«* • Roman von Nikolaj Wassiljewitsch Gogol (1809-1852), erschienen 1842, dessen Hauptfigur der betrügerische Kollegienrat Tschitschikow ist.
Saint-Laurent, Sommer • In Saint-Laurent in Savoyen verbrachte MZ mit ihrem Sohn den Sommer 1930.
mit Tontopf • Vermutlich gibt MZ hier wieder, wie der knapp achtjährige Murr sich verliest, indem er »gorschok« (Tontopf) statt »goroschok« (Erbse) liest.
Würstchen mit Mieze ... mit Sauerkraut • Auch hier geht es um einen Verleser. Murr liest »kiska« (Mieze), bevor er »kislaja kapusta« (Sauerkraut) sagt.
A. I. Andr⟨ejewa⟩ • Anna Iljinitschna Andrejewa (1883-1943), die zweite Frau des Schriftstellers Leonid Nikolajewitsch Andrejew (1871-1919), eine Freundin von MZ.

462 *Jetzt denken alle an Länder und Klassen* • MZ machte diesen Ein-

trag am 16. November 1932, als sie in Paris zusammen mit Georgij Fedotow, Georgij Adamowitsch u.a. an der offiziellen Gründungsfeier des »Nachrevolutionären Klubs« teilnahm, bei der Jurij Schirinskij-Schichmatow die Eröffnungsrede hielt.

463 *La poésie est...* • Die Poesie ist (zunächst) ein Seelenzustand, letztlich aber ein *Seinszustand*, der unweigerlich verschriftlicht wird. Zwischen »was möchte ich« (schreiben) und »ich denke nicht, nicht zu« (idem) ist der ganze Abgrund zwischen einem Dilettanten und einem Märtyrer.

Si le poète est éclairé... • Wenn der Dichter erleuchtet ist, ist er es durch den Blitz einer inneren Vision.

Vous ayant trouvé... • Da ich Sie gefunden habe, habe ich nicht im Sinn, Sie zu verlieren.

Ne me croyez pas prompte... • Halten Sie mich nicht für schnell beim Fassen von Zuneigung, wenn ich nichts spüre (die meiste Zeit), bin ich nicht einmal zu einem schäbigen kleinen Lächeln fähig.

464 *L'am(our) ci-nommé physique...* • Die sogenannte physische Liebe ist vor allem ein Seelenzustand.

Sur la dune • Auf der Düne, / Bei Vollmond, / Der Tanz / Der Gezeiten ...

Le ciel roule • Der Himmel wälzt sich, der Himmel wälzt sich / Wie das Meer über einen Körper.

Tous mes efforts... • Alle meine Anstrengungen im aktiven Leben sind die Anstrengungen eines Ertrinkenden, der nicht schwimmen kann. – Kein Segel –

Frachtfuhrleute • Das russische »tschumaki« bezeichnete Leute, die auf Ochsenkarren Getreide in die Don-Gegend und auf die Krim transportierten und von dort Fisch und Salz brachten. So definiert es Wladimir Dal' in seinem erläuternden Wörterbuch der russischen Sprache (1863-1866).

465 *Die Lyrik braucht mehr Skelett als das Epos* • Skizze zum Essay »Epos und Lyrik des zeitgenössischen Russland« (1933).

466 *Manchmal sollte man...* • Auch hier handelt es sich um einen Entwurf zum genannten Essay.

»Inspiration ist die lebendigste Verfassung der Seele« • Bei Puschkin – in »Auszüge aus Briefen, Gedanken und Bemerkungen« – heißt es vollständig: »Die Inspiration ist die Bereitschaft der Seele zu einer

äußerst lebendigen Aufnahme von Eindrücken und zur Vorstellung von Begriffen, folglich auch zu deren Erklärung. Inspiration ist ebenso in der Geometrie wie in der Poesie notwendig.«

wie etwa jenen Majakow⟨skij⟩ im Café Voltaire • Über ihre Begegnung mit dem Dichter Wladimir Majakowskij in Paris berichtete MZ in der Zeitung »Jewrasija« am 24. November 1928: »Als ich am 7. November 1928 spätabends das Café Voltaire verließ, gab ich auf die Frage: ›Was sagen Sie nach Majakowskijs Lesung zu Russland?‹ zur Antwort: Dass die Kraft – dort ist.« Ariadna Efron schreibt in ihren Erinnerungen an ihre Mutter, MZ habe Majakowskij ein weiteres Mal im Frühjahr 1929 getroffen, als dieser vor französischen Arbeitern sprach und MZ darum bat, seine Ausführungen zu übersetzen.

467 *Antwort an B⟨oris⟩ P⟨asternak⟩* • MZ polemisiert in dieser Zeit mit Pasternak, indem sie die prinzipielle Einsamkeit des Dichters verteidigt.

468 *die Verse »Meine Begabung«* • Ein Gedicht MZs unter diesem Titel konnte nicht eruiert werden.

469 *Je n'ai jam⟨ais⟩ su …* • Ich wusste im Grunde nie / Was diese Beziehungen zu Männern waren, ob es das war, / Was man Liaisons nennt – oder – – / Aber – ⟨ein Wort fehlt⟩ / oder zusammen schlafen, das hieß immer *allein weinen*.

Miroir: vérité à rebours • Spiegel: verkehrte Wahrheit / Eine Chiffre, die wie die hebräische Schrift von rechts nach links gelesen wird.

Avec des gens intell⟨igents⟩… • Intelligenten Menschen gegenüber sein Spiel zeigen heißt gewinnen. Es gibt ein Vertrauen der Intelligenz, wie es ein Misstrauen der Dummheit gibt. Im Übrigen will Intelligenz direktes Vertrauen vereiteln, mehr noch, macht es abhängig vom Verstehen – ja vom Begehren (mein Intellekt mit).

470 *La conf⟨iance⟩ de l'ange avec l'ange* • Das Vertrauen zwischen Engel und Engel. Wer, außer R⟨ainer⟩ M⟨aria⟩ R⟨ilke⟩ und B⟨oris⟩ P⟨asternak⟩, wüsste darauf zu antworten? Anspruch zu erheben?

471 *Comme l'eau de la mer…* • Wie das Wasser des Meers / Muss mein Geschmack bitter sein.

472 *Silence: absence dans la présence* • Stille: Abwesenheit in der Präsenz. Die physische Präsenz sagt mir nichts, gibt mir nichts, nimmt mir alles, – alle Gewissheiten und alle – Gaben der (totalen) Abwesenheit.

474 *Il n'y a que 2 choses qui valent* • Es gibt nur 2 Dinge, die etwas wert sind: Kinder, wenn sie klein sind, und Männer, wenn sie liebend (menschlich) sind.

mein einziger Bruder Andrej • Es handelt sich um MZs Halbbruder Andrej Iwanowitsch Zwetajew (1890-1933).

475 *La patience ...* • Die Geduld ist vor allem eine aktive Kraft. (Die Ausdauer.) Was für ein Aufwand an Willen, um etwas *auszuhalten*. Ertragen ist handeln. Es gibt kein anderes Handeln als das Ertragen – in Gänze und Würde.

Ce n'est pas l'âme ... Nicht die Seele verlässt den Körper, der Körper verlässt die Seele, falsche Freundschaft, er gibt das Spiel auf, läuft zum Feind (zur Feindin) über.

Les Russes sont grands en largeur ... • Die Russen sind groß durch ihre Breite, es ist ihr *Umfang*, der ihre Größe ausmacht, das Umfangen? Die Deutschen sind groß durch ihre Tiefe und Höhe (die Deutschen von heute durch ihre Stärke). – Die Franzosen durch ihre Kleinheit. – Jede Größe ist exklusiv. In Frankreich mehr als anderswo. Pascal ist weder in Russland noch in Deutschland außergewöhnlich. Aber er ist es unbedingt in Frankreich. Er ist mehr als eine Ausnahme: er ist eine Unmöglichkeit ⟨über der Zeile: eine Undenkbarkeit⟩, ein Wunder ⟨über der Zeile: ein Wider-sinn⟩.

Qu'ai-je fait ... • Was hab ich getan, dass niemand, niemand mich geliebt hat, so wie man in einem schäbigen kleinen Lied liebt? (Wohin geht es mit mir? Ich weiß es überhaupt nicht.) Genauer: Was hab ich *nicht* getan?

476 *Après avoir aimé ...* • Wenn man geliebt hat, will man nichts anderes – für lange Zeit. – Wenn man geliebt hat – muss man noch mehr lieben. Man muss unentwegt lieben – wenn man geliebt hat. – Bei diesen Zeilen handelt es sich um ein ungenaues Zitat der Schlussverse von Alfred de Mussets Gedicht »La nuit d'août« (1836). Bei Musset heißt es: »Après avoir souffert, il faut souffrir encore; / Il faut aimer sans cesse, après avoir aimé ...« (Wenn man gelitten hat, muss man noch mehr leiden; / Man muss unentwegt lieben, wenn man geliebt hat ...)

Mal de dents • Zahnschmerzen. Eine Erfahrung. – Wenn man Zahnschmerzen hat, möchte man nur eines: dass es aufhört. Vollständige Gleichgültigkeit gegenüber allen und allem. Von da bis zum Tod ist es nur ein kleiner Schritt. Dieselbe Gleichgültigkeit, nur stärker, nur endgültiger. – Denn entweder lässt man eine Frau in Ruhe – lässt sie Seele sein, oder man liebt sie.

Donc, tout ceci ... • Folglich ist all dies: Sonne, Arbeit, die Nächsten, folglich ist all dies *als solches* nichts wert, nur durch mich, durch den Zustand meines Zahns (oder meiner Lunge, etc.). – Ich schlage ein Buch auf – nein, ich möchte nicht wissen, was du davon hältst, sehen, was du siehst. – Ich öffne das Fenster – das gleiche. – All dies ist für die andern, für die, die bleiben. (NB! Alle gehen vorzeitig, ich aber gehe noch *viel* früher.) Das Einzige, was bleibt, ist das Verlangen, Freude zu bereiten, so wie ich gestern, als ich mich beeilte, für Murr einen Ball zu besorgen (Uni-Prix) und S.s Uhr abzuholen (die nie bereit ist) – das ist die Pflicht (ohne eigennütziges Verlangen), Freude zu bereiten. – Ich bin sicher, dass ich vor meinem Tod noch einen oder mehrere gänzlich uneigennützige Gedanken haben werde (ohne Freude am Geben zu empfinden) – für jeden der Meinen und vielleicht noch für einige andere. Ohne persönlich etwas zu empfinden, es sei denn noch mehr Distanz gegenüber jenen, die noch Lust auf etwas haben. – Die Verse (die Musik, der Gedanke) vermögen nur bei einem gewaltsamen, unnatürlichen Tod zu helfen, wie bei einem Todesurteil oder einer Überschwemmung / einem Schiffbruch (und dergleichen mehr!). Einem Tod, bei dem man im Vollbewusstsein seiner Seele und seines Körpers ist, einem *lebendigen* Tod. (Wie die, die starben, als sie Blok lasen und *aufsagten*.) Doch ein Tod im Bett, ein Tod unter Schmerzen – da helfen weder Musik, Verse noch Kinder. Nichts geht mehr. – Wozu also dient, was man tut, ⟨ein Wort fehlt⟩, die Mühe und persönlich: meine Arbeit von über zwanzig Jahren, mein Leben lang? Um Wohlanständige zu unterhalten, denen sie egal ist.

477 *Je rôde autour de ma tâche ...* • Ich schleiche um meine Aufgabe herum wie ein Dieb um ein reiches und bewachtes Haus. Ein alter Dieb, ewig arglos. Und letztendlich – erfinderisch.

Première chose en revenant à la vie • Das Erste, wenn ich zum Leben zurückkehre: meine Pflicht erfüllen, was bei mir gleichbedeutend mit *Buchweizengrütze* ist; das zweite – aufschreiben, was in den Kopf strömt. – Dann der Sonne zulächeln.

On approche ... • Man nähert sich, man erschrickt, man verschwindet. Zwischen »sich nähern« und »erschrecken« ereignet sich unverändert und unabwendbar – was? Meine Briefe? Ich verschicke so wenige, wenn überhaupt. Meine Strenge? Aber ich lache so viel – aus Liebenswürdigkeit. Meine Forderungen? Ich fordere absolut nichts. Die Angst, ich würde zu anhänglich? Nicht sie entfremdet. Die Langeweile? Wenn ich mir die Leute ansehe, wirken sie nicht gelangweilt. Plötzliches und totales Verschwinden. Er – ist weg. Ich – bin allein. Es ist immer die gleiche Geschichte. Man verlässt mich. Ohne ein Wort. Ohne Abschied. Man kam – man kommt nicht mehr. Man schrieb – man schreibt nicht mehr. Und so bin ich in diesem großen Schweigen, das ich nie breche, zu Tode verwundet (ins Lebendige getroffen, was aufs selbe hinausläuft), ohne etwas verstanden zu haben – weder wie noch warum es geschah.

478 *»Mais que t'ai-je donc fait???«* • »Aber was hab ich dir denn angetan???« – »Du bist nicht wie die anderen.« – »Aber gerade darum ...« – »Ja, doch auf die Länge ...«
Hübsche Länge, variierend zwischen drei Tagen und drei Monaten.
Une seule explication ... • Eine einzige Erklärung für ein Dutzend Fälle, eine einzige Antwort auf Dutzende von Rätseln.

479 *Aimer quelqu'un ...* • Lieben heißt vor allem und nach allem leiden.
Je recon⟨nais⟩ l'être ... • Ich erkenne den, den ich lieben werde, an dem Schmerz, den er mir vor der Liebe zufügt – an dem *Unbehagen*, das er mir verursacht; den, der mir Freund sein wird – am Wohlgefühl.

480 *Ist es denn – egal in welchen Lebensumständen – erlaubt ...* • MZ spielt hier auf die wachsenden Spannungen zwischen ihr und ihrer Tochter Ariadna (Alja) an. Darüber informieren zahlreiche Briefe, u.a. an Salomeja Halpern (6. April 1934) und Wera Bunina (28. April 1934). Alja kehrte 1937 als überzeugte Kommunistin in die UdSSR zurück.

481 *La seule femme non maternelle ...* • Die einzige unmütterliche Frau, die ich geliebt habe, ist Marie B⟨achkirtzeff⟩ – »unmütterlich«: gestorben mit 24 Jahren! Heiraten und Kinder haben – das kann doch jede Wäscherin! Stolzer Aufschrei eines genialen Mädchens, ein Aufschrei *vor* dem Leben, *vor* der Liebe, Aufschrei einer nordischen Amazone, die wir Russinnen alle waren. Ich kannte eine, die

mit 22 Jahren, kerngesund und bildschön, keine Kinder wollte, die später (aufgrund ihrer physischen und moralischen Verfasstheit) keine Männer ertrug, und die mit 30 Jahren, bildschön und tuberkulosekrank, starb, weil sie ein Kind wollte.

Totenfeier für B.W. Swistunow • Der ehemalige Oberst Boris Wladimirowitsch Swistunow (1884-1933) war ein Nachbar MZs in Meudon. Er starb am 23. Mai 1933. In der Kirche am Sentier des Bigots, Nr. 2, fand die Totenfeier statt.

482 *die Geschichte von »Lelja« und der hl. Cäcilia* • In MZs Manuskripten ließ sich keine solche Geschichte finden.

483 *Zuerst das Epigraphe* • Hier und im Folgenden handelt es sich um auf Deutsch verfasste Skizzen eines Briefs an den deutschen Schriftsteller Jakob Wassermann (1873-1934), in dem MZ sich zu dessen Roman »Etzel Andergast« (1931) äußert. Erwähnung finden auch die Romane »Faber oder Die verlorenen Jahre« (1924) und »Caspar Hauser oder Die Trägheit des Herzens« (1908). Mehrfach bezeichnete MZ Wassermann als ihren »liebsten deutschen Zeitgenossen« und als »sehr großen Schriftsteller«. Es ist anzunehmen, dass sie auch dessen Autobiographie »Mein Weg als Deutscher und Jude« (1922) kannte. – Die Briefskizze ist schwer zu entziffern und orthographisch und grammatikalisch zum Teil fehlerhaft. An der problematischen Transkription in der Ausgabe der »Zapisnye knižki«, Bd. 2, wurden einige Korrekturen vorgenommen, dennoch ließ sich vieles nicht klären. – Das Epigraph zum ersten Teil von »Etzel Andergast« entstammt Heinrich Heines Gedicht »Nachtgedanken«: »Denk ich an Deutschland in der Nacht …«.

485 *Im Museum Skrjabins* • Von einem Tagebuch MZs im Museum und im Museums-Archiv ist Nachforschungen zufolge nichts bekannt.

Gedichte kann ich nur in Zyklen geben • Solche Äußerungen machte MZ auch in Briefen, z.B. an Anna Tesková (24. November 1933): »Gedichte schreibe ich fast nicht, aus folgendem Grund: ich kann mich nicht auf ein Gedicht beschränken – sie bilden bei mir Familien, Zyklen, es ist wie ein Trichter oder Wasserstrudel, in den es mich *hineinreißt*, folglich auch eine Frage der *Zeit*. Ich kann nicht gleichzeitig normale Prosa und Gedichte schreiben, und könnte es auch nicht, wenn ich frei wäre. Ich bin ein

Konzentriker. Meine Gedichte aber werden nirgends, von niemand gedruckt – keine Zeile; als hätte man vergessen, dass ich Dichter bin.« In: Marina Zwetajewa: Im Feuer geschrieben. Ein Leben in Briefen, a. a. O., S. 363.

Als Antwort auf meine Bitte • Zum Konflikt zwischen Mutter und Tochter und MZs zunehmender Verbitterung siehe auch Anm. zu S. 480.

486 *Clara Zetkin* • Clara Zetkin (geborene Eissner, 1857-1933), Politikerin, Begründerin der sozialistischen Frauenbewegung, Vorsitzende des Internationalen Frauensekretariats der Komintern. Sie starb 1933, im Alter von 76 Jahren, in Archangelsk und wurde an der Kremlmauer auf dem Roten Platz beigesetzt.

488 *Hudson Lowe* • Der englische General Hudson Lowe (1769-1844) war zur Zeit von Napoleons Inhaftierung Gouverneur der Insel St. Helena. 1830 veröffentlichte er seine Memoiren, die sowohl von Napoleons Anhängern wie Feinden kritisch aufgenommen wurden.

d'Anthès • Georges-Charles de Heeckeren d'Anthès (1812-1895), Leutnant in St. Petersburg, wurde von Alexander Puschkin wegen seiner Verehrung für dessen Frau Natalja am 8. Februar 1837 zum Duell herausgefordert. Der Dichter, schwer verwundet, erlag seinen Verletzungen. D'Anthès wurde in der Peter-und-Paul-Festung inhaftiert, von Zar Nikolaj I. aber begnadigt, dann degradiert und aus Russland ausgewiesen.

489 *dissection* • Sektion.

490 *Vous qui avez eu ...* • Sie, die Sie mehr Stimme hatten als jede andere, ich werde sie – mögen Sie noch so weit entfernt sein – hören. Sind Sie noch dort, wo Sie sind, Comtesse de Noailles, ich beschwöre Sie dreimal – antworten Sie mir!

Dans votre souvenir je resterai géante • In Ihrer Erinnerung werde ich riesenhaft bleiben.

491 *Sawadskaja* • Es handelt sich um Wera Arenskaja-Sawadskaja (ca. 1895-1930), eine alte Freundin von MZ, die diese in ihrem Theaterstück »Schneesturm« als »Dame« dargestellt hat. Sie war die Schwester des Schauspielers Jurij Sawadskij.

Lawrence • Thomas Edward Lawrence, genannt Lawrence of Arabia (1888-1935), britischer Archäologe und Schriftsteller, der im Ersten Weltkrieg den Aufstand der Araber gegen die Türken orga-

nisierte, was er in seinem Werk »Die sieben Säulen der Weisheit« (1926) festhielt.
494 *»Que s'est-il passé?«* • Was ist passiert? – Dieser Monsieur folgte uns ... – Zunächst mal: ich bin nicht Ihnen gefolgt, denn Sie sind *scheußlich*! Ich bin der anderen gefolgt ...
496 *27. November – nach Bunins Ehrung* • Die Feier für den Nobelpreisträger Iwan Bunin fand am 26. November 1933 im Théâtre de l'Elysée statt. – Galina Nikolajewna Kusnezowa (1900-1976), Lyrikerin und Prosaistin, verbrachte mehrere Jahre in der Familie der Bunins.

Notizbuch 15

Eine »Agenda scolaire«. Sechs Blätter beschrieb MZ mit blauer Tinte. Zwischen den nicht beschriebenen Seiten befand sich eine Notiz von Sergej Efron:
»Marinotschka, Murrsil – Ich umarme euch tausend Mal. – Marinotschka – diese Tage, die wir zusammen verbracht haben, waren das Wichtigste, was es zwischen uns gegeben hat. Sie haben mir so viel gegeben, dass ich es nicht auszudrücken vermag. – Ein Geschenk zum Geburtstag!!! ⟨Statt der Unterschrift Zeichnung eines Löwenkopfes.⟩ Murrsil, hilf Mama.«
Es handelt sich wohl um die letzte Notiz von Sergej Efron, bevor er (wegen seiner Verstrickungen in den Mord am früheren Sowjetspion Ignatij Reiss in Lausanne) am 10. Oktober 1937 fluchtartig in die Sowjetunion zurückkehrte.

497 *Dampfer »Marija Uljanowa«* • Ein sowjetisches Passagier- und Frachtschiff, das mit Kühlanlagen ausgestattet war, erbaut 1925-1926 in der ehemaligen Putilow-Werft. Es bediente die Strecke Leningrad–Dover (und zurück). MZ und ihr Sohn stiegen in Le Havre ein.
Exupéry • Antoine-Marie-Roger Saint-Exupéry (1900-1944), französischer Schriftsteller und Pilot, vor allem bekannt geworden durch seine Bücher »Terre des hommes« (Wind, Sand und Sterne, 1939) und »Le petit Prince« (Der kleine Prinz, 1943).
und schrieb vier Postkarten • Zwei davon konnten eruiert werden.

Die eine war an Herrn Marinow adressiert, den Mann von MZs Freundin Tamara Tukalewskaja. Auf der Postkarte war das Passagierschiff »Normandie« abgebildet, der Text lautete: »Ein letzter Gruß! Bleiben Sie gesund und wohlbehalten. Danke! Wir warten auf die Bücher. Begleiten Sie uns in Gedanken. M.« (Siehe Georges Nivat: »Der Mythos vom jungen Aar [Materialien aus Genfer Archiven, bezogen auf Marina Zwetajewa]«. In: Swesda Nr. 10, 1992, S. 140.) Die zweite Postkarte wird im Basler Zwetajewa-Archiv aufbewahrt. Sie zeigt das Schiff »Normandie«, wie es den Hafen von Le Havre verlässt. Adressiert an Frau Stepurshinskaja, d. h. Marija Sergejewna Bulgakowa, ist darauf zu lesen: »Auf Wiedersehen, ihr Lieben! Ich werde *nichts* vergessen – und nochmals Dank für alles. M. 12. Juni 1939.« (Siehe L. Zibart: »Neue Adressaten von Marina Zwetajewa«. In: A. S. Puschkin – M. I. Zwetajewa: Siebte internationale wissenschaftlich-thematische Konferenz. Vorträge. Moskau 2000).

498 *serveuse* • Kellnerin.
499 »*die Insel Gotland*« • MZ nennt sie im Folgenden ständig Jütland, was verwirrend und wohl ihrer geographischen Unkenntnis geschuldet ist. Denn Gotland ist eine schwedische Insel, Jütland der festländische Teil von Dänemark. Hier wurde Jütland durch Gotland ersetzt, zumal MZ bei der ersten Erwähnung Gotland mit Gott-Land assoziiert. Sie beruft sich dabei auf Rilkes Diktum aus »Geschichten vom lieben Gott« (1899): »Es ist da wohl ein Reich, das heißt Gott ...« In »Der Dichter und die Zeit« (1932) hat sie Rilke ungenau zitiert: »Es gibt ein Land Gott, und Russland grenzt *daran* ...« Siehe Werkausgabe Bd. 2, S. 549.
Heine – Nordsee • Zwei Gedichtzyklen in Heinrich Heines »Buch der Lieder« (1827) tragen den Titel »Die Nordsee«. In den »Reisebildern« (1826-1831) finden sich unter diesem Titel Gedichte sowie ein Prosastück in Essayform.
500 *Oka* • russischer Fluss, an dessen Ufern Tarussa liegt, wo MZ die Sommer ihrer Kindheit verbrachte und wo ihre Mutter starb.
Doktor Axel • Es handelt sich um den schwedischen Arzt Axel Munthe (1857-1949), dessen Buch »The Story of San Michele« (1929) MZ wohl in einer Übersetzung gelesen hat. Munthe, den es in seiner Jugend wegen einer Lungenkrankheit nach Capri verschlagen hatte, zog aber nicht »für immer« (wie MZ schreibt) auf

die von ihm romantisch verklärte Insel, er verbrachte nur die Sommer dort.

501 *Maurice Chevalier* • Der bekannte französische Chansonnier Maurice Chevalier (1888-1972) galt als Vorbild für die Sänger der Pariser Boulevards.
»Donnez-moi la main, Mamzelle ...« • »Geben Sie mir die Hand, Fräulein ...«

502 *In den Nouvelles Littéraires ...* • Am 28. Januar 1939 erschien in der Pariser Wochenzeitung »Les Nouvelles Littéraires artistiques et scientifiques« der erste Artikel des Kunsthistorikers Louis Gillet (1876-1943) zum Thema »Dante und Italien«. Das von MZ erwähnte Kapitel »Ravenna, ›Das Paradies‹« wurde in den Nummern vom 27. Mai, 3. Juni, 10. Juni und 17. Juni abgedruckt. Sämtliche Artikel erschienen 1941 als Buchausgabe unter dem Titel »Dante« bei Flammarion.
avec texte en regard • Mit gegenüberstehendem Text.
T. S. F. • Rundfunkgerät, Abkürzung von Télégraphie sans Fil (Drahtloser Telegraph).

503 *Kattegat* • Meerenge zwischen Dänemark und Schweden.
Ob ein Löwe da sein wird?! • MZ wusste vermutlich von der berühmten Löwenbrücke, einer 1826 errichteten Kettenbrücke für Fußgänger am Gribojedow-Kanal. Die schönsten Kanäle Petersburgs – die Mojka, der Gribojedow-Kanal und die Fontanka – sind für große Schiffe aber nicht befahrbar.

504 *Mme Lafarge, Mme Curie ...* Es geht um Memoiren von oder über diese drei Frauen. Marie-Fortunée Lafarge (1816-1852), 1840 wegen Vergiftung ihres Mannes angeklagt, schrieb während des Prozesses ihre Memoiren, die 1841 erschienen. Ihr Buch »Heures de prison« (Gefängnisstunden) erschien posthum, 1853. – Die Biographie über Marie Curie (geborene Sklodowska, 1867-1934), »Madame Curie«, schrieb Ève Curie, die Tochter der Nobelpreisträgerin für Chemie. Sie erschien 1938 in Paris. In ihrem Brief an Anna Tesková (3. Oktober 1938) nannte MZ dieses Buch »das schönste Zeugnis von Tochterliebe und menschlicher Begeisterung«. – Die amerikanische Autorin Pearl Sydenstricker Buck (1892-1973) schrieb neben zahlreichen Romanen, die meist in China spielen, ein Memoirenbuch über ihre Mutter (1934).
Castoret • Es handelt sich um Norbert Casteret (1897-1987), einen

bekannten französischen Höhlenforscher, der mehr als 20 000 Grotten und Höhlen erforschte. Das von MZ erwähnte Buch heißt vollständig: »Dix ans sous terre. Campagnes d'un explorateur solitaire« (Zehn Jahre unter der Erde. Unternehmungen eines einsamen Forschers, Paris 1933).
»*Embrasser – ce n'est pas un crime*« • Küssen ist kein Verbrechen.
»*Qu'elle est belle, cette eau! Elle est presque bleue!*« • Wie schön dieses Wasser ist! Es ist fast blau!

505 *Wang* • Womöglich handelt es sich um das 1927 in Brüssel erschienene Buch »La Voix de la Chine: Adresses, discours, déclarations, lettres, interviews de S. E. Wang King-ki«. In den 1930er Jahren interessierte sich MZ für China und sammelte Bücher über das Land.

Chronik zu Leben und Werk

1892 (26. September) • Marina Zwetajewa (MZ) in Moskau als Tochter eines Kunsthistorikers und einer Pianistin deutsch-polnischer Herkunft geboren: Iwan Wladimirowitsch Zwetajew (1846-1913) und Marija Alexandrowna Zwetajewa, geb. Mejn (1868-1906).

1898 • Moskau und Tarussa. Erste Gedichte in russischer, französischer und deutscher Sprache.

Ab 1902-1904 • Aufenthalte in Deutschland, Italien und der Schweiz. Mit ihrer jüngeren Schwester Anastassija Aufenthalt in Pensionaten zunächst in Nervi bei Genua, später in Lausanne und Freiburg i. Br.

1905 • Reise mit der Familie auf die Krim (Jalta).

1906 • Tod der Mutter in Tarussa.

1908 • In Moskau Bekanntschaft mit Lew Kobylinskij-Ellis, der ihr erster Mentor und Kritiker wird.

1910 • Erste Buchveröffentlichung: *Večernyj al'bom* (Abendalbum). Gedichte. – Walerij Brjussow, Nikolaj Gumiljow und Maximilian Woloschin werden auf MZ aufmerksam.

1911 • Erster von zahlreichen Aufenthalten im Haus Maximilian Woloschins in Koktebel/Krim, wo sie ihren künftigen Mann, Sergej Efron (1893-1941), kennenlernt.

1912 (Januar) • Heirat mit Sergej Efron. MZs zweiter Gedichtband, *Volšebnyj fonar'* (Zauberlampe), erscheint. – Hochzeitsreise durch Italien, Frankreich und Deutschland. – (September) Geburt der gemeinsamen Tochter Ariadna (gen. Alja).

1913 • MZs dritter Gedichtband, *Iz dvuch knig* (Aus zwei Büchern), erscheint. – Die Familie verbringt einen Großteil des Jahres im Haus Woloschins auf der Krim. – Tod des Vaters.

1913-1914 • MZ lebt mit ihrer Familie in Feodossija; Niederschrift der *Junošeskie stichi* (Jugendgedichte), die unpubliziert bleiben. Regelmäßige Tagebuchaufzeichnungen in Notizbüchern (insgesamt 15 Notizbücher aus dem Zeitraum 1913-1939 haben sich erhalten).

1914 • Bekanntschaft mit der Dichterin und Revolutionärin Sofja Parnok (1885-1933). Die Liebesbeziehung der beiden Frauen endet Anfang 1916 (»die erste Katastrophe in meinem Leben«). Der Gedichtzyklus *Podruga* (Die Freundin, entstanden 1914-1915) ist Parnok gewidmet.

1915-1916 • Begegnung mit Michail Kusmin in Petersburg und Freundschaft mit Ossip Mandelstam. – Regelmäßige Gedichtveröffentlichungen in der Petersburger Zeitschrift *Severnye zapiski* (Nördliche Annalen). – MZ zieht für die Sommermonate zu ihrer Schwester Anastassija, die mit Mann (Mawrikij Minz) und Sohn (Andrej) in Alexandrow lebt. Die Gedichtzyklen *Stichi k Achmatovoj* (Gedichte an Achmatowa), *Stichi k Bloku* (Gedichte an Blok) und *Stichi o Moskve* (Verse über Moskau) entstehen.

1917 • MZ sympathisiert mit der Februarrevolution. – Geburt der Tochter Irina. Bekanntschaft mit Ilja Ehrenburg. – Die Oktoberrevolution begreift MZ als eine historische und kulturelle Katastrophe. – Sergej Efron schließt sich der Weißen Armee an und kämpft im Bürgerkrieg (1917-1922) gegen die Bolschewiki. –Tagebuchprosa *Oktjabr' v vagone* (Oktober im Waggon).

1918 • (Januar) Letzte Zusammenkunft mit Efron; es folgen Jahre der Ungewissheit über sein Schicksal. – Gedichte über die Weiße Armee (die als Band unter dem Titel *Lebedinyj stan*, Schwanenlager, erst posthum erscheinen); sechs Versdramen entstehen (bis 1919) in engem Kontakt MZs mit der Moskauer Theaterszene. – Tagebuchprosa *Volnyj proezd* (Freie Fahrt) und *Moi služby* (Meine Arbeitsstellen).

1919 • Tagebuchaufzeichnungen *Smert' Stachoviča* (Der Tod Stachowitschs) und *O Germanii* (Über Deutschland).

1920 • MZs Tochter Irina stirbt an Unterernährung in einem Kinderheim. – Begegnung mit Alexander Blok. – Versmärchen *Car'-Devica* (Die Zarenbraut); *Čerdačnoe* (Dachbodennotizen).

1921 • Arbeit an den Poemen *Na krasnom kone* (Auf dem roten Ross) und *Jegoruška* (Klein Georg). – Bekanntschaft mit Fürst Sergej Wolkonskij, dem sie beim Abschreiben seines dreibändigen Memoirenwerks hilft. Der ihm gewidmete Gedichtzyklus *Učenik* (Der Schüler) entsteht. – (Juli) MZ erfährt, dass ihr Mann (nunmehr im tschechischen Exil) am Leben ist; ihm sind die Gedichtzyklen *Razluka* (Trennung) und *Georgij* gewidmet. – Alexander Blok stirbt. Der Dichter Nikolaj Gumiljow wird als angeblicher Konterrevolutionär erschossen. – In Moskau erscheint der Lyrikband *Vërsty* (Werstpfähle).

1922 • (Mai) MZ verlässt mit ihrer Tochter die Sowjetunion. Bis Ende Juli lebt sie in Berlin; dort erscheinen ihre *Stichi k Bloku* (Gedichte an Blok), *Razluka* (Trennung) sowie eine Neuauflage von *Car'-Devica* (Die Zarenbraut). – MZ liest Boris Pasternaks Gedichtband *Sestra moja – žizn'* (Meine Schwester das Leben) und schreibt darüber den Essay *Svetovoj liven'* (Lichtregen). Ab November beginnt ein umfangreicher Briefwechsel MZs mit Pasternak. – (Anfang August) Ankunft in Prag bei Sergej Efron. Bis Oktober 1925 lebt die Familie meist außerhalb Prags, zuerst in Horní Mokropsy, dann in Praha-Smíchov und schließlich in Dolní Mokropsy und Všenory. – MZ beendet die Arbeit an der Verserzählung *Mólodec* (Ein kleiner Held).

1923 • Sergej Efron zieht mit Alja in das mährische Städtchen Moravská Třebova; sie besucht dort die landesweit einzige Schule für russische Flüchtlingskinder. MZ wohnt in der Švedská; Bekanntschaft mit Mark Slonim, dem Herausgeber der Exilzeitschrift *Volja Rossii* (Freies Russland), und der Übersetzerin Anna Tesková, Vorsitzende der Kultursektion in der Prager Tschechisch-Russischen Gesellschaft, später eine der wichtigsten Briefpartnerinnen MZs im Pariser Exil. – Die Bände *Psicheja* (Psychè) und *Remeslo* (Handwerk) erscheinen in Berlin. – (Sommer) Intensiver Briefwechsel mit Alexander Bachrach. – (Herbst) Übersiedelung nach Prag. Stürmische Affäre und Korrespondenz mit Konstantin Rodsewitsch (einem ehemaligen Offizier der Weißen Armee und Studienfreund ihres Mannes), die nur wenige Wochen andauerte, aber MZs Ehe ernsthaft in Gefahr bringt.

1924 • Nach dem Bruch mit Rodsewitsch entstehen die ihm gewidmeten Versdichtungen *Poèma gory* (Poem vom Berg) und *Poèma konca*

(Poem vom Ende). In Prag erscheint die Verserzählung *Mólodec* (Ein kleiner Held).

1925 • (Februar) Geburt des Sohnes Georgij Efron (Murr). – Arbeit am Poem *Krysolov* (Der Rattenfänger). – Niederschrift der Erinnerungsprosa *Geroj truda* (Ein Held der Arbeit) über den Dichter Walerij Brjussow. – (November) Übersiedelung MZs mit der Familie nach Paris.

1926 • (Januar) Erstdruck der Versdichtungen *Poèma gory* (Poem vom Berg) und *Poèma konca* (Poem vom Ende). – (Februar) Vielbeachtete Lesung in Paris. Begegnungen mit Konstantin Balmont, Alexej Remisow, Lew Schestow, Pjotr Suwtschinskij u.a. Finanzielle Unterstützung durch Salomeja Halpern-Andronikowa und Jelena Iswolskaja; literarischer Support durch den Kritiker Dmitrij Swjatopolk-Mirskij. Wohnung in Meudon. – Veröffentlichung des Essays *Poèt o kritike* (Der Dichter über die Kritik), in dem sie den Dichter-Kritiker Georgij Adamowitsch und andere russische Exilautoren angreift. – (März) Lesereise nach London. – (Mai) Auf Initiative Boris Pasternaks Briefwechsel mit R.M. Rilke, der damals in der Schweiz lebt. Die intensive Korrespondenz zu dritt endet mit Rilkes Tod am Jahresende.

1927 • Briefdichtung *Novogodnee. Na smert' Ril'ke* (Neujährliches. Auf den Tod Rilkes); danach der Essay *Tvoja smert'* (Dein Tod). – Mitarbeit an der in Paris erscheinenden und nach ihrer Gedichtsammlung benannten Zeitschrift *Vërsty* (Werstpfähle) unter dem Redigat von Dmitrij Swjatopolk-Mirskij; Entstehung des Langgedichts *Poèma vozducha* (Poem der Luft) sowie der Verstragödie *Fedra* (Phaedra). Dass MZ für die sowjetfreundliche Zeitschrift arbeitete, brachte sie bei vielen exilrussischen Literaten, Zeitschriften und Verlagen in Misskredit. – Ab 1927 bis 1932 Wohnsitz in Bellevue/Meudon bei Paris.

1928 • Letzter Lyrikband zu Lebzeiten: *Posle Rossii* (Nach Russland), der Gedichte der Jahre 1922 bis 1925 versammelt. – Beginn der Arbeit an einem Poem über die Zarenfamilie (*Poèma o carskoj sem'e*) und der Verserzählung *Perekop* (über den Einsatz der Weißen Armee gegen die Bolschewiki); MZ stützt sich dabei auf Sergej Efrons Kriegstagebücher. – Begegnung mit dem sowjetischen Dichter Wladimir Majakowskij in Paris, den MZ zuvor in einer öffentlichen Grußbotschaft willkommen geheißen hat. – Freundschaft und Korrespondenz (bis 1929) mit dem jungen Dichter Nikolaj Gronskij (1909-1934).

1929 • Reise nach Belgien. – Essay über die exilrussische Künstlerin Natalja Gontscharowa.

1930 • MZ übersetzt ihr Poem *Mólodec* ins Französische, Gontscharowa illustriert das Werk; diese Ausgabe kann aber nicht erscheinen. (Der Text erscheint erst 1992 unter dem Titel *Le Gars*). – Freitod Wladimir Majakowskijs in Moskau; MZ reagiert darauf mit einem Zyklus aus sieben Gedichten: *Majakovskomu* (Für Majakowskij).

1931 • Freundschaft mit Jelena Iswolskaja. – MZs Ehemann Sergej Efron stellt offiziell den Antrag auf Rückkehr in die UdSSR und Wiederherstellung seiner Staatsbürgerschaft. – MZ verfasst den Essay *Poėt i vremja* (Der Dichter und die Zeit) sowie ihre Erinnerungen an Ossip Mandelstam: *Istorija odnogo posvjaščenija* (Geschichte einer Widmung).

1932 • (Juni/Juli) • Umzug MZs mit den Kindern in die Kleinstadt Clamart, 10 km südwestlich von Paris. – (Sommer/Herbst) Erstes Heft der *Svodnye tetradi* (Unveröffentlichte Schreibhefte mit Notaten und Werkentwürfen aus den Jahren 1921-1932). – Essayistische Schriften: *Iskusstvo pri svete sovesti* (Die Kunst im Lichte des Gewissens), *Ėpos i lirika sovremennoj Rossii* (Epos und Lyrik des zeitgenössischen Russland). Erinnerungen an Maximilian Woloschin: *Živoe o živom* (Lebendes über einen Lebenden).

1933 • In rascher Folge entstehen autobiographische Prosastücke, u. a. *Bašnja v pljuše* (Der Efeuturm), *Ženich* (Der Bräutigam), *Dom u starogo Pimena* (Das Haus beim Alten Pimen). –Arbeit am Zyklus *Stichi k Puškinu* (Gedichte an Puschkin) und an dem Pasternak gewidmeten Essay *Poėty s istoriej i poėty bez istorii* (Dichter mit Geschichte und Dichter ohne Geschichte). – Zweites Heft der *Svodnye tetradi* (Texte 1923-1933).

1934 • Erinnerungen an Andrej Belyj: *Plennyj duch* (Ein gefangener Geist); autobiographische Prosa: *Mat' i muzyka* (Mutter und die Musik) und *Chlystovki* (Die Geißlerinnen).

1935 • Umzug MZs nach Vanves. Konflikte mit Alja – die Tochter zieht aus. – (Juni) Begegnung mit Pasternak auf dem Internationalen Schriftstellerkongress zur Verteidigung der Kultur in Paris. – Sommerferien mit Murr in La Favière an der Côte d'Azur. Autobiographische Prosa *Čërt* (Der Teufel).

1936 • Aufenthalt in Brüssel. – Bekanntschaft mit der exilrussischen Fürstin Sinaida Schachowskaja. – (Sommer) Aufenthalt in Savoyen. Leidenschaftliche Korrespondenz mit dem russisch-schweizerischen Dichter Anatolij Steiger. – Arbeit an der autobiographischen Prosa *Moj Puškin* (Mein Puschkin). Erinnerungen an Michail Kusmin *Nezdešnij večer* (Ein Abend nicht von dieser Welt).

1937 • (März) MZs 25-jährige Tochter Ariadna (Alja), mittlerweile überzeugte Kommunistin, kehrt offiziell in die UdSSR zurück. – In Frankreich und in der Sowjetunion finden Feierlichkeiten zum 100. Todestag Puschkins statt. MZ gibt ihre Erzählung *Moj Puškin* (Mein Puschkin), den Essay *Puškin i Pugačëv* (Puschkin und Pugatschow) und ihre 1931 entstandenen *Stichi k Puškinu* (Gedichte an Puschkin) heraus. – (Juli) Mit Murr Ferienaufenthalt in Lacanau-Océan (Gironde) am Atlantik. – Niederschrift der autobiographischen Erzählung *Povest' o Sonečke* (Erzählung von Sonetschka), nachdem sie durch Alja vom Tod der Schauspielerin Sonja Holliday (1896-1934) erfahren hat, mit der sie 1919 eng befreundet war. – (Oktober) Sergej Efron setzt sich aus Frankreich in die Sowjetunion ab, nachdem er in den Mord an dem früheren Sowjetspion Ignatij Reiss und in Anschlagspläne gegen Trotzkis Sohn verwickelt war. MZ wird von der französischen Polizei verhört; sie stellt einen Antrag auf Rückkehr in die UdSSR.

1938 • Umzug in ein Pariser Hotel am Bvd. Pasteur. Vorbereitung zur Ausreise. – (April-Juni) Drittes Heft der *Svodnye tetradi* mit Eintragungen aus den Jahren 1922-1938. – (August 1938 bis Mai 1939) Viertes Heft der *Svodnye tetradi* (Texte 1926-1939). – (Oktober/November) Erster Teil der *Stichi k Čechii* (Gedichte an Tschechien) als Reaktion auf das Münchner Abkommen, in dem die Abtretung des Sudetenlands an das Deutsche Reich festgelegt wurde (29. September).

1939 • (Januar) MZs Schwester Anastassija wird in der UdSSR zu zehn Jahren Lagerhaft verurteilt. – (April/Mai) Zweiter Teil der *Stichi k Čechii* als Reaktion auf den Einmarsch Hitlers in Prag (März). – (16./18. Juni) MZ und ihr Sohn Georgij Efron (Murr) kehren nach Sowjetrussland zurück. – Wiedersehen mit Sergej Efron in einer Datscha des sowjetischen Geheimdiensts NKWD in Bolschewo. – (27. August) Ariadna (Alja) Efron wird verhaftet (nach Lagerhaft und Verbannung 1955 freigelassen). – (10. Oktober) Sergej Efron wird verhaftet. – (November) MZ reist mit ihrem Sohn aus Bolschewo nach Moskau. – (23. Dezember) MZ schreibt an Stalin, um ihn von der Unschuld ihres Mannes und ihrer Tochter zu überzeugen.

1940 • MZ wohnt mit Murr in Golizyno bei Moskau. – Lebt von Gedichtübersetzungen. – (Herbst) MZ zieht in eine Wohnung am Pokrowskij-Boulevard in Moskau. – Arbeit an einer Gedichtauswahl für eine Buchpublikation.

1941 • (August) MZ und Murr werden vor der anrückenden deutschen Wehrmacht zusammen mit einer Gruppe von Sowjetschriftstellern nach Jelabuga (Tatarstan) evakuiert. MZ bekommt die Erlaubnis, nach Tschistopol zu ziehen, wendet sich mit der Bitte an den Litfond, als Tellerwäscherin in der Kantine arbeiten zu dürfen. – (28. August) Rückkehr MZs nach Jelabuga. – (31. August) MZ nimmt sich durch Erhängen das Leben; ihre Grabstätte in Jelabuga ist nicht erhalten geblieben. – Sergej Efron wird am 16. Oktober in der Lubjanka erschossen. – Georgij Efron (Murr) wird im Februar 1944 zur Sowjetarmee eingezogen und fällt am 7. Juli 1944 bei Polozk.

Editorische Notiz

Anders als in der von E. B. Korkina und M. I. Krutikova herausgegebenen russischen Vorlage, »Neizdannoe. Zapisnye knižki v dvuch tomach« (Ellis Lak, Moskva 2000, 2001), werden die einzelnen Einträge nicht durch Querstriche, sondern durch Sternchen voneinander abgesetzt. In einigen Fällen, wo die Vorlage eine Trennung vornimmt, obwohl dadurch Zusammengehöriges auseinandergerissen wird, wurde auf ein Sternchen verzichtet.

Eckige Klammern markieren Auslassungen von mir, die sich auf Teile einzelner Aufzeichnungen beziehen. Spitze Klammern bezeichnen von den russischen Herausgeberinnen eingefügte Kommentare (wie ⟨nicht fertig geschrieben⟩) oder Ergänzungen, wenn Zwetajewa Wörter (z. B. Personen-, Familien-, Monatsnamen) abkürzt oder Satzzeichen auslässt. Hat Zwetajewa Ausdrücke durchgestrichen und über der Zeile durch andere ersetzt, wird auch dies in spitzen Klammern vermerkt. In spitzen Klammern stehen gelegentlich auch Wörter, die ich – in einigen von den Herausgeberinnen problematisch transkribierten, weil schwer entzifferbaren deutschsprachigen Passagen – zwecks Verständlichkeit ergänzt habe. Vor Wörtern oder Passagen in deutscher Sprache steht ⟨deutsch:⟩, nach Namen, die Zwetajewa falsch geschrieben hat, ⟨sic!⟩.

Deutsche und französische Wörter und Sätze werden kursiviert.

Zwetajewas eigene Hervorhebungen erscheinen kursiv, wo sie Großbuchstaben verwendet, wurde dies beibehalten.

Alle Passagen in französischer Sprache sind in den Anmerkungen ins Deutsche übersetzt.

Die Transkription russischer Namen usw. folgt im Wesentlichen den Duden-Richtlinien, in der Chronik und der Bibliographie werden russische Titel transliteriert.

I. R.

Auswahlbibliographie

Auf eigenen Wegen. Tagebuchprosa. Moskau 1917-1920, Paris 1934. Übersetzung und Nachwort von Marie-Luise Bott. Frankfurt am Main: Suhrkamp 1987.

Ausgewählte Werke. Hrsg. von Edel Mirowa-Florin. München, Wien: Hanser [Lizenz des Verlags Volk und Welt, Berlin]. o. J.: Bd. 1: Lyrik. Aus dem Russischen. Nachgedichtet von Waldemar Dege u. a. Den Nachdichtungen liegen zum Teil Interlinearübersetzungen von Sergej Gladkich und Valeri Scherstjanoi zugrunde. Mit Anmerkungen von Edel Mirowa-Florin u. Anna Saakjanz. München, Wien: Hanser 1989. – Bd. 2: Prosa. Aus d. Russ. von Hilde Angarowa u. a. Mit Anm. von Edel Mirowa-Florin u. Anna Saakjanz. München, Wien: Hanser 1989. – Bd. 3: Briefe. Ausw. von Anna Saakjanz. Aus d. Russ. von Monika Tantzscher u. Andreas Weihe. Mit Anm. von Anna Saakjanz. München, Wien: Hanser 1989.

Marina Zwetajewa/Ossip Mandelstam: Die Geschichte einer Widmung. Gedichte und Prosa. Aus dem Russ. übertr., hrsg. und mit einem Nachw.-Essay vers. von Ralph Dutli. Zürich: Ammann 1994.

Der Drang nach Haus. Gedichte aus dem Exil. Ausgewählt und mit einem Nachwort von Richard Pietraß, Berlin: Friedenauer Presse 2019.

Ein Abend nicht von dieser Welt. Prosa. Aus dem Russ. übers. und mit einem Nachwort versehen von Ilma Rakusa. Frankfurt am Main: Suhrkamp 1999.

Ein gefangener Geist. Essays. Aus d. Russ. übertragen und mit einem Nachwort versehen von Rolf-Dietrich Keil. Frankfurt am Main: Suhrkamp 1989.

Erzählung von Sonečka. Aus d. Russ. übersetzt u. mit einem Nachwort versehen von Margarete Schubert. Berlin: Lilith 1984.

Gruß vom Meer. Gedichte. Aus dem Russ. von Felix Philipp Ingold. München, Wien: Hanser 1994.

Im Feuer geschrieben. Ein Leben in Briefen. Hrsg. und aus dem Russ. übers. von Ilma Rakusa. Frankfurt am Main: Suhrkamp 1992.

Irdische Zeichen. Aus dem Russ. übertragen von Ruth Malez und Marga Erb. Nachdichtungen von Roland Erb. Leipzig: Insel 1990.

Krysolov • Der Rattenfänger. Hrsg., übers. u. komm. von Marie-Luise Bott. Mit einem Glossar von Günther Wytrzens. Wien: Institut für Slawistik der Universität Wien 1982.

Liebesgedichte. Mit Aquarellen von Leiko Ikemura. Aus dem Russ. übertragen, hrsg. und mit einem Nachwort-Essay von Ralph Dutli. Zürich: Ammann 1997.

Liebesgedichte. Ausgewählt und mit einem Nachwort versehen von Ilma Rakusa. Frankfurt am Main, Leipzig: Insel 2008.

Liebesgedichte. Übers. aus dem Russ. und Nachw. von Alexander Nitzberg. Stuttgart: Reclam 2012.

Lob der Aphrodite. Gedichte von Liebe und Leidenschaft. Aus dem Russischen übertragen und mit einem Essay von Ralph Dutli. Göttingen: Wallstein 2021.

Maßlos in einer Welt nach Maß. Zweisprachige Ausgabe. Russisch und deutsch. Hrsg. und mit einem Nachwort versehen von Edel Mirowa-Florin. Nachgedichtet von Elke Erb. Berlin: Volk und Welt 1980.

Mein Puschkin. Puschkin und Pugatschow. Zwei Essays. Aus dem Russischen von Hilde Angarowa, Ilse Tschörtner und Elke Erb. Mit einer Nachbemerkung von Ingrid Schäfer. Berlin: Volk und Welt 1978.

Mein weiblicher Bruder. Brief an die Amazone. Übertragung aus dem Französischen und Nachwort von Ralph Dutli. München: Matthes und Seitz 1985.

Mit diesem Unmaß im Maß der Welt. Gedichte aus den Jahren 1913 bis 1939. Ausgewählt und aus dem Russ. übertragen von Erich Ahrndt. Leipzig: Leipziger Literaturverlag 2012.

Mólodec. Skazka. Ein Märchen. Hrsg. und übers. von Christiane Hauschild. Göttingen: Wallstein 2004.

Morgen soll für übermorgen gelten. Ausgesuchte Gedichte. Aus dem Russischen übersetzt, kommentiert und herausgegeben von Felix Philipp Ingold. Klagenfurt: Ritter Verlag 2020.

Mutter und die Musik. Autobiographische Prosa. Aus d. Russ. und mit einem Nachwort von Ilma Rakusa. Frankfurt am Main: Suhrkamp 1987.

Phoenix. Versdrama in drei Bildern. Russisch und deutsch. Nachdichtung von Ilma Rakusa. Frankfurt am Main: Suhrkamp 1990.

Poem vom Ende. Neujahrsgedicht. Russisch/deutsch. Aus dem Russ. und mit einem Nachwort von Hendrik Jackson. Wien, Lana: Ed. per Procura 2003.

Unsre Zeit ist die Kürze. Unveröffentlichte Schreibhefte. Herausgegeben und aus dem Russischen und Französischen übersetzt von Felix Philipp Ingold. Berlin: Suhrkamp 2017.

Versuch, eifersüchtig zu sein. Gedichte. Russisch und deutsch. Übertragen von Waldemar Dege, Adolf Endler, Elke Erb, Uwe Grüning, Felix Philipp Ingold, Karl Mickel, Richard Pietrass, Ilma Rakusa, Christa Reinig, Ilse Tschörtner. Herausgegeben und mit einem Nachwort versehen von Ilma Rakusa. Frankfurt am Main: Suhrkamp 2002.

Vogelbeerbaum. Ausgewählte Gedichte. Russisch und deutsch. Hrsg. von Fritz Mierau. Ungekürzte, um die russischen Original-Texte ergänzte Ausgabe. München: dtv 1999.

Zwischen uns – die Doppelklinge. Gedichte. Russisch-deutsch. Prosa. Aus d. Russ. übertragen von Elke Erb u. a. Chronik, Nachwort und

Bibliographie von Fritz Mierau. Anmerkungen von Elke Erb und Fritz Mierau. Leipzig: Reclam 1994.

Boris Pasternak, Marina Zwetajewa: Briefwechsel 1922-1936. Herausgegeben und übersetzt von Marie-Luise Bott. Göttingen: Wallstein 2021.

Rainer Maria Rilke/Marina Zwetajewa/Boris Pasternak, Briefwechsel. Hrsg. von Jewgenij Pasternak, Jelena Pasternak u. Konstantin M. Asadowskij. Aus d. Russ. übertragen von Heddy Pross-Weerth. Frankfurt am Main: Insel 1983.

Rainer Maria Rilke/Marina Zwetajewa, Ein Gespräch in Briefen. Hrsg. von Konstantin M. Asadowskij. Aus dem Russ. übers. von Angela Martini-Wonde sowie von Felix Philipp Ingold der »Neujahrsbrief«. Frankfurt am Main, Leipzig: Insel 1992.

Sekundärliteratur

Simon Karlinsky: Marina Tsvetaeva. The woman, the world, and her poetry. Cambridge: Cambridge University Press 1985.

Véronique Lossky: Marina Tsvétaieva. Un itinéraire poétique. Malkoff: Les Editions Solin 1987.

Bettina Eberspächer: Realität und Transzendenz – Marina Cvetaevas poetische Synthese. München: Otto Sager 1987.

Maria Razumovsky: Marina Zwetajewa. Eine Biographie. Frankfurt am Main: Suhrkamp 1989.

Jane A. Taubman: A Life through Poetry. Marina Tsvetaeva's Lyric Diary. Columbus: Slavica Publishers, Inc. 1989.

Elaine Feinstein: Marina Zwetajewa. Eine Biographie. Aus dem Englischen von Hans J. Schütz. Frankfurt am Main: Frankfurter Verlagsanstalt 1990.

Svetlana El'nickaja: Poetičeskij mir Cvetaevoj. Konflikt liričeskogo geroja i dejstvitel'nosti (Die poetische Welt der Zwetajewa. Konflikt zwischen dem lyrischen Helden und der Wirklichkeit).Wien: Wiener Slawistischer Almanach, Sonderband 30, 1990.

Marija Belkina: Die letzten Jahre der Marina Cvetaeva. Aus d. Russ. übertragen von Schamma Schahadat und Dorothea Trottenberg. Frankfurt am Main: Insel 1991.

Viktoria Schweitzer: Tsvetaeva. Translated from the Russian by Robert Chandler and H.T. Willetts. London: Harvill 1992.

Olga Peters Hasty: Tsvetaeva's Orphic Journey in the Worlds of the Word. Evanston: Northwestern University Press 1996.

Brodskij o Cvetaevoj (Brodsky über Zwetajewa). Moskva: Nezavisimaja gazeta 1997.

Anna Saakjanc: Marina Cvetaeva. Žizn' i tvorčestvo (Marina Zwetajewa. Leben und Werk). Moskva: Ellis Lak 1997.

Anna Saakjanc: Žizn' Cvetaevoj (Das Leben Zwetajewas). Moskva: Centrpoligraf 1997.

Irina Ševelenko: Literaturnyj put' Cvetaevoj. Ideologija – poėtika – identičnost' avtora v kontekste ėpochi (Zwetajewas literarischer Weg. Die Ideologie, Poetik und Identität des Autors im Kontext der Epoche). Moskva: Novoe literaturnoe obozrenie 2002.

Irma Kudrova: Put' komet. Žizn' Mariny Cvetaevoj (Weg der Kometen. Das Leben Marina Zwetajewas). Sankt-Peterburg: Vita Nova 2002.

Irma Kudrova: Prostory Mariny Cvetaevoj. Poėzija, proza, ličnost' (Die Räume Marina Zwetajewas. Poesie, Prosa, Persönlichkeit.) Moskva: Dom-muzej Mariny Cvetaevoj 2009.

O'lga Revzina: Bezmernaja Cvetaeva. Opyt sistemnogo opisanija poėtičeskogo idiolekta (Die maßlose Zwetajewa. Versuch einer systemischen Beschreibung ihres poetischen Idiolektes). Moskva: Dom-muzej Mariny Cvetaevoj 2009.

Maja Ljapon: Proza Cvetaevoj. Opyt rekonstrukcii rečevogo portreta avtora (Die Prosa Zwetajewas. Versuch einer Rekonstruktion eines sprachlichen Autorporträts). Moskva: Jazyki slavjanskich kul'tur 2010.

Anja Burghardt: Raum-Kompositionen. Verortung, Raum und lyrische Welt in den Gedichten Marina Cvetaevas. Frankfurt am Main: Peter Lang 2013.

A Companion to Marina Cvetaeva. Approaches to a Major Russian Poet. Edited by Sibelan E. S. Forrester. Leiden/Boston 2017.

Bildnachweis

Abb. 1: Fotograf unbekannt, Russland, 1916, Foto: akg-images.
Abb. 2: History and Art Collection/Alamy Stock Photo, Foto: mauritius Images.
Abb. 3: Marina Cvetaeva: Fotoletopis' žizni poėta. Sostaviteli: Anna Saakjanc i Lev Mnuchin. Moskva: Ellis Lak 2000.
Abb. 4: Archive Collection/Alamy Stock Photo, Foto: mauritius Images.
Abb. 5: Marina Cvetaeva: Fotoletopis' žizni poėta. Sostaviteli: Anna Saakjanc i Lev Mnuchin. Moskva: Ellis Lak 2000.
Abb. 6: Heritage Image Partnership Ltd/Alamy Stock Photo, Foto: mauritius Images.
Abb. 7: Marina Cvetaeva: Fotoletopis' žizni poėta. Sostaviteli: Anna Saakjanc i Lev Mnuchin. Moskva: Ellis Lak 2000.
Abb. 8: Fotograf unbekannt, 1918, Foto: Glavarchiv Moskvy.
Abb. 9: Marina Cvetaeva: Fotoletopis' žizni poėta. Sostaviteli: Anna Saakjanc i Lev Mnuchin. Moskva: Ellis Lak 2000.
Abb. 10: Fotograf unbekannt, um 1910, Krasnogorsk, Film Archive, Foto: akg-images.
Abb. 11: Russland, 1900er Jahre, Silbergelatine-Abzug, Staatliches Museum A. S. Puschkin, Moskau, Foto: akg-images.
Abb. 12: FLHC 114A/ Alamy Stock Photo, Foto: mauritius Images.
Abb. 13: Fotograf unbekannt, 1920er Jahre, Foto: Dom-muzej Mariny Cvetaevoj.
Abb. 14: Porträtaufnahme, 1919, von Mojssej Solomonowitsch Nappelbaum (1869-1958). Moskau, Staatliches Puschkin-Museum für Bildende Künste, Foto: akg-images.
Abb. 15: Unbekannter Fotograf, Marina Zwetajewa und Sergej Efron mit Konstantin Rodsewitsch (sitzt rechts). Prag, 1923, Fotografie, Privatsammlung, Foto: akg-images/fine-art-images.
Abb. 16: Marina Zwetajewa mit dem Sohn, Frankreich, ca. 1928, Fotografie, Privatsammlung, Foto: akg-images/fine-art-images.
Abb. 17: Sergej Efron mit Ariadna, Frankreich, 1930er Jahre, Fotografie, Privatsammlung, Foto: akg-images/fine-art-images.
Abb. 18: Handschrift, aus: Marina Cvetaeva: Neizdannoe. Zapisnye knižki v dvuch tomach, tom vtoroj 1919-1939. Moskva: Ellis Lak 2001, S. 184.

Abb. 19: Handschrift, aus: Ebd., S. 185.
Abb. 20: Handschrift, aus: Ebd., S. 403.